【제5판】

사회복지학개론

이형하 · 정민숙 · 양정남 · 박일연 · 김혜선

KNOWLEDGE COMMUNITY 공동체

머리말(5판)

이 책은 사회복지학을 전공한 교수 5인이 2007년 이 교재를 초판으로 출판하고, 2009년에는 변경된 정책과 서비스 내용을 수정・보완하여 개정작업(2판)을 하였으며, 국제사회사회복지와 새로운 사회복지 변화를 수렴하여 2014년에는 3판을 출판하였습니다. 2015년 「사회보장급여의 이용・제공 및 수급권자 발굴에 관한 법률」 제정으로 지역사회보장협의체와 지역사회보장계획의 변화 내용이 중요하게 대두되어 이를 4판에 반영하였습니다. 즉, 중앙부처와 유기적 연계를 통한 지역단위의 종합적 사회보장, 지역 간 사회보장의 균형발전을 위한 지원체계가 정비되면서 지역사회보장협의체의 기능 확대 및 활성화 전기가 마련되었습니다.

2020년도부터 지금의 사회복지학 교과목 명칭이 '사회복지학개론'으로 변경되고, 정신보건법이 「정신건강증진 및 정신질환자 복지서비스 지원에 관한 법률」로 변경(2017. 5. 30)되는 등 최신 내용을 반영한 5판을 출판하게 되었습니다.

이 책은 14장으로 구성되어 있습니다. 제1장은 인간의 욕구와 사회복지, 제2장은 사회복지의 가치와 윤리, 제3장은 사회복지발달사, 제4장은 사회복지실천, 제5장은 사회복지정책, 제6장은 지역사회복지, 제7장은 아동복지, 제8장은 노인복지, 제9장은 장애인복지, 제10장은 의료 및 정신건강 사회복지, 제11장은 가족복지, 제12장은 자원봉사, 제13장은 국제사회복지, 제14장은 한국사회복지의 전망과 과제로 구성되었습니다.

마지막으로 이 책이 사회복지를 사랑하는 후학들에게 사회복지의 기초적인 지식을 쌓아 가는 데 도움이 되기를 바랍니다. 그리고 사회복지를 실천하는 데 있어서, 향후 자신의 전문분야로 성장하는 데 도움이 되는 소중한 길잡이가 되기를 희망합니다.

끝으로 이 책이 10년 이상 세상의 빛을 보게 되고 5판까지 개정되어 출판되기까지 도움을 준 공동체의 모든 분들께 감사드립니다.

2020년 2월

저자 일동

머리말(4판)

사회복지학을 전공하고 사회복지개론을 강의해 온 교수 5인이 2007년 이 교재를 초판으로 출판하였고, 2009년에는 변경된 정책과 서비스 내용을 수정·보완하여 개정작업(2판)을 하였으며, 국제사회복지와 새로운 사회복지 변화를 수렴하여 2014년에는 3판을 출판하였습니다. 특별히 3판에서는 세계화시대를 맞이하여 국제사회복지를 위한 구체적인 실천방법에 대한 내용을 새로이 첨부하여 시대변화에 적합한 개론서를 집필하려고 노력하였습니다.

최근 「사회보장급여의 이용·제공 및 수급권자 발굴에 관한 법률」 제정(2015년 7월 시행)으로 지역사회보장협의체와 지역사회보장계획의 변화 내용이 중요하게 대두되었습니다. 즉, 중앙부처와 유기적 연계를 통한 지역단위의 종합적 사회보장, 지역 간 사회보장의 균형발전을 위한 지원체계가 정비되면서 지역사회보장협의체의 기능 확대 및 활성화 전기가 마련되었습니다. 이러한 변화내용을 이번 4판에 반영하였습니다.

이 책은 14장으로 구성되어 있습니다. 제1장은 인간의 욕구와 사회복지, 제2장은 사회복지의 가치와 윤리, 제3장은 사회복지발달사, 제4장은 사회복지실천, 제5장은 사회복지정책, 제6장은 지역사회복지, 제7장은 아동복지, 제8장은 노인복지, 제9장은 장애인복지, 제10장은 의료 및 정신보건 사회복지, 제11장은 가족복지, 제12장은 자원봉사, 제13장은 국제사회복지, 제14장은 한국사회복지의 전망과 과제로 구성되었습니다.

각 장의 필자를 소개하자면, 정민숙 교수는 제6·9장, 양정남 교수는 제2·4·10장, 이형하 교수는 제3·5·13장, 박일연 교수는 제8·12·14장, 김혜선 교수는 제1·7·11장을 집필하였습니다.

마지막으로 이 책이 사회복지를 사랑하는 후학들에게 사회복지의 개괄적인 지식을 정리하는 데 도움이 되기를 바랍니다. 그리고 사회복지를 실천하는 데 있어서, 향후 자신의 전문분야로 성장하는 데 도움이 되는 기본적인 방향을 제시할 수 있기를 바랍니다.

끝으로 이 책이 세상의 빛을 보고 4판까지 개정되어 출판되기까지 도움을 준 공동체 가족 여러분께 감사드립니다.

2017년 2월

저자 일동

머리말(3판)

다변하는 사회복지 현실을 직시하여 2007년 사회복지를 전공한 교수 5인이 사회복지를 처음으로 배우는 학생들과 관련있는 일반사람들을 위해서 사회복지 입문서 <사회복지개론>을 집필하였으며, 2009년에는 변경된 정책과 서비스 내용을 수정 · 보완하여 개정작업을 하였고, 국제사회복지와 새로운 사회복지 변화를 수렴하여 2014년 제3판을 내놓게 되었습니다. 특별히 제3판에서는 세계화 시대에 있어 국제사회복지를 위한 구체적인 실천방법에 대한 내용을 새로이 첨부하여 시대변화에 적합한 개론서를 집필하려고 노력하였습니다.

이 책은 14장으로 구성되어 있습니다. 제1장은 인간의 욕구와 사회복지, 제2장은 사회복지의 가치와 윤리, 제3장은 사회복지발달사, 제4장은 사회복지실천, 제5장은 사회복지정책, 제6장은 지역사회복지, 제7장은 아동복지, 제8장은 노인복지, 제9장은 장애인복지, 제10장은 의료 및 정신보건 사회복지, 제11장은 가족복지, 제12장은 자원봉사, 제13장은 국제사회복지, 제14장은 한국사회복지의 전망과 과제로 구성되었습니다.

각 장의 필자를 소개하자면, 정민숙 교수는 제6장, 제9장, 양정남 교수는 제2장, 제4장, 제10장, 이형하 교수는 제3장, 제5장, 제13장, 박일연 교수는 제8장, 제12장, 제14장, 김혜선 교수는 제1장, 제7장, 제11장을 집필하였습니다.

마지막으로 이 책이 사회복지를 사랑하는 후학들에게 사회복지의 개괄적인 지식을 정리하는 데 도움이 되기를 바랍니다. 그리고 사회복지를 실천하는 데 있어서, 향후 자신의 전문분야로 성장하는 데 도움이 되는 기본적인 방향을 제시할 수 있기를 바랍니다.

끝으로 이 책이 세상의 빛을 보고 다시 개정되어 출판되기까지 도움을 준 공동체의 모든 분들께 감사드립니다.

2014년 2월

저자 일동

머리말

지난 반세기 동안 우리나라는 급속한 산업화, 정보화 등의 시대적 변화로 인해 다양하고 복잡한 사회문제들을 경험하고 있습니다. 특히 IMF라는 경제 환란과 사회적 변화는 대량 실업사태와 가족해체를 직면하게 했으며, 그 외에도 저출산 문제, 학교폭력, 인구 노령화 그리고 그에 따른 노인부양문제 등 어린 아이에서 노인에 이르기까지 전 국민의 사회복지 욕구는 나날이 증가하고 있습니다. 이에 사회 곳곳에서는 새로운 복지패러다임을 강력히 요구하고 있습니다.

이러한 현실을 직시하여 2007년에는 사회복지를 전공한 교수 5인이 사회복지를 처음으로 배우는 학생들과 관련있는 일반사람들을 위해서 사회복지 입문서 <사회복지개론>을 집필하였습니다. 그리고 2009년에는 변경된 정책과 서비스 내용을 수정·보완하여 개정작업을 하였습니다.

이 책은 14장으로 구성되어 있습니다. 제1장은 인간의 욕구와 사회복지, 제2장은 사회복지의 가치와 윤리, 제3장은 사회복지발달사, 제4장은 사회복지실천, 제5장은 사회복지정책, 제6장은 지역사회복지, 제7장은 아동복지, 제8장은 여성복지, 제9장은 노인복지, 제10장은 장애인복지, 제11장은 의료 및 정신보건 사회복지, 제12장은 가족복지, 제13장은 자원봉사, 제14장은 한국사회복지의 전망과 과제로 구성되었습니다.

각 장의 필자를 소개하자면, 정민숙 교수는 제6장, 제8장, 제10장, 양정남 교수는 제2장, 제4장, 제11장, 이형하 교수는 제3장, 제5장, 박일연 교수는 제9장, 제13장, 제14장, 김혜선 교수는 제1장, 제7장, 제12장을 집필하였습니다.

무엇보다도 사회복지의 다양한 영역에서 연구활동을 하고 있는 집필진들이 마음을 모아 결과를 만들게 되어 기쁘게 생각하지만, 개정완료의 시점까지도 뜻했던 바와 인접한 결과를 도출했는지를 생각해 볼 때 부끄러운 마음이 앞섭니다. 앞으로 집필진들은 대학에서 또는 현장에서 사회복지를 논하는 사람들과 끊임없이 호흡하면서 오늘의 부족한 점을 꼼꼼하게 살펴, 보다 나은 결실들을 맺는 데 최선의 노력을 다할 것입니다.

마지막으로 이 책이 큰 물줄기와 태양의 역할을 했으면 합니다. 큰 물줄기는 소리를 내서 흐르지는 않지만 물의 방향을 만들어내고, 태양은 너무 멀리있어 작게 보이지만 전 세상을 하나하나 놓치지 않고 비추고 있듯이 사회복지를 알고자 하는 이들에게 이 책이 그러한 역할을 했으면 합니다.

끝으로 이 책이 세상의 빛을 보고 다시 개정되어 출판되기까지 몸과 마음으로 애써주신 공동체의 모든 분들께 감사드립니다.

2009년 2월

저자 일동

차 례

제1장

인간의 욕구와 사회복지

1. 인간의 욕구

욕구는 대부분 어떤 목적을 위해 좋은 것, 필요한 것, 필수적인 것을 의미한다. 즉, 목적을 위해 필요한 것 또는 필수적인 것이 결여되거나 결핍된 상태를 지칭한다. 예를 들면, 어떤 목마른 나그네가 물을 마시고 싶다면, 물을 마시고 싶은 것이 '욕구'이고 물을 마신 후에 갈증이 해소되면 '욕구충족'이라고 볼 수 있다. 물을 찾지 못한 나그네가 목마름 때문에 탈수증상을 일으킬 수 있듯이 일상생활 속에서 욕구를 충족시키지 못한 사람은 심각한 어려움에 빠질 수 있다(이용교, 2004).

〈표 1-1〉 매슬로우의 욕구 5단계와 그 내용

욕구단계	특 징	결핍상태	충족상태
생리적 욕구	가장 기본적이고, 강하며, 분명한 것	배고픔, 갈증, 성적인 좌절, 피로, 질병	편안함, 긴장의 만족감, 감각의 만족감, 신체적 건강
안전의 욕구	모든 개인은 확실하고, 잘 정돈되고, 조직화되고, 예측할 수 있는 환경 내에서 생활하고 싶음	주거의 결핍, 재정적 결핍, 불인, 갈구, 누려움, 강박감	안락함, 안전, 균형, 평정, 안정, 안정된 직업에서 갖는 안전감
소속의 욕구	타인과 애정관계를 형성하고 인생의 동반자와 가족이나 집단에 소속되고 싶음	공허함, 무가치함, 적대감	자신을 가치 있는 존재로 여김 타인을 수용할 수 있는 능력이 생김
자존감의 욕구	자기존중과 다른 사람으로부터 존경을 받으려고 함	무능력한 감정, 열등감, 자기비하(무용지물)	자신감, 승리감, 자존, 긍정적 자아관 성취감, 독립, 자유
자아실현의 욕구	자신이 원하는 종류의 사람이 되고, 자기가 성취할 수 있는 모든 것(잠재적 능력)을 성취하려 함	소외, 삶의 의미 상실, 권태 일상적인 생활, 한정된 활동	건강한 호기심 정상에서 느끼는 경험 가능성의 실현 즐겁게 일하고 가치실현 창조적 생활 깊은 통찰력을 경험함

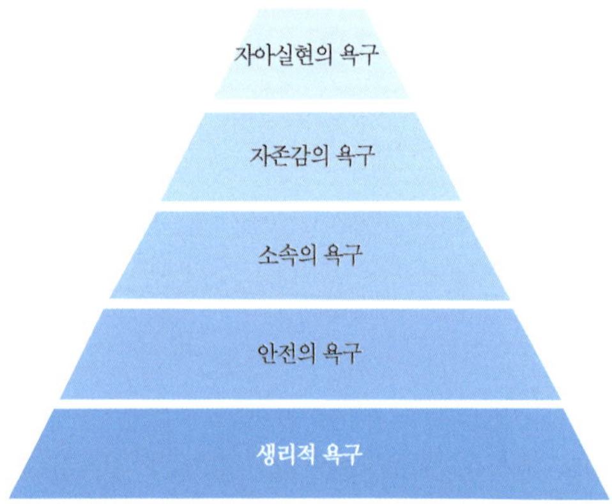

욕구가 무엇인지에 대한 정의를 찾아보기는 어렵지만 매슬로우(Maslow)의 욕구이론을 살펴보면 욕구의 내용과 특성을 이해하는 데 도움이 된다. 그는 〈표 1－1〉에서와 같이 인간의 욕구를 생리적 욕구, 안전의 욕구, 소속의 욕구, 자존감의 욕구 그리고 자아실현의 욕구 등 5단계로 나누어 설명하였다.

그는 욕구가 세 가지 특성을 가지고 있다고 주장했다. 첫째, 그 욕구충족이 실패했을 때 상대적으로 역기능적이거나 혼란상태가 유발된다. 예컨대 비타민의 부족은 영양실조를 가져오고 소속감의 결핍은 우울증을 일으킨다. 둘째, 욕구를 충족시켜 회복됨으로써 역기능을 치유할 수 있다. 예컨대 부족한 비타민을 보충하면 영양실조를 벗어나서 건강한 몸을 되찾을 수 있다. 셋째, 자유로운 상태에서의 하나의 기본적인 욕구의 충족은 다른 욕구의 충족으로 옮아간다(Weiner, 1980, 현외성 외, 1998 재인용).

매슬로우의 욕구 5단계설은 인간이 가지고 있는 일반적인 욕구의 내용을 적절하게 제시하였다는 점에서 사회복지학 분야에서 흔히 인용된다. 그의 욕구단계설이 사회복지학에 주는 시사점을 정리하면 다음과 같다(현외성 외, 1998).

첫째, 인간의 욕구가 위계적인 특성을 지니고 있는 만큼, 욕구충족을 위한 사회복지서비스는 일반적으로 낮은 수준의 욕구충족에서 시작하여 높은 수준의 욕구충족을 위해 진행된다는 점이다. 이것은 제한된 사회적 자원으로서 가능한 한 복지 프로그램의 효율성을 제고시키기 위해서는 낮은 수준의 욕구충족부터 높은 수준의 욕구해결을 위해 노력해야 한다는 점을 암시하고 있는 것으로 해석할 수 있다.

둘째, 사회복지서비스 프로그램을 비교할 수 있는 비교연구의 기준이 될 수 있다는 점이다. 각국의 사회복지서비스의 지향점이 어떤 욕구를 중심으로 하고 있는가를 분석함으로써 프로그램의 발달수준을 가늠할 수 있다. 즉, 어떤 나라의 사회복지가 국민의 생리적 욕구를 충족시키는 데 역점을 두고, 다른 나라의 사회복지가 안전의 욕구를 충족시키는 데 역점을 두고 있다면, 후자가 더 복지 선진국이라고 말할 수 있다.

셋째, 인간의 욕구가 현실사회에서 완전하게 충족될 수는 없고, 끊임없이 보다 높은 수준의 욕구를 충족하기 위하여 저마다 일생 동안 노력하는 것이 삶이라는 점이다. 인간의 욕구는 생활수준의 향상에 따라서 끊임없이 변하기 때문에, 바라던 것이 충족된 이후에도 새로운 욕구를 충족시키기 위해 다시 노력하게 된다.

매슬로우가 지적한 바와 같이 인간의 욕구는 생리적 욕구처럼 낮은 단계에서 자아실현의 욕구처럼 높은 단계까지 다양하기 때문에, 모든 욕구의 충족을 사회복지의 대상으로 삼기는 어렵다. 따라서 학자들은 인간의 욕구 중에서 일상생활에 꼭 필요한 기본적인 욕구와 사회적 차원에서 발생하는 사회적 욕구로 구분하고 있다.

기본적인 욕구는 다음의 특성을 가지고 있다(현외성 외, 1998).

첫째, 기본 욕구는 모는 사람에게 공통적으로 존재하는 경우이다. 기본 욕구는 인종, 종교, 성별, 연령, 교육수준과 사회경제적 지위에 관계없이 한 인간으로서 동일하게 지니는 욕구를 말한다. 기본 욕구의 이러한 특성 때문에 무차별 평등의 원리리 표현되는네, 의식주를 포함하여 건강, 직업, 가족 등이 포함될 수 있다.

둘째, 기본 욕구는 모든 사람에게 필수 불가결한 욕구이다. 이 때문에 욕구가 확보되지 않으면 인간다운 생활이 보장될 수 없다. 현대 복지국가는 국가존립의 핵심적 근거로서 국민의 생존권의 보장을 설정하여, 기본 욕구의 충족을 국가의 책임으로 규정하고 있다.

셋째, 기본 욕구는 모든 사람에게 최소한의 수준으로 있어야 하는 욕구이다. 한 사회에서 인간의 욕구가 기본 욕구로 채택되기 위해서는 그 사회에서 인간다운 생활을 할 수 있는 수준이면서 동시에 그 최소한에 그쳐야 한다. 설사 기본 욕구를 높게 설정하더라도, 그 욕구를 충족시킬 수 있는 자원을 동원하지 못한다면 기본 욕구의 의미가 퇴색할 것이다.

이러한 기본 욕구는 고정되는 것이 아니라 시대와 장소 그리고 한 사회의 사회경제적 수준과 지향하는 이념에 따라서 변화된다는 특성이 있다. 즉, 어떤 사회마다 기본 욕구를 어떻게 정의할 것인지, 또 어떻게 충족시킬 것인지는 늘 논쟁이 되고 있다.

따라서 학자들은 개인의 기본적 욕구에 대한 사회적 개입의 틀을 제시해 주는 욕구를 사회적 욕구로 정의하고 있다.

인간의 사회적 욕구는 인간이 사회적 차원에서 욕구가 발생할 수 있다는 인식에서 출발한다. 한 개인은 사회과학의 발달이나 사회변화 등으로 인하여 욕구불만족을 경험하게 되는데, 이는 개인적 차원에서가 아니라 사회적인 차원으로 인식하는 것이다. 사회적 욕구는 브래드쇼(Bradshaw)가 네 가지 욕구로 정리하고 있다(최성균 외, 2005).

첫째, 규범적 욕구(normative need)이다. 전문가·행정가들이 바람직한 욕구충족의 수준을 정해놓고 실질적으로 존재하는 수준과 비교하여 개인이나 집단이 바람직한 수준에 미치지 못하면 그들은 욕구상태에 있다고 본다.

둘째, 느낀 욕구(felt need)이다. 주관적인 것으로 욕구상태에 있는 당사자의 느낌에 의해 인식되는 욕구, 즉 감촉적 욕구를 말한다. 필요와 동일시되는 것으로서 어떤 욕구상태에 있는지 혹은 어떤 서비스를 필요로 하고 있는지, 조사·파악하는 욕구이다. 이것은 실질적인 욕구측정이 되지 못하고 개인의 인식 정도에 의해 달라질 수 있다.

셋째, 표출된 욕구(expressed need)이다. 사회복지서비스 분야에서 가장 일반적으로 이용하는 것으로서 필요에 의해 느껴진 욕구가 행동으로 표출된 욕구이다. 느낀 욕구가 실제 욕구충족의 추구행위로 나타난 것으로 요구적 욕구라고도 할 수 있다. 서비스를 실제로 받기 원하는 사람의 수로 파악한다.

넷째, 비교적 욕구(comparative need)이다. 요보호자와 비슷한 처지에 있으면서도 서비스를 받지 못하고 있는 욕구상태를 말한다. 다른 사람과 비교함으로써 상대적으로 부족하게 느껴지는 욕구상태를 말한다.

이상과 같은 사회적 욕구는 욕구를 모든 사람들의 생존·성장·충족을 위해 필요한 기본 요건으로 보는 관점이다. 따라서 사회적 욕구는 어떤 상태가 어떤 종류의 목표나 기준에 비추어 부족한 상태에 있고, 그래서 그 상태의 회복·개선을 행할 필요가 있는 것이 사회적으로 인정된 것이라고 할 수 있다. 그러나 어떤 기준에 의해 측정된 욕구라 할지라도 그것이 모두 사회적 욕구가 되는 것이 아니며, 그러한 상태의 회복·개선을 행할 필요가 있다는 사회적 인식이 있어야 비로소 사회복지의 대상인 사회적 욕구가 될 수 있다.

2. 사회복지의 개념

social welfare를 번역한 사회복지의 사전적 의미를 살펴보면, social의 의미는 '지역사회나 집단 속에서 같이 지낸다'는 뜻을 가지고 있다. 즉, social은 사회 안에서 삶의 질과 개인, 집단, 사회 전체 간의 사회 내적인 관계를 뜻하는 것으로 물질적이거나 영리적인 요소보다는 비영리적이며, 이타적 속성의 공동체적 삶의 요소에 관심을 기울이는 것이라 할 수 있다. welfare는 '만족스러운'을 뜻하는 well과 '지내다', '살아가다'라는 의미의 fare가 어우러진 것으로 '만족스럽게 지내는 상태'라는 의미로 볼 수 있다. 즉, 사전적 의미로서 사회복지는 일단 사회 내의 사람들이 만족스럽고 평안한 상태를 유지할 수 있게 하는 것과 연결되어 있음을 알 수 있다.

이러한 의미를 내포하고 있는 사회복지는 기존의 사회복지제도들이 사회구성원의 기본적인 욕구를 충족시키는 데 실패하고, 비공식적 상호부조 기제가 여의치 않을 때, 공식적인 상호부조 기제를 발전시켜 기능적인 공백을 메우며 성장하였다(장인협 외, 1999).

〈표 1-2〉 사회제도의 주요 기능과 사회복지의 기능

사회제도	핵심 조직	주요 기능	사회복지의 기능
친 족	가족	출산, 사회화, 보호, 친밀관계, 정서적 지원	피부양 가족의 보호, 가족 간 경제적 지원
종 교	교회	영적 성장 및 발달	신도중심의 건강·교육· 사회적 서비스
노 동	공장, 농장, 사업체 등 근로조직	재화와 서비스 생산	근로자 급여
시 장	생산자(회사), 소비자(가계)	재화와 서비스의 생산과 분배	상업적 사회복지 재화와 서비스
국 가	중앙정부, 지방정부	사회통제, 집합적 목표를 위한 자원의 동원과 분배	반빈곤, 경제적 보장, 보건, 교육, 주거서비스
상호부조	지지집단 자원봉사기관	상호부조, 박애	자조자원봉사 지역사회서비스 사회복지서비스

출처 : Gillbert & Terrell(2002). Dimensions of Social Welfare Policy. Allyn and Bacon.

예를 들어, 전통사회에서 인간의 기본적인 욕구를 충족시키는 1차적인 자원은 가족과 시장(경제)이었는데, 가족의 보호 기능이 약화되고 시장의 생산과 분배 기능이 균형을 이루지 못하게 되면서 국가의 개입이 늘어나고, 주요한 사회제도는 〈표 1−2〉와 같은 핵심 기능을 수행하면서 나름대로 복지적 기능을 병행하며 사회복지가 점차 발달하게 된 것이다.

윌렌스키와 르보(Wilensky & Lebeaux, 1963)는 사회복지 모형을 잔여적 모형과 제도적 모형으로 나누어 사회복지 개념을 〈표 1−3〉과 같이 설명하고 있다.

〈표 1-3〉 윌렌스키와 르보의 사회복지 모형

	잔여적 모형	제도적 모형
대 상	취약한 계층	전체 사회구성원
실천주체	민간의 자발적 활동	국가의 보다 많은 역할
발달사적 측면	농업사회	산업사회

잔여적 모형의 사회복지는 가족, 시장, 종교, 정치제도가 기능적으로 실패할 때 임시적으로 보충할 뿐이며, 사회복지가 사회를 유지·발전시키는 데 필수적

이라고 인식하지 않는다. 따라서 사회구성원들 중 낙오자들에게 최저한도의 보호를 제공하는 사회복지활동으로 잔여적이고 주변적・예외적인 안전망을 수행할 뿐이다. 가능하면 가족이나 시장과 같은 기존 사회제도들이 제대로 기능해서 사회복지활동이 필요치 않게 되는 것이 사회복지의 궁극적인 지향이 된다.

한편 제도적 모형의 사회복지는 시장과 가족의 실패는 임시적인 것이 아니라 피할 수 없고 지속적인 것으로 이해한다. 따라서 사회복지는 사회를 유지하는 데 필수적인 기능을 수행하며, 제도화되는 것이 당연하다고 인식한다. 사회복지의 필수적인 기능이란 사회구성원 간의 상호부조로서, 이러한 기능은 다른 사회제도가 수행하는 기능과 구별되며 독립적으로 수행한다. 현대 산업사회의 핵가족 제도가 아동의 양육과 노인, 장애인의 보호와 사회화를 전적으로 책임질 수 없음을 인정한다. 또한 시장의 분배원칙은 기본적으로 사회구성원의 개개인의 욕구를 고려하는 것이 아니기 때문에, 시장경제 원리에 의한 1차적 분배의 수정・보완이 필수적이다. 따라서 가족과 시장이 그 주요 기능을 수행하는 것과 동등한 차원에서 사회복지제도는 상호부조의 기능을 수행한다고 본다.

하지만 이러한 사회복지의 개념은 고정되어 있는 것이 아니라 사회변화에 따라 바뀐다고 볼 수 있다. 이는 사회복지가 한 사회나 국가의 가치관이나 이념을 포함하는 소위 문화적 요소, 정치・경제적 요소, 사회구성원들 사이의 관계를 나타내는 종합적인 제반 사회적 요소를 포함하고 있으며, 이것은 국가에 따라 다양한 차이를 보이는 사회복지제도라는 형태로 구체적으로 표시되기 때문이다. 또한 소비수준의 향상과 다양한 수준의 욕구에 대한 사회적 개입의 확대를 원하는 후기 산업화 사회에서는 기존의 사회복지제도와 서비스에 대한 빠른 변화를 요구하고 있다.

이에 로만신(Romanshyn, 1971)의 사회복지의 개념은 점차 다음과 같은 방향으로 변화되어 가고 있다고 주장한다. 첫째, 보완적 개념에서 제도적 개념으로, 둘째, 자선에서 시민권으로, 셋째, 특수한 서비스에서 보편적인 서비스로, 넷째, 최저 조건에서 최적 조건으로, 다섯째, 개인적 개혁에서 사회적 개혁으로, 여섯째, 자발성에서 공공성으로, 일곱째, 빈민복지에서 복지사회로의 변화이다(이용교, 2004 재인용).

3. 사회복지의 관점

사회복지는 사회현상과 사회문제를 보는 관점에 따라 다양한 접근방법이 존재한다. 사회과학에서 전통적이고 주류적인 이론은 기능주의, 갈등주의, 상호작용주의였고, 1950년대 이후 교환주의도 점차 주류로 인정받고 있다. 각 이론에는 여러 가지 분파가 있지만, 대표적인 학자의 주장을 중심으로 사회문제의 정의, 원인과 해결책에 대한 시각을 살펴보고자 한다(최일섭 외, 1996; 이용교, 2004).

1) 기능주의

기능주의 이론(functional theory)은 사회과학의 주류 이론으로서는 제일 먼저 발전되었고, 이 이론에 근거하여 사회과학의 여러 학문분야의 많은 이론이 파생되었으며, 현재까지 가장 널리 적용되고 있는 이론이다.

파슨스(Parsons)를 중심으로 한 기능주의에 의하면, 사회문제는 “어떤 사회체계가 상위체계에 대하여 기능적 요건을 충족하지 못하고 있는 상태”, “한 사회체계가 사회적으로 합의된 규범을 준수하지 못하고 있는 상태” 또는 “어떤 사회체계가 사회화 과정과 결과에서 실패한 상태”라고 할 수 있다.

기능주의 시각에 의하면, 사회는 그 부분적 체계가 전체 체계에 대하여 기능적으로 공헌하도록 되어야 생존하고 발전할 수 있다고 보고, 각각의 부분적 체계가 긍정적인 경험을 하도록 하기 위하여 적합한 사회화 기능과 통제 기능을 발휘하는 장치가 있어야 한다. 사회문제가 발생하는 것은 사회 전체의 기능적 결함 때문이 아니라 사회체계 일부의 기능인 사회화 기능과 사회통제 기능의 실패라 할 수 있다.

따라서 사회문제의 해결방안은 사회화 기능과 통제 기능을 강화하거나 수정하고, 재사회화 또는 재활 기능을 강화하거나 또는 사회의 물질적 및 기회의 분배 기능을 강화 또는 수정하는 것이 될 수도 있다. 다시 말해서, 개인과 가족적 차원에 대해서는 교육 기회 및 여건을 보장하거나 개인이나 가족에 대한 병리적 현상을 치료하는 서비스를 강화하는 것이 될 것이고, 사회제도적 차원에 대해서는 공적 교육제도의 개선, 재사회화 제도의 개선 및 강화, 조세제도 및 사회복지제도의 개선, 기회균등의 보장 등이 될 것이다.

2) 갈등주의

갈등주의 이론(conflict theory)은 기능주의 이론에 대한 대안적인 이론으로 발전되었다. 갈등주의는 사회현실을 질서와 안정과 합의보다는 무질서, 변화, 갈등과 투쟁이 상존하는 현상으로 보는 시각이다. 갈등주의는 몇 가지 분파가 있는데, 모든 사회현상은 대립적 모순을 내포하고 있고 모순은 새로운 사회체계를 발생시킨다는 변증법적 갈등주의(dialectical conflict theory)와 사회현상에는 갈등이 불가피하게 편재하고 있지만 갈등은 기능적으로 작용한다는 기능적 갈등주의(conflict functionalism)의 입장에서 사회문제를 소개한다.

변증법적 갈등주의에 의하면, 사회문제는 "희소자원의 불균등한 소유로 인하여 발생하는 갈등현상" 또는 "희소자원을 통제하는 데 있어 권위와 권력이 유형화되어 있는 것에 대한 불만적인 반응"이라 할 수 있다. 특히 마르크스(Marx)의 갈등주의 전통에 따르고 있는 입장에서는 "희소자원을 많이 소유한 사람이 희소자원을 적게 소유한 사람을 착취하고, 특권을 행사하고 시장경제를 수립한 결과 생겨난 현상"이라고 할 수 있다. 기능적 갈등주의에 의하면, 사회문제는 "자원을 불평등한 분배에 대한 갈등의 결과로서 사회체계의 통합과 발전에 역기능적인 현상을 나타내고 있는 것"이라고 할 수 있다.

갈등주의 시각에서 사회문제의 원인은 "비합리적인 사회통제와 착취", "희소자원의 불평등한 분배" 또는 "불균등한 분배를 가져오는 사회의 권위와 권력의 구조"라고 할 수 있다. 변증법적 갈등주의는 사회문제의 원인을 개인에게 있는 것이 아니라 사회제도에 있다고 보고, 기능적 갈등주의는 주로 사회제도에 있지만 갈등이 어느 정도 적대적 본능 때문에 유발된다는 점에서 개인에게도 원인이 있다고 본다.

변증법적 갈등주의는 자원의 불평등한 지배를 영속화시키고 있는 기본적인 사회체제 자체를 재조직하지 않는 한 사회문제의 근본적인 해결은 불가능하다고 본다. 사회제도의 재조직은 자원의 소유와 통제를 평등화시키는 것을 보장하도록 해야 한다. 사회제도의 재조직은 현 체제에 대한 전반적인 부정과 도전이 되며, 이에 대한 현 체제의 저항이 심할 것이므로 단기적으로는 해결되기 어렵지만 장기적으로 보면 역사적 발전과정에서 필연적으로 이루어지게 된다는 것이다. 즉, 사회가 봉건주의 사회에서 자본주의 사회로, 다시 사회주의 사회를 거쳐 공산주의 사회로 발전하게 되는데, 공산주의 사회 이전의 각 단계의 자체 모순은 공산주의 사회가 되면서 자연적으로 해결된다고 본다. 만약 단기적으로 사회문제를 해결하려면, 혁명적인 사회제도의 개혁이 필요한데, 구체적인 방법으로 생산수단의 공유화, 자유시장경제체제의 폐기, 세제의 전면적인 개혁이 될 수 있다.

기능적 갈등주의는 사회문제의 해결은 제도의 전면적 재조직이 아니라 단편적인 개혁, 개선, 보완으로 가능하다고 본다. 그 구체적인 방법은 역기능적인 제도에 관련된 자원분배를 평등화하는 것, 사회복지 프로그램을 보편적이고 제도적인 방향으로 강화하는 것, 세제의 개선 등이 될 수 있다.

3) 상호작용주의

상호작용주의(interactionism) 이론은 기능주의와 갈등주의 이론이 사회현상을 거시적 차원에서 접근하고 분석하려는 입장인 것과 대조적으로 관심의 초점을 개인 간의 상호작용 과정과 상호작용이 개인과 사회에 미치는 결과에 두는 이론적 시각이다. 상호작용주의에서 가장 핵심적인 이론은 상징적 상호작용주의(symbolic interactionism) 이론인데, 상징적이라는 말을 덧붙인 것은 인간이 상호작용의 도구로 언어나 몸짓 등의 상징을 사용하고 상징의 주관적인 의미를 중요시한다는 것을 강조하기 위한 것이다.

상징적 상호작용주의 이론에 의하면, 사회문제는 사회의 한 집단이 다른 집단의 의미에 동의할 수 없는 것으로 규정하고 그 집단의 의미대로 행동하지 않는 것이라 할 수 있다. 예를 들면, 대부분의 사람은 이성애를 선호하고 동성애를 금기시하는데, 일부 사람이 동성애를 하는 것은 사회문제일 수 있다.

이 이론에 따르면, 사회문제의 원인은 상호작용에서 어떤 현상이나 행동에 대한 의미에 동의할 수 없다는 판단을 하는 것, 어떤 현상을 바람직하지 않은 행동으로 낙인을 찍는 것, 어떤 행위에 대하여 다른 의미로 사회화된 것 또는 상징의 차이라고 할 수 있다.

상징적 상호작용주의에 의하면, 사회변화의 주체는 개인이므로 개입의 주된 대상도 개인이 되어야 하지만, 개입의 주체는 사회제도여야 한다고 본다. 사회문제의 해결방안은 적절하게 상징에 의미를 부여하고 동의할 수 있도록 사회화하거나 재사회화하는 것, 적절한 사회제도나 재사회화제도를 확립하는 것, 낙인행위를 유발할 수 있는 상황을 조성하지 않는 것, 부정적인 낙인 사용에 신중을 기하는 것, 낙인행위로 간주될 수 있는 것의 범위를 좁히는 것, 낙인행위에서 얻어지는 이득을 제거할 것 등이 될 수 있다. 즉, 보다 다양한 행동과 상황을 정상적인 것으로 규정하면 사회문제는 상당히 줄일 수 있다는 입장이다.

4) 교환주의

교환주의 이론(exchange theory)은 사회적 행동을 적어도 두 사람 간에 교환자원을 주고받는 반복적인 행위가 이루어지는 것으로 본다. 교환자원은 물질적인 것과 비물질적인 것이 포함되는데, 예를 들면, 금전, 물품, 칭찬, 복종, 존경 등이 있다. 상대방에게 주는 교환자원은 비용이 되고 상대편으로부터 받은 교환자원은 보상이 되며, 교환관계에 있는 당사자는 가능하면 비용에 비하여 보상이 크도록 행동하려 하고, 권력적으로 대등한 입장에서 교환관계를 유지하려고 한다는 것이다.

이 이론에서 사회문제는 기본적으로 교환관계가 단절되거나 불균형을 이루고 있는 상태로 정의할 수 있고, 사회문제의 원인은 교환자원의 부족, 고갈 또는 가치 저하라 할 수 있다.

따라서 사회문제의 해결방안은 교환관계에 균형화가 이루어지도록 변화를 가하는 것으로 균형화 전략은 다음과 같다. 즉, 동등한 가치의 다른 자원으로 보상, 다른 보상의 원천 개발, 새로운 자격이나 지위의 획득, 강제력 사용, 취약한 교환당사자들의 연합활동, 원하는 욕구나 보상을 포기하는 것, 소유한 교환 자원의 질을 높이는 것 등이다.

여러 학자들은 자신이 선호하는 사회이론의 관점에서 사회문제를 파악하는 경향이 있지만, 한 가지 관점에서 접근하기에는 사회문제의 원인이 복잡하고 그 해결책도 다양할 수 있다.

따라서 사회복지현장에서 사회복지를 실천하는 사회복지사는 사회문제를 다양한 관점에서 바라보고, 당면한 사회문제의 원인을 다각적으로 파악하며, 가장 적합한 해결책을 모색해야 할 것이다. 예를 들면, 최근 큰 사회문제의 하나인 실직자 문제에 대해서 사회이론은 그 원인과 해결책을 다르게 제시할 수 있다. 즉, 기능주의는 산업구조의 변화에 적응능력이 떨어진 실직자를 문제의 원인으로 보고, 노동시간의 단축으로 일자리를 창출할 수 있다고 본다. 상징적 상호작용주의는 실직자를 낙인찍는 것을 문제의 원인으로 보고, 이들이 부담감 없이 다른 일자리를 찾을 수 있도록 해야 한다고 본다. 교환주의는 노동능력이 있지만 노동력을 줄 수 있는 교환관계가 단절된 것을 문제의 원인으로 보고, 사회보장제도를 통해서 당분간 생계급여를 주거나 그 노동력을 교환 가능한 것으로 바꾸는 것(새로운 기술습득 등)을 제안할 것이다.

실제 상황에서 실직자에 대한 복지정책은 위에서 논의된 다양한 방식이 다각적으로 활용될 수 있다. 즉, 실직자에 대한 기술훈련, 노동시간 단축을 통한 일자리 창출, 실직에 대한 나쁜 이미지를 줄이는 계몽운동 그리고 생활보장제도의 수립 등이 그 예이다. 또한 사회복지사는 특정한 실직자와 그 가족에 대 한 복지서비스를 제공할 때에도 그 실직자와 가족에게 가장 적합한 복지서비스가 무엇인지에 대해서 체계적으로 사정한 후에 개입해야 할 것이다.

4. 사회복지의 이념

일반적으로 사회복지학계에서는 사회복지이념을 페이비언 사회주의(fabian socialism), 국가개입주의(state interventionism, 케인즈주의), 신자유주의(new liberalism), 마르크스주의(Marxism) 등 네 가지로 나누고 있다(원석조, 2006). 이들 네 이념은 국가의 사회복지역할, 즉 국가복지에 대해 서로 다른 주장을 담고 있다. 국가복지에 대해 가장 긍정적인 것이 페이비언 사회주의이다. 페이비언 사회주의는 자본주의 안에서의 사회개혁 가능성을 수용하여 사회복지의 확충에 적극적이다. 신자유주의와 마르크스주의는 국가복지에 대해 매우 부정적이다. 신자유주의는 국가복지를 자본주의 경제 발전의 걸림돌로 여기며, 마르크스주의는 부르주아 사회의 붕괴를 일시적으로 지연시키는 미봉책일 뿐이라고 비난한다. 국가개입주의는 중도적이다. 국가복지를 인정하되 어디까지나 자본주의의 유지·발전과 위기 극복에 국한한다.

페이비언 사회주의와 마르크스주의는 사회주의로서 궁극적으로 자본주의의 지양을 지향한다는 점에서 입장이 같다. 그러나 페이비언 사회주의가 자본주의 안에서의 사회개혁 가능성을 수용하여 사회복지의 확충에 적극적인 반면에, 자본주의 자체를 인정하지 않는 마르크스주의는 부르주아적 사회복지에 대해서 매우 부정적이다.

국가개입주의와 신자유주의는 자본주의를 가장 바람직한 경제사회체제로 인정하고 자본주의의 발전과 번영을 지향한다는 점에서 같은 입장에 서 있다. 그렇지만 국가개입주의가 자본주의의 유지·발전과 위기 극복을 위해 사회복지 정책이 반드시 필요하다는 입장을 취하는 반면, 신자유주의는 사회복지를 경제 발전의 걸림돌로 간주한다.

1) 페이비언 사회주의와 제3의 길

페이비언 사회주의는 영국의 독특한 실용주의적·점진적 사회주의로서 1884년 설립된 영국 페이비언협회에 기원을 두고 있는데, 버나드 쇼(Bernard Show), 시드니·비어트리스 웹(Sydney & Beatrice Webb) 부부, 토니(Tawney) 등 개명한 인텔리들이 주도했다. 이들은 초기에는 노동운동과 거리를 두었으나, 1918년 노동당 노팅엄 전당대회에서 당 강령 작성에 시드니 웹이 핵심적인 역할을 하면서 페이비언 사회주의는 노동당의 기본 노선이 되었으며, 제2차 세계대전 후에는 노동당이 복지국가를 건설하는 데 있어서 가장 유력한 이념적 기반이 되었다.

페이비언 사회주의는 사회적 선을 추구·달성하는 데 있어 국가가 매우 긍정적 역할을 수행한다고 믿는 점에서 국가개입주의와 같다. 그러나 궁극적으로 자본주의를 수정의 대상이 아니라 극복의 대상으로 간주하는 점에서 국가개입주의와 다르다. 이 점에서 페이비언 사회주의는 마르크스주의의 입장과 유사하다. 하지만 프롤레타리아트 독재와 계급혁명을 부정하고, 입헌적·점진적 방법으로 사회주의를 지향한다는 점에서 입장이 갈린다. 또한 페이비언 사회주의자들은 윤리와 공리주의를 강조한 반면, 마르크스주의자들은 계급전쟁을 중시했다.

그리고 페이비언 사회주의자들은 평등, 자유, 박애, 민주주의, 인도주의와 같은 프랑스 혁명 후 등장한 시민사회의 기본적 가치를 신봉했다. 특히 이들은 평등을 강조했다. 평등이란 사실상 모든 사회주의 원칙 중에서 가장 강한 윤리적 영감이 되어 왔으며, 평등주의가 없는 곳에서는 사회주의란 존재할 수 없다고 단언했다. 이들은 사회통합도 중시했다. 사회경제적 불평등에 뿌리를 둔 계급갈등은 사회통합의 가장 큰 적이며, 따라서 불평등은 사회통합을 위해 완화되어야 하는 요소이다. 동시에 불평등은 비효율을 초래한다. 왜냐하면 자유시장체제는 요구가 없는 수요에 응해 불필요한 것을 생산하며, 지배계급은 세습적·영속적이 되고, 재능 있는 자의 지위상승을 막아 능력의 낭비를 가져오기 때문이다.

페이비언 사회주의자들은 소득의 평등보다는 부의 평등을 주장한다. 부의 불평등은 세 가지 이유에서 불공평하다. 첫째, 불평등이 노력이 아닌 상속된 재산으로부터 발생하거나, 둘째, 능력의 차이보다는 기회의 차이를 반영하거나, 셋째, 조세제도에 의해서 불평등하게 취급되는 경우이다. 특히 세습된 부로부터 생기는 불평등은 가장 비난받아야 한다.

복지국가에 대해 페이비언 사회주의자들은 열렬한 찬성과 지지를 표명했다. 이들은 점진주의와 사회주의 사상을 중산층에게 침투시키는 전략인 침투를 통해 자본주의 국가를 개혁시킬 수 있다고 보았다. 복지국가는 이러한 접근의 결실이라고 볼 수 있다. 복지국가의 전통은 영국의 노동당 정책 중 가장 깊숙이 깔려 있는 정치적 추구이며, 이를 복지국가주의(welfare statism)라 한다.

오늘날 페이비언 사회주의는 '제3의 길(the third way)'로 모습을 바꾸었다. 제3의 길은 영국 총리 토니 블레어(Tony Blair)가 내건 노동당의 새로운 정치노선인데, 기든스(Anthony Giddens)가 이론적으로 체계화했다. 우리에게도 잘 알려진 제3의 길은 고복지－고부담－저효율로 요약되는 사회민주적 복지국가노선(제1의 길)과 고효율－저부담－불평등으로 정리되는 신자유주의적 시장경제노선(제2의 길)을 지향한 새로운 정책노선으로 시민들의 사회경제생활을 보장하는 동시에 시장의 활력을 높이자는 신노당 프로젝트, 즉 구식의 사회민주주의와 신자유주의로부터의 차별화 전략이었다.

제3의 길에서는 대안으로 적극적 복지(active welfare)를 제시한다. 적극적 복지는 대략 세 가지로 압축된다. 첫째는, 국민들에게 경제적 혜택을 직접 제공하기보다는 인적 자원에 투자하는 복지국가, 즉 사회투자국가로 개편하자는 것이다. 사회투자전략의 대표적 예가 노인 노동력 활용을 위한 고령인구대책과 노동자를 일하게 만드는 데 초점을 둔 실업대책이다. 둘째는, 복지다원주의(welfare pluralism)이다. 복지다원주의란 복지의 주체를 다원화하자는 것인데, 기존의 중앙정부 중심의 복지공급을 지양하고 비영리 부문, 기업, 지방정부 등도 그 주체로 삼자는 게 요지다. 셋째는, 의식 전환이다. 노동자에게도 기업의 벤처정신과 같은 위기대처 정신이 필요하다는 것이다.

복지에 대한 블레어식 접근의 이면에는 복지 지출이 경제적 경쟁력, 즉 성장에 직접적인 부담이 된다는 신자유주의적 가치가 깔려 있으며, 블레어가 강조하는 복지국가의 재편이란 비용 삭감 이외에도 수혜자의 의존 성향을 줄이고 개인의 책임을 강조하는 의지가 함축되어 있다. 그리고 그에게 사회정의는 재분배와 불균등 교정을 강조한 평등주의적 성향이 아니라 최소기준과 기회균등을 확보하는 데 초점을 둔다. 자유시장에 대한 무조건적 신뢰는 아닐지라도, 공공부문과 공공지출 또는 혼합경제에 대한 뿌리 깊은 불신이 엿보인다. 만약 개인이 자유로운 선택을 할 수 있다면, 그 결과가 아무리 불평등하더라도 사회정의가 훼손된 것은 아니며, 정부의 역할은 그런 선택의 기회를 모두에게 보장하는 일에 한해야 한다는 것이다.

결국 제3의 길에서 말하는 적극적 복지는 베버리지(Beveridge)의 지양을 의미한다. 기든스는 베버리지의 5대 악(궁핍, 질병, 무지, 불결, 나태)에 대한 전쟁이 소극적 복지를 중시한 것이라고 본다. 적극적 복지는 베버리지가 제기한 이러한 소극적 요소들을 적극적인 것으로 대체시킨 것이다. 궁핍 대신에 자율성을, 질병 대신에 건강을, 무지 대신에 교육을, 불결 대신에 안녕을, 나태 대신에 진취성을 강조하는 것이다.

2) 국가개입주의

케인즈(J. M. Keynes) 경제이론은 1929년 시작된 세계대공황 이후 20세기 내내 경제학자는 물론 정치인과 공공정책 수립자의 사고에 엄청난 영향을 미쳤다. 자본주의 경제는 국가가 적절히 개입해야만 그 건강성을 유지할 수 있다는 그의 경제관념은 제2차 세계대전 후 복지국가의 이론적 기반이 되었음은 물론 복지국가에 대한 대중의 정치적 지지를 이끌어 내는 데도 결정적인 기여를 했다.

케인즈 이전의 사회민주주의적 평등주의자들은 소득분배의 평등화가 정치사회적으로 옳은 일이긴 하지만 그것이 저축의 감소와 경제 발전의 둔화를 가져온다는 자유주의적 경제이론에 대응할 수 있는 논리가 결여된 상태였는데, 저축의 증대가 오히려 경제 발전의 정체와 실업을 야기한다는 사실을 케인즈가 규명함으로써 자신들의 주장에 상당한 힘을 얻게 되었다. 나아가 케인즈 이론은 보수당 주류들까지 사회적 약자를 위한 국가의 사회복지활동의 확대를 정당한 것으로 받아들이게끔 만들었다.

그리고 케인즈는 소비성향을 증대시키기 위한 소득재분배 정책인 누진과세, 민간투자의 부족을 채우기 위한 공공투자, 화폐 공급을 통제하고 이자율을 인하시키기 위한 화폐정책 등과 같은 고용증진정책을 제시했다. 이 중 사회복지정책과 직접 관련된 것이 소득재분배 정책이다. 자본주의 사회에서 누진과세와 함께 소득재분배를 기하기 위한 가장 대표적 제도가 사회보장이다. 사회보장은 유효수요를 증대시키고, 또 그 수준을 유지하는 데 매우 효과적인 국가정책이다. 바로 여기에 복지국가를 '경제학적으로' 정당화하는 근거가 있다. 이로써 보수적인 사람들도 사회복지를 사회주의가 아니라 자본주의를 강화시키는 제도로 수용하게 되었던 것이다.

3) 신자유주의

신자유주의는 아담 스미스(Adam Smith)와 데이비드 리카도(David Ricardo) 등 고전파 경제학자들의 자유주의 사상을 이어받은 하이예크(F. Hayek)와 프리드먼(M. Friedman)의 자유방임주의적·반복지적 사상을 말한다. 이들의 주장은 국가의 사회복지 정책은 시민을 국가에 예속시키고 시민의 자유를 박탈한다는 것으로 요약된다.

신자유주의를 정치적으로 가장 분명하게 표현한 것이 대처리즘(Thatcherism)이다. 대처리즘은 1979년 영국 경제의 쇠퇴와 사회민주주의의 퇴조 속에서 대처(M. Thatcher)가 이끈 보수당이 집권하면서 출현한 이래 비슷한 시기에 등장한 레이거노믹스와 함께 전 세계를 신자유주의로 휘몰았다.

대처의 집권은 보수당 주류가 사회적 약자에 대한 온정주의적 배려를 중시했던 전통적 보수주의에서 자유시장과 경쟁을 중시하는 시장자유주의로 교체되었음을 뜻했다. 대처를 중심으로 한 보수당의 신 우파는 전후 사회민주주의적 집합주의의 수명이 다했다고 확신했고, 중도정신에 대한 대중의 합의, 즉 전후의 합의정치를 청산해야 한다고 보았으며, 자유시장경제의 복권과 강한 국가의 구축을 도모하였다(Gamble, 1994, 원석조, 2006 재인용).

대처리즘은 "시장은 좋고 정부는 나쁘다"는 것으로 압축된다. 시장은 민간부문과 함께 존중과 고양의 대상이 되었고, 정부는 사회주의, 강한 노조, 복지국가와 짝을 이루어 배척과 청산의 대상이 되었다. 강한 노조는 사회주의의 온상으로 지목되었고 복지국가는 사회주의 이념 확산의 산물로 규정되었다. 반사회주의, 반노조주의, 반복지국가주의가 천명된 것이었다.

반사회주의는 반복지주의이기도 했다. 대처와 보수당에게 복지는 불평등의 완화나 교정을 위한 장치가 아니라 최저생활을 위한 선택주의적 안전망일 뿐이었으며, 국가에 대한 복지수급권을 의미하는 복지권은 국가에 대한 의존성을 키우는 온상이었다. 따라서 책임과 의무를 강조함으로써 복지권은 견제받아야 했고, 복지는 복지권이 아니라 민간부문의 부의 창출 역량, 즉 민간부문에서 창출된 부가 흘러넘쳐 시장을 다 채우고도 남을 경우 이를 사회복지부문에서 사용하는 범람효과(trickle-down effect)에 의존해야 했다(Deakin, 1994, 원석조, 2006 재인용).

대처의 복지국가에 대한 관념은 다음과 같은 세 가지로 정리될 수 있다. 첫째, 요람에서 무덤까지의 복지국가는 비용이 너무 많이 들기 때문에 이제는 복지비를 줄여야 한다. 둘째, 국가책임의 과잉은 개인의 책임의식, 가족과 공동체의 연대의식, 사적 자원의 가치를 약화시키기 때문에 국민 개개인은 자신의 문제는 스스로 책임져야 하며, 국가지원은 극빈층에 대한 사회안전망에 한정되어야 한다. 셋째, 복지윤리는 시장의 위험을 제거하고, 시장의 실패에 대한 쿠션을 제공하며, 열망에의 인센티브를 약화시킴으로써 기업에 해로울 수 있다(Kavanah, 1990, 원석조, 2006 재인용).

4) 마르크스주의

마르크스(K. Marx)가 활동할 무렵인 19세기 중·후반은 1880년대 독일의 비스마르크 사회입법인 근대적인 사회복지정책이 등장하기 전이었다. 따라서 오늘날과 같은 사회복지정책에 대한 마르크스의 정확한 입장은 확인할 길이 없으나 자본주의 체제와 자본주의 국가에 관한 마르크스의 견해로부터 유추해 낼 수 있다. 마르크스에게 자본주의는 프롤레타리아에 의해 지양되어야 할 착취체제였으며, 자본주의 국가는 부르주아지의 계급적 이해를 수호하기 위한 위원회에 불과했다. 따라서 자본주의 국가가 행하는 일체의 활동은 사회주의 혁명에 이로울 리가 없었다. 사회복지정책도 예외가 아니었다. 이 말은 사회복지정책이 비록 노동자계급이나 빈민을 위한 것이라고 하더라도 부르주아 국가가 시행하는 한 구조적으로 부르주아지의 계급 이해에 반하는 것이 될 수 없고, 따라서 노동자계급은 이를 수용해서는 안 된다는 것을 의미한다.

이런 추론은 엥겔스로부터 직접 지도를 받은 독일 사회민주당 지도부가 비스마르크 사회입법에 대해 취한 입장을 통해 확인된다. 1880년대에 도입된 일련의 사회입법에 대해 당시 독일의 사회민주당 지도부는 '실질적으로' 노동자의 생활을 개선할 수 있는 사회보험은 '원칙적으로' 찬성한다고 하면서도 비스마르크의 사회보험은 그 내용이 노동자에 대한 동냥에 불과할 정도로 워낙 조악하기 때문에 반대하지 않을 수 없다고 주장했다(Rimlinger, 1977, 원석조, 2006 재인용). 나아가 그들은 비스마르크 사회보험을 노동자들을 올바른 길에서 이탈시키려는 지배계급의 술수 또는 프롤레타리아트의 혁명성을 무력화시키려는 전술적 책략으로 간주했으며, 자신들의 임무는 바로 이런 음모를 폭로하는 데 있다고 확신했던 것이다.

그리고 마르크스는 그의 생전에 유럽에서 크게 유행했던 이른바 사회개량주의에 대해서도 매우 부정적이었다. 그는 '박애주의자, 인도주의자, 노동자계급 처지 개선론자, 자선사업가 등 잡다하기 그지없는 좀스러운 개혁가'를 부르주아 사회주의자라 불렀고, 이들은 부르주아 사회의 존립을 보장하기 위해 사회적 폐해를 제거하고자 할 뿐이라고 했다. 즉, "물질적 생활상태의 변화를 오직 혁명적 방식으로만 가능한 부르주아적 생산관계들의 철폐로 이해하지 않고, 생산관계들의 토양 위에서 행해지는, 따라서 자본과 임금노동의 관계는 조금도 변화시키지 않으면서 기껏해야 부르주아지의 지배비용을 감소시키고 그들의 국가운영을 간소화시킬 뿐인 행정적 개선으로만 이해"하는 보수적 사회주의자라는 것이다[마르크스 · 엥겔스(1991). 공산당 선언, 원석조, 2006 재인용].

한편 1970년대 들어 월남전, 제국주의, 국가 간 빈부격차, 성차별 등에 대한 좌파적 시각이 힘을 갖기 시작하면서 서구에 마르크스주의가 재연되었다. 이른바 네오마르크스주의자들은 마르크스적 통찰력으로 '복지' 자본주의의 발전을 설명하고자 하였으며, 정치경제학적 입장에서 복지국가를 자본주의의 논리적 발전을 보장하고 사회통제의 억압적 메커니즘으로 작용하는 것으로 간주했다(Lee & Raban, 1988, 원석조, 2006 재인용).

이들은 정치 · 경제학적 입장에서 복지국가를 비판했는데, 자본주의 국가의 사회복지를 자본가계급과 국가가 장차 노동자계급에 의해 제기될 자본에 대한 잠재적 위협을 선제 제압하고 규제하기 위해, 즉 자본축적의 원활화와 방해요소의 제거를 위한 '장기적 포석'으로, 그 도입에 동의하고 경우에 따라서는 주도적으로 그것을 추진한 결과라고 본 자본논리론, 바리케이드가 아니라 의회를 통한 노동자계급의 정치적 투쟁의 성과물로 간주한 계급투쟁론, 복지국가의 재정 위기를 국가의 자본축적 기능(이윤극대화를 위한 경제정책)과 정당화 기능(사회적 조화를 위한 사회복지정책) 간의 모순으로 해석한 복지국가모순론이 대표적이다.

5. 사회복지의 실천영역

후기 산업화 사회에서 기술, 경제적 기반, 사회적 양식들 그리고 사람의 생활방식들은 극적인 변화를 경험하고 있다. 현대인들은 가족들이나 친척들로부터 멀리 떨어진 채 생활하고 있으며, 종종 이웃조차도 누구인지 모른 채 살아가고 있다. 즉, 과거에 비해 더 많은 사람들과 지역들을 경험하고 있지만 살고 있는 지역사회에 대한 지식이나 관련 내용들에 대해서는 거의 모르고 살아가고 있다. 빠르게 변화하는 사회에서는 이전부터 존재하던 사회문제들이 심화되고 있으며, 노숙자의 증가, 범죄율의 상승, 반복되는 에너지 위기, 테러 그리고 환경파괴 등의 새로운 문제들이 나타나고 있다(Zastrow, 2004). 이러한 사회 속에서 사회복지가 감당해야 할 영역들은 다음과 같이 다양하게 존재한다.

- 부모가 없는 아동들을 위해서 가정을 만들어 주기
- 알코올과 마약에 중독된 사람들을 재활하도록 돕기
- 정서적인 어려움에 빠진 사람들을 다루기
- 노년기의 삶을 보다 의미 있게 만들어 주기
- 신체적 또는 정신적 장애를 가진 사람들에게 직접 재활서비스를 제공하기
- 가난한 사람들의 재정적 욕구를 충족시키기
- 범법행위를 한 청소년과 성인들의 재활을 돕기
- 차별과 압박의 모든 유형들을 끝내기

- 맞벌이 부부를 위한 아동보호서비스를 제공하기
- 아동학대와 배우자 학대를 포함하는 가족 내의 폭력에 대항하기
- 건강 그리고 법적 응급상황에 처한 사람들의 재정적 욕구를 채우기
- 개인적 그리고 사회적 어려움을 경험하는 개인들이나 집단들을 상담하기
- AIDS에 걸린 사람들과 그의 가족 그리고 친구들에게 서비스를 제공하기
- 모든 연령의 집단들에게 재창조 기회와 여가시간을 제공하기
- 인지장애나 정서장애를 가진 아동들을 위한 사회화 교육을 제공하기
- 화재와 태풍과 같은 신체적 재난을 당한 가족을 돕기
- 집 없는 사람들을 위한 적절한 주거공간을 제공하기
- 모든 아동들과 성인들의 정상적인 성숙과 발달을 제공하고 향상시키는 프로그램을 제공하기
- 미숙련자와 실업자를 대상으로 직업훈련과 고용기회를 제공하기
- 인종이 다른 외국인 노동자와 소수 민족들의 특별한 욕구를 충족시키기
- 개인, 집단, 가족, 조직, 지역사회가 그들이 소속된 환경을 향상시키도록 역량을 강화하기

참고문헌

원석조(2006). 사회복지정책론. 경기 : 공동체.

______(2005). 사회복지개론. 경기 : 양서원.

이용교(2005). 디지털 사회복지개론. 서울 : 인간과복지.

장인협 · 이혜경 · 오정수(1999). 사회복지학. 서울 : 서울대학교출판부.

최성균 외(2005). 사회복지개론. 서울 : 대왕사.

최일섭 · 최성재(1995). 사회문제와 사회복지. 경기 : 나남출판.

현외성 외(1993). 사회복지학의 이해. 서울 : 유풍출판사.

GilBert, N., & Terrell P.(2002). *Dimensions of Social welfare Policy*. MA : Allyn & Bacon.

Wilensky, H. L., & Lebeaux, Charles, N.(1963). *Industrial Society and Social Welfare*. New York : Free Press.

Zastrow, C.(2004). *Introduction to Social Work and Social Welfare*(8th ed.). Belmont : Books/ Cole-Thomson Learning.

제2장

사회복지의 가치와 윤리

1. 사회복지의 가치

1) 사회복지의 가치 개념

사회복지실천의 3대 요소는 지식, 기술, 가치이다. 가치란 믿음 또는 신념, 사회구성원들이 좋거나 바람직하다고 여기는 것을 말하며, 우리 삶에 있어 중요한 것, 선한 것, 긍정적인 것들을 의미한다. 대부분의 사람들은 가치기준에 따라 자신의 행동을 결정하며 타인들에게도 그와 같이 행동하기를 기대한다. 예를 들어, 돈과 소비가 중요한 가치라고 생각하는 사람은 그 가치에 근거하여 일상생활을 하며, 좋은 인간관계에 가치를 두는 사람이라면 매일 그에 상응하는 행동을 할 것이다. 사람은 누구나 다른 가치체계를 가지고 있으며, 특별한 가치에 비중을 두는 정도나 무게의 차이는 사람마다 다르다. 사회복지실천의 많은 문제들은 가치에 따른 의사결정과 폭넓게 관련되어 있으며, 사회복지실천 행동은 가치에 기반을 둔 결정에 좌우된다.

가치는 경험적인 방법으로는 인식할 수 없는 것을 의미하는 다소 포괄적인 의미와 악(evil)과 무가치(disvalue)의 반대 의미로 좋은 것(good) 혹은 소중한 것(valuable)을 의미하는 다소 좁은 의미, 두 가지 의미로 사용된다. 한편 펌프리(Pumphrey, 1959)에 의하면, 개인의 가치는 개인이나 사회집단이 선택한 선호적 행동의 공식화이다. 이는 종종 인간의 삶에 관련된 특정한 수단과 목적 그리고 조건에 관한 보편적 선호를 의미한다.

사회복지의 가치 분류는 개인적 가치, 사회적 가치, 전문직 가치, 사회복지실천기관의 가치, 클라이언트의 가치로 분류된다(오혜경, 2005). 첫째, 개인적 가치는 가족, 문화, 사회의 가치에서 비롯된다. 또한 개인적 가치는 종교적 · 문화적 가치로부터 강력한 영향을 받기 때문에 각 개인의 환경에 따라 다르게 형성될 수 있다. 그러므로 동일한 사회복지사라도 자기에게 주어진 상황이나 문제에 따라 서로 상반된 가치를 보여줄 수 있다.

둘째, 사회적 가치는 개인적 가치에 영향을 미치며 시대의 변화에 따라 변하는 특성이 있다. 이는 그 사회의 일반화된 정서적 공감대를 반영하는 것으로 역사적으로 형성되었으며 경험에서 비롯된다.

셋째, 사회복지전문직의 가치로서 모든 전문직은 실천가에게 목적과 의미 그리고 방향을 설정해 주는 전문적 가치를 가지고 있다. 전문직의 가치는 그 사회의 가치와 크게 다르지 않다. 전문직의 가치는 인간에 대한 믿음, 목적, 목적을 달성하기 위한 방법, 삶의 조건들을 포함한다. 여기에서 말하는 전문직 가치는 사회복지사 개인의 가치(personal value)와 종종 상충되어 윤리적 갈등을 초래한다. 물론 경우에 따라서는 사회적 가치(social value)와도 충돌되는 경우도 있다. 전문직으로서의 가치가 중요한 이유는 바람직한 사회복지실천을 위해서는 전문가의 풍부한 사회복지 지식과 균형 잡힌 사회복지 가치관이 원동력이 되기 때문이다.

넷째, 사회복지실천기관의 가치는 기관의 실천활동에 영향을 받는다. 종교법인에서 운영하는 사회복지기관들은 낙태에 대해 반대의 입장을 가지는 등 종교적인 가치기준을 가지고 있다.

다섯째, 클라이언트 가치는 가족의 가치, 종교적인 가치, 문화적이고 사회적인 가치의 영향을 받는다. 사회복지사는 클라이언트의 가치에 대해 이해하도록 노력해야 한다.

여러 학자들이 제시하고 있는 사회복지의 핵심 가치는 다양하지만 다음과 같은 공통된 특성을 가지고 있다. 사회복지에서 인간의 존엄성과 개인의 독특성, 클라이언트의 자기결정권, 비밀보장과 사생활 보장, 개인의 잠재력을 개발할 수 있는 기회 제공, 개인이 갖는 공통된 인간의 욕구를 충족시키는 것, 인간의 기본 욕구를 충족시킬 적당한 서비스와 자원의 제공, 클라이언트 임파워먼트(empowerment), 평등한 기회, 다양성 존중, 사회문제 예방과 치료를 위한 노력, 그리고 전문 지식과 기술을 다른 사람들과 함께 공유하고 교육하는 것이 자주

언급되는 핵심 가치이다.

전문직의 발전과 함께 사회복지사들은 지식과 추상적인 가치를 현실에 적용함으로써 경험과 지식의 기반을 확장시켜 왔으며 이는 점차 발전되어 실천현장의 지침과 원칙이 되었다. 이러한 원칙들은 문제의 원인과 양상, 문제해결능력, 달성해야 할 목표, 전문적 관계의 자질, 원조과정의 요소, 클라이언트와 사회복지사의 역할, 집단지도자의 역할, 인간의 성장과정에 대한 요소 등이 될 수 있다. 사회복지실천에서 일반적으로 중요시되는 주요 가치들을 재스트로(Zastrow, 1995)는 다음과 같이 제시하고 있다.

① 인간의 존엄성과 개인의 독특성을 존중한다. 모든 인간은 가치체계, 성격, 삶의 목표, 경제적 자원, 정서적·신체적 능력, 자아개념, 가족관계 등 다양한 측면에서 독특한 존재이다. 사회복지사는 클라이언트의 상황에 대한 독특성을 인정하고 존중해야 한다. 개별성은 사회복지실천의 기본 가치이다. 개별성은 클라이언트의 가치와 목적, 행동양상, 성격 특성이 사회복지사와 유사하다면 상대적으로 수용하기 쉽다. 그러나 사회복지사의 입장에서 클라이언트의 행동을 수용하기 어려울 때 개별성을 인정하기는 쉽지 않다.

② 클라이언트의 자기결정권을 존중한다. 자기결정은 클라이언트가 사회복지실천과정의 참여 여부를 결정하는 것이다. 자유선택과 자기결정을 방해하는 것은 치료관계를 손상시키고 클라이언트의 문제해결능력을 약화시킬 수 있다. 특히 클라이언트를 위해 사회복지사가 모든 결정을 한다면 클라이언트에게 의존성과 자기패배감을 가져올 수 있다. 자기결정의 의미는 클라이언트의 문제해결에 대한 책임이 클라이언트에게 있다는 것이다.

③ 비밀보장을 한다. 비밀보장은 전문가와 클라이언트의 관계에서 전문가가 클라이언트의 정보에 대한 비밀을 보장한다는 뜻이다. 비밀보장의 원칙으로 인하여 클라이언트의 동의 없이 비밀을 노출하거나 피해가 있을 경우 전문가는 법적인 제재를 받을 수 있다.

④ 기타의 가치들로서 잔여적 대책이 아닌 제도적 대책을 지향함, 클라이언트와 전문적 관계를 맺음, 사회적·경제적 정의를 추구함, 서비스의 단위

로 가족에게 초점을 둠, 서비스의 사회적 책임성을 지향함 등이 있다.

그 외 헵워스와 라슨(Hepworth & Larsen, 1990)은 사회복지실천의 기반이 되는 주요 가치 등을 다음과 같이 설명하였다.

① 사람은 기본적으로 스스로 선택하고 결정할 수 있는 능력을 가지고 있다. 인간의 삶은 어느 정도 환경의 지배를 받지만 자신의 삶을 영위하기 위해 스스로 결정할 수 있는 자유와 책임을 가지고 있다.

② 사회복지사는 클라이언트가 최대한의 독립성을 성취하도록 돕는다. 클라이언트는 사회복지사가 독립성을 고취시킬 때 강해질 수 있다.

③ 인간은 새로운 행동을 배울 수 있는 능력을 가지고 있다. 사회복지사는 클라이언트의 변화와 성장 가능성을 믿고 그들의 강점을 개발할 수 있도록 돕는다.

④ 현재 생활상의 문제가 과거의 인간관계에서 기인하였다 할지라도 강점관점으로 평가하며 극복기술을 사용하도록 하여 현재의 문제 해결에 중점을 두도록 한다.

⑤ 생활상의 문제는 대부분 지식의 부족이나 극복기술의 미숙에서 기인한다. 지식과 새로운 기술의 습득을 통해 문제해결뿐만 아니라 개인적인 성장을 가져올 수 있다.

⑥ 클라이언트의 문제들은 개인적이고 인간관계에서 기인한 문제라기보다 사회적이고 체계적인 문제이다. 따라서 효과적인 전략을 학습함으로써 다양한 체계를 변화시킬 수 있다.

2) 사회복지실천과 가치갈등

사회복지를 선택한 대부분의 사회복지사는 자신이 선택한 사회복지전문직의 가치와 개인적인 가치가 일치할 것이다. 그러나 종종 자신의 개인적 가치가 기관의 가치 또는 클라이언트의 가치와 일치하지 않을 수도 있다. 따라서 사회복지사들은 다양한 가치선호에 따라 도덕적 · 정치적 이슈에 대해 융통성을 가져야 한다. 사회복지사들은 자신과 다른 가치관을 가진 클라이언트와 사회복지사에 대해서도 조화를 이룰 수 있어야 한다.

사회복지의 가치와 윤리에 대해 학문적으로 토론하는 것이 흥미가 없을 수도 있지만 이는 예비 사회복지사들이 현장에서 가장 쉽게 직면하는 갈등일 수 있다. 사회복지사나 예비 사회복지사들이 사회복지실천현장에서 개인의 가치와 사회복지전문직의 윤리와 가치갈등에 직면하게 되는 예는 다음과 같다.

첫째, 클라이언트의 자기결정권에 관한 윤리적 문제이다. 도움을 요청하는 클라이언트에게 자기결정권을 부여한다는 것은 인간 모두에게 있는 자율권과 자유권의 보장을 의미한다. 그러나 클라이언트의 결정이 다른 사람이나 기관 및 사회에 불이익을 가져올 위험성이 높다고 판단될 때, 사회복지사는 클라이언트의 자기결정권의 행사를 어느 범위까지 한정시켜야 할지 윤리적 갈등상황에 빠지게 된다.

둘째, 비밀보장은 기본적인 윤리원칙이므로 클라이언트가 말한 내용은 다른 사람에게 공개되어서는 안 된다. 그러나 예외가 있다. 클라이언트가 범법행위를 하여 법의 심판을 받게 될 경우 법이 원하는 범위 내에서 클라이언트와의 대화내용을 공개해야 한다.

셋째, 사회복지사와 클라이언트가 서로 상충되는 기대를 갖게 될 때 사회복지사는 갈등상황에 놓이게 된다(양옥경, 2001).

사회복지는 가치와 지식과 기술의 창조적인 총합이다. 인간을 원조하기 위한 사회복지실천현장에서 이러한 가치와 지식 그리고 기술을 적절하고 창조적으로 병합하기 위해서는 사회복지사의 자질이 필요하다. 사회복지사의 자질은 세 가지의 요소를 잘 조화시키는 것뿐만 아니라 사회복지사 자신의 가치, 클리이언트의 가치, 기관의 가치도 고려해야 한다. 사회복지사는 상황에 따라 상호작용하는 기술과 지식의 적용이 필요하다. 개인에 따라 처한 상황과 도움의 영역이 다르듯이 가치와 지식, 기술을 사용하는 것도 달라져야 한다. 이러한 것들을 지도하는 교과서나 표준화된 과정들은 없지만 상황에 따라 접근하는 일반적인 방법들은 알려져 있다. 결론적으로 사회복지실천은 가치와 지식 그리고 기술의 창조적인 측면에서 접근할 수 있다. 창조적인 면은 '사회사업의 예술(art of social work)'이라고 표현하며, 이는 '사회사업 과학(science of social work)'과 반대되는 개념이다. 사회복지의 과학적인 측면과 예술적인 측면은 갈등관계가 아니고 상호 보완적이다. 전문적인 사회복지실천은 과학과 예술 사회복지의 가치, 지식 그리고 기술이 복합된 것이다.

2. 사회복지의 윤리

1) 사회복지 윤리의 개념

윤리와 가치의 차이점을 보면, 가치는 보다 추상적이며 무엇이 좋고 바람직한가와 관련되고, 윤리는 무엇이 옳고 그른가에 관한 것이다. 즉, 가치는 일종의 신념이며 선택이다. 윤리는 실질적인 결정을 내릴 때 필수적인 것으로, 옳고 그른 행동에 대한 사회적 태도를 결정할 때 지침이 된다. 결론적으로 윤리는 옳고 그름을 나타내는 판단기준이며 인간이 마땅히 여겨야 할 도리이다. 또한 사람들이 추구하는 가치를 일관되게 행동하도록 지시하는 행동규범으로서 윤리적 판단에 따른 행동을 수행하기 위해서는 규범이 되는 기준이 필요하다. 사회복지사는 전문적 기본 가치에 기초해 다양한 윤리적 책임을 지게 된다.

(1) 사회복지 윤리학의 개념과 범위

사회복지 가치 및 윤리와 관련된 연구분야는 통일된 명칭은 없으며 연구자에 따라 각각 사회복지 가치 및 윤리, 사회복지 윤리학, 사회복지 윤리와 철학 등 다양하게 불리고 있다. 레비(Levy, 1976)의 정의에서 사회복지 윤리는 다양한 배경을 지닌 사회복지사들이 자신이 행하는 복잡한 실천분야에서 직면할 수 있는 다양한 윤리적 쟁점에 대하여 올바른 판단을 내릴 수 있도록 하는 체계적인 준거틀이다. 로웬버그와 돌고프(Loewenberg & Dolgoff, 1996)는 사회복지 윤리란 사회복지 실무자로 하여금 무엇이 윤리적으로 올바른 실천방법인가를 인식할 수 있게 도와주며, 전문적인 사회복지실천 상황에서 초래되는 윤리적 측면과 관련된 올바른 실천행위를 결정하고 행동에 옮길 수 있는 방법이라고 본다. 이러한 측면에서 볼 때 일반적 인간관계의 윤리와 전문적 윤리를 비교하면, 일반적 윤리가 모든 인간을 동등하게 존중한다면 전문적 윤리는 모든 인간을 동등하게 존중하나 우선순위가 클라이언트의 보호에 있어야 한다.

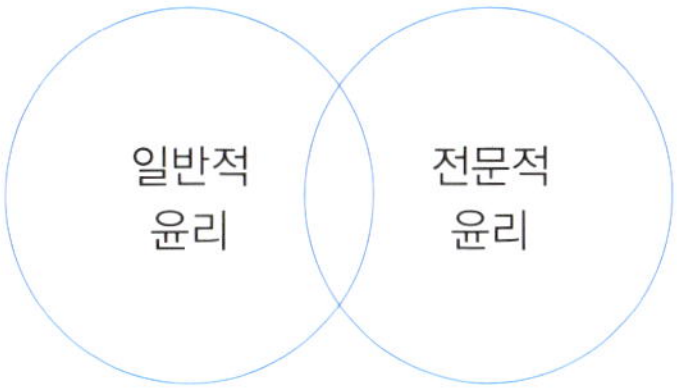

| 그림 2-1 | 일반적 윤리와 전문적 윤리의 관계

(2) 윤리적 고찰

사회복지사는 사회복지에 대한 전문지식을 바탕으로 서비스를 제공하는 전문직업이다. 따라서 전문직으로서의 윤리를 교육받고 규정을 지키는 것은 중요한 과정이다. 윤리적 고찰은 윤리적 함축, 법적인 면, 도덕적·전문적 판단 등 세 가지 관점에서 조명될 수 있다(서홍란·이경아, 2001).

① 윤리적인 함축(Ethical Implications)

전문활동을 펼치는 과정에서 윤리적인 함축을 고찰할 때 사회복지사는 다음 여섯 가지 사항을 항상 기억해야 한다.

㉠ 사례에 적용될 수 있는 모든 윤리원칙들을 신중히 고려해야 한다.
㉡ 법적인 책임과 의학적 고찰에 필요한 모든 변수는 조명되어야 한다.
㉢ 비밀보장은 사회복지사의 중요한 관심영역이며, 이 원칙 때문에 사회복지사는 빈번한 임상적 딜레마에 빠지게 된다.
㉣ 비밀누설이 첫 번째로 정당화될 수 있는 이유는 클라이언트가 자신이나 타인의 생명에 위험이 있을 때이다.
㉤ 사회복지사는 지역사회의 도덕적·사회적 규약을 존중해야 한다.
㉥ 사회복지사는 자신들의 능력과 한계성을 인식하고 냉철하게 평가해야 한다.

② 법적인 면(Legal Aspects)

사회복지사가 하는 일들 중에 법의 통제를 받고 있는 활동이 있는지 혹은 없는지를 법적인 면에서 조명해야 한다. 예를 들면, 사회복지사는 특정 업무 요청에 대한 활동을 하기 위해, 자신이 자격이 되는지 면허증 소지 여부 등을 점검해야 한다. 사회복지사가 자신의 자격범위를 벗어나 활동을 할 경우 이것은 비윤리적일 뿐만 아니라 불법행위이다.

③ 도덕적 · 전문적인 판단(Moral-Professional Judgements)

도덕적 · 전문적인 판단은 개개인의 사회복지사가 갖고 있는 가치체계와 관련 있다. 바커(Barker, 1988)는 가치가 그 시대의 문화, 집단, 사람들이 바람직하다고 생각하는 '관습, 기준, 원칙'이라고 설명했다. 가치는 인간이 적절한 행동을 선택할 수 있도록 지침(guide) 또는 기준(criteria)을 제공하기 때문에 가치함유적인 전문직에 종사하는 사회복지사에게 중요한 잣대로 작용한다. 가치가 바람직한 행동을 선택하는 데 큰 도움을 주지만, 가치에 따른 결정과 행동이 항상 바람직한 결과를 가져오는 것은 아니다. 예를 들면, 사회복지사가 사회복지의 핵심 가치인 클라이언트의 비밀보장을 철저히 지킨 결과, 타인의 생명에 위험을 주는 비극을 초래할 수도 있다.

따라서 사회복지사는 사회복지실천현장에서 윤리적 원칙과 적절한 법적 문제에 적용할 수 있는 전문지식이 필요하다. 그러나 지식이 풍부하다고 해도 윤리적 갈등은 언제나 존재할 수 있다. 따라서 사회복지사는 실천현장에서 효율적으로 적응하기 위해서 법과 윤리적 원칙에 대한 지식을 쌓는 것이 중요하다. 만약 윤리적 갈등이 있을 경우 사회복지사는 사려 깊은 조사, 의뢰, 원칙에 입각한 결정을 내려야 할 것이다.

2) 사회복지실천의 윤리적 갈등 문제

사회복지실천에서 윤리와 가치 문제를 중요하게 다루는 것은 윤리적 원칙(ethical

principle)이 가치를 기반으로 하기 때문이다. 따라서 가치에 기반을 두지 않은 규칙이나 원칙은 윤리적 규칙(ethical rule)이 아닐 수 있다.

사회복지실천과정에서 사회복지사는 종종 윤리적 결정을 내려야 하는 상황에 직면하게 된다. 이러한 윤리적 결정은 사회복지사로 하여금 때때로 윤리적인 딜레마에 빠지게 한다. 왜냐하면 각 체계는 개인의 특성 · 가치 · 주요 과제 · 체계수준 등이 각각 다르게 연계되어 있기 때문이다.

다음은 윤리적 문제의 주요 발생원인에 관한 것이다(Dolgoff, Loewenberg, & Harrington, 2005).

(1) 상충된 가치(Competing Values)

사회복지사가 두 개 또는 그 이상의 경쟁적인 가치와 직면했을 때 윤리적 딜레마에 빠진다.

(2) 상충된 의무(Competing Loyalties)

기관에 대한 의무와 클라이언트에 대한 의무가 상충된 상황에서 사회복지사는 갈등을 경험한다. 예를 들면, 사회복지사의 소속 기관의 정책과 목표가 클라이언트의 이익과 갈등관계에 있으면 사회복지사는 윤리적 딜레마에 빠진다.

(3) 다수의 클라이언트 체계(Multiple Client System)

하나 이상의 복잡성을 가진 클라이언트 체계와 일할 때 발생하는 윤리적인 딜레마를 의미한다.

(4) 결과의 모호성(Ambiguity)

윤리적 결정의 장기적인 효과성이 모호할 때 사회복지사는 선택의 딜레마에 직면한다.

(5) 힘의 불균형(Power Imbalance)

사회복지사와 클라이언트의 관계에서 힘의 불균형이 일어나는 것은 사실이며, 이러한 상황이 윤리적 딜레마를 가져온다. 왜냐하면 클라이언트는 도움을 요청하는 위치에 있기 때문에 전문가에게 의존하는 상하관계가 형성되기 쉽다. 사회복지사들이 클라이언트의 자기결정권, 클라이언트 이익 최우선, 의사결정에서의 클라이언트 참여에 높은 가치를 두지만 사회복지실천과정에서 이를 충분히 반영하지 못할 경우가 있다. 특히 클라이언트의 기능이 손상된 경우 중요한 결정과 선택을 전문가에게 의존함으로써 클라이언트는 그들의 자유와 알 권리를 포기하는 경우가 생긴다.

3) 윤리적 딜레마(Ethical Dilemmas)

사회복지사는 클라이언트의 자기결정권을 존중해 줌으로써 클라이언트의 주체성을 회복하도록 도와야 하지만 때로 한계에 부딪힌다. 클라이언트의 수용능력에 따라, 법과 윤리에 따라, 혹은 사회복지기관의 기능에 따라 제한을 받게 되며, 사회복지사는 클라이언트의 자기결정권과 그 한계 사이에서 윤리적인 딜레마를 경험하게 된다. 다음은 로웬버그와 돌고프의 윤리적 결정을 위한 원칙의 순위이다.

생명보호의 원칙
평등과 불평등의 원칙
자율성과 자유의 원칙
최소한 손실의 원칙
삶의 질의 원칙
사생활 보호 및 비밀보장의 원칙
진실성과 정보개방의 원칙

| 그림 2-2 | 윤리적 원칙의 순위

(1) 생명보호의 원칙

인간의 생명보호는 클라이언트를 비롯한 모든 사람들에게 적용된다. 이 원칙은 다른 여러 의무나 원칙들에 우선하여 발생한다. 생명의 권리는 모든 권리 중에서 가장 기본적인 것이며, 만약 생명의 권리가 침해되면 어느 누구도 다른 권리를 누릴 수 없다.

(2) 평등과 불평등의 원칙

평등과 불평등의 원칙은 모든 사람들은 평등하게 처우되어야 하나, 사례의 특성에 따라 다르게 처우될 수도 있음을 말한다. 이 원칙이 적용되는 대표적인 사례는 아동학대의 상황이다. 학대받은 아동은 성인과 동등한 위치에 있지 않기 때문에 학대하는 성인에 대한 비밀보장과 자율성의 원칙은 아동을 보호하는 의무에 비해 낮은 순위를 차지한다.

(3) 자율성과 자유의 원칙

사회복지사는 개인의 자율성과 독립성 그리고 자유를 확장시키는 실천적 결정을 해야 한다. 자유가 비록 매우 중요한 가치라 하여도 자신이나 다른 사람의 생명이 갖는 중요성보다 우선할 수 없다. 개인이 어떠한 결정을 하든 그것은 자신의 자율적인 권리이지만, 자신 혹은 다른 사람을 해칠 수 있는 결정은 그 어느 누구에게도 설득력이 없다. 클라이언트가 이러한 결정을 한다면 사회복지사는 이에 개입해야 할 의무가 있는데, 그 이유는 원칙 3보다 원칙 1이 앞서기 때문이다.

(4) 최소한 손실의 원칙

사회복지사는 항상 최소한의 손실, 즉 가장 쉽게 회복 가능한 손실이 초래될 수 있는 대안을 선택해야 한다.

(5) 삶의 질의 원칙

사회복지사는 지역사회뿐만 아니라 개인들과 모든 사람들의 삶의 질을 보다 향상시키는 기회를 선택해야 한다.

(6) 사생활 보호 및 비밀보장의 원칙

사회복지사는 모든 사람들의 사생활 보호의 권리를 신장시키는 실천적 결정을 해야 한다. 비밀을 누설하지 않고 유지하는 것은 이 의무를 지킨 직접적인 결과이다.

(7) 진실성과 정보개방의 원칙

사회복지사는 클라이언트와 다른 사람들에게 진실을 말하고, 필요시 모든 관련 정보를 충분히 개방하는 것을 허용하는 실천적 결정을 해야 한다.

4) 전문가 윤리강령

전문가 윤리강령이 오늘날 사회복지사들이 필요한 모든 대답을 제공하는 것은 아니지만 윤리강령은 사회복지실천과정에서 부딪히는 다양한 윤리적 결정을 내리는 데 일반적 원칙과 큰 테두리를 제공한다. 따라서 전문가 윤리강령은 사회복지사업 실천과정에서 윤리적 결정의 출발점이 되고 있다.

사회복지실천과정에서 사회복지사는 각기 다른 상황에서 다양한 윤리적 결정을 내려야 하고, 윤리적 딜레마에 직면하게 되지만 인간존엄에 대한 기본적인 존중, 평등한 기회에 대한 신념, 사회변화에 대한 의지 등의 보편적 · 공통적 가치를 기반으로 윤리적 결정이 내려진다면 보다 인간다운 사회복지실천이 이루어질 것이다. 영국의 경우 1975년 영국사회복지사 협회가 윤리강령을 발표하였으며, 클라이언트의 출신, 지위, 성별, 연령, 신념, 사회적 공헌도 여하를 막론하고 인간의 가치와 존엄성을 강조하고 있다. 미국의 경우 1955년 미국사회복지사협회(NASW : National Association of Social Workers)를 결성하여 1986년 윤리강령을 발표하고 다음의 여섯 가지 영역에서 지침을 제시하고 있다.

① 전문인으로서의 자신의 행동과 태도에 대한 책임(responsibility to conduct and comportment)

② 클라이언트에 대한 책임(responsibility to clients)

③ 동료에 대한 책임(responsibility to colleagues)

④ 고용주에 대한 책임(responsibility to employers)

⑤ 전문직에 대한 책임(responsibility to the professions)

⑥ 사회에 대한 책임(responsibility to society)

NASW 윤리강령의 목적

- 사회복지의 임무는 핵심 가치를 기반으로 한다.
- 사회복지 전문직의 핵심 가치를 반영하며, 사회복지실천을 이끄는 데 사용되는 일련의 특정 윤리기준을 수립하는 총괄적인 윤리원칙을 요약한다.
- 전문직 의무에 갈등이나 윤리적 불확실성이 발생할 때 사회복지사가 적절한 고려사항을 규정하는 것을 돕기 위한 목적으로 제정되었다.
- 일반대중이 사회복지전문직의 책임으로 간주할 수 있는 윤리기준을 제공한다.
- 사회복지에 대한 임무, 가치, 윤리기준, 윤리원칙에 생소한 사회복지사에게 지침을 제공한다.
- 사회복지전문직 자체에서 사회복지사가 비윤리적인 행위를 했는지에 대한 여부를 사정하는 데 사용되는 기준을 규정한다.

5) 한국사회복지사 윤리강령

우리나라에서는 1970년대부터 사회복지사 윤리강령 제정의 필요성이 논의되어 오다가 한국사회복지사협회에서 시안을 마련해서 1988년 채택 · 공포되었고, 1992년에 개정 · 공포되었으며, 2001년 다시 개정되었다. 우리나라 윤리강령은 사회복지사가 실천과정에서 직면한 윤리적 결정을 내려야 할 때 적용할 수 있는 구체적 지침을 제공하고 있지는 않지만, 모든 사회복지사가 윤리적 선택을 해야 하는 광의의 테두리를 제공하고 있다.

사회복지 이념은 사회의 안정과 번영을 위하여 정의, 평등, 자유, 민주의 가치를 바탕으로 모든 사회성원들이 인간의 존엄성을 유지하면서 자기실현을 할 수 있도록 사회 전체가 공동으로 책임을 진다는 철학을 기본으로 한다. 위의 이념을 구현하기 위하여 사회복지사는 개인, 가족, 집단, 조직, 지역과 같은 복지대상에게 사명을 다하기 위하여 다음의 윤리강령을 준수한다.

3. 한국사회복지사 윤리강령

사회복지 이념은 사회의 안정과 번영을 위하여 정의, 평등, 자유, 민주의 가치를 바탕으로 모든 사회구성원들이 인간의 존엄성을 유지하면서 자기실현을 할 수 있도록 사회 전체가 공동으로 책임진다는 철학을 기본으로 한다. 위의 이념을 구현하기 위해 사회복지사는 미시적인 관점에서 개인, 가족, 집단, 조직, 지역을 대상으로 직접실천을 하거나, 거시적인 관점에서 사회제도적 개선과 관련된 제반 활동에 적극적으로 개입하는 간접실천을 한다. 사회복지사들은 사회복지실천에 있어 반드시 윤리강령을 존중하며 준수해야 한다. 2001년에 개정된 사회복지사 윤리강령에서는 서문과 기본적 윤리기준, 클라이언트의 윤리기준, 동료에 대한 윤리기준, 사회에 대한 윤리기준, 기관에 대한 관리기준, 윤리위원회 구성과 운영에 관한 부분으로 구분되어 있다.

1) 사회복지사의 기본적 윤리기준

(1) 전문가로서의 자세

① 사회복지사는 전문가로서의 품위와 자질을 유지하고 자신이 맡고 있는 업무에 대해 책임을 진다.

② 사회복지사는 클라이언트의 종교, 인종, 성, 연령, 국적, 결혼상태, 성 취향, 경제적 지위, 정치적 신념, 정신·신체적 장애, 기타 개인적 선호, 특징, 조건, 지위를 이유로 차별대우를 하지 않는다.

③ 사회복지사는 전문가로서 성실하고 공정하게 업무를 수행하며, 이 과정에서 어떠한 부당한 압력에도 타협하지 않는다.

④ 사회복지사는 사회정의 실현과 클라이언트의 복지증진에 헌신하며, 이를 위한 환경조성을 국가와 사회에 요구해야 한다.

⑤ 사회복지사는 전문적 가치와 판단에 따라 업무를 수행함에 있어 기관 내외로부터 부당한 간섭이나 압력을 받지 않는다.

⑥ 사회복지사는 자신의 이익을 위해 사회복지전문직의 가치와 권위를 훼손해서는 안 된다.
⑦ 사회복지사는 한국사회복지사협회 등 전문가 단체 활동에 적극 참여하여 사회정의 실현과 사회복지사의 권익옹호를 위해 노력해야 한다.

(2) 전문성 개발을 위한 노력

① 사회복지사는 클라이언트에게 최상의 서비스를 제공하기 위해 지식과 기술을 개발하는 데 최선을 다하며, 이를 활용하고 전파할 책임이 있다.
② 클라이언트를 대상으로 연구하는 사회복지사는 저들의 권리를 보장하기 위해 자발적이고 고지된 동의를 얻어야 한다.
③ 연구과정에서 얻은 정보는 비밀보장의 원칙에서 다루어져야 하고, 이 과정에서 클라이언트는 신체적・정신적 불편이나 위험・위해 등으로부터 보호되어야 한다.
④ 사회복지사는 전문성을 개발하기 위해 노력하되, 이를 이유로 서비스의 제공을 소홀히 해서는 안 된다.
⑤ 사회복지사는 한국사회복지사협회 등이 실시하는 제반 교육에 적극 참여하여야 한다.

(3) 경제적 이득에 대한 태도

① 사회복지사는 클라이언트의 지불능력에 상관없이 서비스를 제공해야 하고, 이를 이유로 차별대우를 해서는 안 된다.
② 사회복지사는 필요한 경우에 제공된 서비스에 대해 공정하고 합리적으로 이용료를 책정해야 한다.
③ 사회복지사는 업무와 관련하여 정당하지 않은 방법으로 경제적 이득을 취하여서는 안 된다.

2) 사회복지사의 클라이언트에 대한 윤리기준

(1) 클라이언트와의 관계

① 사회복지사는 클라이언트의 권익 옹호를 최우선의 가치로 삼고 행동한다.
② 사회복지사는 클라이언트에 대한 인간으로서의 존엄성을 존중해야 하며, 전문적 기술과 능력을 최대한 발휘한다.
③ 사회복지사는 클라이언트가 자기결정권을 최대한 행사할 수 있도록 도와야 하며, 저들의 이익을 최대한 대변해야 한다.
④ 사회복지사는 클라이언트의 사생활을 존중하고 보호하며, 직무수행과정에서 얻은 정보에 대해 철저하게 비밀을 유지해야 한다.
⑤ 사회복지사는 클라이언트가 받는 서비스의 범위와 내용에 대해 정확하고 충분한 정보를 제공함으로써 알 권리를 인정하고 존중해야 한다.
⑥ 사회복지사는 문서와 사진 및 컴퓨터 파일 등의 형태로 된 클라이언트의 정보에 대해 비밀보장의 한계, 정보를 얻어야 하는 목적 및 활용에 대해 구체적으로 알려야 하며, 정보공개 시에는 동의를 얻어야 한다.
⑦ 사회복지사는 개인적 이익을 위해 클라이언트와의 전문적 관계를 이용하여서는 안 된다.
⑧ 사회복지사는 어떠한 상황에서도 클라이언트와 부적절한 성적 관계를 가져서는 안 된다.
⑨ 사회복지사는 사회복지 증진을 위한 환경 조성에 클라이언트를 동반자로 인정하고 함께 일해야 한다.

(2) 동료의 클라이언트와의 관계

① 사회복지사는 적법하고도 적절한 논의 없이 동료 혹은 다른 기관의 클라이언트와 전문적 관계를 맺어서는 안 된다.
② 사회복지사는 긴급한 사정으로 인해 동료의 클라이언트를 맡게 된 경우, 자신의 의뢰인처럼 관심을 갖고 서비스를 제공한다.

3) 사회복지사의 동료에 대한 윤리기준

(1) 동료

① 사회복지사는 존중과 신뢰로써 동료를 대하여 전문가로서의 지위와 인격을 훼손하는 언행을 하지 않는다.

② 사회복지사는 사회복지 전문직의 이익과 권익을 증진시키기 위해 동료와 협력해야 한다.

③ 사회복지사는 동료의 윤리적이고 전문적인 행위를 촉진시켜야 하며, 이에 반하는 경우에는 제반 법률규정이나 윤리기준에 따라 대처해야 한다.

④ 사회복지사가 전문적인 판단과 실천이 미흡하여 문제를 야기시켰을 때에는 적절한 조치를 취하여 클라이언트의 이익을 보호해야 한다.

⑤ 사회복지사는 전문직 내 다른 구성원이 행한 비윤리적 행위에 대해 제반 법률규정이나 윤리기준에 따라 조치를 취해야 한다.

⑥ 사회복지사는 동료 및 타 전문직 동료의 직무가치와 내용을 인정·이해하며 상호 간에 민주적인 직무관계를 이루도록 노력해야 한다.

(2) 슈퍼바이저

① 슈퍼바이저는 개인적인 이익의 추구를 위해 자신의 지위를 이용해서는 안 된다.

② 슈퍼바이저는 전문적 기준에 의해 공정하게 책임을 수행하며, 사회복지사와 수련생 및 실습생에 대한 평가는 저들과 공유해야 한다.

③ 사회복지사는 슈퍼바이저의 전문적 지도와 조언을 존중해야 하며, 슈퍼바이저는 사회복지사의 전문적 업무수행을 도와야 한다.

④ 슈퍼바이저는 사회복지사와 수련생 및 실습생에 대해 인격적·성적으로 수치심을 주는 행위를 해서는 안 된다.

4) 사회복지사의 사회에 대한 윤리기준

① 사회복지사는 인권존중과 인간평등을 위해 헌신해야 하며, 사회적 약자를 옹호하고 대변하는 일을 주도해야 한다.
② 사회복지사는 필요한 사회서비스를 개발하기 위한 사회정책의 수립·발전·입법·집행에 적극적으로 참여하고 지원해야 한다.
③ 사회복지사는 사회환경을 개선하고 사회정의를 증진시키기 위한 사회정책의 수립·발전·입법·집행을 요구하고 옹호해야 한다.
④ 사회복지사는 자신이 일하는 지역사회의 문제를 이해하고, 그것을 해결하는 일에 적극적으로 참여해야 한다.

5) 사회복지사의 기관에 대한 윤리기준

① 사회복지사는 기관의 정책과 사업목표의 달성, 서비스의 효율성과 효과성의 증진을 위해 노력함으로써 클라이언트에게 이익이 되도록 해야 한다.
② 사회복지사는 기관의 부당한 정책이나 요구에 대하여 전문직의 가치와 지식을 근거로 이에 대응하고, 즉시 사회복지윤리위원회에 보고해야 한다.
③ 사회복지사는 소속기관 활동에 적극 참여함으로써 기관의 성장·발전을 위해 노력해야 한다.

6) 사회복지윤리위원회의 구성과 운영

① 한국사회복지사협회는 사회복지윤리위원회를 구성하여 사회복지 윤리 실천의 질적인 향상을 도모하여야 한다.
② 사회복지윤리위원회는 윤리강령을 위배하거나 침해하는 행위를 접수받아 공식적인 절차를 통해 대처하여야 한다.
③ 사회복지사는 한국사회복지사협회의 윤리적 권고와 결정을 존중하여야 한다.

참고문헌

고수현(2005). 사회복지실천 윤리와 철학. 경기 : 양서원.

서홍란 · 이경아(2000). 사회복지 현장실습 핸드북. 서울 : 나눔의집.

양옥경 외(2000). 사회복지실천론. 경기 : 나남출판.

양정남 · 최선령(2002). 사회복지실천론. 서울 : 양서원.

오혜경(2005). 사회복지 윤리와 철학. 서울 : 창지사.

Barker, R. L.(1987). *The Social Work Dictionary*. Silver Spring. MD : NASW.

Levy(1976). *Social Work Ethics*. New York : Haworth Press.

Loewenberg, F. M., Dolgoff, R., & Harrington, D.(2005). *Ethical Decisions for Social Work Practice*. CA : Brooks/ Cole.

Pumphrey, M. W.(1959). *The Teaching of Values and Ethics in Social Work Education*. New York : CSWE.

Zastrow, C.(1995). *The Practice of Social Work*(5th ed.). CA : Brooks/ Cole Publishing.

제3장

사회복지발달사

1. 한국 사회복지의 역사적 전개

현대적 의미의 사회복지와 사회사업 등의 용어가 사용된 것은 서양에서는 20세기 전후이고, 우리나라의 경우 1940년대에 들어와서부터라고 볼 수 있다. 그러나 근대화 과정에서 서구에 비해 뒤처졌던 우리나라에서도 전통적으로 어려움에 처한 사람들에게 국가적인 차원에서 혹은 주민들의 상부상조 차원에서 복지사업과 활동이 전개되었다(최일섭 · 정 은, 2006 : 45-53).

1) 근대 이전 사회의 사회복지관행

고대, 삼국시대, 고려시대 그리고 조선시대에 이르는 2000년간의 근대 이전 사회에서의 사회복지관행은 시대에 따라 다소 차이가 있으나 크게 왕에 의한 민생구휼과 민간 차원에서 행해진 상부상조적인 여러 관행들로 나눌 수 있다.

왕의 책임을 중시하는 책기론(責己論)에 따라 국가는 빈민을 구제하고, 특히 환과고독(鰥寡孤獨 : 홀아비, 과부, 고아, 무자녀 노인)의 무의무식한 사궁(四窮)을 돌보는 데 치중하였다. 이들에게 베푼 구체적인 복지사업으로는 다음과 같은 것이 있었다.

첫째, 각종 재해로 인해 빈곤한 백성들에게 정부에서 비축하고 있는 관곡(官穀)을 배급하여 구제하였다. 둘째, 환과고독의 무의무탁한 빈민을 구제하기 위해 군주들이 친히 이들을 방문 · 위로하고, 의류, 곡물, 관제 등을 급여하여 구제하였다. 셋째, 재해로 인한 피해를 입은 지역의 주민들에게 그 재해의 정도에 따라 조세를 감면해 주었다. 넷째, 춘궁기 등에 백성에게 대여한 관곡을 거두어

들일 때에 재해로 인한 흉작으로 상환이 곤란할 때에는 그 원본과 이자를 감면해 주었다. 다섯째, 천재지변과 같은 자연재난은 위정자인 군주의 잘못에 대한 신의 분노 또는 죄라고 하여 군주는 죄인의 형벌을 경감하고 석방 등으로 선정을 베풀어 신의 노여움을 풀고자 했다.

삼국시대의 획기적인 사회복지제도는 고구려 고국천왕 16년(194년)에 당시 재상인 을파소가 만든 진대법(賑貸法)이다. 이 법은 춘궁기(3~7월)에 관곡을 빈곤한 사람에게 그 가구원의 다소에 따라 필요한 양을 대여하였다가 추수기인 10월에 납입하게 하는 제도로서 후세 고려의 의창과 조선의 환곡·사창으로 연결되었다.

고려시대와 조선시대에 각종 공공구빈기관과 환자의 치료를 담당하는 의료기관이 설립되었는데, 특기할 만한 기관은 상평창으로서 곡식의 매매를 통한 물가조절과 구빈사업 등을 담당했고, 동서대비원, 혜민국 등의 환자치료기관을 들 수 있다. 또 조선시대의 향약은 덕업상권(德業相勸), 과실상규(過失相規), 예속상교(禮俗相交), 환난상휼(患難相恤) 등 4개 덕목의 실천을 근본 목적으로 하고 있으나, 그중에서도 환난상휼은 복지의 제공에 중점을 두었다.

우리의 전통사회에서 향약과 함께 특기할 만한 민속적인 부락협동관행으로는 두레(농사), 계, 품앗이 등이 대표적이다(최일섭·이현주, 2006 : 99).

2) 일제시대의 식민지 구호사업

일제시대의 사회복지(구호)사업은 근대적인 복지이념에 의해 시행되었다고 하기보다는 일제의 식민정책의 일부로 시혜 또는 자선으로서 우리 민족이 그들에게 충성을 하도록 하는 사회통제적·정치적 의미가 컸었다. 그럼에도 불구하고 근대적 의미의 사회복지제도가 도입·실시되게 되었다.

첫째, 한일합방 당시 사회복지사업의 업무는 총독부 내무부 지방국 지방과에서 휼구자선사업에 관한 사항으로서 맡게 되었고, 1912년(명치 45년)에 내무부 지방국 제2과를 두어 사회복지사업에 관한 사무를 관장하게 했다. 1919년에 각부를 폐함에 따라 내무부 지방국이 내무국으로 고쳐졌고, 1921년부터는 내무국 제2과에서 한반도의 사회복지사업의 지도·통제를 담당하게 했다(최일섭·이현주, 2006 : 118).

그 후 1932년(소화 7년)에 일반적 행정정리에 따라 사회과를 업무국으로 이관하여 사회복지사업의 업무와 종래의 업무과 소관이던 사회교육에 관한 사무 및 종교과의 소관이던 종교, 고적 등의 사무를 합하여 관장하게 되었다.

다음으로 각 도에서는 1921년 총독부에 사회과를 설치한 것을 본받아 내무국에 사회과를 신설하여 도내 사회복지사업을 지도 · 통제했으며, 1924년에는 그 사무가 다시 내무부 지방과로 귀속되었다. 경성부에는 종내 내무과에 사회계를 두고 있었으나, 사회복지사업의 발전과 그 중요성을 인정하여 1932년 6월에는 사회과를 신설했다.

이 밖에 사설의 사회복지사업의 연락 · 조사 연구기관으로 1921년 4월에 조선사회사업연구회가 관계자 간에 조직되었는데, 1929년 4월에는 이를 재단법인 조선사회사업협회로 개칭 · 확대하고, 총독부 사회과 내에 사무실을 두고 회장에는 정무총감, 부회장에는 사무국장, 간사에는 사회과장에 있는 자로 하고, 각 도에도 순차적으로 지부를 두고 활동을 개시했다. 그 주요한 사업을 살펴보면 다음과 같은 것이 있었다.

① 사회사업 상호의 연락 · 통일을 도모한다.
② 사회사업의 조사연구를 한다.
③ 사회사업의 장려 · 원조를 한다.
④ 사회사업 관계자 및 일반 독지가의 간친(懇親, 다정하고 친밀하게 지냄) 및 지식의 교환을 도모하고 사회사업에 대한 관심을 신작시킨다.
⑤ 강습회, 강연회 등을 개최한다.
⑥ 사회사업에 관하여 공로가 있는 자의 표창을 한다.
⑦ 기관지를 발행하고 사업에 관한 도서를 출판한다.
⑧ 필요에 의해 본 협회 스스로 사업을 경영한다.
⑨ 기타 본 협회의 목적을 달성하는 데 필요한 사업을 한다.

이 협회는 오늘날의 사회복지협의회와 유사한 업무를 가진 협의체이나 그 조직이 관에 의해 통제되고 있었다는 점에서 정부기관으로 간주하는 것이 타당할 것이다.

둘째, 우리나라에도 제1차 세계대전으로 말미암아 빈곤은 반드시 개인의 책임이 아니라 사회적 · 경제적 변동에 의해 필연적으로 발생되는 것이어서 개인의 힘으로는 어쩔 수 없다는 사실이 일반적으로 인식되기에 이르렀다.

일본은 이러한 사회정세하에서 1929년(소화 4년)에 벌써 구호법을 제정 · 공포했으나, 국가재정 형편으로 1932년에야 일본 본토에서 이 법의 실시를 보게 되었다. 우리나라에서는 이로부터 12년이 지난 1944년(소화 29년) 3월 1일에 이르러서야 비로소 이것의 전문 33조를 그대로 가져다가 조선구호령으로 공포 · 실시하였다. 이 구호령은 해방 후 1961년에 생활보호법이 제정되기 전까지 우리나라의 공공부조를 맡아 온 기본법으로서 그 역사적 의의가 있는 것이다.

셋째, 일제하에서 특기할 만한 사회복지시설로는 육아시설(전국 22개소), 임산부상담소(5개소), 탁아시설(4개소), 영아건강상담소(5개소), 빈궁아교육기관(9개소), 불량아 감화시설(5개소), 맹아아 보호시설(2개소), 육아협회 등 각종 어린이 보호시설이 1934년까지 전국적으로 설립 · 경영되기에 이르렀다.

어린이 보호사업 이외에도 1918년에 공설일용품시장, 1912년에 인사상담소, 같은 해에 경성부립도서관 등을 개설했고, 1927년에는 방면사업, 1929년에 공익전당포 등을 설치하여 구빈뿐 아니라 방빈사업을 위한 시설을 갖추게 되었다.

한편 1937년에 중일전쟁이 시작되자 인보, 상부상조와 국민 자각을 향상시킨다는 명목으로 1938년에 서부인보관, 1939년에 용강인보관, 1940년에 성동인보관, 1941년에 영등포인보관을 개설하였다. 또한 1941년에 방면위원제도를 전면적으로 개편하여 경성부 내에 8개의 방면에 총 250명의 위원을 위촉하여 요보호자들에 대한 보호, 구제, 직업알선 등의 '케이스워크'의 업무를 담당하게 했다.

3) 해방 이후, 현대적 의미의 사회복지 발달

해방 이후 3년간의 미군정을 거쳐 1948년 8월 15일에 대한민국 정부가 수립되었다. 미군정 3년 동안 사회복지 측면에서 커다란 변화는 보이지 않았으나, 한 가지 주목할 것은 서구의 선교단체와 해외 원조단체들이 남한에서 자유롭게 활동할 수 있는 여건이 갖추어지게 되었다는 것이다(백종만 외, 2004 : 120-121).

1950년 6·25 동란을 전후하여 한국의 사회복지사업에 괄목할 만한 것으로는 첫째, 외국의 민간원조단체들이 한국연합회(KAVA : Korean Association of Voluntary Agencies)를 결성하여, 교육, 보건, 사회복지, 구호 및 지역사회 개발 등의 사업을 전개했다는 점이다. 다음으로 특기할 만한 것은 전문사회사업 교육이 도입되었다는 것이다. 1947년에 우리나라 최초로 이화여자대학교에 기독교사회사업학과가 설치되었고, 1953년에 중앙신학교(현 강남대학교)에 사회사업학과가 개설되었으며, 1957년 국립대학으로서 최초로 서울대학교 대학원에 사회사업학과가 설치되었다. 이듬해 서울대학교 문리과대학 학사과정에도 사회사업학과가 설치되었고, 이화여자대학교에도 기독교사회사업학과가 사회사업학과로 분리·창설되었으며, 이 해 한국그리스도신학교에서도 사회사업학과가 창설되었다. 이들 대학의 교과과정은 미국의 사회사업대학원(School of Social Work)의 것을 도입한 것으로, 오늘날까지도 한국의 전문사회복지교육에 지대한 영향을 미치고 있다.

1960년 5·16 군사혁명으로 시작된 3공화국부터 5공화국까지의 '군사정부'는 경제적으로는 수출주도형 공업화정책과 경제개발계획으로 경제발전 지향적인 정책을 폈으나, 우리나라에 현대적인 사회복지제도의 초석을 마련하는 시기이기도 하였다. 특기할 만한 것으로는, 1960년대에 공무원연금법(1960), 생활보호법(1961), 아동복리법(1961), 고아입양특례법(1961), 윤락행위 등 방지법(1961), 군사원호보상법(1961), 재해구호법(1962), 사회보장에 관한 법률(1963), 산업재해보상보험법(1963) 등의 제정으로 사회복지의 제도적 기반을 구축하기 시작했다. 그러나 각종 입법의 취지대로 '건강하고 문화적인 수준'의 보호에는 이르지 못했으며, 사회복지정책은 자활지도 위주로 이루어졌고, 시설보호사업은 외국의 민간원조기관의 후원 아래 유지되고 있었다(김상균 외, 2005 : 226).

1970년대 들어와서 사회복지사업법(1970), 의료보호법(1977) 등이 제정되었다. 그러나 이 시기에도 경제개발 우선정책이 주도했으나, 1950년대 후반에 UN의 권고에 따라 실시된 지역사회개발사업이 농촌을 중심으로 시작된 새마을운동으로 흡수통합되면서 농촌의 근대화에 크게 기여하였다. 또한 사회개발(social development)의 개념이 도입되어 경제개발과 함께 국가발전계획이 추진되기도 하였다. 1970년대 후반 한국의 경제가 급속히 발전하게 되자, 한국전쟁 이후 한국의 사회복지에 크게 기여하던 외국의 민간원조단체들이 한국에서 철수하거나 사업을 대폭 축소하게 되었고, 당시 외원에 의존하던 사회복지시설들이 국가의 재정 지원에 매달리지 않을 수 없는 상황이 전개되기도 하였다.

1980년대에 들어서서 전두환 군사정부는 국정의 정통성을 확보하기 위해 '복지사회의 건설'을 주요 국정지표로 정하여 아동복리법을 아동복지법으로 확대개정하고(1981), 노인복지법(1981), 심신장애자복지법(1981) 등을 제정하였다. 이 기간 동안에 수많은 사회복지 관계 법령이 제정·개정되었으나, 대부분의 법이 선언적인 것이어서 실질적인 사회복지의 증대에는 크게 공헌하지 못했다는 비판을 받고 있다. 한편으로 1987년에 사회복지사를 공무원으로 채용한 사회복지전문요원(현 사회복지 전담공무원)제도는 우리나라 공공 사회복지행정의 획기적인 조치로 평가받을 만하다.

1988년에 출범한 노태우 정부에서도 사회복지와 관련된 새로운 법률이 입법화되고 기존의 제도를 개선하는 작업이 계속되었다. 특기할 만한 입법으로는 국민연금의 실시(1988), 최저임금제의 도입(1988), 의료보험의 실시(1989), 모자복지법의 제정(1989), 영유아보육법 제정(1991) 등을 들 수 있다.

그리고 김영삼 대통령의 '문민정부'에서는 고용보험법 제정(1993) 및 실시(1995), 군단위 이하 지역의 주민을 대상으로 하는 국민연금 실시(1995), 국민건강증진법(1995), 성폭력범죄의 처벌 및 피해자 보호 등에 관한 법률(1994), 사회보장기본법(1995), 정신보건법(1995), 여성발전기본법(1995), 국민의료보험법(공·교 및 지역의료보험 통합, 1997), 사회복지공동모금법(1997) 등의 제정을 통해 복지행정의 확대가 이루어졌다.

1997년의 이른바 'IMF 경제위기'하에서 출범한 김대중 대통령의 '국민의 정부'에서는 대량실업 사태로 인해 우리나라의 사회안전망이 취약하다는 분석과 함께 사회복지제도의 발전에 중요한 전기가 마련되었다. 주목할 만한 조치와 입법으로는 노사정위원회 출범(1998), 고용보험의 모든 사업장으로의 확대(1998),

사회복지공동모금회법으로 법명 변경(1999), 국민건강보험법 제정(의료보험 전체 통합, 1999), 전 국민 연금 실시(1999) 등을 통해 사회안전망 구축에 힘을 쏟았다.

2. 서구의 사회복지역사

서구 사회에서의 사회복지의 발달단계는 크게 5단계로 나눌 수 있는데, 제1단계는 공동체생활 단계, 제2단계는 구빈법(빈민통제법) 단계, 제3단계는 자선조직협회 단계, 제4단계는 사회보험 단계, 제5단계는 복지국가 발전과 위기, 재편 단계이다(김상균 외, 2005 : 204-220).

1) 공동체생활 단계

종족이나 씨족에 의해 형성된 고대사회는 왕에 의한 공공복지나, 공동체 내의 자선, 박애 등에 의해 그리고 상부상조하는 가운데, 자연이나 다른 집단으로부터의 불안이나 위협에 대처했을 뿐 아니라 생활보호대책을 해결했다.

(1) 왕에 이한 공공복지

고대국가에서는 농민과 농업의 보호를 위해 왕이 공공복지를 제공하였다. 이집트와 중국 등의 사례가 이를 잘 보여준다. 기원전 6000년에서 기원전 3000년경에 역사기록이 시작되있고, 문명이 발생하였다. 정착농업이 발생할 수 있는 여건이 잘 갖추어진 메소포타미아 지방, 인도평원, 이집트, 중국 등에서 문명이 발생하였다. 여기서 말하는 문명이란 국가권력의 체계화를 포함한 것으로 국가권력은 홍수통제를 위한 대규모 관개(灌漑)사업, 외적의 침입에 대비한 공동방위 등의 기능적 필요로부터 출현했다고 할 수 있다(Day, 1997).

고대국가의 공공복지를 사실로서 보여주는 가장 오래된 것은 기원전 2500년경으로 추정되는 피라미드 내의 파피루스에 적혀있는 이른바 『죽은 자의 책(The

Books of Dead)』에 기록되어 있는 것이다. 여기에는 환자와 가난한 자를 보호하고, 노숙자를 구제하는 것이 왕의 책무로 기록되어 있다(Barker, 1999).

(2) 자선과 박애

자선(charity)은 궁핍하거나 의존적인 자에 대해 개인적으로 소규모로 도움을 주는 행위를 의미한다. 이에 비해 박애사업 혹은 사회공헌(philanthropy)은 궁핍한 자를 돕는 것이든 혹은 공동체 삶의 질을 향상시키기 위한 것이든 어떤 이유에 공감하여 비교적 대규모로 이루어지는 기부행위를 의미한다(Handel, 1982). 서구 사회에서 자선의 기원은 대표적으로 기독교 종교에서 찾아볼 수 있고, 박애사업의 기원은 그리스·로마에서 발견할 수 있다.

먼저 자선의 경우를 보면, 서기 361년에 기독교가 공인된 이후 교회는 궁핍한 자에 대한 공식적인 자선기관이 되었다. 그 후 6세기경부터는 성직자들이 세운 수도원이 중세의 다목적 보호시설(hospital)의 기능을 수행하였다. 이곳에서는 여행자와 과부, 고아, 노인, 궁핍자 등에게 의료지원뿐 아니라 숙박, 보호 등이 제공되었다. 8세기경에는 교인의 십일조가 의무화되었다. 초기에 주교와 교구사제를 위해 사용되던 십일조는 네 가지 용도로 활용되었는데, 주교와 교구사제의 생활비용, 교회유지비용, 보수비용 그리고 자선비용이 그것이다.

그 후 기독교 자선활동을 체계화하려는 노력이 나타났다. 1140년 이탈리아의 수도승 그라티안(Gratian)은 『자선에 관한 교황의 칙령』을 집필하였는데, 빈곤을 자발적 빈곤(성직자, 수도승과 수녀)과 비자발적 빈곤(과부, 고아)으로 구분하고 있고, 빈곤이 범죄가 아니라는 점을 분명히 하였다. 13세기에 와서는 부자는 빈자를 도와야 한다는 내용이 교회법으로 설파됨으로써 기독교 교리에 사회복지에 관한 제도적 관점이 어느 정도 정립되었다고 할 수 있으며, 이러한 영향으로 왕과 귀족, 상인들은 구제나 다목적 보호시설(hospital)이나 자선원 혹은 구빈원(almshouse)을 설립하여 빈자를 도왔다. 물론 이렇게 중세교회가 자선을 강조한 것은 빈자를 돕는 것을 구원에 이르는 길로 믿었기 때문이다.

동양에서의 자선은 '자비'로 표현되는 불교의 보시를 통해 이루어져 왔다. 자비란 대자대비(大慈大悲)의 줄임말로서, 대자란 일체의 중생에게 즐거움을 주는 것을 의미하고, 대비란 일체의 중생에게서 고통을 없애주는 것을 의미한다. 그리고 보시(布施)란 자비심에서 나오는 행위로 널리 남에게 재물을 베푸는 일을 의미하는데, 극단적 보시의 행위의 예를 보면, 중국 남북조시대 북향의 법진 스님은 흉년에 굶주린 백성들에게 자기의 살을 베어 먹여 구조하였다고 한다(임송산, 1983).

한편 박애사업의 경우를 보면, 그리스 도시국가에서는 '인간에게 자애로운 신에 의한 인간사랑'의 의미를 지닌 개념이었다. 그러나 기원전 4세기부터 박애사업의 의미는 권력자가 부하나 추종자들에게 친절함을 보이는 것으로 변하게 되었다. 따라서 그리스의 빈민보호는 이타적이었다기보다는 이기적이고 자기본위적이었다고 할 수 있다. 그럼에도 불구하고, 그리스 도시국가에는 숙박소와 의료센터, 옛 종교사원의 잔재들이 전국에 산재하였다. 특히 아테네에서는 장애인에 대한 수당과 전쟁에서 사망한 자의 자녀에게 지급하는 유족연금도 있었고, 고아원과 같은 수용보호시설도 있었다. 그러나 빈민에 대한 처우는 가혹하였으며, 피임과 낙태 그리고 영아살해가 정당화되었다. 로마의 박애사업도 그리스와 유사하였으며, 다분히 정치적인 고려에서 이루어졌다.

(3) 상부상조

상부상조(mutual aid)란 도움이 제공되는 방식에 대한 통제가 도움을 주는 자와 도움을 받는 자 간에 서로 입장이 바뀔 수 있다는 점에서 다른 사회복지의 유형으로, 예컨대 자선·박애, 공공복지, 사회적 서비스와 구분되는 것이다(Handel, 1982). 호혜성의 원리에 입각한 우리나라의 품앗이나 두레의 예에서 보듯이 오랜 역사를 갖고 있다.

서양에서 이러한 상부상조가 출현한 시점이 언제인지는 불분명한데, 적어도 고대 이집트의 경우 장의단체와 소금·석고상인들의 협회와 같은 존재가 확인되고 있으며, 로마시대의 협회(콜레기아, collegia)나 중세의 길드에서 그 형태를 찾아볼 수 있다. 로마시대의 중요한 협회로는 아프리카와 이집트에서 곡물을 수송해 오는 해운업자협회와 제빵업자협회 및 정육업자협회 등의 직업협회와 사교, 친목, 부조 등을 위한 비영리단체가 있었는데, 후자의 경우 소시민들의 장의단체가 대표적 예다.

중세시대에는 두 종류의 길드가 있었다. 하나는 10세기에 상인들이 여행 시 말과 수레 및 화물을 상호 보호하기 위한 조직으로서, 최초로 출현한 조직인 상인길드(merchant guilds)였고, 다른 하나는 산업이 점차 세분화되어 감에 따라 등장한, 즉 동일직업, 예컨대 제빵, 구두수선, 석공, 목공 등에 종사하는 직인(職人)들이 영업의 보호와 상부상조를 위해 조직한 직인길드(craft guilds)였다.

길드의 여러 기능 가운데 사회복지와 관련된 것은 첫째, 빈곤한 회원에 대한 장례비와 유족지원, 둘째, 빈곤한 회원의 딸을 위한 결혼지참금 지급, 셋째, 일종의 건강보험으로 회원 모두를 포괄하여 환자에게 보호 제공, 넷째, 교회당 건축 등 지역사회 공익을 위한 활동 수행 등을 들 수 있다(백종만 외, 2001).

2) 구빈법 단계

중세시대에 기근, 전쟁, 흉작, 전염병과 봉건제도의 붕괴로 인해 도움을 필요로 하는 빈민과 걸인이 폭증하게 되었다. 특히 1348년의 흑사병(Black Death)의 만연으로 영국 국민의 3분의 2가 사망함에 따라서 노동력이 심히 부족하게 되었고, 그 결과 임금이 급격하게 상승하였다. 이러한 상황하에서 과거 교회와 가족을 통해 보살핌을 받았던 빈민들의 욕구를 충족시키는 것이 한계에 다다르게 되었다. 이러한 문제를 해결하기 위해서 영국은 1300년대부터 1800년대 중반까지 일련의 구빈법(Poor Laws)을 제정하게 되었는데, 이 중에서 가장 의미 있는 것은 1601년에 엘리자베스 여왕 1세에 의해 제정된 엘리자베스 구빈법(The Elizabethan Poor Law, 1601)이었다.

이 법령은 빈민구호에 있어서 국가의 책임을 인정했으며, 국가의 개입으로 징수되는 구빈세(poor tax)에 의해 운영되었다. 이 법은 오늘날 미국의 공공부조와 기타 사회복지 관련 입법에 상당한 영향을 미쳤다. 흥미로운 것은 구빈법을 통해서 해결하려고 하였던 사회문제는 빈곤이 아니었고, 오히려 구걸로 인해 고통을 받는 지배계급을 보호하는 데 있었다는 것이다. 따라서 구빈법은 학자들에 따라서는 '빈민통제법'이라고 일컬어지기도 한다.

엘리자베스 구빈법의 중요한 규정을 보면, ① 빈민구제를 정부책임으로 인식, ② 행정적 기관의 설립, ③ 빈민에 대한 부조의 재원은 조세를 통해 운영, ④ 노동력의 유무에 따라 빈민을 구분하여 대처, ⑤ 요부양아동을 보호함과 동시에 도제제도를 도입, ⑥ 강제노역장(workhouse)과 구빈원(almshouse)의 활용, ⑦ 친족부양의 책임을 강조하는 것 등을 들 수 있다.

구빈법은 구호대상자(relief recipients)를 세 범주로 나누었는데, 노동력이 있는(able-bodied) 빈민, 노동력이 없는(impotent) 빈민, 보호대상아동(dependent children)으로 구분하였다. 그리하여 노동능력이 있는 빈민은 저임금 취업을 강요당했고, 일반시민들이 그들에게 원조를 행하는 것을 금했다. 또 그들이 노동을 거절했을 때는 강제노역을 시키거나 감옥에 보내졌다.

노동력이 없는 빈민집단인 노인, 맹인, 청각장애인, 어린 자녀를 가진 어머니들, 심신장애인들은 구빈원에 수용되었다. 이들 무능력한 빈민들이 살 곳이 있고 그들을 그곳에서 구호하는 것이 비용이 덜 들 것으로 판단될 때에는 구빈원 밖에서 거주하는 것이 허용되었는데, 이를 '원외구호(outdoor relief)'라고 부르며, 이들에게 음식, 옷, 연료 등 '현물급여(in kind)'가 주어졌다. 참고로 원외구호는 오늘날 재가 혹은 재택보호라고 하며 원내구호(indoor relief)는 시설보호(institutional care)라 한다.

부모나 조부모의 보호를 받을 수 없는 보호대상아동들은 도제(apprentice)수습의 기회를 주었다. 소년들의 경우 주인의 집에서 24살이 될 때까지 기거하면서 주인으로부터 기술을 배우게 했으며, 소녀들에게는 하녀로서 21살이 되거나 시집갈 때까지 주인집에 기거하도록 하였다.

구빈법은 구호대상자들이 그들의 부모, 배우자, 자녀 혹은 친척으로부터 도움을 받을 수 있을 경우에는 자선을 받을 수 없도록 친족부양 책임을 강조했다. 이 법이 영국의회(English Parliament)에 의해 제정되었지만 교구(parish, 지방행정단위)가 법을 집행하도록 하였으며, 구호에 필요한 경비는 자선적 성금, 주택 · 토지 등에 대한 교구세에 의해 충당하도록 하였다. 또한 구빈법은 교구 내의 거주자에게만 교구가 책임지도록 하였는데, 그 교구에서 출생했거나 3년 동안 거주한 자로 자격을 주었다. 이 같은 거주요건은 오늘날의 공공부조사업에도 남아 있다.

이상에서 살펴본 1601년의 엘리자베스 구빈법이 갖는 현대적 의의는 첫째, 세계 최초로 구빈(救貧)을 법으로 규정했고, 둘째, 현대 사회보장제도 중 공공부조의 시초였으며, 셋째, 빈민구제에 대한 정부의 책임을 인정함으로써 구빈원리를 확립했다고 볼 수 있으며, 넷째, 빈민구제 담당행정기관을 설립하여 구빈세(poor tax)를 부과했으며, 다섯째, 보호대상아동을 공적으로 보호하였고, 여섯째, 노동능력 유무에 따라 강제노역장과 구빈원(오늘날의 시설보호)을 활용했으며, 일곱째, 친족부양 책임을 강조했고, 여덟째, 부랑자의 발생 방지에 주력했다는 점이다.

1601년의 구빈법은 산업혁명 등 사회・경제적 변화에 따라 수차례의 변천과정을 거쳐 1834년에 개정구빈법(The Poor Law Reformed, 1834)이 제정되었는데, 흔히 신구빈법이라고 한다. 이 법은 구빈비용의 계속적인 증가와 사회적 변동으로 기존의 구빈법들로서는 그 기능을 발휘할 수 없게 되어 구빈비용을 절감하기 위해서 제정되었다. 즉, 빈곤이라는 질병을 치유하려면, 노동능력자와 그들의 피부양자에 대한 구제를 제한해야 한다고 판단하여, 1832년에 발족된 왕립위원회는 다음과 같은 여섯 가지 기본 원칙을 권고했다.

① 빈민에 대한 처우개선책인 임금보조제도(relief allowance system)를 철폐한다. 참고로 이 제도는 최저생활기준에 미달되는 임금의 부족분을 보조해 주는 목적으로 1795년 버크셔(Berkshire) 주 스핀햄랜드(Speenhamland) 지역의 치안판사회의에서 제정된 법(Speenhamland Act, 1795)에서 비롯되었으며, 오늘날의 가족수당 또는 최저생활보장의 기반이 되었다고 여겨지고 있다. 그러나 시민의 구빈세 부담의 증가와 임금의 현저한 감소 및 독립심과 노동능률의 저하를 초래하여 철폐하게 된 것이다(임금보조철폐의 원칙).

② 노동이 가능한 자는 작업장(workhouse)에 배치한다(작업장 활용의 원칙).

③ 병자, 노인, 허약자, 아동을 거느린 과부에게만 원외구호를 준다(원외구호 제한의 원칙).

④ 교구단위의 구호행정을 구호법연맹(poor law union)으로 통합한다(구호행정통합의 원칙).

⑤ 구빈수혜자의 생활조건은 자활하는 최하급 노동자의 생활조건보다 높지 않아야 한다(열등처우의 원칙).
⑥ 왕명에 의하여 중앙통제위원회를 설립한다(중앙통제의 원칙).

이 법은 균일처우의 원칙(the principle of national uniformity), 열등처우의 원칙(the principle of less eligibility), 강제노역장 활용의 원칙(the principle of workhouse) 등과 같은 구빈행정체제의 원칙을 마련하는 계기가 되었다. 그러나 그 목적이 빈민구제적 성격보다 구빈비용의 감소에 있었기 때문에 빈민에 대한 반인권적 요소가 다분히 포함되어 있었다.

3) 자선조직협회 단계

이 시대는 산업혁명의 시작과 더불어 근대 자본주의 시대가 시작되면서 자본가계층과 노동자계층이 생겼으며, 이들 사이에 생긴 격차나 소득의 편중 등의 중요한 사회문제가 대두되었다. 이러한 시대에서 궁핍의 발생은 개인적인 것에서 온다기보다는 사회적인 요인에 의해 야기되는 것이므로, 이러한 문제에 대해서는 사회가 책임을 져야 한다는 사상과 함께 사회사업(social work)이라는 말이 등장했다.

그러나 다른 한편으로는 이 시대의 사상적 흐름 속에서 자유방임주의 사조에 의해, 자유경쟁하에서의 곤궁의 책임은 개인에게 있다는 주장도 일어났다. 따라서 이 시대의 구호대상은 응당 도움을 받을 자격을 갖춘 자에 한하여야 하며, 이들에게만 최소한의 도움을 주어야 한다고 했다.

19세기에 영국에서 빈민처우에 대한 사회적 철학과 실천에 영향을 준 활동들은 사회개량 운동, 자선조직화 운동, 인보관 운동 그리고 사회조사 활동을 들 수 있다.

(1) 사회개량 운동

산업혁명과 때를 같이하여 일어난 사회개량(social reform)운동 중에서 가장 중요한 것은 차티스트(The Chartists) 운동과 노동조합운동이다.

차티스트 운동은 1830년경 노동자들이 보통선거권을 비롯하여 무기명 투표, 의원들의 재산자격 및 세비지급의 폐지, 평등선거구안 등의 정치적 요구를 관철시키기 위한 운동이었으나 실패로 돌아갔다. 그러나 노동대중은 이를 계기로 하여 그들의 관심을 정치적 목적에서 경제적 조건 개선의 구체적 수단으로 전향하여 1844년 차티스트 운동에 의해 노동자 자신들 소유로 최초의 소비조합 매점을 개설하였다. 이 일은 당시 직물공장 주인인 박애주의자 오웬(Robert Owen)에 의해 제안된 것으로, 그는 적절한 임금과 위생적인 노동조건은 가장 우수한 노동자를 끌어들이게 하며, 이윤도 증대시켜 준다는 인식을 가장 먼저 한 사람이었다.

(2) 자선조직화 운동

19세기 말까지 빈민에 대한 중산층의 여론을 형성하고 빈곤문제를 해결하려는 민간운동이 활발하게 전개되었다. 미국의 경우는 대도시에 수많은 민간구호기관들이 설립되어 실업자, 빈민, 병자, 심신장애인, 고아들을 돕는 활동을 전개하고 있었다. 그러나 이들 기관들의 사업들이 전혀 조정이 되지 않아 구호에 있어서 중복과 누락 등의 사태가 발생했다. 그리하여 민간자선기관들의 재정운용과 서비스에 있어서의 효율성을 높이기 위해 자선조직화 운동(COS : The Charity Organization Society)이 일어났다. 이 운동은 이미 1788년 독일의 함부르크(Hamburg)에서 시작되었고, 그 후 영국에 소개되고 다시 미국에 전파되었다.

1877년에 버팔로에서 시작된 COS는 미국의 수많은 도시에로 급속히 확산되었다. COS에 참여한 민간자선기관들은 개인과 가족들에게 직접적인 서비스를 제공하는 데 협력하게 되었는데, 이것이 오늘날 개별사회사업(social casework)과 가족상담(family counseling) 접근방법의 선구자 역할을 하였다. 또한 이들 기관들은 COS를 통해 도시의 심각한 사회문제에 대한 서비스를 계획하고 조정하는 활동을 하게 되었는데, 이러한 점에서 오늘날 사회사업의 전문영역인 지역사회조직사업(community organization)과 사회계획(social planning) 접근방법의 선구자가 되었다. COS 참여기관들은 서비스와 재정원조를 요청하는 구호신청자에 대해 개별적인 조사를 실시했고, 구호에 있어 중복을 피하기 위해 클라이언트들의 중앙등록제도를 유지했으며, 클라이언트를 돕는 자원봉사자인 '우애방문원(friendly visitors)'을 활용하였다. 우애방문원은 주로 '착한 일을 하는 사람들(doers of good works)'이었으며, 돈을 주기보다는 동정심을 베풀었고, 빈민들이 저축하고 일자리를 찾도록 격려하는 일을 하였다. COS는 빈곤을 개인적인 결함의 결과로 생각하여, 상류층 부인들이 대부분인 우애방문원들은 다소 위선적이고 고압적인 면도 지니고 있었다. 그러나 우애방문원들은 그들의 동정심만으로는 빈민들을 자활시키는 데는 한계가 있다는 것을 깨닫고, 후에 인간문제를 다루는 공부를 하게 되었는데, 이들이 오늘날 전문사회사업가(사회복지사)의 선구자가 된 것이다.

(3) 인보관 운동

자선조직화 운동과 거의 같은 시기에 일어난 대표적인 민간운동이 인보관(settlement house) 운동이다. 1884년 영국 국교의 목사인 바네트(Samuel Barnett)는 당시 기독교 사회주의자들(christian socialists)과 러스킨(John Ruskin)의 영향을 받아 사회계급들 간의 간격을 좁히고, 물질주의에 지배된 사회에서 인간의 가치를 회복하려는 뜻으로 동부 런던 슬럼지역에 토인비 홀(Toynbee Hall)을 설립하였다. 미국에서 코이트(Stanton Coit)는 토인비 홀을 본받아 1886년에 뉴욕의 슬럼지역에 Neighborhood Guild(5년 후에 University Settlement라 불림)를 세웠다. 코이트는 도시생활에서는 철저하게 도덕적이고 지성적인 르네상스가 필요하다고 믿고, 이를 위해서는 각계각층의 주민이 이익, 연령, 사회적 계급, 정치적 · 종교적 차이 등에 따라 장애를 제거하기 위한 공동노력에 참여하여야 한다고 생각했다. 또 1888년에는 제인 아담스(Jane Adams)가 토인비 홀을 방문하고 돌아와 다음해 시카고에 유명한 헐 하우스(Hull House)를 설립하였다(최일섭 · 류진석, 1996 : 86).

슬럼지역에 인보관을 설립하여 주민들과 함께 기거하면서 그들이 당면한 문제를 돕고자 했던 인보관 활동가들은 대부분 중 · 상류 계층의 목사들의 딸들과 대학생들이었다. 이들은 COS의 우애방문원과는 대조적으로 빈곤지역에 거주하면서 주민들이 어떻게 도덕적인 생활을 영위하고 그들의 환경을 개선할 수 있을 것인가를 가르쳤다. 이들은 주택, 건강, 생활조건을 개선시키고, 일자리를 찾게 해주고, 영어와 위생과 직업적인 기술을 가르쳤으며, 공동의 노력을 통해 환경을 개선하려는 온갖 사회개혁적인 활동을 주도했다. 이 인보관 운동은 오늘날 전문사회사업의 주요 방법인 집단사회사업(social group work), 사회행동(social action), 지역사회조직사업(community organization)의 발전에 크게 이바지했다. 또 오늘날 흔히 볼 수 있는 대표적인 직접 서비스기관인 사회복지관의 원조이기도 하다.

(4) 사회조사 활동

1880년대의 부스(Charles Booth)의 런던 빈민굴 조사와 라운트리(Seebohm Rowntree)에 의한 요크(York) 시 조사, 켈로그(Paul Kellog)의 지역사회 실태조사인 피츠버그 서베이(1907~1908) 등이 대표적인 조사활동이었다. 이들 사회조사에 의해서 빈곤은 개인적 속성에 의해서 결정된 것이 아니고 사회적·구조적 결함에 의해서 발생하는 것이라는 점이 입증되었다.

4) 사회보험 단계

서구의 각국에서 사회보험제도가 도입되기 시작한 것은 대개 19세기 종반에서 20세기 초반까지의 시기이다. 이 시기는 산업화의 진척에 따라 자본의 독점화가 진행되는 가운데 자본주의의 구조적 특성에서 비롯되는 문제들이 사회문제로 부각되던 때이다. 이러한 문제들 중에서 노령, 질병, 재해, 실업 등과 같은 임금생활자의 최저생활을 위협하는 각종 사회적 위험(social risks)에 대한 국가의 개입이 본격화되는 첫 출발점이 바로 강제적 사회보험제도의 도입이다.

(1) 독일의 비스마르크 사회보험

사회보험제도가 등장하게 된 구체적 배경과 시기는 나라마다 다양하나, 일반적으로 ① 산업화 이후의 자본주의 발전과 병행한 각종 사회문제의 심화, ② 그러한 문제의 해결에 대한 가족 및 시장기능의 한계 및 그것에 대한 인식, ③ 노동운동의 정치세력화에 대한 정치적 압력, ④ 근대국가의 성장과 개입적 기능의 확대 등을 든다. 사회보험은 그러나 산업화의 진전이 빨랐던 영국이 아닌 후발산업국인 독일에서 19세기 후반에 먼저 출현하였다(백종만 외, 2001).

독일의 비스마르크(Bismarck)는 당시의 경제불안과 노동자의 빈곤 그리고 사회주의의 확산을 막기 위해 '채찍과 당근 정책'의 일환으로서 '사회주의자 진압법'과 함께 비스마르크 사회보험 3부작인 1883년의 질병보험, 1884년의 노동재해보험, 1889년의 노령폐질보험을 제정하였다. 이러한 사회보험제도는 제1차 세계대전 이전까지 거의 모든 유럽국가에 도입되었다.

(2) 미국의 사회보장법 제정

미국에서는 1929년 10월 경제공황이 일어나자 사회복지의 원칙이나 실천에 큰 변화가 있게 되었다. 이때까지의 공적 구호(public relief)는 주로 시나 주 당국에 의해 임명된 자나 빈민감독관, 슈퍼바이저(supervisor)들에 의해 소극적으로 다루어졌다. 일반의 인식과 같이 이들 담당자들도 빈곤을 태만이나 악덕과 동일시했으므로 구호는 다만 굶주림을 겨우 벗어나게 하는 정도에 그쳤다. 1930~1932년 동안 실업자 수가 400~1,500만 명에 이르자 자선기관(사회복지기관)들은 이들을 구제하기 위해 자금 및 자원동원에 온갖 힘을 다했으나 실효를 거두지 못했다.

1933년 3월 4일에 제32대 대통령으로 취임한 루스벨트(Franklin D. Roosevelt)는 부흥, 구제 및 개혁을 곰자로 하는 뉴딜(New Deal)정책을 선포하였다. 부흥정책은 은행, 산업, 농업의 부흥을 위한 일련의 정책이고, 구제정책은 실업구제를 위한 것이며, 개혁정책은 실업과 빈곤의 책임이 개인의 책임이라는 자유방임사상의 개혁과 통제경제, 사회보장, 노동문제 개혁 등에 관한 정책이다.

1933년 5월에는 연방긴급구호법(Federal Emergency Relief Administration)을 창설하여 반환될 불요불급의 자금을 구빈의 목적으로 각 주에 지출하도록 하였다. 이로 인하여 1934년 말경에는 전 인구의 6분의 1이 구제받기에 이르렀다. 마침내 1935년에는 사회보장법(Social Security Act, 1935)을 제정하게 되었다.

(3) 영국의 베버리지 보고서와 사회보장제도의 확립

1941년 6월 영국정부는 당시의 사회적 서비스의 구조나 그 효율성을 조사하고 필요한 개혁을 실시하기 위해서 사회보험 및 그 관련 사업에 관한 정부부처 간 조사위원회를 설치하면서 베버리지(William Beveridge)를 위원장으로 임명했다. 그 성과가 1943년 11월 「사회보험 및 관련 서비스(Social Insurance and Allied Services)」로 발간되어 국회에 제출되었다.

이 보고서는 모든 사회성원들이 어떠한 경우에도 항상 빈곤으로부터 빠져나갈 수 있게 보장하기 위한 종합적 계획을 포함하는 것이었다. 이 보고서에서 강조된 주요 원칙은 ① 통합적 행정, ② 적용범위의 포괄화, ③ 기여의 균일화, ④ 급여의 균일화, ⑤ 수급자의 기본적 욕구를 충족할 수 있는 급여의 적절화, ⑥ 대상의 분류화 등이다.

베버리지 보고서에 의한 사회보장이란 실업, 질병 및 재해로 인한 소득의 중단 또는 노령, 은퇴, 부양자의 사망, 출산, 결혼 및 사망 등의 예외적 지출의 경우에 대비할 수 있는 일정 소득의 보장을 의미한다. 이와 같이 사회보장은 모든 국민으로 하여금 궁핍, 질병, 무지, 불결, 나태 등 5대 사회악에서 벗어나게 하는 것을 목적으로 하였다. 이러한 '베버리지 보고서'의 권고사항이 입법화되어 긴 역사를 지닌 구빈법(빈민통제법)은 소멸되었고, 이른바 '요람에서 무덤까지'의 사회보장체계가 구성되었다.

5) 복지국가의 발전과 위기, 재편 단계

자유방임철학을 기조로 삼았던 근대 자본주의의 논리는 실업, 빈곤 또는 경쟁의 부정 등으로 위기에 처하게 되었고, 급격한 산업화나 도시화의 과정에서 보다 많은 사람들이 복지대상에서 제외될 가능성이 많아짐에 따라 이에 대한 새로운 복지국가의 제도나 정책이 절실하게 되었다. 그리하여 선진국에서는 전 국민을 대상으로 하는 조직적이며 계획적인 사회복지서비스가 실시되기 시작했다.

본격적인 복지국가의 출현은 제2차 세계대전이 끝난 뒤부터라고 할 수 있다. 서구에서 복지국가가 출현하게 된 배경은 국가마다 다소 상이하나, 대체로 다음과 같은 두 가지 상황이 중요하게 작용하였다. 첫째, 자본주의 경제체제의 모순이 누적되면서 발생하였던 대공황과, 둘째, 세계대전의 영향을 들 수 있다. 전쟁은 대공황의 영향과 마찬가지로 기존의 모든 공적·사적 복지제도를 파산시키거나 작동불능의 상태로 만들어 버렸기 때문이다(김태성·성경륭, 2000).

(1) 복지국가의 발전

영국 복지국가의 사회복지 입법화의 주요 내용은 가족수당법(1945), 국민보험법(1946), 산업재해법(1946), 국민보건서비스법(1946), 국민부조법(1948), 아동법(1948) 등이며, 1948년에 사회보장법이 전면 실시되었다.

그리고 미국에서는 1946년에 사회보장의 단일 행정기구로 사회보장청(Social Security Administration)이 수립되었다. 사회보장법은 여러 차례 수정되었는데(1950; 1952; 1954; 1956; 1958; 1963), 특히 1965년의 수정을 통해 노령수급적격자, 유족보험 및 실업보상의 대상 수를 늘렸고, 한편으로 공공부조 프로그램이나 보건복지서비스의 운영을 강화시켜 나갔다.

(2) 복지국가의 위기와 신자유주의의 영향

1960년대까지 세계적인 자본주의의 호황과 합의의 정치구도하에서 안정적으로 팽창하던 서구 복지국가들은 1970년대 중반에 이르러 위기를 맞이하게 된다. 1973년 10월 중동전쟁으로 석유생산량이 줄고 가격이 폭등하는 이른바 석유파동(oil shock) 이후 복지국가 위기의 배경에는 혼합경제와 포디즘 생산체계의 붕괴, 전후 합의의 붕괴, 노동연대의 약화 등의 좀 더 근본적인 변화가 있었던 것이다.

1980년대에 들어서면서 영국과 미국에서 신자유주의 이념을 신봉하는 신우파 정당이 집권하게 되었다. 영국의 대처 정부와 미국의 레이건 행정부가 바로 그것이다. 이들 신우파 정권들은 복지국가의 해체를 공약으로 제시한 공통점을 지니고 있었다. 과도한 사회복지 지출이 경제성장을 둔화시키고 정부의 재정위기를 불러왔다는 신념체계를 기반으로 이들 신우파 정권은 복지비용의 삭감 및 지출구성의 변화, 공공서비스를 포함한 공공부문의 민영화 및 기업에 대한 규제의 완화, 지방정부의 역할 축소, 노조를 포함한 사회세력의 약화 등의 정책기조를 견지하였다. 영국과 미국에서 진행된 이러한 정책이념은 각각 대처리즘(Thatcherism)과 레이거노믹스(Reaganomics)라는 별칭을 얻게 되었다(백종만 외, 2001).

신우파들이 득세한 1980년대의 복지국가는 복지제도의 내용과 양적 측면에서 축소되는 경향이었는데, 특히 종전의 공공급여에 의한 복지(welfare)보다는 복지제공의 전제조건으로 노동할 것을 요구하는 노동연계복지(workfare)를 선호하게 되었다. 그러나 전형적으로 신자유주의적 전략을 추진했던 미국이나 영국의 경험을 보면 경제가 성장하고 실업률이 낮아진 이후에도 여전히 장기실업의 문제는 해결되지 않고 있으며, 임금수준의 하락으로 '노동하는 빈곤자'가 증가하고 소득불평등 문제가 심화되고 있다. 따라서 신자유주의에 의한 복지제도의 내용과 양적 측면에서 축소경향을 갖게 되었음에도 불구하고 결코 복지국가가 해체된 것은 아니라 할 수 있다. 왜냐하면 신우파의 공약과는 달리 복지지출은 감소하기보다는 완만한 증가가 이어져 오고 있기 때문이다.

(3) 복지국가 변화의 방향

오늘날의 복지국가가 얼마나 어떻게 변하고 있는가에 대해서는 다양한 관점이 있다. 특히 피어슨(Pierson, 2001)은 복지국가는 외부적 환경의 변화에 대응하여 재구조화(restructuring)하고 있으며, 그 내용은 재상품화(recommodification), 비용억제(cost containment) 그리고 재정비화(recalibration)라고 한다(김태성 외, 2006 : 73-77).

첫째, 재상품화이다. 널리 알려졌듯이 복지국가의 발전 정도는 흔히 탈상품화(decommodification)의 정도로 측정한다. 일반적으로 자본주의 사회에서는 사람들은 자신들의 노동력을 시장에서 팔아야만 생계를 유지할 수 있다. 즉, 상품화해야 한다. 그런데 복지국가가 등장하면서 자신들의 노동력을 팔지 않고도, 즉 탈상품화되어 시장에 의존하지 않고도 최소한의 인간의 존엄성을 유지하면서 살 수 있게 된다.

그런데 복지국가가 크게 확대되어 탈상품화의 수준이 크게 높아지면서 사회복지 수급자의 숫자도 늘어나고 급여수준도 높아져 비용이 많이 들게 된다. 특히 사회복지비용의 문제는 1970년대 말부터 경제성장이 둔화되면서 문제가 되어 탈상품화는 일정한 한계에 봉착한다.

또 탈상품화가 커지게 되면 사람들이 자신들의 노동력을 팔지 않고도 살 수 있기 때문에 근로동기가 낮아질 수 있어 자본주의가 작동하기 어려울 수도 있는 문제점을 야기시킨다.

이러한 문제 때문에 오늘날 서구 복지국가들에서는 지나치게 확대된 탈상품화에서 다시 과거의 상품화를 강조하는, 즉 재상품화의 필요성이 대두되고 있다. 그래서 사람들이 시장에서 자신들의 노동력을 팔아야만 생계를 유지할 수 있도록 하는 것을 다시 강조하는 것이다.

재상품화의 대표적인 방법은 사람들의 근로동기를 강화시켜 시장에서 일을 하도록 만드는 방법이다. 오늘날 많이 사용되는 '근로복지(workfare)'를 강조하는 것이다. 이에 따라 사회복지 수급은 일과 연계해서 일을 하지 않으면 급여도 하지 않는 것이다.

그렇다고 오늘날의 모든 복지국가들에서 재상품화를 강조하는 것은 아니다. 이것은 국가에 따라 다른데, 탈상품화로 인하여 근로동기의 감소가 큰 나라에서는 강조하는 반면에, 그렇지 않은 국가들에서는 중요한 방법은 아니다. 예를 들면, 미국과 같은 자유주의적 복지국가들에서는 재상품화를 가장 강조한다. 사실 이러한 국가들은 원래부터 탈상품화 정도가 가장 약하였다. 그래서 복지국가가 재정적인 어려움에 처하자 가장 강하게 재상품화를 강조하였다. 대표적인 예가 미국에서의 1996년의 복지개혁(welfare reform)으로, 지금까지의 가장 중요한 공공부조제도인 AFDC(Aid to Families with Dependent Children)를 없애고, 노동시장에서 일을 해야만 급여를 하는 TANF(Temporary Assistance for Needy Families)로 바꾸었다.

반면에 스웨덴과 같은 사회민주적 복지국가들에서는 상대적으로 탈상품화 수준이 높음에도 불구하고 근로동기의 약화의 문제가 심각하지 않다.

둘째, 비용억제이다. 복지국가 변화의 두 번째 형태는 사회복지 지출이 더 이상 늘어나는 것을 막는 비용억제이다. 사실 사회복지 지출이 많거나 혹은 적은 것 그 자체는 복지국가의 목표를 이룰 수 있느냐의 문제와는 별개의 것이라 할 수 있다. 그래서 복지국가 확장의 시기에는 사회복지 지출 그 자체는 주요한 정책목표가 되지 않았다.

그런데 오늘날의 복지국가들의 상황에서는 많은 국가들에서 사회복지 지출 그 자체를 줄이자는 것이 점차 중요한 정책목표가 되고 있다. 그 이유는 몇 가지가 있는데, 우선 가장 단순하지만 중요한 이유는 사회복지에 사용할 재원이 없다는 점이다. 서구 복지국가들은 지난 20여 년에 걸쳐 경제가 좋지 않아 성장이 둔화되어 실업률이 높아져 정부재정이 크게 악화되었다. 그동안은 적자재정의 방법으로 사회복지 지출을 유지하였는데, 이제는 더 이상 이 방법에 의존하기 어려울 정도로 국가부채의 규모가 커졌다.

또한 사회복지 지출이 높다는 것은 그만큼 조세부담률이 높다는 것인데, 높은 조세부담률로 인하여 노동비용이 커지고 이것은 고용을 막아 실업률을 지속적으로 높인다. 즉, 오늘날 복지국가들의 가장 심각한 문제인 실업률을 낮추기 위해서도 사회복지 지출을 줄여야 하는 것이다.

정치적으로는 많은 국가들에서 높은 조세부담률에 대한 저항은 중산층을 중심으로 커지고 있다. 이러한 계층의 사람들은 지난 20년간 실질소득은 늘어나지 않는 상황에서 높아지는 조세부담률에 대해 크게 반발하고 있다. 그래서 정치적으로도 사회복지 지출 그 자체는 일단 줄여야 한다는 주장이 점점 커지고 있다.

오늘날 모든 복지국가들에서 사회복지의 비용을 억제하고 있는데, 특히 보수적 복지국가들에서 가장 강조된다. 왜냐하면 이러한 국가들에서는 사회복지 지출이 많은 반면에 노동시장참여율도 낮고 실업률도 높아 위에서 언급한 이유에서 비용억제의 필요성이 가장 높기 때문이다.

셋째, 재정비화이다. 오늘날의 복지국가는 멀리는 19세기 말부터, 가까이는 제2차 세계대전, 이후부터 크게 확대되어 오늘의 모습에 이르렀다. 그런데 지금까지 유지해 왔던 복지국가의 여러 제도들이 오늘날의 상황과는 여러 가지 측면에서 맞지 않을 수 있다. 즉, 재정비화란 과거의 복지국가의 모습을 오늘날에 바뀐 복지국가에 대한 수요와 목표에 맞게 수정하자는 것이다. 이것은 둘로 나눌 수 있는데, 하나는 합리화(rationalization)이고 다른 하나는 최신화(updating)이다. 즉, 다양한 사회복지 프로그램들은 각기 이루고자 하는 목표가 있다. 그런데 때에 따라서는 외부환경의 변화와 프로그램 그 자체의 결함으로 프로그램의 주어진 목표를 이루는 데 비효율적이거나 기능이 약화될 수 있다. 합리화라는 것은 바로 주어진 목표를 이루도록 프로그램의 효율성을 높이는 방법으로 수정하는 것을 말한다. 대표적인 예가 스웨덴의 질병수당(sickness benefit) 개혁이다. 질병수당제도의 목표는 사람들이 질병에 걸려 일을 못해도 생활을 유지할 수 있도록 하는 것이다. 그런데 이 제도의 급여가 관대해지고 누구나 쉽게 급여를 받을 수 있도록 하여 보다 시간이 흐를수록 이를 오용하거나 남용하는 경향을 보인다. 그래서 스웨덴에서는 이 제도를 바꾸어 급여액의 소득대체율을 낮추거나 급여자격을 까다롭게 해서 원래 의도했던 목표를 보다 확실히 이루고 불필요한 오용이나 남용을 막고자 하였다. 한편 최신화란 사회가 변화함에 따라 새롭게 인지되는 사회복지의 필요에 대응하기 위해서 기존의 프로그램을 수정하거나 혹은 새로운 프로그램을 만드는 것을 말한다. 일반적으로 어떤 제도는 과거 그대로 유지되는 속성을 갖고 있다. 그래서 새로이 변화된 사회환경에서의 필요(need)와 괴리가 발생한다. 최신화는 바로 이러한 괴리를 바로잡아 주는 것이라 할 수 있다.

예를 들면, 오늘날에는 여성들이 노동시장에 대거 참여하는 반면, 한편으로는 여전히 가족 내의 아동, 노인 등에 대한 보호의 역할을 하고 있다. 그래서 몇 나라들에서는 여성들이 집안에서 무보수로 아동, 노인을 수발하는 것을 인정해서 보조하거나, 연금가입기간으로 인정해 주는 제도를 만든다.

참고문헌

김상균 · 최일섭 · 최성재 · 조흥식 · 김혜란(2001). 사회복지개론. 서울 : 나남출판.

김태성 · 성경륭(2000). 복지국가론. 서울 : 나남출판.

김태성 · 홍선미(2006). 사회복지개론. 서울 : 청목출판사.

백종만 · 최원규 · 최옥채 · 윤명숙 · 홍경준 · 이상록 · 박현선(2004). 사회와 복지. 서울 : 나눔의집.

임송산(1983). 불교복지 : 사상과 사례 I . 서울 : 법수출판사.

최일섭 · 류진석(1996). 지역사회복지론(개정판). 서울 : 서울대학교출판부.

최일섭 · 이현주(2006). 지역사회복지론(제2개정판). 서울 : 서울대학교출판부.

최일섭 · 정 은(2006). 현대사회복지의 이해. 경기 : 공동체.

Barker, R. L.(1999). *Milestones in the Development of Social Work and Social Welfare*. Washington, D. C : NASW.

Day, P. J.(1997). *A New History of Social Welfare*(2nd ed.). MA : Allyn & Bacon.

Handel, G.(1982). *Social Welfare in Western Society*. New York : Random House.

Pierson, C.(1991). *Beyond the Welfare State? The New Political Economy of Welfare*. Cambridge, UK : Polity Press.

제4장 사회복지실천

1. 사회복지실천의 개념

1) 사회복지실천의 정의

사회복지실천(social work practice)과 사회사업(social work)은 유사한 정의와 개념으로 설명할 수 있다. 즉, 사회복지실천은 "개인, 집단 또는 지역사회가 사회 기능을 향상시킬 수 있는 자신들의 능력을 회복하거나 증진시키고, 자신들의 목표 달성을 위한 사회조건을 창조하도록 돕는 전문적 활동"이다(NASW, 1973, Barker, 1987 재인용). 따라서 사회복지실천은 사회복지사가 클라이언트의 복지 향상을 위해서 클라이언트와 함께하는 대면서비스와 이와 관련된 활동들을 의미한다. 이러한 사회복지실천방법은 대상 및 방법에 따라 개별사회사업, 집단사회사업, 지역사회조직 등으로 각각 다른 접근방법을 사용해 왔으나, 1970년대 이후 전통적인 세 가지 실천방법론을 통합하는 통합적 접근방법이 대두되었다. 한국사회복지교육협의회에서는 통합방법론의 인정과 함께 기존의 사회복지방법론을 사회복지실천론과 사회복지실천기술론으로 구분하였다. 실천론은 이론중심적이고, 기술론은 기술중심으로 설명된다(엄명용 외, 2001).

2) 사회복지실천의 목적과 목표

(1) 사회적 기능의 향상

사회복지사의 활동목적은 개인, 가족 그리고 지역사회의 삶의 질을 향상시키고 사회적 기능을 향상시키기 위함이다. 이러한 활동에는 세 가지 영역이 포함된다. 첫째, 예방의 기능으로서 취약성을 가진 개인들에게 역기능이 발생하기 전 서비스를 제공함으로써 문제를 예방한다. 이러한 서비스에는 가족계획, 육아교육, 부모교육, 결혼 전 상담, 퇴직상담, 부부상담 등을 포함한다. 둘째, 복귀의 기능으로서 신체적・정신적으로 기능손상이 초래된 클라이언트의 재활을 목적으로 서비스를 제공한다. 셋째, 치료의 기능으로서 결혼문제, 도벽, 학교부적응, 사회적 고립, 아동학대, 물질남용, 삶의 문제를 제거하거나 감소시키는 것을 말한다.

(2) 개인의 역기능 치료

클라이언트와 환경 사이에 가지고 있는 문제들은 단지 환경에 의해서만 초래된 것이 아니다. 많은 클라이언트의 역기능은 가능한 자원들을 적절히 사용하지 못하는 데서 기인한 것이다. 대인관계의 문제, 자신감의 결여, 사회적 고립감 등의 어려움을 갖고 있는 클라이언트에게 문제해결능력과 대처기술을 습득하고 사회적 자신감을 갖도록 돕는 것 등이 사회복지실천의 목적이다.

(3) 사회적 정의 실현 향상

사회복지실천의 중요한 목적 가운데 하나는 사회정의 실현을 향상시키는 것으로 법, 정부의 정책, 사회복지 프로그램을 통해 모든 사회구성원에게 동등한 자원과 기회를 줄 수 있도록 노력하는 것이다. 사회복지실천현장에서는 클라이언트를 대신하여 그들의 권리를 찾아주고 서비스를 제공한다. 따라서 실천현장에서의 사회정의 구현은 클라이언트의 옹호와 전문적 조직을 통한 사회행동으로 한정될 수 있다(Hepworth, Rooney, & Larsen, 1990).

미나한(Minahan, 1981)은 사회복지실천의 목적을 다음과 같이 설명하였다. ① 사람들의 문제해결기술과 적응능력을 향상시킨다. ② 자원을 활용하도록 돕는다. ③ 조직들이 사람들의 욕구를 충족시키도록 한다. ④ 개인과 환경의 상호작용을 향상시킨다. ⑤ 조직과 기관 간의 상호작용에 영향력을 행사한다. ⑥ 사회와 환경정책에 영향을 미친다.

3) 사회복지사의 역할

사회복지사는 클라이언트의 문제나 욕구를 파악하여 적절한 개입을 할 수 있는 능력과, 지역 내의 사회자원 및 관계망에 대한 지식을 가지고 클라이언트와 기관·단체들과 효율적인 의사소통을 할 수 있어야 한다. 사회복지사의 구체적인 역할은 다음과 같다.

〈표 4-1〉 사회복지사의 구체적인 역할

<table>
<tr><td rowspan="3">직접적 서비스 제공자</td><td>조력자</td><td>• 클라이언트가 자신의 감정을 보다 잘 이해하고, 행동을 수정하며, 문제상황에 대처하도록 도움으로써 그들의 사회적 기능을 향상시킨다.</td></tr>
<tr><td>교육(상담)자</td><td>• 클라이언트가 문제를 예방하거나 사회적 기능을 향상시키는 데 필요한 지식과 기술을 갖추도록 지도한다.</td></tr>
<tr><td>집단촉진자</td><td>• 집단촉진자는 집단활동의 지도자를 의미한다. 이러한 집단활동은 치료집단, 교육집단, 자조집단, 감수성 훈련과 가족 집단활동 등이 있다.</td></tr>
<tr><td rowspan="4">체계연결자</td><td>중개자</td><td>• 클라이언트를 적절한 인간서비스 자원과 연결시킨다.</td></tr>
<tr><td>조정자</td><td>• 행정가로서 인간서비스 조직에서 정책, 서비스, 프로그램을 계획하고 개발하며 수행한다.</td></tr>
<tr><td>옹호자</td><td>• 클라이언트가 자원과 서비스를 받을 권리를 유지하도록 돕거나 클라이언트나 클라이언트 집단에게 부정적인 효과를 주는 프로그램과 정책을 변하시키는 운동을 적극적으로 지지한다.</td></tr>
<tr><td>중재자</td><td>• 바람직하지 못한 관계나 갈등이 있을 때 사회복지사가 개입하여 개선시킨다.</td></tr>
<tr><td>체계유지 강하자</td><td>협상가
자문가</td><td>• 이슈가 되는 문제에 관해 합의점을 찾은 수 있도록 하고 계약 및 협정에 관한 교섭을 한다.</td></tr>
<tr><td rowspan="2">체계개발자</td><td>사회운동가</td><td>• 사회복지전문가와 단체들이 의지를 가지고 사회복지 발전과 사회개혁에 참여하여야 한다.</td></tr>
<tr><td>옹호자
대중연설자</td><td>• 사회복지사는 학교, 공공서비스 분야, 경찰, 사회복지기관 등을 대상으로 새로운 서비스와 정보에 대해 강의한다. 예를 들어, AIDS, 청소년을 위한 쉼터의 필요성에 관한 강연 등이다.</td></tr>
<tr><td>연구조사자</td><td>연구자</td><td>• 모든 사회복지사는 연구자가 되어야 하고 사회복지실천에 관한 문헌연구, 개입효과성 평가, 프로그램의 장단점, 그리고 지역사회 욕구조사 등이 포함된다.</td></tr>
</table>

2. 사회복지실천의 발달과정

1) 전문사회복지실천의 태동기(19세기 말~1900년)

사회복지실천의 역사적 배경은 영국에서 1601년에 제정된 엘리자베스 구빈법에 그 기원을 둘 수 있다. 엘리자베스 여왕의 구빈법 제정 이전에는 빈곤층에 대한 원조는 교회와 민간이 중심이 되어 구제활동 중심으로 이루어졌다. 당시에는 가난한 사람들을 돌보는 일은 교회의 중요한 활동 중 하나였고, 12세기부터 15세기에 걸쳐서 회원들 간의 상부상조를 목적으로 조직된 길드(guild)조직은 회원들의 미망인과 고아들을 원조하는 구호활동을 하였다. 산업혁명 이후 영국 사회는 질병 · 빈곤 · 범죄 · 비행 증가 등과 같은 사회문제가 대량으로 발생하게 됨에 따라 이에 대응하기 위해 개인이나 민간 차원의 자선사업과 박애사업이 시작되었고, 인도주의적 사회개량사상과 연계된 민간 사회복지가 발달하기 시작했다. 그 결과 자선조직협회(COS)가 설립되고 사회복지실천에 있어 새로운 전환점을 맞이하게 되었다. 자선조직협회의 주된 기능은 구제신청자에 대한 과학적이고 면밀한 조사, 구제중복을 피하고 효율적 구제활동을 전개하기 위한 구제등록의 실시, 여러 구제기능 간의 조정 등의 실시였다. 이러한 자선조직협회(COS)의 활동은 후에 개별사회사업 실천기술의 기초가 되었고, 사회복지조사 및 지역사회실천의 활동의 뿌리가 되었다.

인보관 운동(Settlement House Movement)은 빈민가 사람들의 생활개선을 목표로 시작되었다. 인보관 운동은 자선조직단체와 달리 문제지역을 자신들의 이웃으로 생각하고 이해하고 돕기 위해 이들의 생활환경에 직접 뛰어들어 함께 생활하였다. 이곳에서 일하는 사람들은 주로 높은 이상을 가진 대학생들로 이루어졌고, 주택의 개선, 공중보건의 향상, 빈민착취의 방지 및 해결 등 제반 사회문제에 대한 집단적 해결을 강조하였다. 이들의 활동은 후에 사회복지실천에 있어 집단사회사업, 지역사회조직활동에 영향을 주었다.

2) 사회복지실천의 전문적 발달기(1920~1950년)

1930년 대공황과 함께 진단주의 학파(diagnostic school)와 기능주의 학파(functional school)의 분리라는 사회복지실천의 변화가 일어났다. 진단주의 학파는 프로이트의 정신분석이론에 근거하여 과거중심적이며 성장과 정상의 문제에 초점을 두고 접근을 하였다. 그러나 인간의 성장 가능성과 인간과 인간, 인간과 환경의 관계를 중점적으로 접근하고자 하는 기능주의 학파는 대공황에 의한 다양한 문제 상황에 대한 프로이트식의 과거중심적인 접근에 대하여 문제를 제기하고 현재 상황에서 클라이언트의 보다 나은 기능 회복을 목표로 하는 사회치료를 강조하였다. 두 학파 간의 갈등은 사회복지실천의 가치와 원리 그리고 방법론상의 발전에 많은 긍정적 영향을 끼쳤다.

3) 전문사회복지실천의 통합기(1950~1960년 이후)

대공황 극복 이후 제2차 세계대전을 거치면서 전쟁으로 인한 여러 형태의 상실, 가족의 붕괴, 산업화 및 도시화로 인한 가족의 분리와 기능 약화 등은 심각한 청소년문제를 야기시켰고, 도움이 필요한 클라이언트들도 다양하고 복합적인 문제를 가지고 오게 되었다. 이로 인해 가족치료가 발전하게 되고(Waring, 1983), 복합적 문제를 가진 클라이언트에게 개입하기 위한 새로운 형태의 방법론을 개발하게 되었으며(Germain, 1983), 치료적 개입에 대한 관심은 개업사회복지사(private practice)가 출현하게 되는 계기도 되었다(Encyclopedia, 1995).

이와 같은 치료적 접근방법의 등장과 함께 클라이언트가 있는 곳으로 접근해 나가는 아웃리치(outreach) 방법과 지역사회를 하나의 단위로 보고 접근하고자 하는 노력이 한층 두드러졌다. 따라서 문제영역별로는 빈곤뿐 아니라 비행, 장애, 보건, 정신건강 등 다양한 영역을 다루게 되었고(Compton, 1983; Encyclopedia, 1995), 방법론으로는 개별사회사업, 집단사회사업, 지역사회조직 그리고 통합방법론이라는 전통적인 방법론을 정착시켰다. 이로 인해 전문직의 영역과 종사하는 전문사회복지사의 수도 증가하게 되어 개인과 가족을 돕는 전문직으로 자리 잡게 되었다. 1962년 NASW 내부의 분회제도를 폐지하고 통합적인 방법을 지향하는 '사회복지실천'이라는 용어가 등장하여 일반화되기 시작했다.

4) 한국 사회복지실천의 발달과정

한국에서는 방면위원제도가 1927년 일제에 의해 인보사업과 사회사업서비스를 원활히 한다는 명목으로 도입되었다. 방면위원의 임무는 빈민의 생활상태를 조사하고, 빈곤의 원인을 판명하여 적절한 지도교화 및 구제방법을 강구하는 데 있었다(이영분 외, 2001).

개인적인 문제에 대한 개별사회사업적 접근은 미군병원과 미국 기독교 선교사들이 설립한 병원, 아동상담소 등을 통해 소개되었다. 이들의 실천과정은 역시 미국의 1940년대 이후의 실천과정을 답습한 형태로 나타났으며, 심리치료와 가족치료가 주를 이루었다.

이후 6·25 전쟁을 전후해서 설립된 기독교아동복지재단, 홀트아동복리회, 선명회 등과 같은 외원사회사업기관과 KAVA(Korea Association of Voluntary Agencies, 외국민간원조기관 한국연합회)를 중심으로 하여 기관을 통한 개별사회사업실천이 행해졌다.

1959년에는 국립의료원에서 의료사회사업(medical casework)이 시작되었다. 이어 1980년대에는 지역복지와 재가복지에 대한 관심이 높아지면서 전국적으로 사회복지관 사업이 확장·활성화되었으며, 많은 사회복지 전문인력이 그 역할을 수행하게 되었다. 또한 공공영역에서는 1987년부터 생활보호사업을 담당하는 '사회복지전문요원'을 저소득층 밀집지역과 전국 동사무소에 배치함으로써 사회복지전달체계가 확립되었고 문제를 가진 개인 및 가족에 대한 개별적 접근이 다양하게 이루어지게 되었다.

한국에서의 사회복지실천교육은 정식교육기관으로는 1947년 이화여자대학교의 사회사업학과가 국내 최초로 설립된 이후 많은 대학에서 사회복지학과를 설립하여 사회복지 전문교육에 힘쓰고 있다. 2003년부터 사회복지사 자격 국가고시제가 시행되는 것을 계기로 사회복지 교과과정이 전면적으로 개편되면서 사회복지사의 전문성과 정체성 확립에 대한 노력이 계속되고 있다(양정남·최선령, 2002).

3. 사회복지실천의 통합적 접근

1) 통합적 접근의 개념

통합적 방법이란 사회복지실천의 목적을 달성하기 위한 현대적인 접근방법으로 개별적인 접근의 한계를 넘어 다양한 인간체계에 대한 개입으로 사회복지실천영역의 확장이다(Miley et al., 1995). 일반적으로 통합적 접근은 다양한 인간체계, 즉 사회, 공동체, 이웃, 복합적인 조직, 가족, 개인 등을 변화시켜 사회적 기능을 최대화시키는 것을 말한다. 통합적 접근의 일반주의 사회복지사(generalist)는 여러 상황에서 다양한 집단의 클라이언트, 즉 개인문제에서 사회문제까지 원조하며, 개인수준으로부터 지역사회 수준까지 개입하는 기술을 사용한다.

따라서 사회사업의 통합적 방법이란 모든 사회복지사들이 개인, 집단, 지역사회에 제기되는 문제에 대처해 나가고자 할 때 활용할 수 있는 방법의 통합화를 말한다. 통합적 접근방법의 특징을 요약하면 다음과 같다. ① 사회복지실천에 본질적인 개념, 활동, 기술, 과업 등에 어떤 공통적 기반이 있음을 전제로 한다. ② 통합적 방법이 가지고 있는 가치관은 클라이언트의 잠재성을 인정하고, 계속적인 성장을 통하여 그의 잠재성을 계발할 수 있으며, 성장과 잠재성은 미래지향적임을 강조한다. ③ 과거의 심리 내적인 정신역동적 측면에 초점을 둔 것으로부터 사회와 문화, 즉 상황 속의 인간(person-in-situation)을 이해하고 설명하는 데까지 확대된 개념을 사용한다. ④ 통합적 방법은 인간과 환경의 상호작용에 초점을 둠으로써 인간환경의 고유영역, 사회적 기능 수행 영역까지 사회복지사가 개입해야 함을 강조한다. ⑤ 클라이언트의 존엄성, 강점지향, 자기결정, 개별화를 극대화하고, 실천과정의 평가를 강조한다(김융일, 1995). 통합적 접근은 일반체계이론과 생태학적 이론에 기초하여 과거의 심리학적인 패러다임보다는 사회적 측면에서 사회문제와 인간의 욕구에 초점을 두는 것을 강조하였으며, 인간과 환경의 관계의 중요성과 균형을 강조하였다. 체계이론과 생태체계적 관점은 사회복지실천가에게 사회체계를 분석하는 이론적 틀을 제공하였으며, 이러한 상호작용이 인간행동에 영향을 주는 요소들을 연구하게 하였다. 여기에서는 일반체계적 관점과 생태체계적 관점을 자세히 살펴본다.

2) 일반체계 및 생태체계 이론의 주요 개념

(1) 체계론적 관점

체계의 변화기능을 강조한 일반체계이론은 1937년 루트비히 폰 베르탈란피(Ludwig Von Bertalanffy)에 의하여 개발되었다. 이 이론은 생물학적 이론으로서 '조직은 체계이다'라고 하는 개념으로부터 출발하여 생물학적 체계이론을 집단, 가족, 사회 등과 같은 사회학적 개념에 적용하여 사회체계이론을 도출했다. 체계이론의 기본적인 가정은 인간의 행동은 개별적이거나 정신 내적인 것보다 인간이 상호작용하는 인간관계의 체계나 지속되는 역동과 욕구에 의해 결정되고 유지된다는 것이다.

각각의 체계(systems)들은 하위체계(sub-systems)로 이루어지며, 이들 하위체계들이 모여서 상위체계를 이루고 각 체계 간에 상호 순환작용을 계속하고 있다고 주장한다. 체계이론에 의하면, 체계 간의 관계에 있어 한 가지 원인이 체계 내에 영향을 미치는 것이 아니기 때문에 인간의 행동과 사회현상에 관한 설명을 하는 데 있어 원인과 결과를 규정하는 것을 피하고 있다. 이는 한 체계로부터 다른 체계로 에너지가 투입되는 과정에 있어 한 가지 원인뿐만 아니라 다차원적인 원인으로부터 에너지가 투입되고 다양한 방법에 의하여 체계에 영향을 미칠 수 있기 때문이다(Meyer, 1983).

일반체계이론은 모든 체계는 기능하고, 성장하고, 발달하고, 다른 체계와 상호작용한다는 원칙을 설명한다. 이 원칙들은 생물학적·사회적 체계의 행동을 예측하는 데 활용되기도 하고, 체계를 변화시키기 위한 전략을 구성하는 데도 사용된다. 체계이론은 개인, 가족, 조직들과 같은 클라이언트체계와 변화과정을 설명해 주는 용어와 비유 등을 제공하기 때문에 사회복지사들에게 유용한 이론이다. 핀커스와 미나한(Pincus & Minahan, 1973)은 체계개념을 사회사업실천방법에 적용하였다. 이들이 제안한 체계이론과 적용원리에 따르면, 사람은 체계에 의존하여 살고 있으며, 이러한 체계는 사회환경 안에 존재하고 있기 때문에 인간의 만족스러운 생활을 위하여 체계에 초점을 두고 접근하여야 함을 강조하고 있다.

사회복지실천에 있어서 기본적인 체계개념을 살펴보면 사회복지의 체계는 핀커스와 미나한(Pincus & Minahan, 1973)의 4체계와 콤튼과 갤러웨이(Compton & Galaway, 1983)의 6체계 이론이 있다.

① 변화매개체계 : 사회복지사와 이를 고용하는 기관과 조직에 해당한다. 계획된 변화를 향해 체계와의 활동을 계획하며 사회적 서비스와 자원을 제공한다.

② 클라이언트체계 : 사회복지사의 서비스를 요구하거나 인가받을 때, 그로부터 이익이 기대될 때, 사회복지사와 명시적 또는 암시적으로 계약할 때 클라이언트체계로 간주된다.

③ 표적체계 : 변화매개자들이 목표달성을 위해 영향을 주거나 변화시켜야 할 사람들이다. 변화대상이 클라이언트이거나 클라이언트 내부체계일 때는 클라이언트체계와 표적체계가 흔히 중복된다.

④ 행동체계 : 사회복지사가 변화노력을 달성하기 위해 상호작용하는 사람들이다. 클라이언트에게 바람직한 변화를 주기 위한 사회복지사의 활동, 이웃, 가족 또는 타인을 말한다.

⑤ 전문가체계 : 사회복지사협회, 교육협회, 전문가 실천의 가치나 인간으로 이루어진다. 전문가체계의 문화와 가치는 변화매개자로서의 사회복지사의 행동에 강한 영향을 미친다. 사회복지사는 자신의 기관을 변화시키거나 사회적 변화의 옹호자로서 행동할 때 활용한다.

⑥ 문제인식체계(의뢰－응답체계) : 잠재적 클라이언트를 사회복지사의 관심영역으로 끌어들이기 위해 행동하는 체계이다. 사회복지사 또는 변화매개체계와의 접촉 초기에서는 클라이언트체계로 고려될 수 있지만 본질적으로 클라이언트체계가 아니다.

체계이론의 한계점을 보면, 체계이론은 문제해결을 위해 처방을 하는 방법이 아니기 때문에, 체계에 변화를 주기 위한 기법을 제시하지 못한다는 단점이 있다(조휘일 · 이윤로, 2001).

(2) 생태체계적 관점

사회복지실천의 통합적 접근은 환경 속의 인간(person in environment) 혹은 환경 속에서 상호작용하는 개인에 초점을 맞추는 복수체계적 관점(multisystem perspective)을 적용해 왔다. 통합적 접근의 근간이 되고 있는 생태체계이론의 주요 개념은 생태학으로부터 파생되었다. 생태학은 유기체와 유기체의 생물학적·물리적 환경 사이의 관계에 초점을 맞추고 있다. 생태체계적 관점(ecosystems perspective)은 생태학의 개념과 일반체계이론을 기반으로 하여 도출된 개념이며, 일반체계이론의 주요 개념들을 수용하고 있어 인간과 환경이 상호작용하는 방법을 중시한다.

사회복지 실무에 생태체계모델을 적용하고 체계화시킨 사람은 저메인과 기터맨(Germain & Gitterman, 1980)이다. 생태체계적 관점은 사회복지실천에서 널리 사용되고 있으며 생태체계(ecosystem), 생태적 체계론(ecological system), 생태적 관점(ecological perspective) 등을 혼합하여 사용하고 있는데, 이 모두 개인과 환경 간의 관계를 의미하고 있는 것이다.

환경 속의 인간이란 개인에 대한 환경적인 요구, 개인의 내부적 요구, 환경적 지지, 극복능력 혹은 적응능력 등을 포함한다. 인간문제는 개인의 극복능력과 환경이 주는 요구, 혹은 개인이 원하는 바나 소망이 환경적 지지와 조화가 이루어지지 않을 경우 발생한다. 저메인과 기터맨(1980)은 인간이 살아가며 생활상의 변화를 경험하면서 문제해결능력 부족, 대인관계 부적응, 부적절한 환경적 지지, 지나치게 요구적인 환경일 때 문제가 발생한다고 하였다.

결론적으로 사회복지실천은 개인과 환경 간에 부적절한 조화로 인해 생기는 문제에 대한 개입이다. 따라서 사회복지실천현장에서 변화를 위한 노력은 환경과 개인 혹은 이 둘 간의 상호작용을 향상시키는 방향으로 기울여야 한다. 변화를 위한 노력으로는 환경적으로 스트레스가 되는 인자를 완화시키거나 환경적 요구를 낮추어 줌으로써 스트레스를 줄이며 환경으로부터 지원받을 수 있도록 한다.

따라서 사회복지사는 사회의 구조와 문화가 클라이언트의 자아, 성격구조에 어떻게 반영되었는지 그리고 클라이언트의 극복전략이 삶에 어떤 영향을 끼쳤는지 주목할 필요가 있다.

생태체계 관점의 유용성은 기존의 전통적인 사회복지실천모델을 적용하기 전에 문제현상을 정확히 파악하여 문제해결을 위해 어떤 모델이 가장 적합할 것인가를 판단·선택할 수 있게 해준다는 점이다. 즉, 생태체계적 관점 내에서 기존의 실천모델들은 더욱 효과적으로 활용될 수 있다. 그러나 단점으로는 생태체계 관점은 사정과 평가를 위한 관점과 이론적 틀을 제공하였지만 개입방법이나 실천기술은 제시하지 못하였다는 것이다.

4. 관계론

사회복지실천에서의 관계란 일반적으로 사회복지사와 클라이언트의 관계를 의미하며, 사회복지사와 클라이언트의 좋은 관계를 발전시키는 것은 원조노력의 필수 부분으로 간주되고 있다. 비에스텍(Biestek)은 사회복지실천에서 관계를 "클라이언트와 사회복지사 간에 혹은 사회자원들과의 교류를 가능하게 하는 연결통로로서, 클라이언트와 그를 둘러싸고 있는 환경 간의 보다 나은 적응을 가져오도록 개인의 능력과 지역사회자원을 적절히 동원하고 활용할 수 있도록 돕는 관계"라고 설명하고 있다(Biestek, 1957).

관계의 원칙과 요소들에 대하여는 학자에 따라 용어와 설명이 다양하지만 대체로 그 내용에 있어서는 공통적인 부분이 많다. 비에스텍은 관계의 목적을 심리·사회적인 욕구와 문제를 가진 클라이언트를 원조하는 것에 있다고 보았다. 따라서 심리·사회적인 문제를 가진 사람들의 욕구를 다음과 같이 일곱 가지로 분류하고, 이에 대하여 사회복지사가 민감하면서도 적절한 반응을 함으로써 클라이언트와의 역동적 상호작용을 통하여 문제해결과 사회적응을 돕는 원조과정이 성공적으로 이루어진다고 보았다.

(1) 개별화(Individualization)

개별적으로 취급받기를 원하는 것은 인간의 기본적 욕구이며, 각 사람은 각기 다른 생활의 경험과 각기 다른 외적·내적 동기를 가진 존재로서 구별되고 자 하는 것을 말한다. 클라이언트가 자기 자신을 각기 독특한 욕구와 권리를 가진 인간으로서 존재에 대하여 그리고 자신의 문제에 대하여 바르게 인정받고 있다고 느끼게 되면, 클라이언트와의 원조관계에 한 걸음 더 나아가게 해준다. 개별화란 클라이언트 개개인의 독특한 자질을 알고 이해하는 일이며, 보다 나은 적응을 위한 원조에 있어서 각 개인마다 상이한 원리나 방법을 활용하는 것이다.

(2) 의도적인 감정표현(Purposeful Expression of Feelings)

이것은 자신의 감정, 특히 부정적인 감정을 자유롭게 표현하고자 하는 클라이언트의 욕구에 기반을 둔 것이다. 의도적 감정표현이란 클라이언트로 하여금 자신의 감정, 특히 비난받을지도 모르는 부정적 감정을 자유롭게 표현하도록 해주는 것이다. 클라이언트가 자신의 감정을 표현하고 이에 대한 적절한 사회복지사의 감정이입적 반응은 클라이언트로 하여금 자신이 수용되는 것을 느끼게 하고 신뢰적 관계의 형성을 촉진하게 된다.

(3) 통제된 정서적 관여(Controlled Emotional Involvement)

사회복지사가 클라이언트의 표현된 감정에 민감성을 지니고 이해하며 적절한 반응으로 대하는 것을 통제된 정서적 관여라고 한다.

클라이언트의 감정에 대한 사회복지사의 반응은 사회복지사의 언어, 표정, 행동을 통해 전달된다. 이때 사회복지사는 진실되고 일치적인 태도를 보여줌으로써 클라이언트의 문제를 진심으로 돕고자 하는 태도가 전달되도록 하여야 한다. 이와 같은 통제된 정서적 관여가 적절히 이루어지기 위해서는 의도적으로 자신의 감정을 자각하고 통제할 수 있도록 사회복지사는 끊임없는 자기인식과 자기훈련의 과정을 거쳐야 한다.

(4) 수용(Acceptance)

수용이란 사회복지사가 클라이언트의 장단점, 잠재력과 제한, 바람직한 행동이나 바람직하지 않은 행동, 긍정적 감정과 부정적 감정 등을 실제 있는 그대로의 모습으로 받아들이는 것을 뜻한다. 수용의 특징은 온정, 정중한 태도, 경청, 존경, 관심, 변함없는 중립성과 확고한 태도, 다른 사람의 생활체험 속에 의식적으로 들어가고 분담하려는 의지이다.

여기에서 수용과 시인하는 것은 다르다. 수용이란, 예를 들어 사회적 규범에 어긋나는 행동을 한 클라이언트, 성폭력자나 가정폭력자, 알코올중독자 등과 같은 클라이언트를 진실한 것 혹은 좋은 것으로서가 아니라 현실의 한 부분으로서 그것들을 인식하고 치료적으로 이해하고 인정한다는 것을 의미하는 것이다. 따라서 사회복지사가 한 인간으로서의 클라이언트와 그의 감정을 수용하는 것과 그의 일탈적 행동에 동의하는 것은 다르다. 사회복지사의 전문직으로서의 책임이 인간을 수용하는 것과 부도덕하고 반사회적인 행동을 받아들인다고 하는 것을 혼동하지 않도록 주의하지 않으면 안 된다.

(5) 비심판적 태도(Nonjudgemental Attitude)

비심판적 태도는 클라이언트의 문제나 욕구의 원인이 그들의 환경에 의한 것이든 혹은 성격의 문제이든지 간에 클라이언트에게 책임이 있다는 것을 언어적으로나 비언어적으로 비판하거나 판단하지 않는 것을 말한다.

사회복지사가 클라이언트의 문제에 대하여 비심판적 태도를 유지하는 데도 선입견과 편견은 장애요인이 되므로, 사회복지사의 자기인식을 통한 개방적 태도는 매우 중요하다고 하겠다.

(6) 클라이언트의 자기결정(Client Self-determination)

클라이언트의 자기결정이란 사회복지실천 전 과정에 걸쳐서 클라이언트가 모든 의사결정과정에 참여하여 스스로 선택하고 결정하는 것을 의미한다. 이는 모든 인간은 자기 삶에 대한 결정을 스스로 내릴 수 있다는 인간의 능력과 자유에 대한 믿음과 존중심에서 기인하였다. 사회복지사의 원조는 클라이언트 자신에게 유익한 선택이 무엇인지 알려주고 평가해 줌으로써 클라이언트가 자신의 문제를 객관적이고 합리적으로 자신에게 가장 유익하게 결정할 수 있는 권리와 자유를 갖도록 돕는 역할을 한다.

(7) 비밀보장(Confidentiality)

비밀보장이란 사회복지사가 전문적인 관계를 통해 밝혀지는 클라이언트에 관한 정보를 누설하지 않는 것을 말한다. 클라이언트는 자신의 문제와 관련하여 크고 작은 비밀이 있다. 그것은 클라이언트에게는 보호받고 싶은 소중한 것이며, 따라서 사회복지실천 관계에서는 신중하게 다루어야만 한다. 비밀보장은 성공적인 사회복지실천 관계를 위하여 매우 중요한 기본 원칙이며, 사회복지사의 윤리적 의무이기도 하다.

5. 면담론

1) 면담의 개념

면담은 사회복지사가 사회복지실천현장에서 사용하는 기본적인 도구이다. 면담은 사회복지사와 클라이언트의 전문적 관계에서 일어나는 상호작용이며, 사회복지사는 자신에게 적절한 스타일의 면담기술을 발달시켜야 한다. 면담은 전문적 기술이지만 사회복지사의 창의적 방법이 통합되는 예술이라고 말할 수 있으며, 면담기술은 반복적인 면담을 통해 학습할 수 있다. 모든 면담은 목적을 가지고 있고 분야에 따라 구체적인 기술이 적용된다. 면담기술의 적용과 활용은 사회복지사의 지식과 훈련배경에 따라 다를 수 있지만 다음의 원칙은 모든 면담에 적용된다. 첫째, 사회복지사는 자신의 호기심을 해소하기 위해 클라이언트의 정보수집에 초점을 두지 않는다. 둘째, 면담은 클라이언트의 문제상황에 따라 단계적으로 이루어져야 한다. 즉, 클라이언트가 준비되었을 때 효과적인 면담이 가능하다. 따라서 사회복지사는 클라이언트의 심리사회적 상태에 맞추어 진행해야 한다. 셋째, 사회복지사는 면담의 과정에서 클라이언트의 심리적 상황에 충분히 공감해야 한다. 사회복지사는 클라이언트를 인간으로서 존중해야 하고 클라이언트의 지각적·인지적·감정적·행동적 상태를 수용하고 함께 나눌 수 있어야 한다.

2) 면담의 정의와 특성

면담이란 치료적 개입의 기초이다. 면담은 목적이 있고 목표지향적 특성을 지닌 전문적인 대화 혹은 커뮤니케이션 과정이라고 정의할 수 있다(Brown, 1992). 또한 면담은 사회적 상호작용과 의사소통과정이며 인지·정서·행동의 변화를 목적으로 한 언어적 행동으로서 문제해결을 위한 개입이다(Kirst-Ashman & Hull, Jr., 1993, 엄명용 외, 2001 재인용).

사회복지 면담의 목적은 해결되어야 할 문제를 가지고 고통을 겪고 있는 사람과 그 상황에 대하여 충분히 이해함으로써 그 문제를 효과적으로 해결하는 데 있고(Garrett, 1972) 사회복지의 기능에 따라 결정된다. 대부분 사회복지 면담의 일반적 목적은 사회조사를 위한 정보수집 면담, 클라이언트의 변화를 위한 치료적 면담, 평가를 하기 위한 사정면담으로 서술할 수 있다. 브라운(Brown, 1992)은 면담의 목적을 ① 자료수집, ② 치료관계의 확립과 유지, ③ 클라이언트에게 정보제공, ④ 원조과정에서 장애를 파악하고 제거하는 것, ⑤ 목표달성을 향한 활동을 파악하고 이행하는 것, ⑥ 원조과정을 촉진하는 것 등으로 제시하였다.

이러한 면담은 다음과 같은 특성을 가지고 있는 일련의 커뮤니케이션이다.

면담의 특성은 첫째, 사회복지 면담을 위한 장이 있다. 즉, 클라이언트의 문제해결을 위하여 면담을 하는 일정한 기관이 있다. 둘째, 사회복지 면담은 구체적인 목표를 달성하기 위하여 의도적으로 이루어지며 방향을 이끌어 간다. 셋째, 사회복지 면담은 불필요한 것을 제거하기 위해 제한되며, 계약성을 내포하고 있다. 넷째, 면담자와 클라이언트는 특정한 역할을 가지고 있고 이 역할에 입각해서 상호작용을 한다. 면담의 기술에서 존슨(Johnson, 1989)은 관찰기술, 경청기술, 질문기술, 초점·안내·해석 기술, 분위기 조성 기술 등을 강조하였다.

3) 면담의 종류

앞서 언급하였듯이 재스트로(Zastrow, 1995)에 따르면, 사회복지 면담을 사회력과 사회조사를 위한 정보수집 면담, 진단을 위한 사정면담, 클라이언트의 변화를 위한 치료면담으로 설명하였다. 이러한 세 가지 종류의 면담은 명확히 구별될 수 없으며 서로 중복될 수 있다.

① 정보수집 면담

정보수집은 사회적인 기능과 관련된 생활력을 수집하는 것이며, 클라이언트가 직면한 개인적 혹은 사회적인 문제와 중요하게 관련된 배경 또는 생활력에 대한 정보를 얻기 위해 시행된다. 정보수집의 목적은 사회복지사가 클라이언트에게 제공할 서비스를 계획하고 결정하는 데 있어서 클라이언트의 배경을 알고 문제를 좀 더 잘 이해하기 위해서다. 정보수집을 위한 대상은 클라이언트뿐만 아니라 부모, 친구, 친척, 관련 기관 등을 포함하며, 기관의 특성에 따라 사회력에서 요구하는 특정한 정보는 차이가 있으며, 사회력에 포함되는 내용은 기관의 특성에 맞게 조정된다.

② 사정면담

사정을 위한 면담은 구체적인 서비스에 대한 의사결정을 하기 위한 것으로 정보를 얻기보다는 면담 자체의 서비스를 위한 평가와 적격요인을 결정하기 위한 목적지향적이다. 사정면담의 목적은 필요한 결정을 내리는 데 도움이 될 만한 정보를 얻는 것이다.

③ 치료적 면담

치료적 면담은 가장 보편적인 것으로 클라이언트 자신의 변화를 돕거나 클라이언트가 더 나은 사회적 기능을 수행할 수 있도록 환경의 변화를 돕는 것을 말한다. 치료적 면담의 목적은 사회적인 환경 속에 있는 힘의 균형을 클라이언트의 이익을 위해 변화시키는 것에 있다. 따라서 계획된 면담은 클라이언트를 위한 명백한 치료적인 목적을 가진다.

6. 과정론

사회복지실천과정은 사회복지사가 클라이언트와 클라이언트를 둘러싼 다양한 환경 내의 체계들을 변화시키기 위해 그의 전문직 가치와 지식에 기초하여 개입하는 과정이다. 즉, 클라이언트와 그를 둘러싼 환경의 변화를 위하여 잘 계획된 전문적 개입과정이라고 할 수 있다. 사회복지실천과정에 대해 많은 학자들은 다양한 이론을 주장하였으나 큰 차이는 없으며, 각 학자들마다 사회복지실천의 효과성을 높이기 위한 구조화된 과정의 필요성을 강조하고 있다. 이 책에서는 개입과정을 1단계 : 접수, 2단계 : 사정, 3단계 : 계획, 4단계 : 개입, 5단계 : 평가와 종결로 분류한다.

이와 같은 과정을 도표로 나타내 보면 다음과 같다.

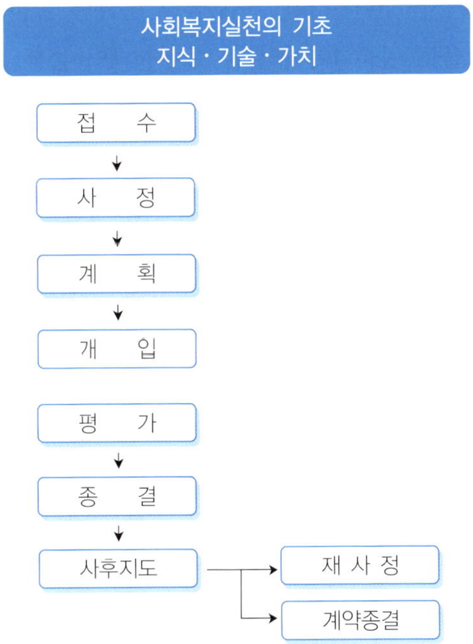

| 그림 4-1 | 사회복지실천의 전 과정과 계속적인 과정으로서의 사정

출처 : Kirst-Ashman & Hull, Jr.(1999). Understanding Generalist Practice, 양정남 · 최선령(2002) 재인용.

1) 접 수

접수(intake)란 문제를 가진 사람이 사회복지기관을 찾아왔을 때 사회복지사가 그의 문제와 욕구를 확인하여 그것이 기관의 정책과 서비스에 부합되는지 여부를 판단하는 과정이다(양옥경 외, 2000). 즉, 접수과정은 앞으로 진행될 전문적 관계의 과정을 결정하는 중요한 만남이다. 접수 시 사회복지사는 짧은 시간에 클라이언트와 긍정적 관계를 맺음으로써 앞으로 전개될 변화과정에 있어 클라이언트의 변화동기를 높이고, 적극적・협조적 자세를 결정짓게 되기 때문에 사회복지사의 접수과정에서의 역할은 매우 중요하다.

접수단계에서의 주요 활동은 첫째, 클라이언트와의 관계 형성, 둘째, 클라이언트의 문제 확인, 셋째, 클라이언트의 욕구와 기대 확인, 넷째, 서비스에 대한 정보 제공, 다섯째, 서비스 수혜 여부의 결정, 여섯째, 전체 원조과정에 대한 안내, 일곱째, 관련 서류 작성 등으로 요약할 수 있다.

2) 사 정

사회복지실천의 전문화과정 초기에는 사정이라는 용어 대신에 '진단'이나 '심리사회적 진단'을 사용하였다. 그러나 최근 들어 사회복지실천에서는 진단보다는 사정이라는 용어를 사용하고 있다. 이는 사회복지실천의 목적이 클라이언트의 어려움을 해결하는 일뿐만 아니라 클라이언트의 성장과 기능 및 잠재력을 향상시키며 새로운 자원을 개발하는 데 두는 강점중심적 접근이 강조되고 있기 때문이다(Hepworth & Larsen, 1990).

사정은 자료를 수집하고 분석하며 종합하는 과정이며 개입과정 내내 진행되는 지속적인 과정이면서 동시에 계속적인 과정의 산물이다(Hepworth & Larsen, 1990). 사정은 또한 전체 서비스의 핵심 과정 중 매우 복합적인 과정이며 문제해결과정을 명확화해 가는 창조적이면서도 과학적인 과정이다(Johnson, 1998).

(1) 사정의 내용

헵워스와 라슨은 사정에 포함되어야 할 내용으로서 첫째, 클라이언트의 문제의 본질(발달적 욕구와 생애 전환 시기와 관련된 스트레스 원인을 포함한)에 관한 자료, 둘째, 클라이언트와 의미 있는 타인(대체적으로 가족구성원)의 대처능력(강점, 기술, 성격, 한계점 그리고 결함 등)에 관한 자료, 셋째, 클라이언트의 문제에 관련된 체계 그리고 클라이언트와 이들 체계 간의 상호 교류에 관한 자료, 넷째, 문제를 해소·완화시키는 데 이용 가능한, 혹은 필요로 하는 자원에 관한 자료, 다섯째, 문제를 해결하기 위한 클라이언트의 동기가 규명되어야 한다(Hepworth & Larsen, 1990)고 보았다. 콤튼과 갤러웨이는 사정의 과정은 ① 문제상황에 대한 주된 요소를 이해하고, ② 내담자가 가진 문제의 의미를 이해하며, ③ 내담자와 그가 처한 환경에서의 강점을 확인하며, ④ 내담자의 목적의 실행 가능성을 명확화하고, ⑤ 그 상황에서 변화할 필요가 있는 것을 확인하는 데 있어 적극적 사고과정에서 전문적 지식을 적용하며, ⑥ 이러한 변화에 대한 욕구가 달성될 수 있는지를 계획하기 위한 시도라고 하였다(Compton & Galaway, 1999).

위와 같은 내용들을 종합하여 볼 때, 사정에 포함되어야 할 내용은 다음과 같이 다섯 가지 영역으로 나누어 볼 수 있다.

① 클라이언트의 문제 규명, ② 클라이언트의 문제와 욕구를 이해하기 위해 필요한 정보로서 개인에 대한 사정, ③ 클라이언트의 문제와 관련된 체계로서의 가족에 대한 사정, ④ 클라이언트의 환경에 대한 사정, ⑤ 클라이언트 강점에 대한 사정이 있다. 이 장에서는 가족에 대한 사정에 대해 간략하게 기술하였다.

(2) 가족에 대한 사정

사회복지실천에서 가족은 하나의 체계로서 클라이언트의 문제사정에 있어 매우 중요한 부분을 차지한다. 가족은 정서적·심리적으로 상호 의존하는 친밀한 관계로 이루어진 공동운명체적 사회집단으로서 구성원 간의 강한 소속감과 결속으로 이루어져 있다(송성자, 1995). 가족구성원 간에는 법적 유대, 경제적 그리고 성적 의무와 권리, 존경 및 애정 등과 같은 다양한 심리적 감정으로 통합되어 있다(Levi-Strauss, 1956, 이소희 외, 1998 재인용).

헵워스와 라슨은 가족사정의 영역으로 ① 가족체계의 외부경계, ② 가족의 하위체계 간의 경계, ③ 가족의 권력구조, ④ 가족의 의사결정과정, ⑤ 가족의 감정표현 수준, ⑥ 가족의 목표, ⑦ 가족미신과 인지패턴, ⑧ 가족의 역할, ⑨ 가족구성원의 의사소통양식, ⑩ 가족강점, ⑪ 가족생활주기를 들고 있다(Hepworth & Larsen, 1990).

조흥식 외는 가족사정의 틀을 가족 내 역동에 대한 사정과 가족 외부체계와의 상호작용에 대한 사정의 두 가지 범주로 나누고 가족 내 역동에 대한 사정을 위해 가족의 하위체계, 하위체계 간의 경계, 가족규칙과 가족신화, 가족의 권력구조, 의사소통방식, 가족생활주기의 6가지 요소를 들고 있다(조흥식 외, 2001).

이러한 것들을 종합하면, 가족사정의 요소로서 ① 가족하위체계와 경계선, ② 가족의 권력구조, ③ 가족규칙과 인지패턴, ④ 가족 의사소통방식, ⑤ 가족생활주기로 나누어 생각해 볼 수 있다.

(3) 사정도구

① 생태도

생태도는 클라이언트 상황의 중요한 관계를 그림으로 표시하는 도구로, 가족과 그 가족의 생활공간 내에 있는 사람 및 기관 간의 연계를 그림으로 나타내는 것이다. 즉, 가족의 주요 환경체계를 그림으로 나타냄으로써 가족의 욕구와 관련한 자원체계와의 관계를 한눈에 살펴볼 수 있게 한다. 생태도는 가족과 환경체계 간의 관계에 대한 전체적 조망과 함께 개입에 필요한 정보를 간략하게 한눈에 파악할 수 있도록 해준다.

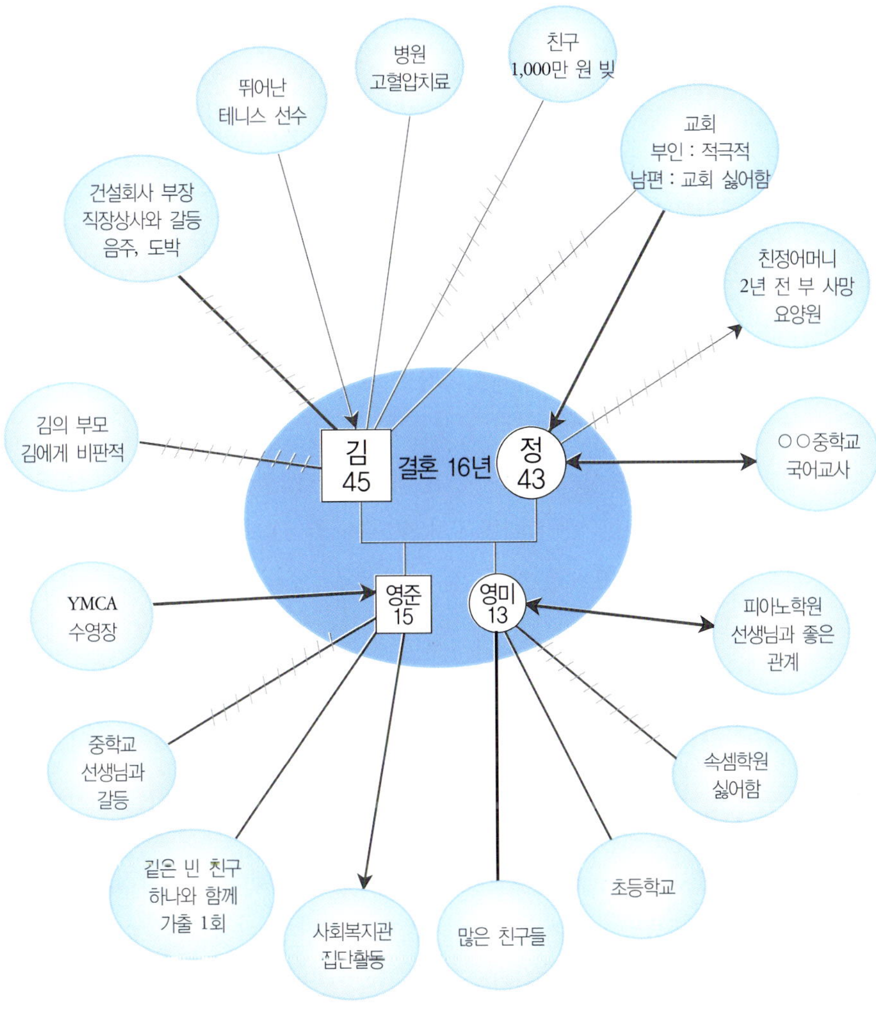

/-/-/-/-/-/-/	스트레스, 갈등관계
———	빈약하고 불명확한 관계
———	긍정적 관계(굵을수록 강한 관계)
———▶	관계의 방향

| 그림 4-2 | 생태도
출처 : 양정남 · 최선령(2002). 사회복지실천론. 경기 : 양서원.

② 가계도

가족은 공간적으로 존재할 뿐 아니라 시간적으로도 존재하기에 가족을 시계열적으로 조명할 필요가 있다. 생태도와 더불어 가계도는 가족을 사정하는 데 널리 사용되어 왔으며, 여러 세대를 살펴볼 수 있다는 장점을 가지고 있다. 특히 가계도는 주요한 사건들, 가족구성원의 출생과 상실, 커뮤니케이션과 관계유형 그리고 직업 등 가족에 관한 연대기적 청사진을 보여준다(Kirst-Ashman & Hull, Jr., 1999).

가계도는 사회복지사와 가족구성원들이 공동작업을 함으로써 가장 잘 구성할 수 있다. 생태도와 마찬가지로 가계도에서도 남성은 네모로 그리고 여성은 원으로 표시한다. 세모는 주어진 사람의 성별을 알 수 없는 경우에 사용한다. 결혼은 남성과 여성을 연결하는 선으로 표시하며 대체적으로 결혼한 연도를 선 위에 표기한다. 아동은 출생 순에 따라 왼쪽에서 오른쪽으로 표시해 나간다. 사망은 네모, 원 혹은 세모 위에 ×표시를 한다. 점선은 대체적으로 함께 거주하고 있는 가족구성원을 의미한다.

3) 계 획

원조과정에 있어서 계획은 변화에 초점을 두고 사정과 개입을 연계하는 교량 역할을 한다(Johnson, 1998). 계획은 사정에 기초하여 행해지고 사정의 결과물로서 산출된다. 계획은 문제해결과정의 한 부분이며 논리적 근거에 의해 다양한 가능성을 신중하게 검토하는 과정이다. 또한 계획은 개입행동에 대한 논리를 구체적으로 명확화해 가는 기술이라고 할 수 있다. 계획은 목표의 설정, 목표달성방법의 구체화 그리고 행동과정의 선택을 포함하는데, 여기에서는 계획과정의 핵심을 차지하고 있는 목표설정과 계약을 중심으로 살펴보고자 한다.

(1) 목표설정을 위한 지침

목표설정에 있어 유용한 지침은 첫째, 목표는 클라이언트에게 중요한 것으로서 클라이언트가 바라는 결과와 관련된 것이어야 한다. 둘째, 목표는 명시적이며 측정 가능한 용어로 진술되어야 한다. 셋째, 목표는 내담자의 생활에서 현실적이고 성취 가능한 것이어야 한다. 넷째, 목표설정은 사회복지사의 지식과 기술에 적절한 것이어야 한다. 다섯째, 목적은 가능하다면 성장지향적인 긍정적 용어로 진술되어야 한다. 여섯째, 사회복지사는 클라이언트의 목표가 자신의 가치철학과 대치되는 경우는 목표에 동의하지 않아도 된다. 마지막으로 목적은 기관의 기능과 일치해야 한다.

(2) 계약

계약은 사회복지사와 클라이언트가 개입과정에 대해서 동의한 내용을 말한다. 계약과정에서도 클라이언트의 참여는 필수적이다. 계약은 법적 효력을 지니지는 않지만 존슨(Johnson, 1989)에 의하면, 첫째, 계약은 클라이언트에게 구조, 구체성과 참여감을 주기 때문에 문제와 과업을 수행하려는 클라이언트의 동기를 배양하고 강화시킬 수 있다. 둘째, 클라이언트가 자신의 활동을 통해서 합의된 목적과 목표에 도달하는 것은 자아존중감을 향상시키고 상황에 영향을 미칠 수 있다는 자신감을 갖게 한다. 계약은 서면계약과 구두계약, 암묵적 계약이 있다.

4) 개 입

개입과정은 계약 시 합의된 바를 실천하는 것으로 실제 변화를 일으키는 단계이다. 개입과정은 크게 클라이언트에 대한 직접적 개입과 클라이언트의 욕구에 반응하도록 환경을 변화시키는 간접적 개입 방법이 있다

(1) 직접적 개입

개입방법은 개인, 가족, 집단 등의 개입단위에 따라 달라지고 또 같은 개인이라 해도 문제의 유형과 사정결과에 따라 개입전략은 달라진다. 여기서는 모든 체계에 공통적인 개입방법으로 사용할 수 있는 문제해결기술의 향상, 스트레스 관리를 중심으로 기술하였다.

문제해결기술의 향상을 살펴보면, 클라이언트는 복잡한 문제를 가지고 오랫동안 해결하기 위해 많은 시도를 하다가 결국 좌절감을 안고 도움을 받기 위해 사회복지사를 찾아오게 된다. 이때 사회복지사는 클라이언트의 문제해결을 도울 뿐 아니라 미래에 다른 문제가 발생하였을 때의 대처능력도 향상시키고자 하는 개입으로서 문제해결기술 훈련을 하게 된다.

원조과정에서 사회복지사와 함께 문제해결기술을 습득하면 클라이언트는 자신의 다양한 문제에 그 기술을 적용할 수 있게 된다. 문제해결기술의 습득과정에서 클라이언트는 타인의 욕구에 반응하고 타인의 입장을 이해하며 그들과 협력하는 과정을 배운다. 뿐만 아니라 합리적인 의사결정방법을 학습하게 되면 자신의 일상 스트레스 관리나 역기능적 행동을 감소시키고 자신의 삶을 주도적으로 통제할 수 있는 능력이 향상된다(Hepworth & Larsen, 1986).

사회기술훈련은 사회부적응 행동의 예방적 접근에도 효과가 있으며, 자존감 손상 문제나 대인관계기술 결핍, 사회적 역할수행 문제 등과 관련된 사회적 역기능 문제에 대한 치료적 접근방법으로서도 도움이 된다(Hepworth, Rooney, & Larsen, 2002).

(2) 간접적 개입

사회복지사는 클라이언트를 원조하기 위해 직접적인 개입 이외의 환경에 대한 사회적 지지체계 개발, 서비스 조정 및 프로그램 개발, 클라이언트 집단을 위한 옹호활동과 같은 간접적 개입이 필요하다.

① 사회적 지지체계의 개발

인간은 누구나 남으로부터 자신의 판단, 사고 등에 대한 지지를 받고자 한다. 사회적 지지는 개인이 사회적 관계로부터 받는다고 스스로 인식하는 지지에 대한 주관적인 평가와 사회적 관계를 통해 타인들로부터 총체적으로 주어지는 객관적 지지행동을 모두 포함하는 것이다. 인간은 사회적 지지가 부족한 상황에서 많은 문제가 발생한다. 따라서 사회복지사는 클라이언트가 가지고 있는 기존의 사회적 지지체계를 활성화시키거나 적절한 지지체계가 없다면 새로운 지지체계를 개발해 주는 것이 필요하다.

② 서비스 조정 및 프로그램 개발

서비스 조정은 다양한 서비스들이 공동의 목적을 달성하기 위해 적절하게 클라이언트를 도울 수 있도록 하는 것을 의미한다. 즉, 조정은 혼자 일하는 것보다 같이 일하는 것이 훨씬 더 효과적이라는 전제에서 시행된다. 서비스의 조정에는 서비스 연결, 의뢰, 사례관리 기능이 있다. 프로그램 개발은 지역사회 내에 클라이언트의 욕구에 부응하는 자원이 없는 경우에 사회복지사가 클라이언트의 욕구를 만족시킬 수 있는 프로그램 및 자원을 개발하는 것을 말한다. 이러한 프로그램들은 대체로 자원봉사나 자조집단일 경우가 대부분이다.

③ 클라이언트 집단을 위한 옹호활동

옹호란 클라이언트가 자원이나 서비스로부터 소외되었을 때, 그리고 현존하는 정책이나 절차, 서비스가 클라이언트에게 불리한 영향을 미치고 있을 때 이를 수정하기 위해서 또는 필요한 자원이나 서비스를 위해 새로운 입법이나 정책의 입안이 필요할 때 클라이언트를 위해 클라이언트와 함께 하는 활동을 말한다.

5) 평가와 종결

평가는 변화과정과 그 결과를 측정하기 위해 과학적인 방법을 적용하는 것이다(Compton & Gallaway, 1999). 평가는 개입의 목표가 달성되었는지 그리고 그 변화가 개입에 의한 것인지를 알아보는 과정이다. 평가에는 형성평가(formative evaluation)와 총괄평가(summative evaluation)가 있다(Kirst-Ashman & Hull, Jr., 1999). 형성평가는 원조의 결과물을 평가하는 것이 아니라 원조를 제공하는 과정에 초점을 둔다. 예를 들어, 집단개입 시 매 회합이 끝날 때마다 설문지를 주어 그 회합에 대하여 클라이언트에게 평가를 하도록 하는 방법이다. 이러한 방법은 기대하는 대로의 진전이 이루어지고 있는지를 사정하는 데 도움이 된다. 또한 사회복지사와 클라이언트가 함께 정기적으로 진전상황을 평가하는 것과 교육집단에서 성원들에게 각 회합이 끝나면 지도자에 대한 평가를 하게 하는 방법도 이에 속한다.

총괄평가는 변화과정이 다 끝난 후에 이루어지는데, 처음 변화과정을 시작하였던 시점에서 기대했던 바의 결과가 성취되었는지를 알아보는 것이다. 형성평가가 계획된 변화과정이 진행 중인 상태에서 이루어지는 미래지향적인 활동이라면, 총괄평가는 계획된 변화과정이 종결된 시점에서 얼마나 이루어졌는지 과거를 돌아보는 활동이라고 할 수 있다(Kirst-Ashman & Hull, Jr., 1999).

1970년대에 이르러 개입 전, 개입, 개입 후에 결과를 측정할 수 있도록 단일사례설계(single system design 또는 single subject design)가 활용되기 시작하였다(Zastrow, 1995).

참고문헌

교육부(1998). 교육부통계연보자료.

김만두 역(1993). 사례관리실천론. Moxley, D. P., *The Practice of Case Management*. 서울 : 홍익재.

김융일 · 조흥식 · 김연옥(1995). 사회사업 실천론. 서울 : 나남출판.

김종옥 · 권중돈(1993). 집단사회사업방법론. 서울 : 홍익재.

남세진 · 조흥식(1997). 집단사회사업방법론. 서울 : 서울대학교출판부.

백은령 외(2006). 사회복지실천론. 서울 : 대왕사.

보건복지부(1992). 보건복지백서.

송성자(1995). 가족과 가족치료. 서울 : 법문사.

양옥경 · 김정진 · 서미경 · 김미옥 · 김소희(2000). 사회복지실천론. 서울 : 나남출판.

양정남 · 최선령(2002). 사회복지실천론. 서울 : 양서원.

엄명용 · 김성천 · 오혜경 · 윤혜미(2000). 사회복지실천의 이해. 서울 : 학지사.

이소희 · 정민자 · 김경희 · 박인전 · 손지미 · 김영란 · 홍계옥 · 도미향 · 김민정(1998). 현대 가족복지론. 서울 : 양서원.

이영분 · 김기환 · 윤현숙 · 이원숙 · 이은주 · 최현미 · 홍금자(2001). 사회복지실천론. 서울 : 동인.

장인협(1999). 사회복지실천론 제너럴리스트 접근(통합편). 서울 : 서울대학교출판부.

정순둘(2005). 사례관리실천의 이해. 서울 : 학지사.

조휘일 · 이윤로(2001). 사회복지실천론. 서울 : 학지사.

조흥식 · 김인숙 · 김혜란 · 김혜련 · 신은주(2001). 가족복지학. 서울 : 학지사.

Barker, R. L.(1987). *The Social Work Dictionary*. Silver Spring : NASW.

Biestek, F. P.(1957). *The Casework Relationship*. Illusion : Loyola Univ. Press.

Bowen, M.(1978). *Family Therapy in Clinical Practice*. New York : Jason Aronson.

Brown, J. L., Toby, B., & Furstenberg, A. L.(1992). Restoring Control : Empowering Older Patients and Their Families during Health Crisis. *Social Work in Health Care*, *17*(4), 81-101.

Compton, B. R.(1983). Traditional Fields of Practice. In A. Rosenblatt & D. Waldfogel(eds.), *Handbook of Clinical Social Work*. San Francisco, CA : Jossey-Bass.

Compton, B. R., & Galaway B.(1989). *Social Work Processes*. Belmont, CA : Wadsworth Publishing Company.

______________(1999). *Social Work Processes*(6th ed.). Pacific Grove. CA : Brooks/Cole Publishing Company.

Cowger, C. D.(1992). Assessment of Client Strengths. In Saleebey, D.(ed.), *The Strengths Perspective In Social Work Practice*. NY : Addison-Wesley.

Darvill, G., & Munday, B.(1984). *Volunteers in the Personal Social Services*. New York : Tavistock.

Garrett, A.(1982). *Interviewing : Its Principles and Methods*(3rd ed.). Mangold, M. M., & Zaki, E. P.(eds.). 김연옥 · 최해경 공역(1994). 사회사업 면접의 이론과 사례. 서울 : 한울.

Gerhart, U.(1990). *Caring for the Chronic Mentally Ill*. Itasca, IL : Peacock.

Germain(1983). Technological Advances. In Rosenblatt, A., & Waldfogel, D.(eds.), *Handbook of Clinical Social Work*. San Francisco : Jossey-Bass.

Germain, C. B., & Gitterman, A.(1980). *The Life Model of Social Work Practice.* New York : Columbia Univ. Press.

Goldenberg, I., & Goldenberg, H.(1985; 1996). *Family Therapy : An Overview*(2nd ed.). Monterey : Brooks/ Cole Publishing Company.

Hartford, M.(1971). *Groups in Social Work*. New York : Columbia University Press.

Hepworth, D. J., & J. A., Larsen(1986). *Direct Social Work Practice : Theory and Skills*. Chicago : Dorsey.

____________________(1990). *Direct Social Work Practice : Theory and Skills*(3rd ed.). Belmont, California : Wadsworth.

Johnson L. C.(1998). *Social Work Practice : A Generalist Approach*(5th ed.). MA : Allyn & Bacon.

________(1989). *Social Work Practice*(3rd ed.). Massachusetts : Allyn & Bacon.

Johnson L. D., & Yanca, S. J.(2001). *Social Work Practice : A Generalist Approach*. Needham Heights, MA : Allyn & Bacon.

Kirst-Ashman, K. K., & Hull, Jr. G. H.(1999). *Understanding, Generalist Practice*(2nd ed.). Nelson-Hall, Inc.

Konopka, G.(1983). *Social Group Work : A Helping Process*. Englewood Cliffs, NJ : Prentice-Hall.

Magnusson, D., & Allen, V. L.(1983). *Human Development : An Interactional Perspective*. New York : Academic Press.

Miley, K. K., O'Melia, M., & Dubois, B. L.(1995). *The Generalist Social Work Practice*. Boston, M A : Allyn & Bacon.

Minahan, A.(1981). Introduction to Special Issue : Purposes and Objectives of Social Work Revisited. *Social Work, 26*(1).

Minuchin, S.(1974). *Families & Family Therapy*. Cambridge, MA : Harvard University Press. 김종옥 역(1988). 가족과 가족치료. 서울 : 법문사.

Northern, H.(1995). *Clinical Social Work : Knowledge and Skills*(2nd ed.). New York : Columbia University Press.

Pincus, A., & Minahan, A.(1973). *Social Work Practice : Model and Method*. Itasca, IL : Peacock. 문인숙 외 공역(1994). 사회사업방법론 : 통합적 접근. 서울 : 보진재.

Saleebey, D.(2005). *The Strengths Perspective in Social Work Practice*. NY : Addison-Wesley.

Sheafor, B. W., Horejsi, C. R., & Horejsi, G. A.(1997). *Techniques and Guidelines for Social Work Practice*(4th ed.). MA : Allyn & Bacon, Needham Heights.

Waring, M. L.(1983). *Emerging Domains of Practice in Handbook of Clinical Social Work*. San Francisco : Jossey-Bass.

Weil, M., & Karls, J. M.(1991). *Case Management in Human Service Practice*. San Francisco : Jossey-Bass.

Zastrow, C.(1987). *Social Work with Groups*. Chicago : Nelson-Hall.

_________(1995). *The Practice of Social Work*(5th ed.). CA : Brooks/ Cole Publishing Company, Pacific Grove.

제5장

사회복지정책

1. 사회복지정책

1) 사회복지정책의 개념

사회복지정책은 공공정책, 사회정책 등과 혼용해서 사용되는 포착하기 어려운 개념으로, 정의하기란 결코 쉽지 않은 일이다. 먼저 사회복지정책의 재정은 공공재정의 지출을 수반하기 때문에 공공정책과 혼용하여 사용할 수 있다. 그러나 공공정책은 사회복지활동 이상의 것을 포함하기 때문에 사회복지정책보다 더 포괄적이다. 또한 학자들에 따라 사회복지정책을 광의로 복지국가와 동일시하는 사람이 있는가 하면, 아주 좁게 사회복지기관의 정책으로 간주하는 사람도 있다. 그리고 각 나라마다 사회복지정책의 범위를 다르게 보고 있다. 예를 들어, 독일에서는 사회복지정책을 사회보험과 같은 것으로 보고 있고, 영국에서는 사회보험은 물론 보건의료정책, 교육정책, 주택정책까지 사회복지정책에 포함시키고 있으며, 미국은 사회보장을 사회복지정책의 핵심으로 간주하면서도 민간 사회복지기관의 정책을 매우 중시한다.

그러면 사회복지정책이란 무엇인가? 어의적으로 '사회복지'와 '정책'이라는 두 용어의 합성어이다. '사회복지'가 무엇인가에 관한 논의는 이미 이 책의 앞부분에서 언급하고 있기 때문에 여기서는 '정책'에 관해 논의하고자 한다. 정책이란 특정한 목적을 이루기 위해 필요한 행동들에 대한 원칙(Titmuss, 1979), 지침(guide), 지속적인 계획(standing plan)(Kahn, 1979), 혹은 조직화된 노력(Burns, 1961) 등으로 정의된다. 즉, 정책이란 권위 있는 공공기관이 정책목표를 달성하기 위하여 정치적 · 행정적 과정을 거치거나 당위성에 입각하여 공식적 · 의도적으로 선택한 미래의 행동지침 혹은 내용으로 볼 수 있다.

한편 마샬(Marshall, 1970)은 "사회정책이란 시민들에게 그들의 복지에 직접적인 영향을 줄 뿐 아니라 서비스 혹은 소득을 제공함으로써 사람들의 복지에 직접적인 영향을 미치는 정부의 정책"이라고 정의하면서, 핵심 프로그램으로 사회보험, 공공부조와 복지서비스, 주택, 교육, 비행예방 등을 들고 있다. 티트머스(Titmuss, 1969)는 "사회정책이란 일정의 물질적 및 사회적 욕구, 특히 요구호 욕구에 관하여 시장이 충족(만족)하지 못하거나 충족시킬 수 없는 특정의 사람(사회적 약자)에게 부여하는 정부의 행위"라고 정의하였다.

따라서 사회복지정책의 정의는 마샬과 영미계 사회정책의 정의와 비슷한 것으로, 사회복지정책이란 서비스나 소득을 제공함으로써 시민들의 복지에 영향을 미치는 정부의 정책이며, 여기에 해당하는 핵심 프로그램으로는 사회보험, 공공부조, 사회(복지)서비스 등이 있다.

2) 사회복지정책의 영역

타운젠드(Townsend, 1970)는 소득보장, 건강, 교육, 주택 그리고 개별 사회적 서비스(personal social services) 등 다섯 가지를 사회복지정책의 영역으로 보고 있다. 또한 디니토(DiNitto, 1995)는 미국의 사회복지정책의 영역을 소득보장, 영양, 건강, 사회서비스 등 네 가지 영역으로 나누어 설명하고 있다. 그러나 티트머스(Titmuss, 1969)는 사회복지정책의 개념을 포괄적으로 해석하여 조세정책을 사회복지정책에 넣기도 하며, 칸(Kahn, 1979)과 힐(Hill, 1980)은 노동시장정책(고용정책)을 사회복지정책의 영역에 넣기도 한다. 그 이유는 조세정책의 경우 비록 사회복지정책과 같이 직접적인 급여를 통하여 소득을 보장시키지는 않더라도 간접적으로 소득의 재분배에 크게 기여하기 때문에 실질적으로 소득보장의 기능을 하기 때문이다. 또한 노동시장정책의 경우에도 이들 정책들이 저소득계층이 시장에서 얻는 1차 소득을 높이는 데 크게 기여하기 때문이다. 즉, 노동시장정책과 소득보장정책은 밀접한 관계를 갖고 있기 때문에 소득보장정책이 성공하기 위해서는 노동시장정책의 성공이 필수적이다(송근원 · 김태성, 1995).

그러므로 사회복지정책은 좁게 해석하면 소득보장, 건강, 주택, 개인별 사회적 서비스 등 네 가지 영역으로, 넓게 해석하면 소득보장, 건강, 주택, 교육, 개인별 사회적 서비스, 조세정책, 노동시장정책 등 7대 영역으로 구성되어 있다고 할 수 있다.

3) 사회복지정책과 소득재분배

사회복지정책에서 소득재분배 기능은 매우 중요한데, 사회복지정책을 경제정책과 차별화시키는 것이 소득재분배이기 때문이다. 소득재분배란 “일개인 또는 한 집단으로부터 다른 개인이나 집단으로 이전(transfer)되는 소득 또는 소득으로 간주되는 급여”를 말한다(Webb, 1971). 즉, 소득재분배는 부자로부터 세금을 받아서 가난한 사람에게 사회복지급여의 형태로서 제공하는 수직적 재분배와 동일한 소득계층 내에서 건강한 사람으로부터 질병이 있는 사람으로의 소득의 재분배인 수평적 재분배로 구분되는 세대 내 재분배가 있다. 반면 세대 간 재분배는 현 근로세대와 노령세대 또는 현세대와 미래세대 간의 소득을 재분배하는 형태로 대표적인 제도는 공적 연금제도를 통해 이루어진다. 특히 연금제도의 재정조달방식이 부과방식(pay-as-you-go)인 경우에 현 노령세대는 현재의 근로세대가 납부한 갹출금으로 급여를 지급받고, 현 근로세대는 미래세대가 납부할 갹출금으로부터 급여를 지급받기 때문에 세대 간에 소득이 재분배된다.

소득재분배 효과는 급여지출의 크기, 보호하는 위험종류의 범위, 적용범위에 따라 상이하게 나타나지만 급여지출의 크기가 크면 클수록 급여산정방식이 저소득층에게 유리하게 설계되어 있기 때문에 수직적 소득재분배의 효과는 크다. 또한 사회적 위험에 노출될 가능성이 높은 사람들은 소득이 낮은 계층에 집중되어 있기 때문에 사회보장제도에서 보호하고 있는 사회적 위험의 종류가 많을수록 소득재분배의 효과는 증대되는 경향이 있으며, 사회보장제도의 적용범위(특정 산업, 직종, 계층)가 넓으면 넓을수록 소득재분배 효과는 크게 나타난다(박병현, 2004).

4) 사회복지정책의 형성과정

모든 정책은 어떤 일정한 과정을 밟아서 형성된다. 사회복지정책의 형성과정에 대하여 많은 학자들이 상이한 모델을 제시하고 있는바 그중 몇 가지 모델을 도표화하여 비교하면 〈표 5-1〉과 같다.

〈표 5-1〉 사회복지정책 형성과정 모델 비교

Gilbert & Specht	DiNitto & Dye	Freeman & Sherwood	송근원과 김태성
① 문제의 발견 ② 문제의 분석 ③ 대중에게 전달 ④ 정책목표의 개발 ⑤ 대중지지와 정당성의 확보 ⑥ 프로그램 설계 ⑦ 실행 ⑧ 평가	① 정책문제의 입증 ② 정책대안의 형성 ③ 공공정책의 합법화 ④ 공공정책의 시행 ⑤ 정책평가	① 계획 ② 프로그램 개발과 실천 ③ 평가	① 정책문제의 형성 ② 정책어젠다의 형성 ③ 정책대안의 형성 ④ 정책의 결정과정 ⑤ 정책의 집행과정 ⑥ 정책의 평가과정

(1) 사회복지정책 문제의 형성

사회복지문제는 사회복지정책을 형성하게끔 하는 가장 중요한 동인이자 사회복지정책의 주 원료이다. 사회복지문제는 인간으로서의 기본적인 생활을 누리지 못하여 고통을 받고 있는 사람들이 그러한 상황이나 조건을 해결해야 할 문제로 인식할 때 비로소 문제로 성립한다. 이때 이러한 사회복지문제의 해결을 정부에 대하여 요청하는 구체적인 행동을 정치학적인 의미에서 요구(demand)라 한다. 정치체제에 어떤 사회복지문제의 해결에 관한 요구가 성공적으로 투입되면 비로소 관심을 받으면서 그 해결방법들이 논의된다. 이때 정치적 논점으로 부각된 문제나 요구를 이슈(issue)라 부른다(송근원 · 김태성, 1995). 그러나 사회복지문제 가운데 어떤 것은 이슈화되지만 어떤 문제는 이슈화되지 못한다. 많은 경우 사회복지문제는 이슈화되지 못하는 경우가 많다. 그 주된 이유는 사회복지문제는 주로 정치적 · 경제적으로 가지지 못한 자들의 문제이며, 그들은 자기들의 문제들을 이슈화시킬 돈, 지식, 조직, 사회적 지위 등을 가지고 있지 못하기 때문이다.

결국 사회복지정책 문제가 이슈화되기 위해서는 첫째, 공공의 관심을 끌어야 하고, 둘째, 공공정책상의 논점으로 제시되어야 한다. 그렇게 되기 위해서는 클라이언트, 사회복지전문가, 언론, 정치인들의 노력이 필요하다고 하겠다.

(2) 사회복지정책 어젠다의 형성

사회복지문제가 정책문제로서 이슈화되는 경우, 그 문제는 많은 사람들이 관심을 갖게 되고 정책을 심의하는 사람들에 의해 논의된다. 이러한 과정이 사회복지정책 어젠다의 형성과정이다. 어젠다(agenda)란 공공정책으로 전환되기 위하여 정책결정자들의 관심을 불러일으키고 논의될 수 있는 상태에 있는 문제나 이슈, 곧 의제들의 목록을 말한다. 즉, 일련의 정치적 논쟁거리로서 특정한 시기에 대중의 관심을 끌 만하다고 인식되는 문제 또는 기존 정부기구의 합법적 관할권에 속하는 문제이며, 정치체계의 구성원들에 의해 간주되는 문제인 것이다(Cobb & Elder, 1984).

사회복지정책 어젠다의 형성이란 한마디로 말해서 사회복지문제나 요구의 이슈화 과정이라고 할 수 있다. 그리고 어젠다 형성이란 정부가 정책적 해결을 위하여 사회문제를 정책문제로 채택하는 과정 또는 행위, 즉 사회문제가 정책문제로 전환되는 과정이나 행위를 의미한다.

(3) 사회복지정책 대안의 형성

문제나 요구가 일단 정책의제로 성립되면 정책심의인들에 의하여 그 해결이 논의되고 여러 가지 해결방안 가운데 하나를 선택하게 되는데, 이때의 해결방안들이 정책대안이다. 정책대안의 형성과정이란 정책문제가 무엇인지를 파악하고 문제를 둘러싼 상황을 파악하여 정책목표를 세우고, 그 목표를 달성할 수 있는 정책수단으로서의 정책대안을 개발하며, 어떠한 정책대안이 가장 바람직한 것인가를 분석하는 과정을 말한다. 이러한 정책결정을 통해 공공기관(정부)이 문제해결을 위하여 여러 개의 대안 중에서 하나를 의식적으로 선택하게 된다.

따라서 정책대안의 형성과정은 문제의 해결방안에 관한 모색과정이자 정책결정자를 위해 정보를 제공하는 과정이다. 또한 문제를 해결하는 가장 효과적인 정책대안을 개발하여 비교·검토하는 과정이므로 비교적 비정치적 성격을 띠며, 합리적·기술적 성격을 가진다(송근원·김태성, 1995).

(4) 사회복지정책의 결정

정책결정이란 권위 있는 정책결정권자가 문제해결을 위해 제시된 여러 가지 대안들 가운데 하나를 선택하는 행위 또는 과정을 말한다. 일반적으로 이러한 과정에는 정책대안의 비교·분석 행위나 과정이 포함된다. 이 과정은 정책결정자가 하나의 대안을 정책으로 채택하는 행위나 과정 자체가 될 수 있지만, 대안 간의 비교·분석 행위 및 과정이 포함되는 것이 보통이다. 따라서 정책결정과정은 ① 문제의 인지와 목표설정, ② 정보의 수집 및 분석, ③ 대안의 탐색 및 평가, ④ 최선의 정책대안의 선택 등으로 이루어져 있다.

한편 정책결정에 관한 대표적인 이론적 모형으로는 합리모형(rational model)과 점증모형(incremental model)이 있다. 합리모형은 인간의 이상과 합리성을 전제로 한 정책결정과정을 말한다. 즉, 정책결정권자나 정책분석가가 고도의 합리성을 가지고 있고, 주어진 상황하에서 주어진 목표의 달성을 극대화할 수 있는 최선의 정책대안을 찾아낼 수 있다고 보는 정책결정모델이다. 반면에 점증모형에서 정책결정과정은 과거의 정책결정을 기초로 하여 점증적 차이가 있는 정책대안을 검토하고 과거의 정책을 약간 수정한 정책결정이 이루어지며, 이루어진 정책결정에 대한 여론의 반응을 보고, 다시 정책을 수정하며 이전과는 약간 다른 정책결정을 내리는 과정이 반복하여 이루어진다고 본다(박병현, 2004).

(5) 사회복지정책의 집행

사회복지정책이 결정되면 그것은 사회문제를 해결하기 위하여 일선기관을 통해 구체화된다. 일반적으로 볼 때, 정책집행이란 의도된 정책목표를 달성하기 위하여 결정된 사항들을 구체화시키는 활동을 의미한다. 사회복지정책의 집행은 정책집행자인 관료들과 클라이언트의 직접적인 상호작용을 통하여 정책목표를 구체화시켜 나가는 과정이다. 이 과정은 사회복지정책의 목표를 달성하기 위한 기술적 과정이며 동시에 정치적 과정이기도 하다는 점에 그 특징이 있다. 예를 들어, 정책의 집행에는 집행조직의 문화나 선례, 표준운영절차 등이 많이 작용한다. 또한 그렇기 때문에 새로운 아이디어나 쇄신적인 집행을 기대하기는 어렵다. 곧 관료들은 결정된 정책을 주어진 것으로 놓고 그 범위 안에서 소극적으로 해석함으로써 책임을 회피한다든지, 절차에 얽매인다든지, 형식주의에 치우친다든지 하는 관료제의 병리현상을 보여주기도 한다(남기민, 2004).

(6) 사회복지정책의 평가

정책평가란 정책활동에 관한 평가를 말한다. 정책집행 결과에 대한 정보를 수집하고 분석하며 해석함으로써 그 가치를 판단하는 것이다. 따라서 정책평가란 정책활동의 가치를 따져보기 위해서 정보를 수집·분석·해석하는 활동이다. 여기에서 정책활동의 범위를 어떻게 잡느냐에 따라 협의의 정책평가와 광의의 정책평가로 구분된다. 협의의 정책평가는 정책집행의 결과에 대한 평가, 즉 정책이 원래 의도한 문제의 해결에 얼마만큼 영향을 미쳤는가에 대한 평가활동을 의미한다. 광의의 정책평가는 정책과정 전반에 걸친 평가활동을 뜻한다. 곧 정책결정 이전부터 정책집행 이후까지의 모든 정책과정 속에서 이루어지는 정책활동에 대한 평가를 의미한다(송근원·김태성, 1995).

사회복지정책에서 정책의 평가가 중요한 이유는 사회복지정책의 개선에 필요한 정보를 얻기 위해서 그리고 정책활동에 대한 책임성이나 근거를 확보하기 위해서이다.

5) 사회복지정책의 분석틀

사회복지정책을 분석하는 틀 중에서 가장 대표적인 것이 길버트와 테렐(Gilbert & Terrell, 2002)의 네 가지 선택의 차원으로, 다음과 같은 질문의 형태를 제시하고 있다. 이들은 사회복지정책이란 ① 누구에게 급여를 제공해야 할 것인가?(할당체계 또는 대상체계), ② 무엇을 급여로서 제공할 것인가?(급여체계), ③ 어떻게 급여를 제공할 것인가?(전달체계), ④ 어떻게 재정을 마련할 것인가?(재원체계)에 대해 어떤 선택을 할 것인가를 결정하는 것이라고 규정했다.

(1) 누구에게 급여를 제공해야 할 것인가

사회복지정책은 의도적인 재분배 문제를 주로 다루는데, 그 전형적인 문제는 누가 무엇을 어떻게 갖게 되는가이다. 즉, 어느 집단이 사회복지의 대상자가 되는가의 문제로서 대상자를 소수에 국한시킬 경우(선별주의)와 전 국민을 대상으로 하는 경우(보편주의)로 대별된다. 대상자를 소수로 국한할 경우 서비스 대상자를 결정하는 자격기준이 필요한데 일반적으로 급여의 수급자격요건으로는 거주 여부, 거주기간, 인구학적 조건, 기여의 여부, 근로능력, 소득수준 등이 있다. 사회복지의 역사에서 급여수급의 가장 중요한 자격요건은 근로능력이었다. 근로능력이 있는 빈민은 원조받을 자격이 없는 빈민으로 취급되어 급여가 제공되지 않았다.

(2) 무엇을 급여로서 제공할 것인가

급여의 형태는 크게 현금, 현물, 증서, 기회 등이 있다.

사회복지급여가 현금으로 제공되는 경우는 국민연금, 질병보험의 질병수당, 산재보험의 장해급여, 실업급여, 공공부조, 아동수당, 주택수당 등을 들 수 있다. 현금급여의 장점으로는 첫째, 수급자의 효용을 극대화하여 사회적 자원의 효율적 배분이 가능하다. 둘째, 수급자에게 선택의 자유를 줌으로써 소비자 주권의 측면에서 자기결정의 원리가 존중된다. 셋째, 수급자의 수치심을 극소화하여 인간의 존엄을 유지시키는 데 기여한다.

현물급여로서 가장 큰 것은 의료서비스와 교육서비스이다. 공공부조의 경우에는 쌀이나 의복 등이 현물로 제공되기도 한다. 현물급여의 장점으로는 첫째, 다른 용도로의 사용이 억제되어 정책의 효율성을 높일 수 있다. 둘째, 효과가 명확하게 나타남으로써 정치적인 면에서 선호하게 된다.

증서는 특정 재화나 서비스의 소비를 권장 혹은 억제하고자 하는 경우나 수혜자들을 최대한 통제하려고 할 때 사용된다. 다시 말해서, 일정한 용도 내에서 수급자로 하여금 원하는 재화나 서비스를 선택할 수 있게 하는 방법이다. 증서는 상품권, 식품권, 의료보험증 등에 이르기까지 다양하다.

기회는 무형의 급여로 어떤 개인이나 집단에 대해 이전에는 부정되었던 급여에 대해서 접근을 가능하게 만들거나 노동시장에서 불합리한 경쟁요소를 제거하는 것이다. 예를 들어, 장애인에 대한 운전면허 교부조항을 변경하는 것이나 기업의 장애인 의무고용 등이 여기에 해당된다.

(3) 어떻게 급여를 제공할 것인가

사회복지정책을 통하여 제공되는 재화나 서비스는 그 종류나 영역이 다양하며, 다양한 재화나 서비스를 수급자에게 전달하는 방법 또한 다양하다. 중앙정부에서 급여의 자격, 급여형태, 재원 등에 관한 모든 결정을 하여 전 국민을 대상으로 접근하는 경우가 있고, 어떤 경우에는 지방정부가 주체가 되어 제공되기도 하고, 때로는 중앙정부와 지방정부 혹은 정부와 민간부문 사이에 다양한 형태의 혼합체계로 제공되기도 한다.

사회복지서비스 전달체계란 "지역사회적 맥락에서 사회복지급여를 공급하는 자들 간의 조직적인 연계 및 공급자와 소비자들 간의 조직적 연결"에 대해서 다루는 것으로 정의된다(Gilbert & Specht, 1986). 이 정의에서 초점은 사회복지서비스 전달은 다수의 조직들과 행위자들이 서로 맞물려 있다는 것에 있다. 즉, 단일한 조직에 의한 활동이 아니라 조직과 조직들 혹은 조직과 클라이언트들이 상호 연관되어서 서비스가 창출·공급되는 체계를 이루는 것이 사회복지서비스 전달체계의 속성이다.

(4) 어떻게 재정을 마련할 것인가

사회복지재정의 주체로서 정부나 지방자치단체와 민간 사회복지단체를 들 수 있다. 사회복지재원은 정부나 지방자치단체에 의한 공공자금과 민간자금이 있다. 공공부문 재원에는 조세로 구성되는 정부의 일반 예산, 목적세 형태의 사회보장성 조세 그리고 조세비용이 있다. 조세비용은 조세를 거두어들여 직접적인 사회복지급여를 하는 대신 사람들이 내야 할 조세를 감면시켜 사회복지의 목표를 이룰 수 있는 방법이다. 민간부문의 재원으로는 사용자가 부담하는 재원, 자발적 기여에 해당하는 기여금, 기업이 출연하는 재원, 가족 간 이전으로 소득이전과 비경제적 서비스 제공 등이 있다.

길버트와 테렐(2002)의 사회복지정책 분석의 네 가지 선택의 차원을 정리하면 〈표 5-2〉와 같다.

〈표 5-2〉 사회복지정책 분석의 틀

선택의 차원	의 미	선택의 대안
할 당 (Allocation)	수급자격 : 대상체계	귀속적 욕구, 사회적 공헌/ 사회적으로 부당하게 당한 손실에 대한 보상, 전문가 판단에 의한 진단적 차별 또는 가족의 자산상태에 따른 욕구
급 여 (Benefits)	급여종류 : 급여체계	현금, 사회서비스, 물품, 신용(변제), 물품교환권(증서 : 바우처), 기회, 권력 등
전 달 (Delivery)	전달방법 : 전달체계	중앙집권 또는 지방분권, 복수서비스 또는 단독 서비스, 동일 건물 내 위치 또는 다른 건물에 위치, 협력관계 또는 대화단절, 전문가 의존 또는 소비자 및 준전문가 의존, 공공행정가 또는 민간행정가
재 정 (Finance)	재정마련방법 : 재정체계	공공재원(사회보험, 과세), 민간재원(사용자 부담, 민간모금 등), 공공과 민간재원의 혼합

출처 : 박경일(2008). 사회복지정책론, p. 295.

(5) 사회복지정책의 여러 이론들

사회복지정책이 수립되는 과정에는 그 형태와 모형을 결정해 주는 중요한 이론들이 존재한다. 이 이론들은 사회적 · 정치적 · 경제적 변화와 함께 등장한 것이다. 여기에서는 서구의 여러 학자들이 제시한 이론들을 살펴볼 것이다. 각각의 이론들은 사회복지정책을 결정하는 데 있어 영향을 주기도 하는 것으로, 시대의 흐름에 따라 연속선상에 배치될 수 있으며, 다양한 관점에서 접근하고 있음을 알 수 있다(강영실, 2006).

① 산업화론(수렴이론)

산업화 이론은 경제가 성장하면서 생활수준이 향상됨에 따라 사회복지도 자연스럽게 발전하게 된다는 이론으로 수렴이론이라고도 하며, 대표적인 학자로는 윌렌스키와 르보(Wilensky & Lebeaux)가 있다.

산업화 이론에서 중요하게 다루는 부분은 기술발전이다. 산업화를 근간으로 하는 자본주의 사회에서는 사회적 위험의 증가, 도시화, 가족구조의 변화 등 이전에 없었던 다양한 사회문제 또는 사회적 욕구가 발생하게 되지만 이를 해결할 가족 및 지역사회의 기능은 반대로 약화된다. 특히 사회소외계층은 이로 인해 다른 계층보다 더 많은 어려움을 경험하게 되기 때문에 이러한 문제를 해결하거나 욕구를 충족시키는 방안으로 국가는 정책을 논의하게 된다. 이때 국가는 문제해결이나 욕구충족에 대한 사회적 책임을 강조하게 된다는 것이다. 즉, 산업화론은 산업기술이 발전하게 되면 될수록 발생하는 다양한 사회문제는 사회복지의 필요성을 논하게 된다는 주장은 곧 사회복지정책이 산업화의 산물인 것으로 이해하고 있다고 할 수 있다. 그리고 산업화를 통한 경제성장은 국민들의 실질소득을 증가시키고 조세부담능력이 커지면서 국가는 사회복지에 사용할 수 있는 재원을 보다 더 많이 확보할 수 있다고 본 것이다.

그러나 산업화로 인해 발생한 사회문제 해결을 위해 사회복지의 제도 도입, 대상자 확대, 복지비 증가가 나타났다고는 하지만 사회복지 프로그램의 각각의 세부적인 내용에 대해서는 명확한 설명이 부족하다. 더욱이 산업화로 인한 사회문제의 대응책으로 나온 것이 사회복지라면, 1970년대 이후의 복지국가에 대한 사회경제적 · 사회정치적 비판과 함께 나타난 복지국가 위기는 설명하기가 더 어렵게 된다. 다시 말하면, 산업화만으로는 복지국가의 재정적인 부분과 정치적 지지의 약화 현상을 예측할 수 없기 때문에 현재는 사회복지제도가 발달하게 된 배경적 이론으로는 미흡한 부분이 많다는 지적을 받고 있다.

② 사회양심론

사회양심론은 애타심에서 나온 것으로 주로 1950년대 영국의 사회정책에서 주요 주제로 다룬 이론이고, 박애주의자들에게서 주장된 이론으로 대표적인 학자는 베커(Baker)이다. 사회양심론은 집단적 양심이 사회복지의 발전을 이루어 왔다고 이해하고 있는데, 특히 강조하고 있는 내용은 다음과 같이 정리할 수 있다.

첫째, 사회복지정책은 인간이 지니고 있는 이웃에 대한 사랑이 국가를 통해 표현된다. 그리고 국가의 정책은 사회공동체 전체를 위해 제공된다.

둘째, 사회복지정책에 대한 사회적 의무감이 확대되고 사회적 욕구에 대한 과학적 지식이 증대된다.

셋째, 사회변화는 끊임없이 요구되는 것으로 정책도 광범위하게 발전할 수밖에 없다.

넷째, 사회변화는 불가피한 것이므로 개선은 항상 이루어지고 있다. 따라서 현재의 사회복지서비스 수준은 역사적으로 가장 높은 단계라고 할 수 있다.

다섯째, 불완전하다고 여겨지는 현재의 사회복지서비스도 앞으로 개선 또는 발전될 여지가 있으므로 긍정적인 시각을 가질 필요가 있다.

이상과 같이 사회양심론은 사회복지정책을 인간의 선한 본성, 즉 각 개인이 가지고 있는 타인에 대한 사랑과 사회적 의무감으로 인해 발전한 것으로 이해하고 있으며, 개선되고 있는 진화론적 관점에서 사회복지정책을 파악하고 있다고 할 수 있다. 즉, 국가의 사회복지정책을 사회·정치·경제적 환경요인에 의한 것으로 보기보다는 인간사회에서 동정의 결과로 나타난 것으로 국가의 자선활동으로 받아들이고 있는 것이다. 그리고 문제상황에 따라 항상 변화하고 있기 때문에 사회복지정책은 필연적으로 발전할 수밖에 없다고 본다.

그러나 현재의 사회복지정책이 최선의 것이라고는 하더라도 완전하지 못하기 때문에 새로운 사회문제가 계속적으로 발생할 가능성이 있다는 것을 사회양심론은 거론하지 않고 있다. 최근 들어 사회양심론은 많이 약화된 상태인데, 이는 복지국가들의 사회복지정책이 사회변화에 따라 새롭게 나타나는 사회문제에 적절하게 대응하지 못하고, 인간의 선한 양심으로는 사회문제를 예방하거나 완전히 제거하지 못하고 있기 때문이다.

③ 시민권론

시민권론은 사회복지를 사회구성원이면 누구나 향유할 수 있는 권리로 보는 이론으로 대표적인 학자는 마샬(Marshall)이다. 마샬은 사회적 불평등이 시민권으로 발전하게 된 것에 관심을 가지면서 공민적·정치적·사회적 요소를 함께 설명하였다. 즉, 자본주의 사회에서 나타난 불평등한 계급구조에 대해 사람들은 법 앞에서 개인적인 자유와 평등을 보장받고자 하는 욕구를 표현하게 되었고, 사회적 불평등을 해소하기 위한 방편으로 시민적 권리를 주장하게 되었다는 것이다.

불평등한 계급구조는 경제적·법적·정치적 사회불평등을 심화시키게 되는데, 이는 결과적으로 사회불안정 요소로 작용할 수도 있다는 것이다. 따라서 사회질서를 유지하기 위해서는 사회연대의식과 결부되어야 하며 이는 곧 사회복지로 발전하게 되었다고 본다. 법적·정치적·사회적 권리는 곧 국민 전체에게 확대되고, 시민은 국가의 성원으로서 국민의 자격과 국민으로서의 권리와 의무가 있는 시민권을 요구하게 되고, 한편으로 시민의 복지에 대한 권리, 즉 복지권으로 일반화되게 된 것이다.

그러나 시민권론의 주장에 따른 불평등한 분배는 자본주의 시장경제체제하에서는 개인의 능력에 기초하여 자원이 배분되기 때문에 그 가능성이 희박하고, 또한 권리에 따른 법적 요구는 법에 기초한 사회복지만을 의미할 수 있기 때문에 사회복지정책 전체를 설명하기에는 부족한 부분이 있다는 비난을 받고 있다.

한편 복지에 대한 권리가 시민의 권리가 되기 위해서는 정책결정과정에 일반 시민들이 참여할 수 있는 제도가 마련되어야 하는데, 사회주의체제 국가에서는 복지에 대한 시민권적 개념을 일반화시키기는 어렵기 때문에 복지에 대한 시민적 권리를 주장하는 것은 어렵다고 할 수 있다. 그리고 시민권으로서의 복지 개념을 경제적 복지와 생활안정을 보장받을 수 있는 권리, 사회적 유산을 최대한 나누어 가질 수 있는 권리로 이해한다면, 시장경제의 원리가 활성화되어 있는 현대사회에서는 사회구성원들의 평등성을 증진시키기 위한 시민권을 보편적인 권리로 인정하기 어렵다고 설명하고 있다.

④ 음모이론

음모이론은 사회복지정책을 지배계층이 자신들의 권력유지를 위한 수단으로 사용하고 있다고 보는 이론으로 대표적인 학자는 피븐과 클로와드(Piven & Cloward)이다. 이들은 자신들의 주장에 대한 근거로 빈민규제론을 대표적으로 들고 있다.

즉, 사회복지제도가 공공의 복지를 위해 실행되는 것이 아니라 빈민을 규제하기 위해 사용된다고 본다. 이들은 사회경제의 침체기에 대량실업 등의 사회문제가 나타나고, 그로 인해 사회적 위험이 커질 때 정부는 공적 사회복지제도를 확대하고, 반대로 경제가 좋아지며 고용이 확대되고, 사회가 안정될 때에는 사회복지제도를 축소한다는 사실에 주목하고 있다. 그의 대표적인 예로 비스마르크시대 때 극심하던 노동계층의 사회운동을 저지시키고 사회질서를 유지하기 위한 수단으로 사회보험입법을 도입·실시했다고 본다.

이러한 주장은 사회복지정책이 인도주의적 입장에 따라 일반 서민들의 궁핍한 생활에 대한 보장으로 실시되는 것이 아니라 계급 간의 갈등으로 발전할 수 있는 사회질서 파괴를 예방하기 위해서, 그리고 사회지배계층이 자신들의 이익을 위협할 수 있는 요소를 미리 제거하기 위한 것으로 실시된다는 것이다. 즉, 사회복지는 시민적 무질서를 해결하기 위해 빈민에 대한 억압책으로 실시되고 있으며, 이를 복지의 음모이론이라고 한다.

음모이론에 의하면, 사회복지정책과 관련한 의사결정은 지배층의 장기적인 계획하에 이루어지며, 자신들의 이익에 기초하여 정책을 결정하고 실행하기 때문에 계층 간의 불평등은 사회복지정책에 의해서도 계속 유지된다고 본다. 다시 말하면, 지배계층의 정당성의 확보, 정치권력의 재생산을 위하여 사회복지정책이 도입되거나 확대되는 것으로 복지정책집행의 결과는 분배의 원리와는 거리가 있다는 것이다.

⑤ 확산이론

확산이론은 한 나라의 사회복지정책이 다른 나라에 영향을 미쳐 선진복지모델에 대한 국제적 모방을 통해 사회복지가 확산된다는 이론이다. 확산이론을 주장한 학자로는 타이라(Taira), 킬비(Kilby), 콜리어(Collier)와 메식(Messick)이 있다. 이들은 한 국가의 선진제도가 인근국가로 이전되는 과정에 주목하여 확산이론을 주장했다. 즉, 현재 유럽대륙의 국가들이 다른 대륙에 비해 사회보장제도가 확립된 것은 복지국가의 면모를 갖추고 다양한 사회보장 프로그램을 개발한 영국과 지리적으로 가까운 주변 유럽국가들이 우선적으로 영향을 받고, 제도의 구축을 이룩해 온 것으로 본다.

그러나 여기서 사회보장제도의 확산이 경제성장과 자유주의 사상의 확대와 관련성이 있다는 것을 관심 있게 살펴볼 필요가 있다. 즉, 경제발전수준이 높은 국가부터 사회보장제도를 도입·실시하였고 상대적으로 경제발전수준이 낮은 국가들이 영향을 받으면서 제도를 도입하였다. 물론 경제발전과 상관없이 사회보장제도를 일찍부터 도입한 국가가 있기는 하지만, 도입시기만 빠를 뿐 제도의 구축이나 국민 전체에게 확대되기까지에는 국가의 경제적 상황이 매우 중요한 역할을 한 것으로 나타나고 있다. 따라서 경제성장과 복지정책 발전의 상관성을 살펴볼 때 한 국가의 복지제도가 반드시 지리적으로 인접한 다른 국가에도 영향을 미쳤는가 하는 부분에 대해서는 일부 의문을 가지지 않을 수 없다. 또한 복지제도의 구체적인 내용을 살펴보아도 제도의 도입시기와는 다르게 국가마다 제도수준에는 차이를 보이고 있는 경우도 많다.

⑥ 엘리트론

엘리트론은 사회복지정책이 탁월한 능력을 소유한 소수의 지도자 또는 개인에 의해 마련된다고 보는 이론으로 모스카와 파레토(Mosca & Pareto)가 대표적인 학자이다. 이들은 사회를 엘리트와 대중으로 구분하고 엘리트들은 특별한 인맥, 학맥 그리고 지식을 기초로 하여 정부를 통제하고 권력을 향유하면서 정책결정에 영향력을 가지고 있다고 보았다.

특히 엘리트들은 서로 동류의식을 가지고 서로 간에 은밀한 관계를 유지하면서 자신들의 이익을 위해 노력하는 집단으로 사회복지정책이 결정되는 과정에서도 자신의 선호나 가치를 따르고 사회적으로 우월한 집단에게 유리하도록 영향을 미친다는 것이다.

2. 사회복지행정

1) 사회복지행정의 개념

최근 우리나라에서는 사회복지조직이 늘어나면서 조직을 유지·발전시켜 나가기 위한 행정의 중요성이 인식되어 왔다. 사회복지행정은 두 가지 측면에서 정의할 수 있다. 첫째, 추상적인 사회복지정책을 구체적인 사회복지서비스로 전환하여 서비스를 필요로 하는 사람에게 전달하는 과정에 관한 활동으로 정의하는 것이며, 둘째, 사회복지행정을 관리기술이나 관리과정으로 정의하는 것이다.

첫째, 사회복지행정을 사회복지정책을 구체적인 사회복지서비스로 전환하는 활동으로 정의하면 사회복지행정은 원조의 한 기술로 간주된다. 이러한 관점에서는 사회복지행정은 사회복지서비스의 제공이라는 사회복지조직의 목적을 달성하기 위한 과정에 필요한 조건을 제공하고 조직을 효율적으로 운영할 수 있는 방법을 포함하는 원조기술로 볼 수 있다. 둘째, 사회복지행정을 관리과정으로 정의하게 되면 사회복지행정은 조직의 목표달성을 위해 필요한 서비스와 프로그램을 운영하는 것을 그 핵심 기능으로 보며, 이 경우에는 조직의 관리나 목표의 달성을 위한 자원들의 관리가 중요시된다(김기태 외, 2004).

한편 사회복지의 한 분야로서 사회복지행정은 협의와 광의로 정의할 수 있다. 협의의 정의는 사회복지행정을 사회복지의 한 실천방법으로 본다. 즉, 사회복지행정은 사회복지조직의 목표달성을 용이하게 하기 위해, 관리자가 조직의 과업, 기능 및 관련 활동에 체계적으로 개입하는 과정을 말한다. 광의의 정의는 사회복지행정을 사회복지조직의 모든 활동과정에 기여하는 조직구성원들의 협동적·조직적 노력의 측면에서 본다. 즉, 사회복지행정은 사회복지정책을 사회복지서비스로 전환시키는 데 필요한 사회복지조직의 총체적 활동이다(Patti, 1983).

2) 사회복지행정의 특성

사회복지행정도 조직에 따라 그 기능이 다르고 서비스를 받는 클라이언트 대상층이 다를 수 있겠지만, 사회복지조직이라고 할 때 다른 유형의 공식조직과 구별되는 특성을 좀 더 구체적으로 살펴보면 다음과 같다(최성재 · 남기민, 2000; Hasenfeld, 1983).

첫째, 사회복지조직의 원료가 인간이라는 것이다. 다른 관료조직과는 대조적으로 사회복지조직의 원료는 가치중립적이 아니며, 문화적 가치를 부여받고 사회적 · 도덕적 정체성을 지니고 있는 인간들이라는 것이다.

둘째, 사회복지조직의 목표가 모호하고 애매하며 문제점을 지니고 있다. 즉, 사회복지조직의 대상이 인간이기 때문에 조직의 목표에 대하여 구체적인 합의를 얻기 어려운 점이 많다는 것이다.

셋째, 사회복지조직은 소기의 결과를 얻는 데 불완전한 지식과 기술을 사용하고 있다는 것이다. 전반적 사회과학적 지식의 불확실성과 원조관계에 대한 지식의 불확실성으로 인하여 서비스 결과의 성공률이 그리 높지 못하다는 것이다.

넷째, 사회복지조직의 핵심적인 활동은 조직구성원과 서비스 대상자인 클라이언트와의 관계이다. 따라서 일선조직 요원들의 활동이 중요시된다.

다섯째, 사회복지조직들은 전문성을 가지고 있는 직원들에게 점점 더 크게 의존한다. 이러한 전문성을 가진 직원들에 대한 의존의 필요성은 우선 사회복지조직이 다루어야 할 인간문제들의 성격과 복잡성 때문에 과학적 · 이론적 · 실천적인 전문지식을 필요로 하는 것이고, 다음으로 사회복지조직의 서비스 욕구, 즉 클라이언트의 복지증진을 위해 이상적인 서비스에 투철한 사명감과 책임감을 갖고 있는 직원이 필요한 것이다.

여섯째, 사회복지서비스의 효과를 확실하고 타당하게 측정할 수 있는 표준척도가 없다는 것이다. 이에 따라 결과의 평가에 대한 논란이 많고 변화와 혁신에 대한 저항이 다른 조직에서보다 크다.

3) 사회복지조직의 구조

현대사회의 대부분 서비스들은 조직을 통해 산출된다. 사회복지서비스도 예외는 아니어서, 서비스가 전달되는 과정이 조직적인 맥락으로 형성되어 있다. 따라서 사회복지의 이념과 정책을 직접서비스들로 전환시키는 사회복지행정의 주요 과업들을 이해하기 위해서는 조직적 맥락에 대한 파악이 우선적으로 필요하다.

조직의 구조란 조직의 각 부분들 사이에 성립되어 있는 관계의 유형을 뜻하는 것으로, 조직의 기능과 권한, 책임 등이 어떻게 배분되고 조정되는지와 관련되어 있다(Fremont Kast & James Rosenzweig, 1970; 김영종, 2002). 나아가 조직의 공식적 구조란 분화(division)와 조정(coordination)이라는 두 가지 목적에 기여하기 위해 조직의 부분들이 연결되어 있는 상태를 의미한다. 이러한 조직의 공식적 구조는 사회복지조직을 둘러싼 외적 구조(환경)와 내적 구조로 나누어서 분석할 수 있다(김상균 외, 2005).

(1) 사회복지조직의 외적 구조(환경)

사회복지조직의 외적 구조는 환경적 요인을 말한다. 사회복지조직은 사회로부터 공익활동을 하도록 인가받을 뿐 아니라 활동에 필요한 물질적·비물질적 후원을 받는 조직이다. 그리고 사회 속에 있는 인간의 바람직하지 못한 상태를 예방하거나 개선시키거나 현재의 상태를 유지하거나 악화를 지연시키는 활동을 하는 조직이다. 그렇기 때문에 조직을 둘러싸고 있는 사회환경과 밀접한 관계를 갖고 있다. 이러한 면에서 보면 사회복지조직은 '환경의 포로'라 해도 과언이 아니다.

사회복지조직을 둘러싸고 있는 환경은 일반환경(general environment)과 과업환경(task environment)으로 나눌 수 있다. 일반환경은 환경 내의 경제적·인구통계적·문화적·정치적·법적·기술적 조건들을 의미한다. 그런데 이러한 조건들은 모든 조직에 영향을 미치며 특별한 경우를 제외하고는 조직이 변경시킬 수 없는 주어진 조건이라 할 수 있다. 과업환경은 특정한 사회복지조직이 자원과 서비스를 교환하고 특별한 상호작용을 하는 집단들과의 관계를 맺는 조건을 의미한다. 예를 들어, 조직활동에 대한 인・허가기관, 감독기관, 재정자원 제공기관, 클라이언트를 의뢰해 오는 기관, 보조서비스 제공기관 등이 있다.

(2) 사회복지조직의 내적 구조

현대사회에서 사회복지활동이나 서비스는 공식적이고 조직화된 활동이며, 조직을 통하여 계획되고 전달된다. 그러므로 사회복지서비스는 조직을 떠나서는 생각할 수 없다. 그렇다면 사회복지활동을 위해 조직을 어떻게 만들 것인가와 만들어진 조직을 어떻게 잘 기능하도록 할 것인가는 중요한 관심사가 된다. 조직을 만드는 데 고려해야 할 요인은 ① 분업, ② 계층적이고 기능적인 관점, ③ 구조, ④ 통제의 범위 등 네 가지이다(Fulmer, 1978).

분업은 특정한 업무를 수행하기 위해 기능을 분담하는 것을 말한다. 다음으로 계층적이고 기능적인 관점은 조직에서 권력, 권한, 의사결정권이 서열체계로 이루어져야 하고, 적절하게 하부로 위임되어야 하는 것을 의미한다. 그리고 조직의 구조는 조직의 기능을 수행하기에 적합하도록 각각의 부서가 구성되어야 한다는 원칙이다. 그리하여 조직의 고유업무(서비스 전달)와 그것을 지원하는 관리업무가 확연히 구분되게 조직화되어야 한다. 끝으로 통제의 범위는 통제가 미치는 서리를 밀하는데, 한 지도자 밑에 몇 명의 부하직원을 둘 것인가에 관한 것이다. 부하직원의 수는 조직의 유형과 업무의 성격에 따라 다르지만, 사회복지조직의 경우는 6~7명 정도가 적합하다는 견해도 있다.

한편 조직의 구성에는 공식조직과 비공식조직도 고려해야 할 것이다. 공식조직은 조직기구 도표상에 나타난 조직을 말하고, 비공식조직은 이러한 가시적이고 일상적인 구조 밖에 존재하는 구조를 말한다. 즉, 후자의 구조는 조직구성원들의 일상적 접촉에서 자연발생적으로 나타나는 성원들 간의 인간관계 및 역학관계이다. 조직의 행정가는 이러한 비공식조직을 인정하고 이를 긍정적으로 잘 활용하는 것이 바람직하다.

또한 조직구조를 고려함에 있어, 수직적 구조와 수평적 구조도 고려해야 한다. 수직적 구조는 계선(line)조직이라 하고, 수평적 조직은 참모(staff)조직이라 한다. 계선조직은 조직의 목표달성을 위한 상하 명령–복종 관계가 명확한 조직이다. 반면 참모조직은 계선조직이 목표달성을 원활하게 할 수 있도록 지원·조성·촉진하는 조직이다.

4) 사회복지행정의 조직이론

사회복지행정의 주된 과제는 사회복지정책을 사회복지서비스로 전환시키기 위해 효율적으로 사회복지조직을 운영·관리하는 것이다. 조직관리에 관한 이론에는 고전모형에 해당하는 과학적 관리론, 인간관계론, 관료제 이론, 체계이론 등이 있다.

(1) 과학적 관리론

경영조직에 대한 선구적인 연구로서 과학적 관리론은 20세기 초에 테일러(Taylor)에 의해서 정리되었다. 이 이론에 의하면, 인간은 보상을 받기 위해 일하는 한편, 일의 효율성과 생산성이 증가할수록 노동자, 관리자, 소유자 모두가 경제적으로 이득을 본다는 것이다. 따라서 조직에서 생산성을 높이기 위해서 과학적 관리를 할 것을 요구한다. 과학적 관리란 개인의 기여를 극대화시킬 수 있는 일의 분업화, 개개인의 기본 동작형태와 소요시간의 표준화, 수행과업과 보상의 연결 등을 의미한다.

(2) 인간관계론

과학적 관리론이 경제적 욕구만을 중시했다면 인관관계론은 사회적 욕구(비공식적 조직의 인정, 동료 간·관리자 간의 인간관계 등)를 중시한다. 대표적인 주창자로서 메이요(Mayo)는 미국 시카고 근처의 웨스턴 전기회사인 호손(Hawthorne)공장의 실험에서 근로자의 작업능률은 물리적 환경조건에 의해 크게 좌우되는 것이 아니라 집단 내의 동료 또는 윗사람과의 인간관계에 의해 크게 좌우된다는 것을 밝혀냈다. 즉, 조직 내에서의 개별 생산성은 물리적 환경보다는 노동자의 사회적·심리적 요소에 의해 더 많은 영향을 받는다는 것이다.

(3) 관료제 이론

관료제 이론(bureaucracy theory)은 인간을 합리적 존재로 가정하는 것에서 출발한다. 특히 베버(Weber)의 관료제 내용은 ① 분업, ② 고도의 공식화, ③ 위계구조, ④ 비인격성, ⑤ 능력에 기초한 평가, ⑥ 조직구성원의 신분 보장, ⑦ 각 구성원의 조직생활과 일반 사생활을 명확히 구분하는 것 등을 포함하고 있다.

(4) 체계이론

체계이론은 조직이란 다양한 역동성과 메커니즘에 기초를 둔 구체적 기능을 수행하는 많은 하위체계들로 구성된 복합체라고 보고 있다. 즉, 조직의 하위체계에는 생존과 발전을 위한 경쟁이 부단히 지속되는데, 그 과정에서 체계 간의 갈등과 모순은 불가피하게 생겨난다는 것이다. 네우게보렌(Neugeboren)의 체계모형에 의하면 조직은 다섯 가지 하위체계로 구성되어 있다고 한다(김상균 외, 2005).

① 생산하위체계 : 조직의 고유목적 달성인 생산과 관련된 과업 수행
② 유지하위체계 : 조직의 생존에 직결되는 조직의 목표에 개인의 욕구나 목표를 통합시켜 갈등을 조정
③ 경계하위체계 : 외부환경과의 상호관계 유지와 외부환경에 대한 영향력 행사
④ 적응하위체계 : 사회환경의 변화와 요구에 따라 조직이 적응해 나가기 위해 변화의 필요성을 인식하고 체계적 조사와 연구를 수행
⑤ 관리하위체계 : 조직 내외의 체계를 조정하고 통합

5) 사회복지서비스 전달체계

사회복지서비스의 효과성(정해진 목표를 달성하는 정도), 효율성(경제적으로 목표를 달성하는 정도)에 대한 관심이 커짐에 따라 사회복지전달체계에 대한 논의가 전개되고 있다. 즉, 사회복지서비스가 어떠한 근거를 바탕으로 설계되었고, 어떠한 절차와 방법에 의해서 전달되고 있으며, 서비스의 양과 질은 어느 정도이고, 경비는 얼마나 들며, 전달과정에서 어떤 점이 개선을 요하는가 등 기본적인 문제에 대한 관심이 커진 것이다.

① 개념정의

사회복지서비스 전달체계(delivery system)란 지역사회체계 속에서 사회복지서비스의 공급자와 소비자(클라이언트, 고객 또는 수혜자) 간을 연결시키기 위한 조직적 장치(organizational arrangements)라고 할 수 있다(Gilbert & Terrell, 2002). 다시 말해서, 사회복지서비스 전달체계란 지역사회 내에 존재하는 사회복지서비스의 공급자 간 또는 사회복지서비스의 공급자와 소비자 사이를 연결시키기 위하여 만들어진 조직적 체계이다.

② 성격

사회복지서비스 전달체계의 성격은 구조기능적인 면, 운영주체별 그리고 서비스 종류별로 구분할 수 있다(서상목 외, 1988).

가. 구조기능적인 성격

사회복지서비스 전달체계를 구조기능상으로 보면 행정체계와 집행체계로 구분할 수 있다(성규탁, 1992). 조직은 구조상으로 서비스 전달을 기획, 지원 및 관리하는 행정체계와 전달자가 소비자와 상호 접촉을 가지면서 서비스를 직접 전달하는 집행체계로 구분할 수 있다. 예를 들면, 공적 사회복지서비스인 국민기초생활보장서비스의 전달체계는 보건복지부→특별시・광역시・도→시・군・구→읍・면・동→기초생활보장 대상자로 연계된 조직의 체계로 되어 있다. 여기서 보건복지부에서 시・군・구에 이르기까지의 체계는 기초생활서비스를 계획・지시・지원・관리・감독하는 업무를 주로 하기 때문에 행정체계라 할 수 있다. 그리고 읍・면・동과 기초생활보장 대상자 간의 체계는 최일선에서 구체적인 서비스(현금 지급과 상담 등)를 제공하는 업무를 주로 하기 때문에 집행체계라 할 수 있다.

나. 운영주체별 성격

사회복지서비스 전달체계는 운영주체에 따라 공적 전달체계와 사적(민간) 전달체계로 구분될 수 있다. 공적 전달체계는 정부(중앙 및 지방)나 공공기관이 직접 관리・운영하는 것을 말하고, 사적 전달체계는 민간(또는 민간단체)이 직접 관리・운영하는 것을 말한다.

다. 서비스 종류별 성격

- 아동복지서비스 전달체계 : 관련 공공기관, 보육시설, 일시보호 등
- 노인복지서비스 전달체계 : 관련 공공기관, 주간보호소, 양로원, 재가서비스 등
- 정신질환서비스 전달체계 : 관련 공공기관, 정신질환자 가족협회, 정신병원, 요양병원 등
- 기초생활보장서비스 전달체계 : 공공기관의 위계조직적 체계, 대상자 발굴기관, 의료 관련 기관 등

③ 사회복지서비스 전달체계의 설계와 구축 시 제기되는 문제

대체로 사회복지조직의 유효성 논쟁은 사회복지서비스 전달체계를 설계하거나 구축할 때 제기되는 다음과 같은 세 가지 질문과 관계가 있다(장동일, 2006 : 59-60).

㉠ 의사결정의 권한과 통제는 어디에 위임해야 하는가?
㉡ 누가 상이한 직무를 수행해야 하는가?
㉢ 전달체계의 구조(단위의 수와 형태)는 어떻게 해야 하는가?

이러한 질문에 답변하기 위해서는 다음과 같은 문제점을 고려하여 사회복지서비스 전달체계를 구축해야 한다. 사회복지서비스 전달체계에서 제기될 수 있는 문제로는 단편성, 비접근성, 불연속성, 무책임성 문제 등이 있는데, 특히 지방사회복지서비스 전달체계에서 잘 나타나는 두드러진 특징이라 할 수 있다.

가. 단편성의 문제

단편성의 문제는 조직의 목적, 실시 중인 프로그램, 사회복지조직의 설치위치 및 조직의 구조와 관련되어 있다. 사회복지조직의 단순한 목적, 실시 중인 프로그램 수와 수준의 미약, 조직의 설치위치로부터 단편성의 문제가 발생한다. 또한 조직구조, 즉 조직의 계층구조, 통제와 조정, 전문화가 단편성의 문제를 야기한다. 예를 들면, 서비스는 한 장소에서 이용할 수 있는가? 사회복지조

직은 그들이 생산한 서비스를 통합적으로 전달하려고 노력하고 있는가 하는 문제 등이다.

나. 비접근성의 문제

비접근성의 문제는 클라이언트가 사회복지서비스 네트워크에 접근할 때 발생하는 장애를 말한다. 비접근성은 사회복지를 필요로 하는 클라이언트가 여러 가지 문제 때문에 사회복지조직에 접근하는 것이 어렵게 되는 것을 말한다. 비접근성의 문제는 사회복지조직에 대한 정보 부족, 사회복지조직의 설치위치, 이동권의 제약, 심리적 장애로부터 비롯된다.

다. 불연속성의 문제

사회복지조직은 자원을 동원하여 서비스를 생산하고, 이를 전달함으로써 클라이언트의 문제를 해결해야 하는데 서비스가 지속적으로 제공되지 않을 때, 서비스가 단절될 때 그리고 서비스 간 통합성을 결여했을 때 서비스의 불연속성 문제가 발생한다.

라. 무책임성의 문제

무책임성의 문제는 수요자, 지역사회, 후원자, 국가와 지방자치단체와 사회복지서비스 조직의 관계에서 발생한다. 사회복지조직은 지역사회, 국가 및 지방자치단체의 인정을 받아 관리·운영되어야 하고, 클라이언트로부터도 인정을 받아야 한다. 특히 사회복지 예산이 크게 증가하고 있는 현대사회에 있어서는 효과성·효율성의 문제, 비용·편익의 문제까지도 제기되고 있다. 따라서 사회복지조직이 사회적 인정을 받기 위해서는 공개적이고 투명한 경영이 필수적이기 때문에 공신력 있는 기관으로부터 정기적인 평가를 받아야 한다. 우리나라도 사회복지사업법을 개정하여 1999년부터 사회복지시설에 대한 평가제도를 도입하고 있다.

④ 전달체계의 구축 원칙

사회복지서비스 전달체계의 구축은 다음과 같은 여덟 가지 원칙을 적용하는 것이 바람직하다(김상균 외, 2005).

가. 전문성의 원칙

사회복지서비스 제공업무에서 전문성을 요하는 업무는 반드시 자격 있는 사회복지사가 담당할 수 있도록 하여야 한다. 전문가 내에서도 사회복지업무의 경험과 등급(사회복지사 1·2·3급)에 따라 업무가 분담되어야 할 것이다.

나. 적절성의 원칙

사회복지서비스는 그 양과 질, 제공하는 기간이 클라이언트나 소비자의 문제해결(욕구충족)과 서비스 목표달성에 충분해야 한다.

다. 포괄성의 원칙

사회복지서비스는 클라이언트의 여러 가지 문제를 동시에 또는 순서적으로 해결할 수 있을 만큼 다양해야 한다.

라. 지속성의 원칙

필요로 하는 서비스를 계속적으로 받을 수 있도록 지역사회 내의 서비스들이 상호 연계되도록 하여야 한다.

마. 통합성의 원칙

필요로 하는 서비스가 통합적으로 제공되도록 서비스 제공부서나 제공자가 조직 내부 및 외부와 잘 연결되어야 한다.

바. 평등성의 원칙

특별한 경우를 제외하고는 성별, 연령, 소득, 지역, 종교, 지위 등에 관계없이 수급자격이 있는 모든 사람에게 평등하게 서비스가 제공되어야 한다.

사. 책임성의 원칙

사회복지조직은 사회로부터 복지서비스를 제공하도록 인가를 받았기 때문에, 클라이언트 및 사회에 대하여 제공하는 서비스가 효율성과 효과성이 있도록 책임성을 가져야 한다.

아. 접근용이성의 원칙

사회복지서비스는 수급자격이 있는 모든 사람들이 지리적 · 사회적 · 심리적 장애가 없이 접근할 수 있도록 하여야 한다.

⑤ 전달체계의 주요 기능

모든 종류의 사회복지전달체계들은 체계론적 틀에 따라 분석 · 평가할 수 있기 때문에 체계론에 기초하여 투입, 전환 및 산출의 세 가지 기능에 대하여 살펴보고자 한다(김치영 · 최용민, 2006).

가. 전달체계를 위한 투입

전달체계는 서비스를 제공하기 위하여 외부환경으로부터 각종 자원을 확보해서 체계 내로 도입하는데, 이 기능을 '투입(input)'이라고 한다. 투입내용을 크게 나누어 보면, 클라이언트, 자원(기술, 시설, 장비, 자금, 사회적 지지 및 인정) 및 전문요원(사회복지사 등 개입자, 치료자)의 세 가지가 된다. 따라서 전달체계를 관할할 때에는 먼저 이 세 가지에 대해서 알아야 한다.

a. 클라이언트

클라이언트(개인, 가족, 집단 또는 지역사회)는 서비스의 소비자이고, 서비스(치료, 개입)를 통해 변화(회복, 행동교정, 심리적인 변화, 문제해소, 사회적 안정)시킬 대상이다. 그리고 클라이언트는 전달체계가 세운 방침에 협조 · 순응하고, 어떤 규정된 행동을 해야 한다는 점에서 이 체계의 구성원이기도 하다. 전달체계는 클라이언트의 욕구를 충족시키기 위하여 서비스를 하기 때문에 서비스 계획을 하기에 앞서 이들의 욕구를 정확히 측정해야 하며, 서비스를 받을 사람들의 수혜자격 조건을 설정하고 이들의 특성(인구학적, 사회적, 문화적, 정치적, 경제적, 종교적)을 파악해야 한다.

b. 각종 자원과 사회적 지지 및 인정

외부로부터 지속적으로 모금, 정부보조금, 수혜자 비용부담, 자체부담 등의 방법을 통해서 자원을 확보해야 한다. 전달체계를 유지하는 조직체(기관)의 사정에 따라 사업수행을 보조하는 범위 내에서 수익사업도 할 수 있다. 재정확보를 위하여 조직체의 업적을 널리 홍보함으로써 전달하는 서비스가 사회적으로 필요하다는 사실을 자원제공자들에게 인식시켜야 한다. 그리고 업무환경 내에 존재하는 다른 조직체들로부터 지지와 협조를 얻어야 한다. 이를 위해 요원은 유관 단체들과 진취적으로 접촉을 하고 이들에게 조직의 목적과 활동을 설명해 주고, 옹호하는 대변자들을 찾아내고, 상호 이익이 되는 교환관계를 이루어 나가야 한다.

c. 전문인력

서비스를 실제로 설계해서 전달하는 사람은 사회복지 전문인력이다. 예를 들어, 사회복지사를 비롯한 교사, 간호사, 의사, 법률가 등 전문가이다. 전문가는 근무하는 전달체계가 속하는 기관이 정하는바 책임을 수행해야 하며, 동시에 소속된 전문인 단체가 규정하는바 규약을 준수할 의무가 있다. 전문가는 클라이언트에 대한 사명감을 확고히 간직하고 전문적 판단에 기초하여 클라이언트를 치료·전환·지원한다.

그런데 전달체계의 내부 및 외부에는 정책을 결정하는 권위를 가진 전문가들이나 이들의 집단들이 있다. 예를 들어, 정부기관, 정부관리, 이사회, 민간기관의 장, 모금단체의 대표 등이다. 정책결정자는 주로 전달체계가 속하는 기관조직의 선에서 활동하며, 지역사회의 문제해소를 위한 서비스 프로그램의 필요성을 판정하며, 이의 운영에 필요한 자원의 확보와 배정을 하고 나아가 기관조직의 사회에 대한 책임성 문제를 다룬다.

나. 전달체계의 전환과정

전환과정(transformation process)이란 서비스를 직접 전달하는 개입과정과 같다고 볼 수 있다. 이 전환, 개입, 서비스과정을 중요시하는 이유는 서비스를 전달하기 시작해서 끝마치는 종결(termination, discharge)에 이르는 전 진행과정을 살펴봄으로써 개입의 결과로 과연 '질이 좋은' 서비스가 전달되었는가를 파악할 수 있기 때문이다. 즉, 서비스를 담당하는 집행체계의 운영상황을 알아낼 수 있다는 것이다.

서비스는 클라이언트와 전달자의 대변적 상호관계 속에서 전달되기 때문에 서비스 집행과정에서는, 특히 이 양자 간의 관계를 중요시해야 한다. 구체적으로 다음과 같은 신뢰관계 속에서 개입이 진행되어야 한다.

첫째, 전달자–클라이언트의 상호 신뢰관계는 클라이언트의 개인적 목적과 전달자의 목적과 관심이 일치됨으로써 이루어진다.

둘째, 서비스의 질에 대한 평판이 좋을수록 전달자의 능력에 대한 클라이언트의 신뢰감은 커진다.

셋째, 전달자 대 클라이언트의 비율이 양자 간의 관계의 질을 결정한다. 즉, 전달자가 대하는 클라이언트의 수가 많을수록 질이 낮아질 수 있다.

넷째, 전달자가 자기가 할 일에 어느 정도 헌신적인가 또는 무관심한가에 따라 클라이언트와의 관계의 질이 크게 좌우된다.

다섯째, 전달자가 클라이언트의 인격을 어떻게 보느냐에 따라 전달자와 클라이언트 간의 신뢰도가 좌우된다.

개입과정을 평가하기 위해서는 개입의 수준 및 경로, 개입자의 가치관 등을 조심스럽게 추적·분석해야 한다. 그런데 다양한 변인들이 작용하는 가운데 진행되는 개입과정을 조사해서 서비스의 질을 파악하기란 쉬운 일이 아니며, 이러한 조사에서 얻은 정보는 산출의 경우보다도 결정적이 되지 못한 경우가 흔히 있다.

그러나 개입과정이 적절히 운영되었는가를 기술적으로 인내성 있게 파악해 나감으로써 효과적·효율적 전달체계를 꾸미는 데 도움이 될 정보를 얻을 수 있다. 그렇지만 현재로서는 이러한 정보를 얻기 위한 단 한 가지의 편리하고 간단한 기법(평가분석방법)이 없다고 해도 과언이 아니다. 그래서 여러 가지 기법들을 동원해서 서비스 전달상황을 파악하는 노력을 할 필요가 있다.

다. 전달체계의 산출

전달체계는 클라이언트와 지역사회를 위한 프로그램을 실시한다. 이 프로그램이 곧 전달체계의 산출을 이룩한다. 즉, 전달체계는 서비스를 제공하기 위하여 짜여진 프로그램을 실시함으로써 어떤 의도된 영향을 클라이언트와 지역사회에 미치게 된다. 다시 말하자면, 서비스 프로그램은 사전에 계획되고 기대하는바 장기적 또는 단기적 효과를 일으키는 것이다. 이러한 효과가 서비스 전달체계가 달성할 목표인 것이다. 예를 들어, '기능의 회복', '사회적 재활', '건강회복', '생활능력 획득', '자조능력 습득', '클라이언트의 만족도' 등은 사회복지적 프로그램이 이룩하는 산출이요, 효과인 것이다. 그리고 어떤 프로그램은 장래 상당한 기간에 걸쳐서 클라이언트, 그의 가족 및 사회에 장기적 효과를 미칠 수 있다.

그런데 사회복지 프로그램이란 "미리 짜여진 틀과 절차에 따라 어떠한 목적을 달성하기 위해서 제공되는 서비스"이다. 즉, 이 서비스를 제공하면 정해진 목적이 달성된다고 가정한다. 한 프로그램은 흔히 한 가지 이상의 프로그램들이 동시에 진행된다. 따라서 전달체계를 평가하는 데 있어 그 전달체계가 실시하고 있는 프로그램을 하나씩 분석해 나간 후, 모든 프로그램들에 대한 종합평가를 할 수 있다.

전달체계는 질이 좋은 서비스를 일관성 있고 안정성 있게 전달해야만 한다. 그리고 가능한 한 서비스의 결과가 구체적이고 정확하게 측정될 수 있도록 해야 한다.

3. 사회복지법

1) 사회복지법의 개념

법이 사람의 사회생활에 있어서 행위의 준칙으로서 국가권력에 의해 강행되는 사회규범이라고 한다면, 사회복지법은 사회복지에 관한 행위의 준칙을 정한 것이다. 이런 사회복지법의 개념정립이 필요한 이유는 사회복지법의 체제를 확립하고, 사회복지법의 정체성을 규명함으로써 다른 법과의 경계의 구분을 확실히 하여 사회복지법의 독자성을 확보하기 위한 것이다.

사회복지법의 개념정리가 어려운 것은 사회복지법의 제정이 다른 법과 달리 최근에 이루어졌으며, 국가·시대·이념에 따라서 사회복지법의 개념이 다양하게 나타나고 있기 때문이다. 이런 사정들은 사회복지법의 개념파악의 기준이 되는 개념요소들과 그 개념을 끊임없이 변화하게 하여 결국 사회복지법의 개념정립을 불확실하게 만들고 있다. 이와 같은 상황에서도 사회복지법은 계속 형성되고 있고 그 중요성이 한층 강조되고 있으며, 사회복지법에 대한 체계적인 연구와 실천이 요구되므로 사회복지법의 개념정의가 필요하다.

(1) 형식적 의미의 사회복지법

형식적 의미의 사회복지법이란 사회복지법이라는 외적 형식을 가진 제반 법규를 말하는데, 보통 사회복지와 연관된 각국의 실정법인 사회복지법전 형태를 취하고 있다. 사회복지법은 단편적으로 생성되었고 자주 변화하고 있는 법으로 다른 법처럼 통일적인 법전형태를 갖추지는 못했지만, 일본의 복지8법과 같이 점차 고유한 법전의 형태로 되어가고 있어 통일된 법전형태를 갖추었을 때는 사회복지법의 범위와 고유성을 분명히 하는 방법이 될 수 있다. 그러나 변화하고 있는 단계에서 사회복지법에 대한 개념정의는 오히려 사회복지법의 개념을 경직시킬 위험성이 있다. 우리나라의 경우 사회복지사업법 제2조에 규정하고 있는 27개 법과 그 밖에 대통령령으로 정하는 법률이 이에 해당한다. 2019년 12월 개정 기준으로, 국민기초생활 보장법, 아동복지법, 노인복지법, 장애인복지법,

한부모가족지원법, 영유아보육법, 성매매방지 및 피해자보호 등에 관한 법률, 정신보건법, 성폭력방지 및 피해자보호 등에 관한 법률, 입양특례법, 일제하 일본군위안부 피해자에 대한 생활안정지원 및 기념사업 등에 관한 법률, 사회복지공동모금회법, 장애인·노인·임산부 등의 편의증진 보장에 관한 법률, 가정폭력방지 및 피해자보호 등에 관한 법률, 농어촌주민의 보건복지증진을 위한 특별법, 식품기부 활성화에 관한 법률, 의료급여법, 기초연금법, 긴급복지지원법, 다문화가족지원법, 장애인연금법, 장애인활동 지원에 관한 법률, 노숙인 등의 복지 및 자립지원에 관한 법률, 보호관찰 등에 관한 법률, 장애아동복지지원법, 발달장애인 권리보장 및 지원에 관한 법률, 청소년복지지원법 등이다.

(2) 실질적 의미의 사회복지법

실질적 의미의 사회복지법이란 법의 존재형식과 명칭에 관계없이 실질적으로 법의 내용이 사회복지에 관한 사항을 규정하고 있으면 실질적 의미의 사회복지법이라고 개념정의하는 것을 말한다. 실질적 의미의 사회복지법은 포괄하는 범위에 따라 넓은 의미의 사회복지법과 좁은 의미의 사회복지법으로 나눌 수 있다.

① 넓은 의미의 사회복지법

넓은 의미의 사회복지법은 사회복지정책 또는 사회정책의 실현과 관련된 제반 법률을 의미한다. 이는 전 국민의 물질적·정신적·사회적 기본 욕구를 해결함으로써 인간다운 생활을 영위하게 하는 공·사의 모든 사회적 서비스와 관련된 법률을 의미한다. 즉, 넓은 의미의 사회복지법은 사회서비스의 공급주체는 국가이며 사회복지의 대상범위가 전 국민이라는 것이다. 이러한 의미에서 넓은 의미의 사회복지법이란 현대사회에서 인간다운 생활을 유지하기 위해 필요한 물질적·비물질적인 사회복지서비스를 제공하는 공·사 노력의 총화를 규율하는 법규정이라고 할 수 있다.

넓은 의미의 사회복지는 각종의 사회적 사고 또는 위험과 욕구가 충족되지 않은 개인, 가정, 집단에 대하여 보건의료, 교육, 여가, 소득, 노동, 주택, 안전,

주거, 환경 등의 사회적 서비스를 체계적으로 조직화하고 총체화한 개념이다. 이런 서비스의 추상적 정책이나 지침과 기준에 대한 구체적인 표현이 사회복지법이다. 따라서 사회복지법의 내용은 이들을 포함하는 사회보장과 제반 사회적 서비스가 포함된다.

② 좁은 의미의 사회복지법

좁은 의미의 사회복지법이란 스스로 자신의 생활을 영위하지 못하는 사회적 약자들에 대해서 제한적으로 도움을 제공하는 것과 관련된 법규범이다. 좁은 의미의 사회복지란 현실생활에서 어려움을 겪는 사회적 약자 혹은 요보호대상자를 위한 제한적인 제반 사회복지정책 및 사회정책을 의미한다. 이 경우 사회복지의 대상과 문제의 의미가 매우 제한적인데, 그것은 거시적인 사회구조적 측면과는 관계없이 주로 개인적인 측면에서 문제의 발생원인과 대상을 선별하는 특징을 지닌다. 따라서 이때의 사회복지는 임시적이고 다른 사회제도의 기능을 보완하는 것으로 이해된다. 여기서는 사회문제에 대한 사회성과 보편성이라는 의미와는 무관한 입장이다. 윌렌스키와 르보(Wilensky & Lebeaux, 1963)는 잔여적 복지와 제도적 복지를 주장하였는데, 이에 따르면 좁은 의미의 사회복지는 잔여적(보충적) 복지 개념이 될 것이고, 넓은 의미의 사회복지는 제도적 복지 개념이 될 것이다.

2) 사회복지법의 이념으로서 생존권

사회복지법의 이념이란 사회복지법이 추구하고자 하는 가치 또는 사회복지법이 구현하고자 하는 목표를 말한다. 오늘날 복지국가에서 사회복지법의 이념은 생존권적 기본권의 보장이며, 이는 모든 국가에서 공통적으로 인정하고 있다. 종래에는 자유권적 기본권에 무게가 있었으나, 현대에는 생존권적 기본권을 중시하고 있다.

(1) 생존권의 의의

근대국가의 탄생은 시민들을 왕과 귀족의 억압으로부터 해방시켜 자유와 평등을 주었다. 이를 기반으로 자본주의 경제는 고도로 발전되어 인류의 번영과 발전을 가져왔다. 그러나 발달된 자본주의는 빈부의 격차, 노사갈등, 독점자본가의 출현, 실업의 급증 등 많은 사회문제를 야기하여 불평등을 초래하였다.

이와 같이 국민의 기본적인 생활을 위협하는 자유권적 기반은 수정될 수밖에 없었다. 형식적으로 추상적인 자유권은 실질적이고 구체적인 자유와 평등을 요구하게 되었다. 따라서 국가의 적극적 개입에 의해 실질적 자유를 보장하기에 이르렀다. 이러한 이념에서 생긴 것이 생존권이다(장동일, 2003).

생존권이라 함은 국민의 생활에 필요한 여러 가지 조건을 국가권력이 적극적으로 관여하여 확보해 줄 것을 요구하는 권리이다. 생활에 필요한 여러 조건이란 생존하는 데 필요한 기본적인 조건으로 의식주와 그 밖의 생활에 필요한 용품을 말한다. 생존권을 달리 복지권·사회권·생활권적 기본권이라고도 한다.

생존권이 최초로 헌법에 규정된 것은 1919년에 제정된 독일의 바이마르 헌법이다. 동 헌법은 제151조 제1항 전단에서 "경제생활의 질서는 모든 사람들에게 인간다운 생활을 보장하는 목적을 갖는 정의의 원칙에 적합하지 않으면 안 된다"는 규정과 "소유권은 의무를 수반한다"는 규정 및 "노동력에 대한 국가의 보존"의 규정 등에 의하여 생존권을 보장하고 있다. 이 규정은 자유권에 대한 제한으로 생존의 위협에 대한 국가의 적극적인 생존보장을 의미한다. 그 후 대부분의 국가들이 헌법에 생존권에 관한 규정을 두고 있다.

국가의 책임으로 인간다운 생활을 보장할 생존권은 다음과 같은 특징이 있다(신섭중 외, 1999; 장동일, 2003). 첫째, 생존권은 사회적 약자에 대한 국가의 온정주의적 은혜가 아니라 사회에서 삶을 영위하는 자의 당연한 권리이다. 둘째, 생존권은 단순히 생존을 의미하는 것이 아니라 문화적 생존을 의미하는 권리이다. 셋째, 생존권은 소득과 의료의 보장뿐만 아니라 사회복지서비스의 제공까지 포함하는 권리이다.

3) 생존권의 형성과정

(1) 시민법과 생존권

생존권의 형성은 자본주의 발전과 모순에서 생겨난 산물이다. 자본주의 발전과정을 법제도적인 측면에서 살펴보면 일반적으로 시민법 체계의 확립 및 발전과 그 모순의 확대과정으로 파악할 수 있다. 시민법 체계는 시민사회의 정치적 지도원리가 될 뿐만 아니라 자본주의 경제질서를 규율하는 규범체계였다. 시민법의 형성이념은 자유권이므로 결국 자본주의 사회의 법질서는 자유권의 법체계를 중심으로 유지되고 발전되었다(신섭중 외, 1999). 이러한 자유권 사상에 의해 제정된 시민법은 개인의 자유와 평등의 이념을 구현하고, 자본주의의 원활한 발전을 도모하기 위하여 다음의 시민법의 3대 기본 원리를 근간으로 하고 있다. 첫째, 소유권 절대의 원칙은 개인의 사유재산권에 대하여 절대적 보장을 인정하여 국가나 다른 개인의 간섭을 배제하는 것이 시민사회에서 개인생활의 안전을 보장한다는 것이다. 둘째, 계약자유의 원칙은 개인의 자유의사에 의한 계약을 인정하여 자유롭게 교환관계가 형성되어 시민사회가 발전한다는 것이다. 이를 '사적 자치의 원칙'이라고 하는데, 본인 스스로에 의하여 법률관계를 형성하고 책임진다는 원칙이다. 셋째, 과실책임의 원칙은 개인이 타인에게 준 손해에 대하여 그 행위가 고의나 과실이 있는 경우에만 손해배상책임을 지고, 고의나 과실이 없는 경우에는 어떠한 책임도 지지 않는다는 것이다. 이러한 시민법의 3대 원칙에 의하여 근대 시민사회의 구성원인 각 개인은 법 앞에 평등을 실현시켰고, 근대 자본주의 경제를 발전시키는 원동력이 되었다. 또한 이 원칙은 생존과 인권을 동시에 확보할 수 있을 것이라고 예상하였다.

그러나 고도로 자본주의가 발전함에 따라 그 자체의 여러 모순과 그 폐해로 인하여 자본의 독점과 빈부의 심한 격차, 노동자와 사용자의 갈등 등 적대감과 대립이 고조되었다. 이와 같은 시민법 질서에서 자본주의의 경제질서가 많은 사회문제를 초래함에 따라 시민법의 3대 원칙에 비판이 전개되고, 이를 시정하기 위한 투쟁이 활발하게 진행되었다. 이에 따라 자본주의 경제의 구조적 폐해로부터 국민을 구제하기 위해서는 국가가 개입하여야 한다는 인식을 갖게 되었다.

시민법 원리의 수정은 구체적 개인생활에 대한 국가개입이라는 새로운 관념을 만들어 생존권의 이념을 형성시켰다(장동일, 2003).

(2) 사회법과 생존권

생존권의 이념은 가장 먼저 근로자의 생존권을 보장하기 위하여 노동법의 발전으로 이어졌다. 노동법은 경제법, 사회보장법과 함께 사회법에 속한다. 그리고 사회법은 노동법, 경제법, 사회보장법의 순으로 발전되어 왔다.

근로자는 산업현장에서 질병과 각종 사고에 의하여 노동을 중단했을 때 본인과 가족의 생계가 곤란하다. 이런 문제를 해결하기 위하여 노동법은 근로자의 근로조건 유지와 향상 및 보호를 위하여 노동3권을 보장하는 입법과 노동조합법 등을 제정하였다. 그러나 노동법만으로는 근로자의 생계가 보장될 수가 없었다. 왜냐하면 자본주의 사회에서 근로자는 생활형태에 있어서 이중성을 갖기 때문이다. 근로자는 근로자로서의 인간과 생활인으로서의 인간이라는 이중성을 갖고 있는데, 노동법은 근로자로서 직면하는 사회적 사고나 생활문제를 해결하는 데 국한되어 있기 때문에 생활인으로서 직면하는 생존권의 문제는 노동법으로 해결할 수가 없다. 따라서 노동법의 한계를 극복하고 생활인으로서 생존권을 확보하기 위하여 출현된 법이 사회보장법이다.

사회보장법에는 사회보험법과 공공부조법 및 사회(복지)서비스법이 있으며, 인간다운 생활을 보장하기 위한 생존권의 형성은 공공부조법, 사회보험법 및 사회(복지)서비스법 등으로 발전되어 왔다.

4) 생존권 보장을 위한 국제적 활동

각국의 헌법에 규정된 생존권의 이념은 제1·2차 세계대전을 거치면서 국제기구조직의 결성과 그 조직의 활발한 활동에 의하여 국제사회에 커다란 영향을 미쳤다. 특히 제2차 세계대전 이후 여러 국제기구에서 생존권 보장을 위한 노력을 전개함으로써 생존권의 보장은 국제적 차원으로 발전하였다. 생존권 보장을 위하여 활동한 국제기구에는 국제연합과 국제노동기구, 세계노동조합 등이 있다.

(1) 국제연합

국제연합(UN)은 1948년 제3차 총회에서 '세계인권선언'을 발표하였는데, 그 내용에 생존권 관련 규정을 두고 있다. 세계인권선언 제22조에서 "인간은 누구나 사회의 일원으로서 사회보장을 받을 권리를 가지며, 또한 국가적 노력 및 국제적 협력을 통하여 나아가서 각국의 조직 및 자원에 따라 자기의 존엄성과 인격의 자유로운 발전을 위해 없어서는 안 될 경제적 · 사회적 및 문화적 권리를 실현할 권리가 있다"고 규정하고 있다. 또한 제23조 제3항에는 "노동하는 사람은 누구나 인간의 존엄에 상응한 생활을 본인과 그 가족에 대해서 보장하고 필요한 경우에는 다른 사회적 보장수단에 의해서 공정하고 유리한 보수를 받을 권리를 갖는다"고 규정하여 근로자와 그 가족의 사회보장을 명시하였고, 제25조에서는 "① 모든 사람은 자기 및 가족의 건강과 복지를 위하여 의식주, 의료 및 필요한 사회복지시설을 포함한 충분한 생활수준을 유지할 권리가 있으며, 또한 실업, 질병, 장해, 배우자의 상실, 노령 또는 불가항력에 의한 생활불능의 경우에 보장을 받을 권리가 있다, ② 모와 자는 특별한 보호와 원조를 받을 권리가 있다. 모든 아동은 적출의 여부를 불문하고 동일한 사회적 보호를 받는다"고 규정하여 모든 사람의 사회보장권을 인정하고 있다(장동일, 2003).

국제연합은 1966년 제21차 총회에서 세계인권선언을 구체화시킨 국제인권규약을 제정하였다. 이 인권규약 A는 경제적 · 사회적 · 문화적 권리에 중점을 두어 규정하고, 인권규약 B는 시민적 · 정치적 권리, 즉 자유권 보장에 중점을 두고 있다.

국제연합은 인권선언과 인권규약 외에도 각종 선언을 채택하고 있다. 아동권리선언(1959), 여성차별철폐선언(1967), 정신지체자의 권리선언(1971), 장애자의 권리선언(1975) 등을 채택하여 생존권 보장에 공헌하고 있다.

(2) 국제노동기구

국제노동기구(ILO)는 제1차 세계대전 직후인 1919년 제네바에서 설립되었으며, 국제연합의 협력전문기관으로서 근로자의 근로조건은 물론 사회보험과 사회보장 수준에 관해서 그 체계와 권리보장을 실현해 왔다. ILO는 사회보장에 대한 국제적 기준을 설정하고 그 기준의 이행 여부를 감독함으로써 각국의 사회보장 발전에 많은 기여를 하고 있다.

ILO는 사회복지라는 용어는 사용하고 있지 않지만 사회보장에 관한 각종 중요한 조약이나 권고를 채택하고 있다. 이러한 조약은 상호 비준을 통해 국내법화하는 과정을 거쳐서 해당 국가의 사회보장법과 행정체계에 커다란 영향을 미치게 된다(신섭중 외, 1999). 예컨대 1919년 실업보험, 1925년 산재보험, 1927년 질병보험, 1933년 노령 · 폐질 · 유족연금보험의 실시를 각국에 권고하였다. 1944년의 필라델피아 선언에서는 그 구체적인 조치로 소득보장에 관한 권고와 의료보호에 관한 권고를 채택하였다. 1952년 '사회보장에 관한 최저기준조약'은 획기적인 국제기준을 제시하여 생존권 보장을 보다 구체적으로 명시하였다. 또한 1952년 모성보호조약, 1964년 산업재해 직업병 급여에 관한 조약, 1967년 노령 · 장애 · 유족연금에 관한 조약, 1969년 의료급여에 관한 조약 등을 채택하여 각국이 사회보장제도의 전 영역을 국가정책으로 반영하여 실시할 것을 권고하였다.

(3) 세계노동조합

세계노동조합회의가 1945년 2월 런던에서 개최되었는데, 이 회의에서는 생존권과 관련하여서 노동자와 그 가족을 위한 사회보장의 권리실과 사회보장의 발전을 위해서 노력할 것을 합의하였다. 이것이 세계노동조합연맹 결성의 기초가 되었으며, 세계노동조합연맹은 1961년 비엔나에서 각국의 노동조합의 대표뿐만 아니라 의사, 국회의원, 법률가, 사회보장 실무자 등이 참가하여 '사회보장강령'을 만장일치로 채택하였다. 이 강령은 1961년 12월 모스크바에서 개최된 제5차 '세계노동조합대회'에서 채택한 '국제사회보장헌장'의 기초가 되었다. 이 헌장에서는 다섯 가지의 사회보장의 기본 원칙을 다음과 같이 밝히고 있다. 그 원칙은 근로자 무갹출의 원칙, 의료의 사회화 원칙, 적용사고의 포괄성의 원칙, 피보장자의 포괄성의 원칙, 무차별의 원칙이다(신섭중 외, 2001).

(4) 유럽회의

유럽회의는 유럽지역의 사회보장 도입과 발전 및 생존권 보장을 위하여 1953년에 노령 · 폐질 · 유족의 사회보장에 관한 임시협정, 노령 · 폐질 · 유족 이외의 사회보장에 관한 협정, 사회원조, 의료원조에 관한 조약을 체결하였고, 1961년에는 유럽사회헌장을 채택하였다. 1964년에는 사회보장의 급여에 관한 조약을 체결하고 1972년에는 사회보장에 관한 조약을 체결하여 생존권의 보장에 공헌하였다(신섭중 외, 2001).

5) 생존권의 법적 근거

생존권의 법적 규정은 헌법과 사회복지에 관한 법[사회보험 관련 법, 공공부조 관련 법, 사회(복지)서비스 관련 법]에 명시되어 있다.

(1) 대한민국헌법

헌법은 국가의 통치조직과 작용, 국민이 국가에 의하여 보장받는 기본권에 관하여 규정하고 있다. 헌법에 규정된 생존권적 기본권의 조항은 하위법에 제정근거가 되고, 하위법의 제정방향을 제시해 주는 기준 내지 틀로서 최고의 법이다. 헌법은 생존권과 관련해 복지조치 내지 급여의 수급을 국민의 권리이자 동시에 국가의 의무로 규정하고 있다. 헌법에서 나타난 생존권 관련 규정은 다음과 같다.

① 자유민주주의 이념에 입각한 기회의 균등 및 생존권 보장(헌법 전문)
② 인간의 존엄성 확보와 행복을 추구할 권리(동법 제10조)
③ 교육을 받을 권리(동법 제31조)
④ 근로의 권리(동법 제32조)
⑤ 근로자의 노동기본권(동법 제33조)
⑥ 인간다운 생활을 할 권리(동법 제34조)

⑦ 쾌적한 환경에서 생활을 할 권리(동법 제35조)
⑧ 가정생활·모성의 보호 및 보건에 관한 권리(동법 제36조)

(2) 사회복지에 관한 법

개별 사회복지법에도 생존권에 관한 사항이 규정되어 있다. 예컨대 노인복지법 제2조 제1항에서는 "노인은 건전하고 안정된 생활을 보장받는다", 장애인복지법 제4조 제1항에서는 "장애인은 인간으로서 존엄과 가치를 존중받으며 그에 걸맞는 대우를 받는다"고 규정되어 있다.

4. 사회복지법의 실천이념

사회복지법의 목적은 사회복지법의 이념인 생존권 보장에 있다. 이러한 생존권 보장의 이념을 달성하기 위한 좀 더 구체적인 실천이념으로 인간다운 생활의 보장, 사회복지의 증진, 소득재분배, 사회통합, 자립·자활을 들 수 있다.

1) 인간다운 생활의 보장

인간다운 생활의 보장이란 국가나 사회가 개입하여 개인이 직면하게 되는 사회적 위험으로부터 개인을 보호하여 건강하고 문화적인 생활을 영위하게 하는 것을 말한다. 국가나 사회가 직접 개입하여 해결해야 하는 이유는 사회적 위험이 개인적 원인에 의해 발생한 것이 아니라, 자본주의 사회의 형성과 발전에 기인하였다고 보는 사회성·보편성의 원리에 근거하기 때문이다. 이러한 사회적 위험은 개인과 가족만의 능력으로서는 해결하기 어렵다는 것이다.

인간다운 생활의 보장에 대해서는 우리나라 헌법 제34조에서 명시하고 있으며, 사회보장기본법 제10조 제1항에서는 "건강하고 문화적인 생활을 유지"와 같은 좀 더 구체적·실천적 표현을 사용하고 있다. 따라서 국가와 사회는 모든 국민이 인간다운 생활을 영위할 수 있도록 공적인 보장을 해주어야 하는 것이다.

2) 사회복지의 증진

사회복지 관련 법에는 궁극적으로 사회적 약자인 보호대상자의 사회복지 증진이라는 목표가 명시되어 있다. 사회복지 증진은 현금급여나 현물급여 또는 서비스 형태로 제공되지만 현금이나 현물보다는 사회복지서비스가 좀 더 기본적이고 실질적인 형태이다. 즉, 사회복지서비스의 목적은 정상적인 일반생활의 수준에서 탈락된 상태의 사회복지서비스 대상자가 '회복 · 보전'하도록 도와주는 것을 말하며, 이는 개별적 · 집단적으로 보호 또는 처치를 행하는 것이다.

3) 소득재분배

사회복지법의 소득재분배 기능은 사회보험 관련 법과 공공부조 관련 법에서 잘 나타나고 있다. 장기적인 보장에 속하는 국민연금의 설계와 운용은 말할 것도 없고, 국민건강보험법에서도 소득재분배를 중요한 정책목표와 이념으로 표방하고 있다.

물론 공공부조 관련 법이나 사회(복지)서비스 관련 법의 경우도 마찬가지이다. 일반조세를 통해 재원을 조달하여 사회적으로 곤란한 사람들에게 제공되는 이들 제도는 조세제도와 사회복지제도를 통해 소득재분배 효과를 가져온다.

4) 사회통합

사회복지법은 부의 불평등의 완화, 사회적 위험의 분산, 사회적 약자의 보호 등을 위해 서로 협력하고 책임짐으로써 사회를 통합시키는 기능을 한다. 예컨대 사회보험의 원리는 사회적 위험의 분산과 공동대처를 통한 사회적 통합의 원리에 입각해 있으며, 공공부조 관련 법과 사회(복지)서비스 관련 법 역시 국민들의 세금으로 일방적으로 지원하는 이론적 · 이념적 배경에 사회연대와 사회통합이 존재한다.

5) 자립 · 자활

국가로부터 사회복지급여를 받아서 생활하는 의존적인 삶이 아니라, 스스로 자주적이고 독립적인 생활을 영위하도록 하는 것은 사회복지법의 또 다른 목적이다. 이러한 자립 · 자활의 원리는 사회적 자원의 효율적인 배분이라는 경제적 · 사회적 정의를 위해서도 바람직하다.

특히 사회복지법 중에서 공공부조 관련 법이나 사회(복지)서비스 관련 법 분야에서는 자립과 자활을 더욱 중시한다. 사회보장기본법 제7조에서는 "모든 국민은 자신의 능력을 최대한 발휘하여 자립 · 자활할 수 있도록 노력하고, 국가의 사회보장정책에 협력하여야 한다"고 규정하여 자립 · 자활의 중요성을 강조하고 있다.

참고문헌

강영실(2006). 사회복지정책의 이해. 서울 : 신정.

김기태 · 박병현 · 최송식(2004). 사회복지의 이해. 서울 : 박영사.

김상균 · 최일섭 · 최성재 · 조흥식 · 김혜란(2005). 사회복지개론. 서울 : 나남출판.

김영종(2002). 사회복지행정론. 서울 : 학지사.

김치영 · 최용민(2006). 사회복지행정론. 경기 : 21세기사.

남기민(2004). 사회복지정책론. 서울 : 학지사.

박병현(2004). 사회복지정책론－이론과 분석. 서울 : 현학사.

서상목 · 최일섭 · 김상균(1988). 사회복지 전달체계의 개선과 전문인력 활용방안. 서울 : 한국개발연구원.

성규탁(1992). 사회복지서비스 전달체계 : 체계론적 접근. 사회복지, 통권 제115호. 한국사회복지협의회.

송근원 · 김태성(1995). 사회복지 정책론. 서울 : 나남출판.

신섭중 외(1999). 한국사회복지법제개설. 서울 : 대학출판사.

장동일(2003). 한국사회복지법의 이해. 서울 : 학문사.

______(2006). 사회복지행정론. 서울 : 학문사.

조원탁 · 김형수 · 이형하 · 조 준(2006). 사회복지법제론. 경기 : 양서원.

최성재 · 남기민(2000). 사회복지행정론. 서울 : 나남출판.

Burns, E.(1961). *Social Policy : The Stepchild of the Curriculum, Proceedings*. New York : Council on Social Work Education.

Cobb, R. W., & Elder, C. D.(1984). *Participation in American Politics : Dynamics of Agenda Building*. Baltimore : The Johns Hopkins University Press.

DiNitto, D. M.(1995). *Social Welfare : Politics and Public Policy*(4th ed.). Boston : Allyn & Bacon.

Fremont K., & James R.(1970). *Organization and Management : A Systems Approach*. New York : McGraw-Hill.

Fulmer, R. M.(1978). *The New Management*(2nd ed.). New York : Macmillan Publishing Co.

Gilbert, N., & Specht, H.(1986). *Dimensions of Social Welfare Policy*. New Jersey : Prentice-Hall.

Gilbert, N., & Terrell, P.(2002). *Dimensions of Social Welfare Policy*. MA : Allyn and Bacon.

Hasenfeld, Y.(1983). *Human Service Organization*. Englewood Cliffs, NJ : Prentice-Hall.

Hill, M.(1980). *Understanding Social Policy*. Oxford : Basil Blackwell.

Kahn, A. J.(1979). *Social Policy and Social Services*(2nd ed.). New York : Random House.

Marshall, T. H.(1970). *Social Policy*. London : Hutchinson.

Patti, R. J.(1983). *Social Welfare Administration : Managing Social Programs in a Developmental Context*. Englewood Cliffs, NJ : Prentice-Hall.

Titmuss, R. M.(1969). *Commitment to Welfare*. New York : Pantheon Books.

_____________(1979). *Social Policy*. London : George Allen & Unwin.

Townsend, P.(1970). *The Fifth Social Services*. London : Fabian Society.

Webb, A. L., & J. E. B., Sieve(1971). *Income Redistribution and the Welfare State*. London : Bell & Sons.

Wilensky, H. L., & Lebeaux, Charles, N.(1963). *Industrial Society and Social Welfare*. New York : Free Press.

제6장

지역사회복지

1. 지역사회복지의 개념

1) 지역사회의 개념

'지역사회'라는 말은 영어의 'community'로서 라틴어의 communis에서 유래된 것으로 공동소유, 공동체, 공동운명체 등의 뜻을 지니고 있다.

지역사회라는 용어는 학자, 지역사회의 조건을 개선하기 위해 일하는 전문가, 행정가, 정치인, 자원봉사자 등에 의해 매우 일반적으로 사용되고 있다. 이에 대한 제 학자들의 견해를 보면, 넬슨(Nelson)은 지역사회란 일반적으로 제한된 지역에 거주하면서 공동의식을 가지고 조직된 관계를 통하여 공통된 이익을 추구하며 여러 가지 활동을 수행하는 인간집단이라고 정의하고 있다.

로리와 란킨(Lowry & Rankin)은 지역사회는 사람들이 가정을 유지하고 생계비를 벌고 자녀를 양육하는 등의 활동을 하는 특정 지역을 점하는 것이라고 정의하였다.

맥기버(Maciver, 1928)는 공동체생활권(area of common life)이라고 지적하고 지역사회의 기초는 지역성(locality)이고 지역사회의식(community sentiment)이 수반되어야 한다고 하였다.

스트로우프(Stroup, 1952)는 지역사회란 자신들이 상호 관련되어 있다고 의식을 갖는 비교적 많은 사람들에 의해 구성되어 있다고 말하면서 소수의 부락집단에서 국가에 이르는 모든 형태의 사회조직이 포함되는 것으로 정의하고 있다.

이 외에도 많은 학자들의 견해가 있지만 힐러리(Hillery, 1995)가 지역사회에 관한 94개의 정의를 종합한 것을 보면 모든 지역사회는 ① 지역적 영역(area), ② 공동유대(commontie), ③ 사회적 상호작용(social interaction)과 같은 세 가지 중요한 구성 요소를 지니고 있다고 하였다(이영철 외, 2004).

결국 지역사회란 어떤 지리적 영역 안에서 사회적 상호작용을 하며 한 가지 공동의 유대를 가지는 사람들로 구성된 인간집단으로 구성되었다고 할 수 있다.

2) 지역사회복지의 개념

지역사회복지의 정의는 학자마다 다양하지만 포괄적으로 정의하면, '전문 혹은 비전문 인력이 지역사회 수준에 개입하여 지역사회에 존재하는 각종 제도에 영향을 주고, 지역사회의 문제를 예방하고 해결하고자 하는 일체의 사회적 노력(최일섭, 2006)'이라고 할 수 있다.

로스(Ross, 1955)는 지역사회복지란 지역사회가 스스로 그 필요성과 목표를 발견하고, 그 목표를 달성하기 위해 필요한 자원을 내부적으로 동원하여 실천을 수행하는 것이며, 특히 지역사회에 있어서 협동적이며 공동적인 태도와 실천을 확대하고 발전시키는 과정으로 정의하고 있다. 또한 김성이(1997)는 일정한 지역사회 내에서 주민들의 삶의 질 향상을 목표로 지역사회의 문제를 해결하고, 주민의 복지욕구를 충족시키기 위한 정부 또는 민간기관의 다양한 조직적 또는 전문적 활동의 체계라고 정의하고 있다.

이러한 지역사회복지 개념의 속성은 다음과 같은 내용을 포함한다(오정수 · 류진석, 2006).

첫째, 지역사회복지는 지역성과 기능성을 포함하는 일정한 지역사회 내에서 이루어진다.

둘째, 지역사회복지는 지역주민의 삶의 질 향상이라는 목표를 가지고 있다.

셋째, 지역사회복지는 지역사회의 문제를 해결하고 주민의 복지욕구를 충족시키는 기능을 갖고 있다.

넷째, 지역사회복지는 정부와 민간기관이 공동주체가 되어 공공과 민간의 협력이 강화되는 추세로 발전하고 있다.

다섯째, 지역사회복지는 조직적인 활동을 강조하는 전문적인 서비스와 방법을 사용한다.

3) 지역사회의 복지적 기능

모든 지역사회가 공통적으로 수행하는 주요 기능에 대해서 길버트와 스펙트(Gilbert & Specht, 1974)는 다섯 가지로 설명하고 있다(최일섭, 2006).

(1) 생산 · 분배 · 소비의 기능

지역사회 주민들이 일상생활을 영위하는 데 필요로 하는 재화와 서비스를 생산하고 분배하고 소비하는 과정과 관련된 기능이다.

(2) 사회화의 기능

사회가 향유하고 있는 일반적인 지식, 사회적 가치 그리고 행동양식을 그 사회구성원들에게 전달시키는 과정을 말한다.

(3) 사회통제의 기능

지역사회가 그 구성원들에게 사회의 규범에 순응하게 하는 것을 말한다.

(4) 사회통합의 기능

사회체계를 구성하는 사회단체 조직들 간의 관계와 관련된 기능을 말한다. 즉, 사람들 스스로 규범을 준수하여 바람직한 행동을 하도록 하는 것을 말한다.

(5) 상호부조의 기능

사회구성원들이 이상에서 살펴본 주요 사회제도에 의해서 자기들의 욕구를 충족할 수 없는 경우에 필요하게 되는 기능을 말한다.

4) 지역사회복지의 이념

(1) 정상화

지역사회복지의 이념 중에서 가장 중요한 부분 중의 하나가 정상화 이념이다. 원래 정상화의 이념은 지적장애인이 다른 사람과 동등한 생활을 지역사회에서 함께 하는 것을 지향하는 것이다. 즉, 장애인의 인권, 가치, 존엄성이 일반시민과 같은 것이며, 장애를 가진 자가 장애를 가지지 않은 자와 함께 생활할 수 있는 사회야말로 정상적인 사회라는 이념이다. 그리고 지역사회복지에서 추구하는 탈시설화, 주민의 참가 등에 의한 재가복지의 구체적인 목적이 정상화의 이념과 밀접한 관계를 가지고 있다. 다시 말해, 보호대상자가 생애를 통하여 될 수 있는 한 가족생활을 기반으로 각 생활주기에 대응하는 정상의 발달과제로서, 인간으로서의 욕구를 충족시키며, 이웃관계, 교육, 고용, 문화 등을 포함한 그 이외의 사회적 교류의 기회가 정상적으로 확보될 수 있는 지역사회의 체제를 만들어 내는 것을 목적으로 하는 것이 정상화 이념이다(고승덕 외, 2003).

(2) 통합화

통합화의 이념이란 장애인이나 노인 등의 보호대상자가 자신들이 성장한 지역사회에서 일반 주민들과 함께 생활해야 한다는 것이다.

역사적으로 볼 때, 보호대상자들이 지역사회에서 격리된 수용시설에서 특별히 보호하는 것이 일반적이었으나, 최근에는 인간의 기본적 인권 중시의 입장에서 복지적 처우는 격리적 보호에서 통합적 처우를 중시하는 방향 또는 시설보호에서 재가복지와 지역사회복지를 중시하는 방향으로 전환되었다.

또한 통합화는 정상화의 이념을 달성하기 위한 주요한 원칙으로서 그 목적은 지역사회의 보호대상자들이 가능한 한 지역주민들과 생활하고 일하는 것을 원칙으로 한다.

(3) 주민참여

주민참여의 이념은 지역사회복지의 전문적 전개방향에 있어 그 중요성이 증가하고 있다. 특히 우리나라는 지방자치의 실시로 인하여 다양한 주민참여가 이루어질 것이다. 지역사회복지에서 주민참여의 의의는 사회복지의 정책계획, 운영 및 실시에 주민이 참가하여 사회복지의 민주화를 통하여 지역사회의 복지분야뿐만 아니라 정치, 경제, 문화 등의 모든 분야가 발전하게 하는 데 있다.

2. 지역사회복지의 구성요건

1) 지역사회 욕구의 파악

지역사회에 대한 욕구는 개인 및 지역사회의 가치관, 문화 및 경험에 따라 상대적이고 또한 지역사회의 욕구는 역동적으로 변한다. 그러므로 사회복지를 지역사회 복지사업으로 전환하는 과정에서 인적 자원, 적절한 기술의 입수 가능성, 재정상태 등을 파악하기 위해서 지역사회의 욕구를 정확히 알아야 한다.

2) 서비스의 체계화

지역사회복지에서 말하는 서비스의 체계화는 시설서비스와 재가복지서비스를 일원화(一元化)한 지역사회보호사업과 소득보장, 고용, 교육, 보건의료, 주거환경, 교통통신 등의 생활 관련 공공정책 및 모든 정책과의 연계서비스를 전담하는 것이다.

그리고 서비스 전체와 관련하여 조직화 · 체계화는 주민참가와 주민조직화가 필요하다.

3) 지역사회의 조직화

지역사회복지에 있어서 지역사회의 존재방식이 기본이 되는데, 지역의 조직화 · 통합화를 꾀하고 지역사회 형성과정에서도 복지공동체의 조성을 추진하여 지역사회복지의 성립기반으로서 바람직한 지역사회 형성을 행하는 일정한 과정의 방법이 지역사회의 조직화이다.

4) 지역사회복지를 위한 실천전략

지역사회복지를 실천하기 위한 전략으로서 지역사회복지와 관련하여 방법론과 기술론의 조직화, 서비스의 체계화, 조직화와 연결·조정하기 위한 방법론 및 기술론뿐만 아니라 개인, 가족, 집단에 대한 개별사회사업과 집단사회사업 등의 조직적인 활용을 필요로 한다. 그리고 지금까지의 지역사회복지는 기술적인 측면에서 조직론에 접근했으나, 앞으로는 기술론을 행동이론의 영역까지 전개시킬 필요성이 있을 것이다(고승덕 외, 2003).

3. 지역사회복지의 접근방향

1) 전체성의 존중

지역에서 생활할 수 있도록 원조하는 것은 주민의 생활에서 개별적인 부분에 대응하는 것이 아니라 주민생활의 전체에서 필요한 서비스를 총합적으로 제공하는 것이 필요하다. 그러므로 사회복지와 보건 등을 포함한 모든 서비스를 제공할 수 있는 행정조직을 구축해야 한다.

2) 지역성의 존중

지역사회마다 주민의 문화, 생활양식 등이 각기 다르므로 지역성에 적합한 서비스를 제공할 필요가 있다. 특히 지방자치의 실시에 따른 지역복지서비스의 지역화는 중요한 과제일 것이다.

3) 근접성의 존중

지역사회복지의 주요한 대상자인 고령자나 장애인을 위하여 교통수단을 확보하거나 서비스를 용이하게 받을 수 있도록 지리적 조건에 관심을 가질 필요가 있다.

4) 사회성의 존중

인간은 사회적으로 고립하여 생활할 수 없으므로 고령자나 장애인들이 사회적으로 교류(交流)를 하면서 적극적으로 사회참가를 할 수 있어야 하고, 여러 가지 신체적 장애를 가진 자들도 사회적으로 정상적인 생활을 할 수 있도록 하여야 한다.

5) 주체성의 존중

사회복지는 개개인의 자립생활에의 원조를 목적으로 하기 때문에 개개인의 주체적인 역량을 발전시켜야 한다. 그러므로 지역복지서비스를 제도 그 자체만 책임지는 것은 불충분하므로 직접적인 대인(對人)서비스의 기능을 강화하고, 이러한 기능을 할 수 있는 전문인력을 확보해야 한다.

6) 문화성의 존중

과거의 사회복지는 최저한의 의식주의 보장이 중요한 문제였지만, 현대의 사회복지는 생활의 질 향상이라는 측면에서 서비스를 제공해야 한다. 그러므로 지역사회 차원에서의 새로운 복지문화를 창조하고 제공할 필요성이 있다.

7) 참여와 협동성의 존중

지역사회복지의 전개에 있어서 공적으로 행정책임이 명확한 제도적 재가복지서비스의 제공으로는 불충분하고, 지역주민 등과의 유기적인 협동이 필요하다. 그러므로 주민의 참가에 의한 자원봉사활동이 중요시된다(大橋謙策, 2000).

8) 쾌적성의 존중

생활의 질적 향상을 도모하기 위해서는 주택을 비롯해서 공원, 도로 등의 생활환경이 쾌적한 상태가 되어야 한다.

장애인이나 고령자가 안심하고 쾌적하게 살 수 있는 도시환경 개선이 이루어져야 한다.

9) 신속성의 존중

재가에서의 생활은 입원시설과는 달리 전문적 유급직원에 의한 24시간의 보살핌 체계가 없기 때문에 장기입원과 달리 일상생활 속에서 필요한 때에 필요한 서비스를 이용할 수 없는 불안감이 있다.

그러므로 재가복지서비스는 필요한 때에 즉시 이용할 수 있는 서비스 이용의 신속성이 매우 중요하다.

4. 지역사회복지 실천모델

지역사회복지 실천모델은 추구하는 다양한 목적, 이를 추진하는 주관기관, 수단, 가치관의 차이 때문에 여러 가지 유형이 제시되고 있다. 여기서는 로스만(Rothman, 2001)의 실천모델을 소개한다.

그는 지역사회복지실천 모델인 지역사회개발(local or community development)모델, 사회계획(social planning)모델, 사회행동(social action)모델을 소개한다.

1) 지역사회개발모델

지역사회개발(local or community development)모델은 지역사회의 능력을 개발하고 사회통합을 달성함으로써 지역사회를 변화시키는 데 초점을 둔다.

지역사회개발에 대한 UN의 정의를 보면, "지역사회개발은 지역사회 주민의 적극적인 참여와 주민들이 가능한 한 최대의 주도권을 갖고, 전 지역사회의 경제적·사회적 조건을 향상시키기 위한 과정"이라고 말하고 있다. 이 지역사회개발에서는 민주적인 절차, 자발적인 협동, 토착적인 지도자의 개발, 교육 등이 특히 강조된다.

지역사회개발사업의 예로서는 지역복지관(community welfare center, settlement houses)의 지역개발사업, 자원봉사운동, 새마을운동, 지역사회교육운동 등을 들 수 있다.

2) 사회계획모델

사회계획모델은 비행, 주택, 정신건강과 같은 사회문제를 해결하고자 하는 기술적 과정을 강조한다.

지역사회가 해결하려고 규정한 문제에 대한 전문지식을 가지고 있는 전문가가 문제해결의 대안을 합리적이고 과학적으로 제시하고 실행한다. 따라서 과업목적에 초점이 있다. 이 모델의 예는 우리나라 사회보장급여의 이용·제공 및 수급권자 발굴에 관한 법률(2014. 12. 30. 제정)에 명시한 지방자치단체의 지역사회보장계획을 들 수 있다.

3) 사회행동모델

사회행동모델은 지역사회의 억압받고 소외된 집단이 보다 나은 처우를 받을 수 있도록 사회정의의 차원에서 지역사회의 자원, 권력 그리고 기회 등을 재분배하는 데 초점을 둔다. 지역사회의 기존 제도에 대한 근본적인 변화를 추구하며, 그 수단으로는 항의, 시위, 협상, 조직적 대항, 입법로비활동, 대중조직개발, 정치적 캠페인 등을 사용한다. 이 모델은 기본적으로 과업달성을 중요시한다.

이러한 모델을 이용하는 집단들의 예를 들어보면 소수인종집단(racial and minorities), 학생운동, 여성해방 혹은 여권신장운동, 급진정당, 노동조합운동, 복지권운동(welfare rights movement), 랠프 네이더(Ralph Nader)의 소비자보호운동, 환경보호운동 등이 있다.

로스만(Rothman)의 세 가지 모델은 이념적 분류라고 볼 수 있는데, 그러나 실제 지역사회복지실천 개입전략에 있어서 혼합모델, 즉 지역사회개발－사회계획의 형태가 활용되고 있다(Rothman, 2001).

이상의 세 가지 모델의 속성을 12가지 실천변수에 따라 비교하면 다음과 같다.

〈표 6-1〉 지역사회복지 실천모델

구 분	지역사회개발모델(모델A)	사회계획모델(모델B)	사회행동모델(모델C)
지역사회조직 사업의 목표	• 자조적으로 지역사회의 통합과 능력의 향상 • 과정지향적	• 실제적 지역사회의 문제해결 • 과제지향적	• 권력관계와 자원의 배경은 기본적인 제도의 변혁 • 과제·과정의 병행
지역사회의 구조와 문제 상황에 관한 전제	• 지역사회의 아노미 상태 • 관계의 결핍과 민주적 해결능력의 결여 • 정적이며 전통적인 지역사회	• 실제적인 사회문제 • 정신적·육체적 건강문제, 주택·레크리에이션 문제 등	• 불리한 상황에 있는 연구집단 • 사회적 불공평·박탈·불평등
변화를 위한 기본 전략	• 문제의 결정·해결에 관여된 자들의 광범위한 참여	• 문제에 관련된 사실의 수집 • 가장 합리적인 행동 과정의 결정	• 문제의 구조화 • 목표집단의 행동을 위한 사람의 조직화
변화를 위한 전술과 기법	• 합의, 집단토의 • 지역사회 집단 간의 의사소통	• 합의 또는 갈등	• 갈등 또는 경쟁 • 대결, 직접적인 행동 • 협상
사회사업가의 역할	• 촉매자, 조정자 • 문제해결기술과 윤리적 가치를 가르치는 지도자	• 사실의 수집, 분석자 • 프로그램의 수행, 촉진자	• 대변·선동가 • 중재자·협상가 • 일파의 이익 도모자
변화의 매개체	• 과제지향적인 소집단의 조정	• 공식적인 집단·조직이나 자료의 조정	• 대중조직과 정치적 과정의 조정
권력구조에 대한 견해	• 공동사업의 협력자	• 고용자 또는 후원자	• 행동의 외적 표현 : 강제되거나 전복되어야 할 압제자
지역사회 클라이언트 집단이나 수혜자에 대한 한계 규정	• 지리상의 전 지역사회	• 지리상의 전 지역사회 • 지역사회의 일부(기능적 지역사회 포함)	• 지역사회의 일부

지역사회 구성집단 간의 이해관계에 관한 전제	• 공공적인 이익 또는 의견차이의 조정 가능성 • 이질적이기보다 동질적 하위체계	• 조정 가능한 이해관계 • 갈등적인 관계	• 조정이 어려운 갈등적 이익관계(자원의 부족)
공공의 이익에 대한 개념	• 합리주의 • 목적과 의사주체의 단일성	• 이상주의 • 목적과 의사주체의 단일성	• 현실주의 • 목적과 의사주체의 다양성
클라이언트 집단에 대한 개념	• 시민 • 인보관, 지역사회복지관, 근린조직사업, 평화봉사단	• 소비자 • 정부, 지역사회복지협의회, 도시계획	• 희생자 • 소비자보호운동, 노동조합운동, 학생운동, 여성운동
클라이언트나 구성원의 역할에 관한 견해	• 문제해결을 위한 상호작용과정의 참여자	• 소비자 또는 수혜자	• 고용인 • 고객 • 성원

출처 : 최일섭·류진석(1996). 지역사회복지론. 서울 : 서울대학교출판부.

5. 지역사회복지실천

1) 지역사회복지의 실천원칙

지역사회복지의 실천원칙 중 가장 많이 활용되고 있는 이론은 로스(Ross, 1967)가 제안한 지역사회조직의 원칙이라고 할 수 있다. 로스는 지역사회조직의 실천원칙 13가지(Ross, 1967, 최일섭·류진석, 2001)를 제안하였으나, 여기서는 김범수·신원우(2013)가 현실사정에 맞게 수정·보완한 10가지 원칙을 제시하고자 한다.

① 지역사회 갈등해결을 위해 추진위원회를 구성하는 원칙
② 지역사회의 갈등은 집약되고 공유되어야 하는 원칙
③ 지역사회 내 풀뿌리 지도자를 발굴하고 참여시키는 원칙
④ 공통의 목표를 수립하고 운영방법을 설정하는 원칙
⑤ 지역주민을 결속시킬 수 있는 이벤트를 개발하는 원칙
⑥ 효과적인 의사소통을 개발하고 유지하는 원칙
⑦ 모임 참여자들을 지지하고 역량을 강화하는 원칙
⑧ 합리적인 절차를 준수하고 리더십을 개발하는 원칙

⑨ 유능한 지도자를 발굴하고 육성하는 원칙
⑩ 지역사회에서 인정과 신용을 얻는 원칙

2) 지역사회복지의 실천과정

지역사회복지의 실천과정의 단계는 학자들에 따라 달리 제시되고 있다. 여기서는 지역사회복지의 실천과정을 鈴木五郎(2002)이 제시하는 지역사회의 사정단계, 지역사회복지 욕구의 파악단계, 실천계획의 수립단계, 실천계획의 실시단계, 평가단계로 구분한다(박태영, 2003; 宮成孝, 2001; 孫良, 2000).

(1) 지역사회의 사정단계

지역사회복지의 실천을 위해서는 지역사회의 특성을 알아야 한다. 그리고 지역사회의 문제를 파악하고 정확하게 대응해 나가기 위해서는 지역사회에 대한 사정이 중요하다. 지역사회의 사정을 통해서 지역주민이 자신의 지역사회문제를 어떻게 경험하고, 어떻게 인식하고 있는지, 또한 그 문제를 해결하려는 의욕·자원·기술은 어느 정도 있는지를 파악할 수 있다. 이 지역사회 사정에 근거하여 지역의 복지욕구를 파악하고 활동목표와 계획을 세우는 것이 가장 중요하고, 현실적인 지역사회복지 실천활동을 가능하게 한다.

(2) 지역사회의 욕구 파악단계

지역주민은 생활하는 데 필요한 생활수준 또는 조건이 있다. 그러나 그 수준이나 조건과 현실과의 격차가 지역사회의 욕구이다. 지역사회 욕구의 파악이 중요한 것은 지역사회복지 실천계획의 목표를 설정하는 데 필요하기 때문이다.

(3) 지역사회복지 실천계획의 수립단계

지역사회복지 실천계획의 수립이란 지역에서 파악된 욕구나 문제를 명확하게 하고 목표를 설정함과 더불어 어떤 방법이나 어떠한 지역사회의 자원을 활용할 것인가에 대한 구체적인 내용이나 순서 등을 설정하는 것이다. 지역사회에서 파악한 욕구를 충족시키기 위한 실천을 하기 전에 실천계획을 수립하지 않으면 무계획적으로 활동이 이루어지게 되고, 지역사회의 욕구를 효과적으로 충족할 수 없으며, 지역사회복지 실천의 의미도 잃어버릴 수 있다. 따라서 지역사회복지 실천계획의 수립이 중요한 것이다.

(4) 실천계획의 실시단계

지역사회복지 실천계획 수립단계에서 설정한 목표나 실시계획에 근거해 구체적으로 실시하는 단계이다. 이 단계에서는 지역사회의 문제해결, 주민참가에 의한 주민의 문제해결능력 향상, 지역사회의 연계나 협동의 강화, 장래의 활동 기반 만들기 등에 초점을 맞춘다. 실천계획을 실시할 때에는 계획이 원활하게 실시되도록 지원하는 다양한 활동이 필요하다.

(5) 평가단계

지역사회복지실천에서의 평가는 지역사회복지실천 전개과정에서 적절한 방법과 프로그램이 원활하게 진행되고 있는지 분석하고, 어느 정도 실천이 종료된 단계에서는 이제까지의 실천을 점검하여 목표의 달성 정도나 방법 등을 평가하게 된다. 실천계획 실시의 평가단계는 지역사회복지실천의 최종단계이기보다는 평가에 의해 얻어진 결과를 보다 유효한 계획을 향후 세워갈 때 활용할 수 있는 순환과정의 한 단계라고 할 수 있다.

3) 지역사회보장협의체

(1) 지역사회보장협의체의 실체

2005년부터 지방분권 강화 차원에서 국고보조금 방식으로 운영되던 사회복지 관련 사업 중 일부 국고보조사업을 지방으로 이양하고 2014년까지 분권교부세를 통하여 재정을 지원하였다. 지방분권은 단순히 정부기능을 중앙에서 지방정부로 이관한 것에 그치는 것이 아니라, 지역사회 중심의 사회복지전달체계의 구축이라는 패러다임 전환에 따른 것이며, 이는 공공·민간·시민사회의 참여(participation)를 통한 지역복지의 통합적 체계 구축을 의미하였다. 이에 따라 각 지방자치단체는 과거 중앙부처의 기획을 집행하던 차원에서 벗어나, 지역사회 중심의 사회복지 계획 수립·운영과 이에 필요한 지역 내 네크워크 구축과 자원 발굴·연계 기능이 중요한 지방자치단체의 과제로 부각되었다. 이러한 시대적 흐름을 반영하여 2003년 7월에 사회복지사업법 개정 시 지역사회복지협의체의 설치·운영과 함께 지역사회복지계획 수립을 동시에 의무화하여 지역복지 활성화의 기틀을 마련하였다. 특히 2012년 1월 개정된 '사회보장기본법'은 기존 사회복지서비스 외에 보건의료, 교육, 고용, 주거 등 다양한 복지서비스를 포괄하는 사회서비스 개념을 도입하여 국민의 보편적·생애주기적인 특성에 맞게 소득과 사회서비스를 함께 보장하는 맞춤형 사회보장제도의 운영을 지향하였다. 또한사회보장기본법의 기본 이념인 맞춤형 복지를 실현하기에는 기존 사회복지사업법이 사회복지사업 중심의 서비스 이용 절차와 운영에 한정되어 있어 중앙행정기관과 지방자치단체의 유기적인 연계를 통한 지역단위 사회보장을 제대로 이루어 내지 못하는 한계를 나타냈다.

따라서 중앙행정기관과 지방자치단체 간 유기적인 연계로 지역단위의 종합적 사회보장계획 수립 및 지원체계를 정립하고 '국민중심의 맞춤형 복지전달체계 개편'의 일환으로 국민의 복지체감도를 향상시키고자 민관협력 활성화의 중요성이 부각되었다. 이러한 한계를 극복하기 위하여 「사회보장급여의 이용·제공 및 수급권자 발굴에 관한 법률」(이하 사회보장급여법으로 약칭) 제정으로 중앙부처와 유기적 연계를 통한 지역단위의 종합적 사회보장, 지역 간 사회보장의 균형발전을 위한 지원체계가 정비되면서 지역사회보장협의체의 기능 확대 및 활성화의 전기가 마련되었다.

지역 차원의 사회보장급여(서비스) 제공 인프라(infrastructure)는 기존에는 민간 영역을 중심으로 발달하였으나, 지역사회보장체계 구축을 위해서는 공공과 민간 영역의 협력적 파트너십(partnership)이 긴요하며, 이는 '공공의 실패'와 '민간의 실패'라는 위험에서부터 동시에 벗어날 수 있게 하는 방안이다. 공공과 민간은 제각기 다른 운영방식과 조직체계하에서 운영되고 있어 조직체계를 물리적으로 통합하는 것은 어려움이 있는바, 개별 사회보장급여(서비스) 제공기관의 자율성과 탄력성을 보장하면서 지역사회 단위의 통합적 사회보장급여(서비스)를 제공할 수 있는 방안을 마련하는 것이 필요하였다.

(2) 지역사회보장협의체의 구성운영 원칙

① **지역사회 내 복지문제를 해결하기 위한 민주적 의사소통 구조 확립** : 지역사회보장계획 수립·집행·평가 등 지역사회보장 증진을 위한 과정에 민간의 참여·협력기반을 마련함으로써 국민중심의 맞춤형 복지 구현에 기여한다. 특히 수급권자에게 필요한 급여(서비스)를 제공하는 기관의 대표 또는 실무자들의 복지문제 해결 의지가 지역사회에서 활발하게 논의될 수 있는 상향식 의사소통 구조를 확립한다.

② **수요자 중심의 통합적 사회보장급여 제공 기반 마련** : 종전의 보건의료와 사회복지 위주의 서비스 제공에서 벗어나 고용·주거·교육·문화·환경 관련 서비스 제공자 간의 연계망(network)을 구성하여 수요자의 다양하고 복합적 욕구에 따라 필요한 서비스를 any-stop, one-stop으로 제공한다.

③ **지역사회 내 복지자원 발굴 및 서비스 제공기관 간 연계·협력으로 지역 복지자원의 효율적 활용체계 조성** : 지역사회의 다양하고 잠재적인 복지자원을 발굴하고 필요한 복지자원의 확충을 위해 노력하며, 서비스 제공기관 간 연계·협력을 통해 지역사회 복지자원 및 수급권자에 대한 정보 등을 공유함으로써 자원 제공의 중복과 누락을 방지한다.

(3) 지역사회보장협의체의 업무

시장·군수·구청장은 지역의 사회보장을 증진하고, 사회보장과 관련된 서비스를 제공하는 관계 기관·법인·단체·시설과 연계·협력을 강화하기 위하여 해당 시·군·구에 지역사회보장협의체를 둔다. 지역사회보장협의체는 다음 각 호의 업무를 심의·자문한다.

① 시·군·구의 지역사회보장계획 수립·시행 및 평가에 관한 사항

② 시·군·구의 지역사회보장조사 및 지역사회보장지표에 관한 사항

③ 시 · 군 · 구의 사회보장급여 제공에 관한 사항
④ 시 · 군 · 구의 사회보장 추진에 관한 사항
⑤ 읍 · 면 · 동 단위 지역사회보장협의체의 구성 및 운영에 관한 사항
⑥ 그 밖에 위원장이 필요하다고 인정하는 사항

(4) 지역사회보장협의체 주요 역할

지역사회보장협의체는 대표협의체, 실무협의체, 실무분과, 읍 · 면 · 동 단위 지역사회보장협의체로 구성되며 주요 역할은 아래와 같다.

〈표 6-2〉 지역사회보장협의체 주체별 주요 역할

주체별	역 할
대표협의체	**(목적)** 지역의 사회보장을 증진하고 사회보장과 관련된 서비스를 제공하는 관계 기관 · 법인 · 단체 · 시설과 연계 · 협력을 강화 다음 각 호의 업무에 대한 심의 · 자문역할을 수행 – 시 · 군 · 구의 지역사회보장계획 수립 · 시행 및 평가에 관한 사항 – 시 · 군 · 구의 지역사회보장조사 및 지역사회보장지표에 관한 사항 – 시 · 군 · 구의 사회보장급여 제공에 대한 사항 – 시 · 군 · 구의 사회보장 추진에 관한 사항 – 읍 · 면 · 동 단위 지역사회보장협의체의 구성 및 운영에 관한 사항 – 그 밖에 위원장이 필요하다고 인정하는 사항
	(전문위원회 운영) 대표협의체의 심의안건에 대한 효율적인 심의/ 자문 기능 수행(개별 법령에 따라 사회보장사업별 심의를 위하여 시 · 군 · 구에 두는 위원회 심의기능 대신 수행)
실무협의체	**(목적)** 협의체 업무를 효율적으로 수행하기 위하여 실무협의체 설치 – 공동사업개발 및 건의 – 지역사회서비스 제공 및 연계 협력에 관한 협의 – 대표협의체 심의(건의)안건 사전 검토 – 실무분과 간 역할조정 및 협력 도모 – 그 밖에 위원장이 필요하다고 인정하는 사항

실무분과	(목적) 지역의 사회보장 관련 기관 · 법인 · 단체 · 시설 간 연계와 협력 강화 – 사회보장 분야별/ 대상자별 사례회의 – 서비스 제공 및 연계 – 서비스 제공을 위하여 필요한 사항
읍 · 면 · 동 단위 지역사회보장 협의체	– 관할지역 내 사회보장대상자 및 자원 발굴 – 사회보장대상자에 대한 서비스 연계 · 지원 – 지역사회보호체계 구축 · 운영 – 지역 내 복지문제 해결을 위한 자체 특화사업 수행 등

6. 자활사업과 지역자활센터

1) 자활사업

1999년 국민기초생활 보장법의 제정에서 가장 획기적인 제도내용은 바로 근로빈곤층에 대한 자활사업을 제도화한 것이라고 할 수 있다. 자활사업은 탈빈곤을 위한 사회복지정책으로서 과거의 일방적인 급여제공방식 중심의 빈곤 프로그램과는 달리 지역사회 차원에서 공동으로 문제해결을 모색하고, 자활의지를 고취시킴으로써 지역사회로의 통합과 사회적 연대를 강화하는 사업이다. 지역사회 자활은 '근로능력을 가진 빈곤층에 대해 지역사회에서 노동의 기회 및 다양한 서비스를 제공함으로써 빈곤으로부터 벗어나게 하려는 일련의 과정이며, 조직적이고 체계적인 원소활동'으로 정의할 수 있다.

이러한 자활사업이 지역사회복지실천으로서 갖고 있는 의의는 다음과 같다.

첫째, 자활사업은 지역사회복지실천을 제도화하는 데 기여하고 있다. 현 자활사업의 뿌리는 빈민지역에서 시작된 협동조합 형태의 생산공동체 운동에서 찾을 수 있다. 특히 안정적 소득확보를 위해 빈곤탈출전략의 일환으로 시작된 생산자협동조합은 빈곤지역의 주민들을 조직하고 스스로의 노력과 참여, 협동을 촉진하는 매개체의 역할을 하였다.

둘째, 자활사업은 지역사회의 자원을 동원하는 것에 역점을 두고 있다. 자활사업은 저소득층의 빈곤문제를 해결하기 위해 지역자활센터를 통해 지역사회에 있는 물적 · 인적 자원을 활용한다. 예를 들어, 자활기업의 경영지원을 위해 지역사회 기업체 대표나 대학교수를 초빙하여 경영기업에 대한 교육을 실시함으로써 인적 자원을 동원하거나 폐가전제품을 수리하기 위하여 지역주민들이 수집하도록 도움을 제공함으로써 물적 자원을 동원할 수 있다.

셋째, 자활사업은 지역사회조직화를 통하여 지역사회의 역량강화와 변화를 가져올 수 있다. 자활사업은 궁극적으로 저소득층으로 하여금 노동에 참여하고 다양한 참여주체들이 유기적으로 연계하여 빈곤문제를 해결함으로써 지역사회의 빈곤문제를 해결하도록 하는 목표를 가지고 있다. 따라서 자활사업을 통하여 빈곤문제 해결을 위해 투입되는 지역사회의 부담과 사회적 위험이 줄어들고 지역사회 문제 해결을 위한 네트워크를 형성함으로써 궁극적으로 사회적 연대감이 강화될 수 있다.

2) 자활사업 추진체계

자활사업은 보건복지부와 고용노동부로 나누어 추진되고 있다. 보건복지부는 국민기초생활보장제도를 총괄하면서 매년 종합자활지원계획을 수립하며, 자활정책 및 사업을 총괄 · 관리하는 역할을 담당한다. 시 · 도와 시 · 군 · 구는 각각 해당 지방자치단체의 자활사업에 대한 총괄시행을 담당한다. 읍 · 면 · 동은 해당 지역의 조건부수급자를 확인하고 관리하는 업무를 담당한다. 고용노동부는 매년 종합취업지원계획을 수립하고 자활사업 대상자의 취업지원 관리를 담당한다. 고용노동부 산하 고용센터에서는 개인별 취업지원계획을 수립 · 관리하는 등 취업지원업무를 시행한다. 한편 자활사업의 실제적 계획과 시행을 담당하는 기관으로서 중앙자활센터, 광역자활센터, 지역자활센터가 각종 자활사업을 수행하는 역할을 담당한다.

3) 자활사업의 주요 내용

(1) 자활사례관리

자활사례관리는 GateWay 과정을 포함하여 참여자에게 근로의 기회 제공, 취업알선 등 자활 프로그램 지원과 참여자의 자활 프로그램 수행 모니터링 및 사후평가 등 지역자활센터에서 자활참여자의 자립을 위해 수행하는 모든 과정을 말한다. 또한 GateWay는 자활사업 참여 전 진입과정을 의미하며, 자활사업 참여자의 욕구, 적성, 능력, 여건에 따라 개인별 맞춤형 자립계획 및 경로 제공과 적절한 자활 프로그램 연계로 효과적인 자립을 지원하는 경로설정 프로그램이다.

(2) 자활근로사업

자활근로사업은 국민기초생활 보장법에 의한 저소득층에게 자활을 위한 근로의 기회를 제공하여 자활기반을 조성하는 사업을 말한다.

〈표 6-3〉 자활근로 유형

구 분		사업비 지출한도	사업규모(전체 자활근로 참여인원의)	시행방법
근로유지형		5% 이하	20% 미만	시·군·구, 직접시행
업그레이드형	사회서비스형	20% 이하	80% 이상	민간위탁, 직접시행
	인턴·도우미형	0~10% 이하		직접시행, 민간위탁
	시장진입형	30% 이하		민간위탁 (직접시행 가능)

출처 : 보건복지부(2016).

(3) 자활기업

자활기업은 2인 이상의 수급자 또는 저소득층이 상호 협력하여, 조합 또는 공동사업자의 형태로 탈빈곤을 위한 자활사업을 운영하는 업체를 말한다. 국민기초생활 보장법 개정에 따라 2012년 8월 2일부터 '자활공동체'를 '자활기업(공동체)'으로 명칭을 변경하고, 설립요건을 2인 이상의 사업자에서 1인 이상의 사업자로 완화하였다. 자활기업의 유형은 자활기업, 광역자활기업, 전국자활기업으로 구분된다.

(4) 희망리본사업

희망리본사업은 저소득층의 취·창업 지원을 위하여 개인별 일대일 맞춤형 서비스를 제공하고, 사업성과에 따라 참여기관에 성과예산을 지원하는 사업이다. 여기서 개인별 일대일 맞춤형 서비스라 함은 참여자에 대한 사례관리 및 근로의욕 증진을 위한 서비스, 일할 여건 조성을 위한 보건복지서비스(양육·간병·사회적응 등), 자활을 위한 직업훈련·일자리 연계 등을 의미한다.

(5) 희망키움통장(Ⅰ) 사업

희망키움통장 사업은 일하는 생계·의료 수급자를 대상으로 희망키움통장 I을 통한 취업·창업 지원, 복지서비스 및 근로유인 보상체계의 결합으로 탈빈곤을 위한 통합적 접근(total solution) 노력에서 비롯되었다.

(6) 희망키움통장(Ⅱ) 사업

소득인정액이 기준 중위소득 50% 이하인 일하는 주거·교육급여 수급자 및 차상위계층이 매월 10만 원 저축 및 소득하한 이상을 유지하며, 3년간 통장 유지시 근로소득장려금을 지원한다. 매월 본인 저축 납입자에 한하여 가입요건을 충족하는 경우 본인저축액에 1 : 1로 매칭하여 근로소득장려금을 적립한다.

4) 지역자활센터

지역자활센터는 근로능력이 있는 저소득층에게 집중적·체계적인 자활지원 서비스를 제공함으로써 자활의욕 고취 및 자립능력 향상을 지원하고 기초수급자 및 차상위계층의 자활촉진에 필요한 사업을 수행하는 핵심 인프라로서의 역할을 수행하는 자활사업 실시기관을 말한다. 지역자활센터는 2013년 1월 현재 247개 기관을 지정·운영 중에 있다. 지역자활센터는 1996년 정부시범사업 당시에 '자활지원센터'로, 그리고 2000년 국민기초생활보장제도 시행 이후 2006년까지는 '자활후견기관'으로 불렸으며, 2006년 12월 국민기초생활 보장법 개정으로 '지역자활센터'로 명칭이 변경되었다.

참고문헌

고승덕 외(2003). 사회복지개론. 경기 : 교문사.

김범수・신원우(2006). 지역사회복지론. 경기 : 공동체.

______________(2013). 지역사회복지론. 경기 : 공동체.

김성이 외(1997). 비교사회복지. 서울 : 한국사회복지관협회.

박태영(2003). 지역사회복지론. 경기 : 학현사.

보건복지부(2015). 2015년도 지역사회보장협의체 운영안내. 세종 : 보건복지부.

__________(2016). 2016 자활사업 안내. 세종 : 보건복지부 자립지원과. 서울 : 중앙자활센터.

오정수・류진석(2006). 지역사회복지론. 서울 : 학지사.

이영철(2004). 한국지역사회복지계획의 책정과 실천. 한국사회복지학회・일본지역복지학회. 한국지역복지계획책정의 방향에 관한 비교연구.

이현주(2003). 지역사회복지협의체에 관한 연구. 2003년 춘계학술대회자료집. 비교사회복지학회.

최성균 외(2005). 사회복지개론. 서울 : 대왕사.

최일섭(2006). 지역사회복지론. 서울 : 서울대학교출판부.

최일섭・류진석(1996). 지역사회복지론. 서울 : 서울대학교출판부.

______________(2001). 지역사회복지론. 서울 : 서울대학교출판부.

宮城孝(2001). 地域福祉實踐のプロセス. 平野隆之・宮城孝・山口 稔. コミュニティとソーシャルワーク. 有斐閣.

大橋謙策(2000). 지역복지와 복지교육. 한일지역복지비교연구회 역. 서울 : 아시아미디어리서치.

孫 良(2000). コミュニティワークの援助過程. 杉本敏夫・藤千鶴 編. コミュニティーク入圓. 中央法規.

鈴木五郎(2002). Community Workの 展開過程. 訟永俊文・野上文夫・渡渡武男. Community Work 論.

Gilbert, N., & Specht, H.(1974). *Dimensions of Social Welfare Policy*. Englewood Cliffs, New Jersey : Prentice-Hall.

Hillery, Jr. G. A.(1995). Definitions of Community : Areas of Agreement. *Rural Sociology*, *20*.

Ross, M.(1955). *Community Organization : Theory and Principles*. New York : Harper & Brothers.

Ross, M. G.(1967). 지역사회조직이론 : 이론과 원리. 지 윤 역. 서울 : 정신사.

Rothman, J.(1974). Three Models of Community Organization Practice. In F. Cox et al.(eds.), *Strategies of Community Organization*. Illinois : F. E. Peacock Publishers.

__________(1995; 2001). Approaches to Community Intervention. In J. Rothman, J. L. Erlich & J, E. Tropman(eds.), *Strategies of Community Organization Intervention*(5th ed.; 6th ed.). Itasca, IL : F. E. Peacock Publishers, Ins.

Stroup, Herbert Hewitt(1952). *Community Welfare Organization*. New York : Harper & Brothers.

제7장 아동복지

1. 아동복지의 개념

1) 아동의 개념

아동(child)은 어린이, 유아, 청소년 등의 용어와 조금씩 다르면서 비슷하게 혼용되기도 하고, 시대와 사회의 변천 및 학자의 관점에 따라 다양하게 인식되고 있다(이종숙 외, 1997).

역사의 흐름 속에서 아동은 어른의 작은 형태, 꾸밈없이 천진난만한 존재, 생리적 충동욕구가 강한 존재, 무궁한 잠재능력을 지닌 존재, 자기변혁의 자유와 가치를 지닌 존재 또는 다음 세대를 짊어질 주체 등으로 다양하게 표현되고 있고(아동복지편람, 1997), 아동이란 일반적으로 성인이라는 말에 대응해서 사용되고 있으며, 인간으로서는 심신의 성장발달기에 있는 자, 다시 말하면 한 사람이 성인이 될 때까지의 미성숙·미완전한 상태에 있는 자를 말하기도 한다(주수길 외, 2003).

발달심리학에서 아동기에 해당하는 아동은 육체적인 발달의 과정뿐만 아니라 인지적·사회적·도덕적 발달과정까지 포함되는 보편적인 욕구와 특성을 가진 존재라고 본다. 이에 따라 아동기는 영아기와 유아기 이후의 시기에 해당되며 대개 5~12세의 연령으로 규정되고 있다.

교육학적 입장에서는 교육의 대상으로서 아동의 개념을 정의하고 있는데, 우리 사회에서는 초등교육과정에 해당되는 시기, 즉 6~12세에 해당되는 자로 이해되어 왔다. 그 이전의 시기는 영유아기로, 초등학교 취학 이전까지의 시기로 구분하여 아동기와는 다른 시기로 보고 있다.

법에서도 법의 성격에 따라 아동의 개념을 규정한다. 법에서 규정하는 아동의 개념은 <표 7-1>과 같이 법의 성격에 따라 그 연령이 다소 상이하게 규정되고 있고, 용어에서도 아동, 소년, 미소년, 청소년이 혼재되어 유사개념으로 사용되고 있다.

〈표 7-1〉 법령별 아동의 개념

법 령	개 념	연 령
아동복지법	아동	18세 미만
입양특례법	아동	18세 미만
한부모가족지원법	아동	18세 미만
영유아보육법	영유아	6세 미만
청소년 기본법	청소년	9세 이상 24세 이하
청소년 보호법	청소년	만 19세 미만
유엔아동권리협약	아동	18세 미만
민 법	미성년	19세 미만
형 법	미성년	14세 미만
소년법	소년	19세 미만

이처럼 아동이란 용어와 개념은 통일되게 정의되지 않고 다양하게 사용되고 있는데, 특히 아동의 개념에 청소년의 개념이 함께 사용되는 이유는 역사적으로 청소년이라는 용어가 등장하기 시작한 것이 그리 오래되지 않았기 때문이다. 농경사회에서는 어른 아니면 아이였고 청소년이라는 개념은 존재하지도 않았다. 그러나 산업혁명과 의무교육의 등장은 인간의 발달단계에서 청소년기를 고유의 발달시기로 인식하게 하는 데 결정적인 영향을 미쳤다(홍봉선 외, 2000).

이 장에서는 아동을 아동복지법에 따라 "18세 미만의 자"로 규정하고자 한다.

2) 아동복지의 개념

아동복지는 사회복지 분야 중 하나로 아동의 기본적 욕구 및 그 가족의 욕구를 충족하기 위한 서비스와 관련되어 왔다. 아동복지의 개념은 학자들의 초점에 따라 다양하게 정의되어 왔다.

이소희(2005)는 아동복지를 좁은 의미와 넓은 의미로 나누어 설명하고 있다. 좁은 의미의 아동복지란 보호대상아동을 중심으로 한 사회복지활동을 말하며, 개인이나 민간단체를 중심으로 이루어지는 활동을 말한다. 좁은 의미의 정의는 복지가 발달되지 못한 시대나 국가에서 채택되었으나 근래에 들어서는 삶의 질에 대한 인식의 증가로 대다수의 국민을 대상으로 한 넓은 의미의 정의를 채택하는 경향이 높아졌다. 넓은 의미의 아동복지는 일반아동과 그 가족을 대상으로 다양한 복지주체들이 서로 유기적인 관계하에 체계적으로 복지활동을 전개하는 것이다. 아동복지의 넓은 의미에 가족을 포함시키는 이유는 아동복지의 1차적 책임이 부모를 중심으로 한 가족에게 있으며, 최선의 아동복지는 1차적 책임을 지고 있는 부모와 그 가족이 제대로 역할수행을 할 수 있도록 도와주는 것이라는 관점에 근거한 것이다.

김성경·김혜경·최현미(2005)도 아동복지를 좁은 의미와 넓은 의미로 나누어 설명하고 있다. 아동복지의 협의의 개념은 부모의 양육이 불가능한 경우(parental failure)의 보호대상아동과 그 가족을 위해 공공 및 민간기관에서 제공하는 서비스이며, 광의의 개념은 모든 아동의 행복을 위해 그들의 신체적·사회적·심리적 발달을 보호하고 촉진하기 위해 경제, 교육, 보건, 노동 등 아동을 둘러싼 사회체계의 개선을 위한 총체적인 사회적 노력으로 보았다.

장인협·오정수(2001)는 아동복지를 사회구성원으로서 아동의 기본적인 욕구를 충족시키고 건전한 성장과 발달을 도모하기 위해 여러 가지 활동을 가능하게 하는 공적인 방법과 절차라고 정의하며, 방법과 절차에는 아동과 관련된 법령, 공공조직 및 민간기관, 사회복지전문직과 같은 제도화된 실천방법을 모두 포함하고 있다고 보았다.

따라서 아동복지란 모든 아동을 위한 복지활동은 모든 아동들의 기본적인 욕구를 충족시킬 뿐만 아니라 이들이 정신적·정서적·신체적으로 최상의 발달을 기하도록 육성하기 위해서 아동에게 직접적으로 또는 가정이나 사회를 통해서 간접적으로 제공되는 모든 사회적 활동이라 할 수 있으며(주정일·이소희, 1993, 이소희, 2005 재인용), 이는 김성이(1994)가 정의한 청소년복지와 비슷하다.

2. 아동복지의 발달배경

아동복지에 대한 관심은 아동문제를 해결하기 위한 대안으로 시작되었으며, 20세기 전후의 사회적 변화와 밀접하게 연관되어 있다. 카두신과 마틴(Kadushin & Martin, 1988)은 이와 관련하여 시대적 분위기와 아동복지의 발달을 여덟 가지로 정리하고 있다.

첫째, 인본주의 이념이 발전하였다. 아동문제를 시설수용으로 해결하려고 했던 기존의 접근을 거부하는 움직임이 증대되었다. 기독교의 생명존중 사상과 계몽주의는 아동복지가 개인적 의무에서 종교적 의무로, 더 나아가서는 시민적 의무로 발전하게 하는 원동력이 되었다.

둘째, 경제적인 발전이 있었다. 산업혁명을 토대로 발달한 생산력은 장애아동이나 버려진 아동과 같이 특별한 보호가 요구되는 아동을 돌볼 수 있는 여력을 갖게 하였다. 아동이 가지고 있는 문제를 사전에 예방하는 것이 미래의 사회에 도움이 된다는 인식의 변화와 정치적 상황이 아동에게 관심을 두고 있었다는 것이 크게 작용하였다.

셋째, 가족과 이웃의 기능 쇠퇴와 사회제도의 전문화가 요구되었다. 산업화와 도시화에 따라 전통적 가족 기능이 약화되었고, 상호 교제와 원조의 기능을 하던 교회나 직장조합도 각각 그 기능에 집중하면서 아동복지만을 전담할 수 있는 제도와 서비스를 필요로 하게 되었다.

넷째, 아동기가 인간의 발달단계에서 구분되었다. 평균수명이 30세에 지나지 않았던 시기에는 아동기가 길지 않았을 뿐만 아니라 가능하면 경제적으로 독립해야 했다. 하지만 경제적 발전에 기초하여 아동에 대한 관심이 증가하기 시작했고, 아동기가 중요하게 인식되면서 아동의 특성을 이해하기 시작했고 독특한 욕구와 능력을 가진 인구집단으로 인식되기 시작하였다.

다섯째, 사회 내에서 가족과 아동이 차지하는 지위가 향상되었다. 과거에는 가족이 생명과 재산을 자손 대대로 이어주는 중요한 기능을 하였으나 실제 가족보다는 교회, 국가, 군대, 동료집단, 조합, 직업 등에 일관적인 관심과 충성을 보여야 했다. 하지만 근세에 이르러 가족은 그 무엇보다 중요한 삶의 중심이 되었고, 자연스럽게 가족의 구성원인 아동의 중요성도 강조되었다.

여섯째, 사회가 저출산과 고령화로 변해갔다. 출생과 사망률이 높았던 과거에 비해 부모와 아동 간의 정서적 애착관계가 보다 친밀하고 강해졌다. 즉, 부모와 아동의 관계가 단기간에 종결되는 상황에서는 부모의 정서적인 안정을 위해서라도 아동에 대한 일정의 무관심과 거리감을 유지할 수밖에 없었기 때문에 자연히 가족은 성인에 의해 성인중심으로 운영되었다. 하지만 위생시설, 공중보건 및 의학의 발달 그리고 더욱 효과적인 피임방법의 개발은 보다 적은 수의 아동들이 출생하여 더 오래 생존하는 것이 가능하게 했고, 이러한 현상은 부모로 하여금 사망에 대한 두려움 없이 아동과 깊은 정서적 애착관계를 형성할 수 있도록 했다. 더 나아가 보다 신중하고도 계획된 아동의 출산은 아동의 가치를 한층 더 높이는 결과를 낳았다.

일곱째, 과학적 지식의 진보는 아동복지 학문과 전문직을 탄생시켰다. 프로이트 이후 여러 학자들은 아동기를 연구의 대상으로 주목하기 시작했고, 궁극적으로는 아동발달과 아동복지와 관련된 새로운 학문과 전문직이 개발되게 되었다.

여덟째, 아동의 법적 지위가 향상되었다. 과거 아동은 부모의 소지품과 같은 비천한 존재였지만 1954년 11월 국제연합총회에서 아동권리선언이 채택되는 등 아동을 바라보는 시회가 변화하기에 이르렀다. 더 나아가 1989년 유엔총회에서 만장일치로 채택되어 1990년 9월 2일 국제법으로서 효력을 발휘하게 된 "아동의 권리에 관한 국제협약"은 아동을 단순히 보호를 필요로 하는 대상이 아닌 독립적 기본 권리와 자유를 누릴 수 있는 존재로 인정하고, 아동과 관련된 모든 결정에 있어서 아동의 이익이 최우선되어야 함을 법적으로 명시함으로써 아동의 법적 지위를 최고수준으로 높여 놓았다.

3. 아동복지의 원칙

아동기란 인간의 생활주기에서 가장 특별한 보호와 지도를 필요로 하는 시기이며, 아동은 해결하여야 할 많은 과제와 욕구를 가지고 있는 복지대상이다. 따라서 이들의 건전한 성장과 발달을 위해서는 다양한 사회복지정책과 프로그램 및 서비스가 요구된다.

아동복지정책과 아동복지서비스가 효과성과 목적을 달성하기 위해서는 기본적인 원칙이 필요하다. 장인협 · 오정수(2001)는 기본적인 원칙으로 권리와 책임의 원칙, 보편성과 선별성의 원칙, 개발성의 원칙, 포괄성의 원칙, 전문성의 원칙 등 다섯 가지 원칙을 제시하였고, 김성경 · 김혜영 · 최현미(2005)는 예방성과 치료성의 원칙을 추가하여 다음과 같이 여섯 가지 원칙을 강조하고 있다.

1) 권리와 책임의 원칙

권리와 책임의 원칙이란 아동을 위한 건전한 육성 대책, 아동과 부모 및 사회의 세 주체 간의 권리와 책임에 기반을 두고 있어야 한다는 원칙이다. 즉, 아동복지의 책임은 부모뿐 아니라 국가 및 사회도 지고 있으며, 아동 또한 복지의 대상이면서 주체로서 인식되어야 한다는 원칙이다. 그리고 아동복지는 어느 한 주체가 일방적인 권리와 책임을 갖는 것이 아니라 각각에게 부여된 사회적 역할과 범주에서 상호 유기적인 관계로 균형을 이루는 것이 중요하다고 할 수 있다.

첫째, 모든 아동은 하나의 인간으로서 부모와 상관없이 독자적인 권리를 지닌 존재이며, 또한 보호나 지도를 받아야 하는 미성숙한 인간으로서 권리를 지니고 있다. 이러한 아동의 권리는 우리나라 아동복지법, 청소년기본법에도 명시되어 있으며, 동시에 제네바의 아동권리선언을 비롯하여 UN 아동권리에 관한 국제협약 등도 아동의 권리사상을 지지하고 있다. 그러나 아동은 권리를 갖고 있음과 동시에 책임도 또한 갖고 있다. 즉, 아동들은 그들을 책임지고 있는 사회와 성인의 명백한 기대를 충족하여야 하며, 그들에게 부과되는 합리적인 요망을 받아들여야 하고, 개인의 책임감 또한 발전시켜야 하며, 자발적인 계획이나 활동 등에 참가하여 자신들의 발전에 도움이 되는 기회를 적극적으로 활용하는 책임의식을 명백히 하여야 한다.

둘째, 부모의 권리와 책임은 사회나 국가로 많이 전이되었지만, 아동의 보호와 양육의 1차적인 책임은 여전히 부모에게 있다. 부모는 후견인의 권리를 가짐으로써 ① 재정적 지원, ② 신체적 보호, ③ 정서적 보호, ④ 기타 부모로서 가져야 할 의무를 감당할 수 있어야 한다는 것이다.

마지막으로 사회와 국가는 사회생활의 질서를 유지하고 아동복지를 증진시킬 권리와 책임을 갖는다. 또 아동을 보호하기 위하여 국가는 통제력을 행사하여 필요한 조치를 취하여야 하는 책임을 갖고 있다. 국가는 아동들을 위한 국가의 책임을 위하여 부모와 자녀에 대하여 개입할 수 있다. 즉, 부모가 자기의 자녀를 양육할 수 있는 능력과 상황이 되지 않을 때 적절한 개입과 조치를 취하여야 할 책임을 갖고 있다. 현대사회는 더욱 아동복지에 대한 국가의 책임이 강조될 수밖에 없는 상태에 이르고 있다고 할 수 있다.

2) 보편성과 선별성의 원칙

아동복지에서 보편성과 선별성은 동시에 적용될 수 있는 원칙이다. 보편성은 모든 아동을 대상으로 하여 급여나 서비스를 동일한 수준에서 제공한다는 것이다. 그러므로 이 원칙은 아동을 건강하고 건전하게 육성시키며 이를 통하여 아동과 관련된 각종 문제를 예방하고자 하는 평등의 이념이 전제되어 있다. 그 사례로는 아동수당, 무상 의무교육 등이 해당되며, 보편주의에 의한 제도는 대체로 일반조세에 의해 재정이 충당된다.

그리고 선별성의 원칙은 아동에 대한 복지를 추구하는 데 조건이나 기준을 정하고, 이에 따라 아동복지의 대상과 사업을 제한하는 원칙을 말한다. 선별성의 원칙에 의한 급여와 서비스는 그 성격에 있어 시혜적이고 일시적 · 보충적 · 잔여적 성격이 강하다.

우리나라 아동복지는 그동안 선별성의 시각에 치우쳐 협의적이며 특수한 대상을 위한 대책에 치우쳐 왔다. 주로 수용시설 아동을 중심으로 아동복지 정책 및 서비스가 실시되어 왔다. 그러나 개정된 아동복지법(2004)에서는 전체 아동을 대상으로 하고 동시에 예방과 개발을 중심으로 보편적이며 제도적 기능이 수행될 수 있는 방향을 지향하고 있다.

3) 예방성과 치료성의 원칙

아동복지에서 가장 바람직한 것은 아동의 문제를 미연에 방지하는 것이다. 특히 아동기에 당한 상처는 그의 일생에 영향을 미치기 때문에 가능한 한 문제가 발생하지 않도록 하는 예방의 원칙이 중요하다.

치료의 원칙은 문제발생 시 실시되는 조치를 말하는 것으로 일단 확인된 문제는 해결이 가능하다고 하는 전제 속에서 출발하고 있다. 따라서 조기발견은 조기치료가 가능하다고 하는 의미에서 배려되어야 할 것이다. 그러나 많은 경우에 사전에 예방을 잘 못할 뿐만 아니라 적절한 치료의 기회를 상실하여 발달상의 장애를 갖는 경우가 빈번하다. 이에 예방조치와 함께 문제를 조기에 확인하고 진단하고 치료할 수 있는 아동복지실천체계의 구축이 필요하다.

4) 개발성의 원칙

개발성의 원칙이란 아동이 가진 능력을 최대한 발휘할 수 있도록 하는 것이다(김오남 외, 2001). 이 원칙에는 아동의 사회적 자립과 함께 사회적 기여의 창출이라는 관점이 내포되어 있고, 경제적 이익도 관련되어 있다.

모든 아동이 이 원칙을 적용받지만 특히 발달상의 편차가 심한 장애아동이나 우수한 아동, 양육환경이 결여된 곳에서 자라는 시설아동이나 빈곤가정 아동이 개발성 원칙의 주 대상이 된다. 장애를 가진 아동의 경우 그가 가진 잔존능력이 개발되지 않으면 사회적 자립이 거의 불가능하며, 우수한 능력을 가진 아동들은 그들의 능력을 최대한 발휘할 수 있도록 특별교육이 요구되기 때문이다. 또한 빈곤가정 아동의 경우에는 열악한 환경으로 인해 학업성취가 저해되고 발달문제가 야기되므로 선별적 지원이 요구된다.

5) 포괄성의 원칙

아동은 하나의 인격과 삶을 지닌 인간으로서 그와 관련된 모든 측면이 상호 보완되는 가운데, 건전하고 건강한 성장과 발달을 도모할 수 있다. 아동복지의 기본 전제가 되는 제 요소, 즉 건강한 가정생활, 경제적 안정, 교육 · 보건 · 노동 · 오락 및 특수보호 등에 대한 프로그램이나 서비스가 포괄적으로 제공되어야 한다.

정부정책도 아동의 권리와 복지를 위하여 통합적이나 종합적으로 접근되어야 하며, 지역사회에서 제공되는 아동복지서비스 또한 포괄적이며 통합적으로 사례관리 수준으로 실행되어야 한다.

6) 전문성의 원칙

현대사회에서 아동과 그 가정의 문제는 다양하고 복잡하게 나타나므로, 아동의 건전한 성장과 발달을 추구하기 위해서는 여러 가지 전문적인 분석과 접근이 필요하다. 또한 아동의 욕구나 사고 및 행동을 이해하기 위해서는 전문적인 지식이나 기술이 필요하다고 할 수 있다.

특히 최근 심각한 사회문제가 되고 있는 아동학대의 경우 부모의 문제뿐 아니라 아동의 정서문제가 함께 복잡하게 얽혀 있어 단순한 격리나 분리만으로는 문제 해결이 되지 않으므로, 이 역시 전문적인 접근이 필요하다(장인협 외, 2001). 그러나 종전의 단순 보호하는 차원에서의 접근과 자원봉사자 중심의 접근은 문제를 해결할 수 없으므로 전문인력의 양성과 배치는 치료적 아동복지에서 필수적인 요건이 되고 있다.

4. 아동복지서비스

서비스 기능에 따른 분류는 아동이 속한 원가정에 대한 서비스가 수행하는 기능에 따른 분류이다(Kadushin, 1988, 김성경 외, 2005 재인용).

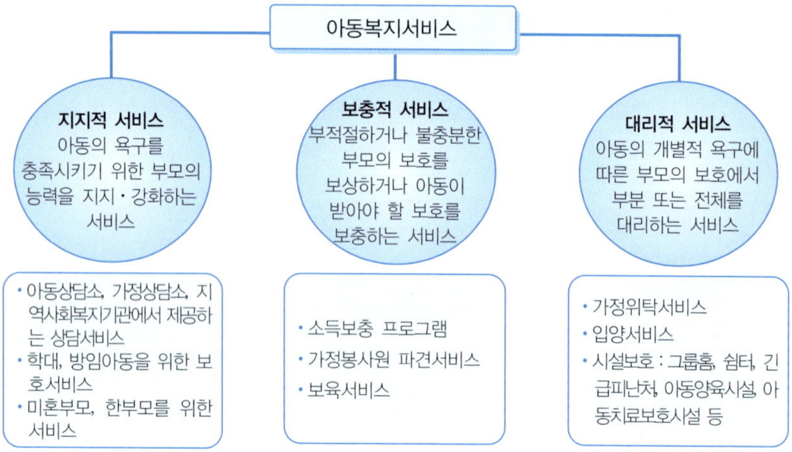

| 그림 7-1 | 카두신(Kadushin)의 아동복지서비스 유형 분류(김성경 외, 2005)

| 그림 7-1 | 과 같이 아동복지서비스는 지지적 서비스(Supportive service), 보충적 서비스(Supplementary service), 대리적 서비스(Substitutive service)로 나뉘며, 첫 글자를 따서 3S모델이라고 불리기도 한다.

1) 지지적 서비스

지지적 서비스는 '부모와 아동이 그들 각자의 책임을 다할 수 있도록 그들의 능력을 지원하고, 강화시키고자 하는 서비스'이다. 지지적 서비스는 자기집에 살고 있는 아동을 위해 제공되고 있으므로, 재가보호(home-based care)라고도 말할 수 있으며, 예방적인 접근방법이다.

가족 및 부모-자녀 관계가 구조적으로 온전하지만 스트레스 상황에 처해 가족 내에 갈등과 균열이 일어난다면 결국 이혼, 별거, 유기 등 가족해체로 진행될 수 있다. 이때 제공되는 복지사업은 지지적 서비스 기능을 갖는다. 지지적 서비스란 부모와 아동이 그들 각자의 책임을 효율적으로 수행할 수 있도록 그들의 능력을 지원하고 강화시켜 주는 서비스로, 아동이 부모와 함께 가정에서 생활하면서 제공받을 수 있다는 이점이 있다. 한편 지지적 서비스는 이미 자녀와 부모로서 가정을 이룬 경우만을 대상으로 하는 것이 아니라, 미혼남녀에게 미리 부모준비 교육을 행함으로써 아동의 복지를 위협하는 문제를 원천적으로 예방하려는 활동도 포함한다(이순형 외, 2003).

지지적 서비스의 구체적인 활동으로는 부모 및 가족교육(방임아동 및 학대아동의 부모교육, 미혼남녀를 위한 부모교육, 장애 및 영재 아동과 같은 특수아동의 부모교육, 재혼가정 아동의 부모교육), 상담사업(개인면접을 통한 케이스워크 서비스, 집단상담 및 프로그램), 가족치료 그리고 지역사회 프로그램 등이 있다(박정란 외, 2002).

따라서 지지적 서비스는 가정이 스트레스 상황에서 아동의 기본적 욕구를 충족시킬 수 없는 위험에 처하거나 부모-자녀의 관계에 장애가 있을 경우, 이를 예방하기 위해 부모-자녀 관계의 긴장을 완화시키고, 가족관계 개선과 가족기능을 회복·유지·강화하여 아동이 자신의 집에서 부모와 함께 생활할 수 있도록 지원한다는 점에서 아동복지사업의 1차적 방어선이라 할 수 있다(Zuckerman, 1983).

2) 보충적 서비스

보충적 서비스는 부모역할의 일부를 보조하는 서비스로 부모의 보호·양육의 질이 부적절하거나 제약이 있을 때, 이를 보충할 수 있도록 제공되는 서비스이다. 여러 가지 여건에 의하여 부모나 가족의 힘만으로는 아동양육을 하기 어려운 경우, 가정 및 가족의 형태를 그대로 유지하면서 부적절하고 부족한 부모의 자녀양육 역할을 대행하거나 도와주는 것이다. 즉, 부모의 사망, 유기, 이혼, 별거 등으로 인해 부모의 역할이 영구적으로 수행되기 어려울 때, 혹은 교도소 수감, 질병, 직업상의 이유 등으로 인해 일시적으로 부모의 역할수행이 힘들 때 제공될 수 있다.

보충적 서비스의 방법으로는 각종 연금과 보험 및 소득보충사업과 같은 경제적 지원, 가사조력서비스(home maker service), 보육사업, 장애 및 비행 아동을 위한 복지사업, 학대 및 방임 아동을 위한 보호서비스(CPS : Child Protective Service) 등이 있다(Robinson, 1985, 박정란 외, 2002 재인용).

보충적 서비스는 지지적 서비스의 제공으로는 가정의 기능이 회복·강화되지 않을 경우, 사회가 부분적으로 아동양육에 대한 책임을 지고 부모역할의 일부를 대신 보충해 주는 2차적 방어선으로 제공되고 있다(Zuckerman, 1983).

3) 대리적 서비스

대리적 서비스는 부모가 역할을 전적으로 수행할 수 없어 부모역할의 전부를 제3자가 대신하여 맡는 경우를 말한다. 부모가 당면한 문제를 해결할 수 없어 양육기능을 일시적 또는 영구적으로 포기하고, 아동은 자신의 가정을 떠나서 다른 가정이나 시설에서 생활하게 된다(Kadushin, 1988, 김성경 외, 2005 재인용).

부모나 가족과의 분리가 전제된 대리적 서비스에는 가정위탁보호사업, 입양사업 또는 시설보호사업 등이 있다. 대리적 서비스는 정상화의 원리(normalization principle)에 따라 가급적 시설보호보다는 가정위탁보호나 입양에 의한 보호를 우선하며, 대리가정을 통해 아동에 대한 보호·양육서비스를 제공할 수 없을 경우에는 아동복지사업의 3차적 방어선인 시설에 수용하여 집단적인 보호서비스를 제공하고 있지만(Zuckerman, 1983), 시설보호를 할 경우 지역사회 중심의 소사제(cottage system)를 활용하려고 노력한다(이소희, 2002).

5. 아동복지의 현황

1) 아동복지사업을 수행하는 시설 유형 및 현황

우리나라 아동복지법 체계에서 운영하는 아동복지 시설 및 기관의 유형을 살펴보면 〈표 7-2〉와 같다.

〈표 7-2〉 아동복지 시설 및 기관의 유형

유 형	목 적
아동양육시설	보호대상아동을 입소시켜 보호, 양육 및 취업훈련, 자립지원 서비스 등을 제공하는 것을 목적으로 하는 시설
아동일시보호시설	보호대상아동을 일시보호하고 아동에 대한 향후의 양육대책 수립 및 보호조치를 행하는 것을 목적으로 하는 시설
아동보호치료시설	① 불량행위를 하거나 불량행위를 할 우려가 있는 아동으로서 보호자가 없거나 친권자나 후견인이 입소를 신청한 아동 또는 가정법원, 지방법원소년부지원에서 보호·위탁된 19세 미만인 사람을 입소시켜 치료와 선도를 통하여 건전한 사회인으로 육성하는 것을 목적으로 하는 시설 ② 정서적·행동적 장애로 인하여 어려움을 겪고 있는 아동 또는 학대로 인하여 부모로부터 일시 격리되어 치료받을 필요가 있는 아동을 보호·치료하는 시설
공동생활가정	보호대상아동에게 가정과 같은 주거여건과 보호, 양육, 자립지원 서비스를 제공하는 것을 목적으로 하는 시설
자립지원시설	아동복지시설에서 퇴소한 사람에게 취업 준비기간 또는 취업 후 일정 기간 동안 보호함으로써 자립을 지원하는 것을 목적으로 하는 시설
아동상담소	아동과 그 가족의 문제에 관한 상담, 치료, 예방 및 연구 등을 목적으로 하는 시설
아동전용시설	어린이공원, 어린이놀이터, 아동회관, 체육·연극·영화·과학실험전시 시설, 아동휴게숙박시설, 야영장 등 아동에게 건전한 놀이·오락, 그 밖의 각종 편의를 제공하여 심신의 건강유지와 복지증진에 필요한 서비스를 제공하는 것을 목적으로 하는 시설
지역아동센터	지역사회 아동의 보호·교육, 건전한 놀이와 오락의 제공, 보호자와 지역사회의 연계 등 아동의 건전육성을 위하여 종합적인 아동복지서비스를 제공하는 시설
아동보호전문기관	아동학대예방사업을 활성화하고 지역 간 연계체계를 구축, 학대받은 아동의 발견, 보호, 치료에 대한 신속처리 및 아동학대를 예방하기 위한 기관
가정위탁지원센터	아동복지시설의 각 시설 고유의 목적 사업을 해치지 아니한 범위 내에서 아동가정지원사업, 아동주간보호사업, 아동전문상담사업, 학대아동보호사업, 공동생활가정사업, 방과 후 아동지도사업 등을 제공하는 센터

출처 : 아동복지법(2015).

2) 보호대상아동 양육지원정책 현황

사회의 특별한 보호를 받지 않고 아동이 속한 가정에서 양육과 보호를 받으며 생활할 수 있는 아동을 일반아동이라 칭하고 있으며, 보호대상아동이란 보호자가 없거나 보호자로부터 이탈된 아동 또는 보호자가 아동을 학대하는 경우 등 보호자가 아동을 양육하기에 부적당하거나 양육할 능력이 없는 경우의 아동으로 규정하고 있다(아동복지법 제3조 제4호).

(1) 빈곤가족 아동양육지원정책

만 5세 이하 영유아에 대한 보육료지원의 경우 국민기초생활보장제도 수급자를 포함하여 도시근로자 월평균소득의 50% 이하인 저소득가정까지 비용의 전부 혹은 일부를 지원받을 수 있고, 12세 미만까지는 방과 후 보육료지원의 일부를 차등해서 지원받을 수 있다. 또한 두 자녀 이상이 보육시설을 동시에 이용할 경우 도시근로자 월평균 50% 수준 이하는 예산에서 연령별로 각각 50%에 상당하는 정액을 지원받는다. 그리고 중·고등학교에 재학 중인 자녀에 대한 직접적인 양육비 지원은 국민기초생활보장수급자를 대상으로 하는 교육급여가 거의 유일하며, 차상위계층 가정 중 18세 미만 아동이 있을 때 이들에 대해 의료급여를 제공해 주는 것이 포함된다. 결국 만 0~5세 이하 영유아를 둔 빈곤층 가정의 경우 보육시설(혹은 유아교육시설)을 이용할 경우 시설이용료 지원을 받는 것을 제외하면, 아동양육비용과 관련하여 국가로부터 직접적으로 받는 급여는 없으며, 만 6~12세 미만의 초등학생 아동을 둔 빈곤층의 경우에도 교육비 지원을 포함하여 아동양육에 드는 비용을 국가로부터 전혀 보조받고 있지 못하다(단, 방과 후 교육에 대해서는 지원하고 있다). 중·고등학교에 재학 중인 아동을 둔 빈곤층은 국민기초생활보장제도의 수급자만을 대상으로 교육비의 일부를 교육급여로 지원받고 있으며, 그 밖에 다른 양육비용에 대해서도 보조가 없다.

한부모가족 아동 양육지원사업(아동양육비 · 교육비 지원 부분만)을 표로 정리하면 다음과 같다.

〈표 7-3〉 한부모가족지원 사업

구 분		세부내용
지원대상		한부모가족지원법령에 의한 저소득 한부모가족
지원 내용	아동양육비	최저생계비 130% 이하의 한부모가족 만 8세 미만 아동에 대한 아동양육비 월 5만 원 지원
	고교생활비	최저생계비 130% 이하의 한부모가족 고등학생 자녀에 대한 입학금 · 수업료 지원
	그 외	복지자금 융자, 한부모가족 복지시설 지원, 자녀양육비 이행확보, 무료법률구조 등

(2) 한부모가족 아동양육지원정책

한부모가정의 경우 기초생활보장제도의 수급가정보다는 조금 더 높은 소득상한선에 근거, 보호대상 가정으로 선정되는 경우에 한해서 아동보육에 대한 지원 및 기타 아동양육과 교육에 대한 부가적 지원을 받을 수 있다. 보호대상 한부모가정은 보육시설 이용료를 국고로부터 지원받을 수 있고 보육시설 입소 시 기초생활보장제도 수급가정 다음으로 우선순위를 점할 수 있다. 보육 외 아동양육과 관련해서도 보호대상 한부모가정만을 대상으로 이들 가정이 만 5세 이하 아동을 양육할 때에는 아동양육보조금을 지급받을 수 있으며, 3개월~만 12세의 자녀가 있는 가정을 대상으로 한부모가정 또한 긴급 · 일시 아이돌보미를 지원받을 수 있다. 그리고 고등학교 재학 중인 자녀가 있을 경우에는 교육비 지원을 받을 수 있다. 결과적으로 만 5세 이하 아동이 있을 경우 보육시설 이용 시에도 국고지원을 받을 수 있고, 아동양육비도 소액이나마 지원받을 수 있으며, 자녀가 고등학교에 재학을 하게 되면 수업료 등을 지원받지만, 초등학교 및 중학교 재학 중인 자녀의 양육에 대해서는 아무런 지원이 없다.

(3) 장애인가족 아동양육지원정책

가정에 장애아동이 있는 경우 소득수준과 관계없이 보육시설 이용 시 그 이용료를 지원받을 수 있다. 장애아동을 둔 가정 중 빈곤층 가정(혹은 기초생활보장제도 수급자)은 아동이 만 18세가 될 때까지 장애아동부양수당을 수급할 수 있으며, 아동이 중·고등학교에 재학 중이면 교육비의 일부를 보조받을 수 있다. 또한 2009년 2월부터는 18세 미만 장애아동대상으로 재활치료서비스도 지원하고 있다. 한 특정한 사회복지시설이나 비영리법인에서 제공하는 장애인특수교육과정에 등록할 경우 그 비용에 대한 세금을 공제받을 수 있다. 장애아동을 입양한 경우에는 일정 금액의 의료비 지원을 받을 수 있다. 부모에게 장애가 있는 경우는 빈곤층에 한해 중·고등학교 재학 중인 자녀에 대한 교육비의 일부를 보조받을 수 있으며, 빈곤층 장애모나 중증 장애모 중 일부는 출산 및 자녀양육에 필요한 도우미 서비스를 받을 수 있다.

(4) 조손가족 아동양육지원정책

조손가정의 경우는 아동의 부모가 양육할 수 없는 상황에 놓여 조부모에게 양육되는 상황으로 가정위탁아동에 대한 양육보조금을 지원받으며, 생계비, 의료비, 교육비 등의 지원은 국민기초생활보장에 의한 수급자 선정기준에 따라 지원된다(가정위탁아동지원센터, 2008). 보육료 지원은 가정해체 방지 등을 위한 별도 가구 인정 특례로 조부모 또는 외조부모 집에 거주하는 소년·소녀세대의 경우 저소득보육료 지원대상자 선정기준을 초과하나, 가구를 분리·신청하는 경우 기준을 충족하여 대상자로 선정될 수 있다.

(5) 그 외 아동양육지원정책

① 드림스타트 사업

드림스타트 사업의 대상은 0(임산부)~12세의 저소득 아동 및 가족으로 건강서비스, 보육·교육 서비스, 복지서비스를 제공하여 아동의 심리·정서·사회성 발달을 도모하고 가족문제 해결, 부모교육, 가족 상담 및 치료, 직업훈련 및 취업연계 등을 위한 저소득 가정의 생활안정과 삶의 질을 개선하는 프로그램으로 구성되어 있다. 연차적으로 드림스타트 사업지역이 전국으로 확대되어 운영되고 있다.

② 아동발달지원계좌(CDA) : 디딤씨앗통장(CDA)

디딤씨앗통장은 저소득층 아동이 사회진출 시 학자금, 취업, 창업, 주거마련 등에 소요되는 초기비용 마련을 위한 자산을 형성하기 위해서 시작되었다. 2007년 4월부터 미래 성장동력인 아동에 대한 사회투자로 빈곤의 대물림을 방지하고 건전한 사회인 육성을 위한 목적으로 "아동발달지원계좌(CDA : Child Development Account)"를 만들고 사업의 취지를 국민에게 널리 알리고 친근감을 높일 수 있도록 2009년 1월부터 "디딤씨앗통장"이라는 사업명칭을 사용하였다.

지원대상은 17세 이하의 아동복지시설 · 공동생활가정 · 장애인시설 생활아동, 가정위탁 · 소년소녀가정 아동들이다. 디딤씨앗통장은 기본 매칭적립으로 적립되는데, 아동이 후원자 또는 보호자의 도움 등으로 3만 원 내에서 적립하면 국가(지방자치단체)가 일대일 매칭펀드로 월 3만 원 내에서 지원한다. 지원기간은 보호대상아동은 0~17세까지, 기초생활수급자 아동은 12~17세까지이며, 지원적립금은 만 18세 이후 학자금 · 기술자격취득비용 · 취업훈련비용 · 주거마련 등 자립을 위한 용도로만 사용할 수 있다.

③ 아동학대예방

아동학대예방은 아동복지법령을 개정함으로써 구체화되었다. 2000년에 아동학대의 개념을 명확화하고, 긴급전화 및 아동보호전문기관 설치근거 등을 규정하였으며, 2002년부터 아동학대 신고의무자 범위를 확대하였다. 그리고 2011년 아동보호전문기관과 가정위탁지원센터를 아동복지전담기관으로 구분하였다. 2011년 신고의무자 신고불이행 시 과태료를 부과하고, 아동보호전문가의 현장조사 권한 및 업무수행 방해 금지를 구체적으로 명시하고 있다.

아동학대예방의 대상은 학대로 인해 보호가 필요한 만 18세 미만의 아동이다. 학대예방의 내용으로는 아동학대 신고의무자를 규정하고 아동보호전문기관에서 학대로 인해 보호가 필요한 만 18세 미만의 아동에 대하여 개입 및 조치를 하도록 하였다. 현재 아동학대예방사업 활성화 및 지역 간 연계체계 구축을 위한 중앙 및 시・도 아동보호전문기관과 시・군・구 아동보호전문기관이 운영되고 있다.

④ 방과 후 돌봄 및 활동지원

가. 지역아동센터

아동복지법 제52조 제1항 제8호에서는 지역아동센터를 "지역사회 아동의 보호・교육, 건전한 놀이와 오락의 제공, 보호자와 지역사회의 연계 등 아동의 건전육성을 위하여 종합적인 아동복지서비스를 제공하는 시설"이라고 규정하고 있다.

나. 청소년 방과 후 아카데미

청소년 방과 후 아카데미는 저소득・맞벌이・한부모가정의 학교수업 후 나홀로 시간을 보내는 청소년들에 대한 학습능력 배양, 체험활동, 급식, 건강관리, 상담 등 종합 학습지원 및 복지・보호를 통해 청소년들의 건전한 성장의 지원을 목적으로 하고 있다.

⑤ 청소년 공부방

청소년 공부방은 지역사회 저소득층 청소년들에게 학습할 수 있는 공간을 제공하는 한편, 학습지원 프로그램을 운영하고 문화・체험활동 기회를 지원함으로써 학습여건이 열악한 청소년에게 학습기회를 제공하여 건강한 사회구성원으로 성장하도록 하기 위하여 설치・운영하고 있다(아동・청소년백서, 2008).

6. 아동학대

1) 아동학대의 정의

2014년 1월에 개정된 아동복지법 제3조 제7호에 따르면, 아동학대를 "보호자를 포함한 성인이 아동의 건강 또는 복지를 해치거나 정상적 발달을 저해할 수 있는 신체적·정신적·성적 폭력이나 가혹행위를 하는 것과 아동의 보호자가 아동을 유기하거나 방임하는 것"으로 정의하고 있다.

이처럼 아동학대는 일반적으로 부모나 양육자가 자신들의 자녀들에게 신체적으로 해를 입히거나, 방임 혹은 성적 학대를 할 때 일어나는 가족과 관계된 사건으로 인식되고 있지만, 아동학대는 개인적·가족적·지역사회 환경적·사회적인 여러 가지 다양한 수준에서 일어나는 현상으로 이해되는 것이 더 바람직하다(Pecora et al., 2000, 강란혜 외, 2005 재인용). 예를 들면, 개인적 요인들은 아동학대를 유발하는 아동 개인이나 성인이 가지고 있는 개인적 특성(성인의 경우 낮은 수준의 자아존중감, 낮은 수준의 충동억제능력 등)이 그에 해당할 것이다. 가족적 요인들로는 빈곤, 학대와 방임성향의 세대 간 전이, 적절하지 못한 의사소통양식 등을 들 수 있을 것이다. 지역사회 환경적 요인으로는 안전한 주거시설과 아동양육을 돕고자 하는 이웃들의 의지 등 지역사회 내의 적절한 아동양육에 필요한 기본적인 지원체계를 들 수 있다(강란혜 외, 2005).

2) 아동학대의 유형

아동학대의 유형은 일반적으로 방임, 신체적 학대, 성적 학대 그리고 정서적 학대로 구분된다.

(1) 방임(Neglect)

일반적으로 아동에게 필요한 기본적인 욕구를 제공하지 않는 일체의 상태로 정의될 수 있다. 그러한 아동방임은 구체적으로 다음의 네 가지를 포함한다.

첫째, 신체적 방임이다. 필요한 음식이나 주거지를 제공하지 않거나 적절한 지도・감독을 제공하지 않는 상태를 말한다.

둘째, 의료적 방임이다. 필요한 의료적 혹은 정신의료적 치료나 처치를 제공하지 않는 상태를 말한다.

셋째, 교육적 방임이다. 아동을 교육시키지 않거나 특수교육이 필요한 경우 그 필요성을 외면한 상태를 말한다.

넷째, 정서적 방임이다. 아동의 정서적 욕구충족을 소홀히 하거나, 심리적 보호를 제공하지 않거나, 아동이 술이나 그 외 마약류를 사용하도록 허용하는 상태를 말한다.

(2) 신체적 학대(Physical Abuse)

아동을 손, 발, 주먹 등을 사용하여 때린다거나, 이빨로 문다거나, 흔든다든가, 던진다든가, 목을 조른다든가, 칼 등의 도구로 찌른다든가, 혹은 여러 가지 도구를 이용하여 때리는 등 아동에게 해를 줄 수 있는 일체의 행위를 통하여 신체적 부상을 입히는 경우이다. 이때 해를 입힌 양육자가 아동에게 부상을 줄 의도가 있었는지의 여부는 중요하지 않다. 의도의 유무에 상관없이 부상을 입는 경우는 신체적 학대로 인정한다.

(3) 성적 학대(Sexual Abuse)

부모나 양육자가 아동과 함께 혹은 아동에게 행한 모든 성적 행위를 포함한다. 구체적으로는 아동의 성기 유희, 성기 삽입, 아동에 대한 근친상간, 강간, 수간, 성기 및 자위행위에 관한 노출, 매춘행위를 통한 착취, 아동을 이용한 포르노물의 생산 등을 포함한다.

(4) 정서적 학대(Emotional Abuse)

아동의 정서적 발달이나 자존감을 저해하는 일련의 행위이다. 구체적으로는 지속적인 비난과 위협 혹은 거부행위를 행하거나, 사랑과 지원 또는 적절한 지도를 제공하지 않는 행위이다. 이러한 정서적 학대는 보통 입증하기가 상당히 힘들어 아동이 입은 해에 대한 구체적인 증거가 없이는 아동보호 서비스체계가 개입하기가 힘든 면이 있다. 또한 다른 유형의 학대가 일어났을 경우 보통 언제나 정서적 학대가 동반되는 것으로 알려져 있다.

7. 아동복지의 과제

아동복지의 향상을 위한 적절한 사회대책을 마련하기 위해서는 아동의 권리와 아동복지실천을 위한 조건 및 원칙에 비추어 볼 때 아동의 실제는 어떠하며, 또한 급변하는 아동과 가족을 둘러싼 환경의 변화 속에서 아동들이 직면할 상황은 어떠한지를 고려하는 것이 중요하다(공계순 외, 2004). 우리나라 아동복지의 발전을 위하여 나아가야 할 방향을 제시하면 다음과 같다.

첫째, 아동복지에 대한 새로운 인식이 요구된다. 오늘날 아동복지의 개념은 종전의 자선적인 접근과는 달리 사회발전에 호응하는 이념과 목적을 가진 것으로 아동복지사업의 수행을 위해 전문적인 원칙과 지식 및 기술을 확립해야 한다.

둘째, 사회적 보호의 환경변화를 도모해야 한다. 아동이 요보호상태에 빠져 가정으로부터 적절한 양육을 보장받을 수 없을 때, 사회가 아동의 보호를 책임져야 할 것이다. 그러나 이러한 경우에도 아동의 보호는 가정과 같은 환경을 지향하는 것이 되어야 하기 때문에 친가정 보호 우선주의의 가족중심 실천이 이루어져야 한다. 불가할 경우 가정과 근접하는 위탁보호나 그룹홈 확충 그리고 양육시설이 가정과 유사한 환경으로 조성되어야 하며, 시설의 소규모화와 다양화가 요구된다. 또한 출생가정 밖에서의 보호를 제공하는 경우에도 가정과의 유대를 강화하고, 가정으로의 복귀 가능성을 높이는 프로그램들이 강화되어야 할 것이다.

셋째, 전문성이 강화되어야 한다. 아동복지에서 또 하나 지향하여야 하는 것은 전문성의 강화이다. 현대사회에서 아동은 다양한 문제를 경험하고 있다. 이러한 사회환경에서 아동의 욕구에 따라 제공하는 프로그램은 다각적인 것이어야 하며, 개별 프로그램들은 아동의 문제해결 또는 욕구충족을 위해서 전문성을 확보한 것이어야 한다.

넷째, 아동의 개념을 청소년과 분리하여 생각한다면, 청소년들에게 아동복지의 보호와 지원에 더하여 정책을 체계적으로 전달하고, 개발－지향적 프로그램을 제공하며, 적합한 사회환경을 조성하여 청소년 스스로 자립하도록 하는 복지방향을 모색해야 하고, 약물중독과 성문제 등 급격히 변화하는 청소년문제에 충분히 대처할 수 있는 시설의 전문화와 관련 기관과의 연계가 필요할 것이다(박종삼 외, 2003).

다섯째, 지역사회의 역할이 강화되어야 한다. “한 아동을 키우는 데는 한 마을이 필요하다”는 아프리카 속담처럼 지역 내 결식아동이나 아동학대, 부나 모의 사망이나 가출 등의 이유로 보호나 지원이 필요한 아동이 발생했을 경우에는 동사무소의 사회복지담당 공무원과 지역사회복지관 등이 협조체계를 이루어 개입해야 할 것이다(박종삼 외, 2003).

여섯째, 국가의 역할이 강화되어야 한다. 지금까지 아동복지정책이 보여준 일관된 특성 중의 하나는 국가가 가능한 한 아동복지에서 그 의무의 수준이나 범위를 최소화하고자 하였다는 것이다. 이러한 특성은 아동복지가 소극적이며 사후적인 한계를 갖게 하는 원천이 되어왔다. 국가의 의무가 어느 수준에서 인정되고 있는가를 단적으로 보여주는 여러 임의조항, 특히 재정적인 지원에서 빈번하게 나타나는 임의조항을 강제조항으로 변경하고, 아동복지에서 주요 주체로서 국가의 위상을 바로잡아야 할 것이다.

참고문헌

강란혜 외(2005). 아동복지론. 서울 : 대왕사.

공계순 · 박현선 · 오승환 · 이상균 · 이현주(2003). 아동복지론. 서울 : 학지사.

김성경 · 김혜영 · 최현미(2005). 아동복지론. 경기 : 양서원.

김성이(1994). 청소년복지론. 서울 : 한국청소년개발원.

김오남 외(2001). 아동복지의 이해. 서울 : 형설출판사.

박상하 · 노길희 · 양희택 · 유정옥 · 전영숙 · 정미자 · 허정철(2013). 사회복지개론. 경기 : 양서원.

박정란 · 서홍란(2002). 아동복지론. 서울 : 양서원.

박종삼 외(2003). 사회복지개론. 서울 : 학지사.

보건복지가족부(2008). 아동 · 청소년백서. 서울 : 보건복지부.

이소희(2002). 아동복지론. 서울 : 양지.

______(2005). 아동복지론. 경기 : 학현사.

이순형 외(2003). 아동복지 -이론과 실천-. 서울 : 학지사.

장인협 · 오정수(2001). 아동 · 청소년복지론. 서울 : 서울대학교출판부.

주수길 · 김지연(2003). 아동복지강론. 경기 : 양서원.

Kadushin, S., & Martin, J.(1988). *Child Welfare Services*(4th ed.). NY : MacMillan Publishing Company.

Zukerman, E.(1983). *Child Welfare*. NY : The Free Press.

<참고사이트>

디딤씨앗통장. http://www.adongcda.or.kr

보건복지부. http://www.mohw.go.kr

전국지역아동센터협의회. http://www.kaccc.org

제8장 노인복지

1. 노인복지의 개념

사회복지의 한 분야인 노인복지는 그 사회의 사회문제, 즉 노인문제를 해결하기 위한 전문적이고 체계적인 방법이라고 할 수 있다. 그러므로 노인복지의 개념적 정의와 접근방법은 사회문제, 즉 그 사회의 노인문제에 따라 달라질 수 있다. 우리나라의 노인복지 개념도 노인문제의 변화에 따라 그리고 우리나라의 사회복지 수준에 따라 그 개념적 정의가 달라져 왔다.

특별히 노인복지에 대한 견해를 시기별로 종합해 보면, 사회복지의 개념변화와 비슷하며, 1970년대 보충적 성격에서 2000년대에는 제도적으로, 선별적 서비스에서 점차 보편적 서비스로, 개인적 차원에서 사회적 차원으로 확산되고 자발성에서 공공적인 성격이 더욱 강해졌다(박차상 외, 2005). 이처럼 최근에 발전된 노인복지 개념들을 정리해 보면 다음과 같다.

이인수(2006)는 노인복지란 노인의 빈곤·노쇠·고독·무료함 해결은 물론 노인 스스로 자신이 이 사회에서 꼭 필요한 존재라고 느끼며, 긍정적이고 우호적인 자세로 여생을 살아갈 수 있는 사회적 여건을 마련하는 일이다. 따라서 노인복지란 첫째, 노인의 삶의 질을 높이기 위해 사회적·진반적으로 추구해야 하는 인류적 과업이며, 둘째, 빈곤, 질병, 고독, 무위 등 노년기의 주요 문제를 해결하는 국가·사회적 활동이고, 셋째, 노인으로 하여금 자신이 이 사회에서 꼭 필요한 존재라고 느끼며 긍정적으로 우호적인 자세로 여생을 살아갈 수 있는 사회적 여건을 마련하는 일이다. 그리고 넷째, 노인의 심신의 건강 유지 및 생활안정을 위하여 필요한 조치를 강구하기 위해 국가에서 추진하는 여러 가지 활동이며, 다섯째, 저소득 노인에 대한 기초생활보장, 건강관리 강화, 재가복지서비스의 확충, 노인의 여가선용 및 사회참여 기회 확충, 경로효친 사상의 지속적 앙양 및 경로우대 영역에서 이루어지는 활동으로 정의하고 있다.

또한 최성재와 장인협(2005)은 노인복지는 노인이 인간다운 생활을 영위하면서 자기가 속한 가족과 사회에 적응하고 통합할 수 있도록 필요한 자원과 서비스를 제공하는 데 관련된 공적 및 사적 차원에서의 조직적 활동이라고 정의하였고, 양옥남과 동료들(2006)은 노인복지를 노인의 심신건강 유지와 생활안정을 위하여 필요한 노인생활의 전면 보장 및 복지서비스라고 정의하며, 노인복지라고 하면 넓은 뜻으로 노인생활의 전면 보장을 말하기도 하고, 좁은 뜻으로는 최소한의 생활유지를 의미하는 복지서비스를 말하는 경우도 있으나 어떤 경우에든 노인복지는 독립된 인간으로서의 노인의 기본적 욕구 충족과 문화적 생활유지를 국가나 사회가 보장함을 뜻한다고 정의하고 있다.

이상의 개념적 정의를 종합하여 보면, 노인복지란 노인이 신체적·정신적·사회적·영혼적으로 편안하고 안락한 상태가 되도록 하기 위하여(목적) 노인문제를 해결하기 위한 공·사의 조직적 체계를 통해서(수단) 노인생활 전체(대상)를 제도적으로 보장하기 위한 종합적인 대책(기능)이라고 할 수 있다(박차상 외, 2005).

2. 노인문제에 대한 이론적 관점

노인문제는 어떠한 이론적 준거틀을 통하여 보느냐에 따라 그 원인이 다양하다. 노인문제를 해석하는 다양한 이론적 준거틀이 있지만, 다각적인 차원에서 제시하면, 첫째, 노인의 사회적 적응과 노년사회학 이론, 둘째, 노인의 생리적 변화와 노화이론, 셋째, 노인의 심리적 적응과 노년기 발달심리이론으로 나누어 볼 수 있다(양옥남 외, 2006). 그러나 노인문제를 보편적으로 정의한 노인문제의 이론들은 노년사회학 이론으로서 연령계층화이론, 하위문화이론, 현대화이론, 분리이론, 활동이론, 교환이론, 생애과정이론, 여성주의 이론, 정치경제학 이론으로 나누어 볼 수 있으며, 그 내용을 살펴보면 다음과 같다(최성재·장인협, 2005).

(1) 연령계층화이론

연령계층화이론(age stratification theory)은 노화에 영향을 미치는 사회적 과정과 변화, 연령계층과 사회구조 그리고 연령계층 간의 관계 및 특성을 다루고 있다. 이 이론의 기본 개념은 사회에서 연령은 개인의 역할 및 권리 등을 부여하는 데 있어서 보편적인 기준으로 활용되고 있고, 연령계층에 따라서 주어지는 사회적 역할이 상이하다고 설명하고 있다.

(2) 하위문화이론

노년기의 하위문화이론(subculture theory)은 노인들이 다른 연령계층과의 접촉은 줄어들고 노인들 간의 빈번한 상호작용으로 인하여 노인계층이나 집단에서 특유한 하위문화가 생겨난다는 이론이다. 노령기에 속해 있다는 공통적인 특성과 사회로부터의 소외와 노인에 대한 사회의 부정적인 반응으로 인하여 노인들끼리만 상호작용을 하기에 용이한 조건이 생긴다. 이 이론은 노인퇴직자촌이나 노인생활시설 등의 어떤 특수한 노인집단의 상호작용 현상을 설명하는 데에는 유용하지만, 이러한 하위문화 현상이 현대사회의 전체적인 현상으로 나타날 수 있는 가능성은 작으므로 일반화하기에는 어려운 점이 있다.

(3) 현대화이론

현대화이론(modernization theory)에 의하면, 한 사회의 현대화 정도가 높을수록 노인의 지위는 더욱 낮아진다고 주장하며 다음과 같이 설명하고 있다. 첫째, 건강기술(health technology)의 발전은 수명의 연장을 가져오고 이로 인해서 고령인구가 증가하며, 제한된 직업을 두고 젊은 세대와 고령세대 간의 경쟁이 심화된다. 둘째, 과학기술(scientific technology)의 발전으로 인해서 도시지역에 새로운 직업이 많이 생겨나고 새로운 직업은 젊은이들이 먼저 참여하여 개척하게 되며, 이에 따라 노인의 직업기술과 지식은 젊은이들에 비하여 뒤떨어지게 되고, 이로 인하여 압력을 받아 결국은 퇴직하게 된다. 셋째, 도시화(urbanization)로 인해서 농촌에서 도시로 또는 도시에서 도시로 직업을 찾아나서는 지리적 이동이 나타나고 새로운 지역에서 직업을 얻은 젊은이들은 그곳에서 결혼하여 정착하게 된다. 이렇게 거주지역이 달라짐으로써 자녀와 노부모 간의 지리적 분리현상이 생기고 이것이 사회적 상호작용을 약화시켜 사회관계의 분리를 초래하며 결국은 노인의 지위를 하락시키는 데 영향을 미치게 된다. 넷째, 교육의 대중화(mass education)로 교육의 기회가 확산됨에 따라 교육은 점차 대중화되고 이로 인하여 자녀세대들은 부모세대들보다 교육을 더 많이 받게 된다. 이러한 교육의 격차는 사회적 지위를 전도시켜서 지적 및 도덕적 분리를 촉진시키고 이러한 현상은 노인의 지위를 낮게 만든다. 현대화의 영향으로 노인들은 긴 여가시간, 역할상실, 수입절감, 건강약화, 건강보호문제, 부양·보건문제, 사회적 및 심리적 고립과 소외 등의 문제들을 경험하게 될 확률이 높다.

(4) 분리이론

분리이론(disengagement theory)은 노인들이 노년기에 잘 적응하기 위해서 활발하게 활동해야 하는 것보다는 활동을 줄이고, 수동적인 역할을 모색하거나, 다른 사람들과의 접촉을 줄이고, 개인의 내적인 삶에 더욱더 몰두하는 것이 노인들에게 적합하고, 또한 이로 인한 개인적인 만족감도 높다고 설명하고 있다. 분리는 죽음에 대한 보편적인 기대와 고령화에 따른 능력의 감소에 의한 것으로 자연적인 것이다. 분리의 과정은 노인들에 의해서 시작될 수도 있고 또한 사회에 의해서도 진행되기도 한다.

노인은 젊은이에 비하여 건강이 약화되고 죽음에 임하게 되는 확률이 높으므로 개인의 입장에서는 최적의 만족을 얻고, 사회체계의 입장에서는 중단 없는 전진을 위하여 노인과 사회가 상호 간에 분리되기를 원하며, 이러한 분리는 정상적이고 피할 수 없는 것이다. 개인은 자기의 자아가 변하여 타인과의 관계를 유지시킬 수 있는 동기가 약화되는 것을 경험한 후에 먼저 사회로부터의 분리를 결정할 수 있다. 노인이 갖고 있는 기술 및 지식이 현대사회에 적합하지 않을 때에 사회가 노인을 사회체계로부터 분리시킬 수도 있다. 활동이론과는 정반대의 견해로서 분리이론은 노화와 더불어 사회적 활동을 적게 할수록 노인의 심리적 만족도는 높아진다고 주장하고 있다.

(5) 활동이론

활동이론(activity theory)은 노년학에서 가장 지배적인 이론적 관점의 하나이다. 이 이론에 의하면, 활동이 많은 노인들은 활동이 적은 노인들보다 삶의 만족도가 높다는 것이다. 활동이론에서 한 사람의 자아개념은 중년기의 역할수행에 의해서 결정되며, 노인들에게 가능한 한 그들의 중년기 활동들을 유지시키는 것이 바람직하다. 또한 퇴직이나 배우자의 사별에 의해서 상실된 부분들을 새로운 역할로 상쇄시킬 수 있도록 해야 한다.

생물학적 측면과 건강의 불가피한 변화를 제외하고는 노인은 근본적으로 중년기와 다름없는 심리적·사회적 욕구를 지니고 있다. 노인이 다른 사람들과 어울리기를 원하고 집단활동과 지역사회의 일에 참여하는 것은 자연스러운 일이다. 그러나 자아정체감을 향상시킬 수 있는 사회적 활동 참여가 제약을 받으면, 자아평가에 위기를 초래하고 부정적인 자아상을 형성할 가능성이 커진다. 친밀한 활동을 할수록 노인의 생활만족도가 높게 유지되므로 퇴직으로 인하여 상실된 역할활동을 대치할 만한 다른 활동에의 참여가 절대적으로 필요하다.

(6) 교환이론

교환이론(social exchange theory)에서는 사회적 행동을 적어도 두 사람 사이의 활동의 교환으로 보고, 대인관계는 사람들 사이에 보상을 반복적으로 교환하는 것으로 규정하고 있다. 이러한 사회적 행동 또는 대인관계가 이루어지는 기본조건으로 투지보다는 보상의 가치가 높을 때에 사회적 교환행동들이 지속된다. 불균형화된 교환관계에서의 의존성이 커져 결국은 권력적 열세에 처하게 되는 쪽은 가능한 한 교환관계를 균형화시키려고 하고, 그렇게 함으로써 교환관계에서 발생하는 손해 또는 비용을 줄이려는 경향이 있다. 노인의 교환자원의 부족, 가치성의 저하 또는 고갈 등은 노인이 집단으로서 또는 개인으로서 사회적 교환관계를 형성하는 데 있어서 열세를 면치 못하는 지위로 하락되는 경향이 높다. 교환자원의 가치 저하는 의존성을 증가시키고 이는 권력의 약화를 초래한다. 개인 및 사회와의 교환이론이 노인과 관련된 모든 문제를 설명할 수는 없지만 퇴직제도, 경제적 문제, 역할상실, 사회적 고립 및 소외, 가족 및 친구관계에 관한 부분의 노인문제를 설명하는 데에 적합하다.

(7) 생애과정이론

생애과정이론(life course perspective theory)은 노화과정 또는 인생과정(생활주기)은 역동적이며 상황적 맥락 속의 과정이고, 연령과 연관되어 생애과정의 단계가 바뀌고, 노화는 사회적 맥락, 문화적 의미, 사회구조상의 위치와 연계되어 이들에 의해 영향을 받으며, 시간, 기간, 동년배집단도 개인과 사회집단의 노화과정의 형성에 영향을 미친다는 것이다. 이 이론은 우선 역사적 효과, 사회구조, 개인적 의미를 이론적 및 분석적 모델에 구현하려 함으로써 미시적 수준과 거시적 수준의 사회적·구조적 분석과 연계하려는 시도라 할 수 있고, 또한 학제간 또는 다학문적 접근의 필요성을 제기하고 있다.

(8) 여성주의 이론

여성주의 이론(feminist theory)은 대부분의 노인인구가 여성이기 때문에 여성의 입장과 욕구의 고려를 강조하는 점, 이러한 여성적 입장을 일상생활과 사회서비스에 반영할 필요가 있다는 점, 미시적 차원과 거시적 차원의 변수를 연계하여 여성노인과 노화과정을 분석하려는 점 및 역사적 발전과정에서 일반적 여성주의 이론도 연령문제를 무시하고 있다고 비판하고 있다는 점에서 의미 있고 합리적인 주장이라 할 수 있다.

(9) 정치경제학 이론

정치경제학 이론(political economy of aging theory)은 경제적 및 정치적 힘이 사회적 자원 배분을 결정하고, 노인의 대우와 지위는 공공정책, 경제적 경향, 사회구조적 요인에 의해서 크게 영향을 받는다는 것이다. 또한 이 이론은 노화와 노인을 거시적 차원의 변수로 이해하고 분석하려는 대표적 관점이다. 이 이론은 사회구조, 경제정책과 공공정책이 노인 개인에게 지대한 영향을 미치며, 이러한 변수들이 노인의 선택을 제한한다는 것을 강조하고 있다.

3. 노인복지의 원칙

(1) 존엄성 및 개성 존중의 원칙

인간은 신분, 직업, 연령, 신체적·정신적 건강, 경제적 지위 등의 어떤 면에서도 차별을 받지 않는 인간적인 권리로서의 존엄성(dignity)이 존중되어야 한다. 비록 노인이 신체적 질병이나 정신적인 장애를 갖고 있더라도 그들의 존엄성과 개별적인 특성을 충분히 고려하여 노인들을 위한 서비스나 프로그램을 운영해야 한다.

(2) 개별화의 원칙

인간은 각각의 개성이 존중될 수 있도록 개별적으로 다루어야 한다. 노인을 연령층에 따라 60세 또는 65세 이상 등 동일한 집단으로 다루는 경우가 많으나, 노인의 연령 폭은 60세에서 120세 이상까지 넓다. 노인들에 대한 고정관념과 편견(stereotype)을 버리고 노인들의 개별적인 특성 및 상황을 충분히 고려하는 것이 바람직하다.

(3) 자기결정의 원칙

클라이언트의 자기결정(self determination)은 외부의 영향을 받지 않고 스스로 결정하는 것으로서 모든 사항에 대하여 스스로 선택하여 생활하고 다른 사람의 충고를 받지 않고 행동하거나 결정할 자유를 의미한다. 사회복지사는 노인이 신체적·정신적인 이유로 의사를 결정할 수 없는 경우를 제외하고 노인 자신의 복지에 영향을 미치는 어떠한 결정도 가능하면 노인 스스로의 선택에 의하여 이루어지도록 해야 한다.

(4) 권리와 책임의 원칙

모든 노인에게는 권리와 책임이 수반된다. 노인복지법 제2조에는 노인들의 권리와 책임을 다음과 같이 정의하고 있다. 첫째, 노인은 후손의 양육과 국가 및 사회발전에 기여하여 온 자로서 존경받으며 건전하고 안정된 생활을 보장받는다. 둘째, 노인은 그 능력에 따라 적당한 일에 종사하고 사회적 활동에 참여할 기회를 보장받는다. 셋째, 노인은 노령에 따르는 심신의 변화를 자각하여 심신의 건강을 유지하고 그 지식과 경험을 활용하여 사회의 발전에 기여하도록 노력해야 한다. 이와 같은 노인들의 권리와 책임을 이행할 수 있는 사회적 환경을 제공하는 것이 매우 시급하다.

(5) 보편성과 선별성의 원칙

보편적 프로그램(universalism)은 경제적 상태에 관계없이 어떤 계층이나 범주에 속하는 모든 사람에게 그 혜택이 주어지는 것이고, 선별적 프로그램(selectivism)은 급여의 자격조건이 잠재적인 클라이언트의 재정적인 상태를 평가하는 자산조사(means test)의 결과에 의하여 결정되는 것이다. 노인복지서비스를 제공할 경우 정부의 주어진 재정적·사회적 여건을 고려하여 노인의 욕구에 따라 선별적 원칙과 보편적 원칙을 적절히 적용해야 한다.

(6) 계발적 기능의 원칙

노인복지서비스의 과제는 평생교육제도의 활성화를 통하여 노인에게 내재되어 있는 능력을 도출해 내어 발전할 수 있도록 해야 한다. 노인들이 단순히 사회에서 존경의 대상으로 남는 것이 아니라 그들의 능력, 기술, 경험 등을 활용하여 사회에 기여할 수 있도록 다양한 후원체계를 구축해야 한다.

(7) 전체성의 원칙

노년기에는 신체적 능력의 저하, 우울감의 증가, 학습의욕의 저하 및 사회적 고립 등에 처할 경우가 매우 많다. 노인들에게 복지서비스를 제공할 때에 노인은 신체적·정서적·지적·사회적·심리적·영적 제 측면의 총체로서 인정받아야 하며, 어느 한 측면만을 강조하여 원조하는 것은 바람직하지 못하다.

(8) 전문성의 원칙

노인복지사업을 효과적으로 수행하기 위해서는 자선적 온정의 손길 이외에도 노인과 관련된 다양한 분야의 전문적인 지식과 기술을 기반으로 해야 한다. 또한 노인복지서비스의 전문성을 확보하기 위하여 지속적인 연구와 전문인력의 양성이 매우 필요하다.

(9) 노인의 시대적 욕구의 반영 원칙

노인은 시대에 따라 각각 다르게 이해되어야 한다. 노인을 동년배 집단별로 비교하면 각각 다른 사회적・역사적 경험을 겪었고, 다른 사회화 과정을 거쳐서 노령기에 이르렀으므로 노인의 욕구는 시대적 욕구를 잘 파악하여 이를 적절히 반영해야 한다. 이를 위하여 노인에 대한 전국적 규모의 정기적 욕구조사가 필요하다(박종삼 외, 2002).

4. 노인복지의 내용

1) 소득보장정책

우리나라의 노인과 관련된 직접적 소득보장제도로서 연금제도는 공무원연금, 군인연금, 사립학교교직원연금, 국민연금 등으로 구성되어 있다. 그중에서도 대표적인 것이 국민연금제도이다. 국민연금은 국민의 노령, 폐질 또는 사망 등 사회적 위험이 발생한 경우에 가입자의 갹출금을 주된 재원으로 하여 연금급여를 지급함으로써 국민의 생활안정과 복지를 증진시키고자 하는 제도이다.

공공부조는 일반조세를 재원으로 급여가 제공되며, 자산조사에 의한 개별적인 욕구의 측정과 확인이 급여자격 조건이 된다. 우리나라의 경우 1999년 9월 7일 제정되어 2000년 10월 1일부터 시행되어 온 국민기초생활보장사업이 있는데, 노인은 국민기초생활보장 대상자 집단의 중요한 구성원이 되고 있다.

부가적 소득보장제도로는 기초노령연금제도(2008. 1. 1. 시행)가 있다. 기초노령연금은 2007년 경로연금제도를 보완하기 위해 시행된 제도이다. 경로연금은 1991년부터 생활보호대상 노인에게 지급되던 노령수당을 흡수·통합하여 1997년 노인복지법 개정에 의해서 경로연금제도를 1998년 7월부터 실시한 것이다. 그러나 대상자가 많지 않고, 그 지급액이 낮아 실제 저소득 노인의 생활안정에는 미흡하다는 점이 지적되어 왔다.

간접적 소득보장제도로는 경로우대제도가 있다. 전체 노인을 대상으로 이용요금의 면제와 할인혜택을 통해 간접적인 소득을 보장해 주는 프로그램으로, 철도·전철 등의 교통수단 운임의 할인이나 고궁·박물관 등의 공공기관 입장료 할인 등의 제도가 있다.

이 밖에도 노인취업알선센터와 노인공동작업장, 고령자 인재은행, 고령자고용촉진제도 및 각종 세제혜택 등 노인의 간접적인 소득을 보장하기 위한 제도가 있다(박일연 외, 2008).

2) 보건의료보장정책

노인의료보장은 노인이 건강하고 질병을 손쉽게 해결할 수 있도록 각종 보건의료서비스를 제공하는 것에서부터 재활에 이르는 전반적인 서비스를 일컫는다. 우리나라의 보건의료보장제도는 역시 사회보험으로서 각종 의료보험제도와 공공부조로서 의료보호와 노인건강진단사업 등이 있다. 현재 우리나라의 의료보험제도는 공무원 및 사립학교교직원 의료보험, 직장의료보험 및 지역의료보험제도 등 세 가지로 분립되어 있는 것을 국민건강보험체계로 통합되어 운영되고 있다.

특히 정부는 2006년 2월 7일 국무회의에서 2008년 7월부터 치매·중풍 등으로 일상생활을 혼자서 수행하기 어려운 노인에게 간병·수발과 입소시설 등의 공적 수발서비스를 제공하는 것을 주요 대상으로 하는 노인수발보험법 제정안을 통과시켰다. 그 이후 2007년 4월에 노인장기요양보험이라는 명칭이 국회에서 최종 의결되었고, 2008년 7월 1일부터 본격적으로 실시되었다. 이 제정안의 주요 내용을 표로 정리해 보면 〈표 8-1〉과 같다.

〈표 8-1〉 노인장기요양보험제도의 주요 내용

구 분	내 용
목 적	고령이나 노인성 질병 등으로 인하여 일상생활을 혼자 수행하기 어려운 노인 등에게 신체활동 또는 가사지원 등의 장기요양급여를 사회적 연대 원리에 의해 제공하는 사회보험제도
대 상	보편적 제도 장기요양이 필요한 65세 이상 노인 및 치매노인 등 노인성 질환을 가진 64세 이하의 국민
서비스	시설급여 재가급여(방문요양, 방문목욕, 방문간호, 주·야간보호, 단기보호 등) 특별현금급여(가족요양비, 특례요양비 등)
비 용	재가급여 : 당해 장기요양급여비용의 100분의 15 시설급여 : 당해 장기요양급여비용의 100분의 20 국민기초생활 보장법에 의한 수급자는 전액 면제 의료급여수급권자, 소득·재산 등 보건복지부 장관이 정하여 고시하는 일정 금액 이하인 자는 본인부담금 50%를 경감

우리나라에서의 노인장기요양보험제도의 도입은 심각한 인구고령화의 진행과 가족의 과중한 부양부담을 경감하고 증가하는 노인의료비에 대한 대비책으로서, 사회보험방식을 기반으로 하여 노인의 수발보호 문제를 해결하고자 하는 제도이다.

기대효과로는 비전문적인 가족으로부터의 요양이 계획적인 전문적 요양, 간호서비스를 제공하게 됨으로써 노인의 삶의 질이 크게 향상될 것으로 기대되며, 현재 월 100~200만 원 정도의 요양시설의 부양부담이 30~50만 원으로 줄어들 것으로 기대된다. 또한 여성 등 비공식 요양인의 기회비용과 노동손실이 감소되고, 사회 전체적인 경제적 편익과 경제, 사회활동이 증가될 뿐 아니라, 요양보호사, 간호사 등 약 4만 명의 고용창출효과와 지역요양시설의 확대 및 노인의료 및 요양의 전달체계 효율화가 이루어지고 있다.

공적부조제도로서 의료급여수급자는 국민기초생활수급자, 재해이재민, 의상자 및 의사자의 유족, 국내에 입양된 18세 미만의 아동, 국가유공자와 그 가족, 중요한 무형문화재의 보유자(명예보유자) 및 그 가족, 북한이탈주민과 그 가족,

광주 민주화 운동 관련자와 그 가족, 그 밖에 생활유지능력이 없거나 생활이 어려운 자로서 대통령이 정하는 자이다.

노인건강검진제도는 노인복지법상 규정된 보건의료서비스에 속하는데, 65세 이상 노인에 대하여 건강진단과 보건교육을 실시할 수 있게 되어 있다. 노인건강진단제도는 질병의 조기발견 및 조기치료로 노인의 건강을 유지시키고 증진시켜 노인복지 증진을 도모함을 목적으로 추진되고 있다(박일연 외, 2008).

3) 노인복지서비스

노인복지법에 의한 노인복지서비스 체계를 살펴보면 다음과 같다. 현재 우리나라는 1997년 노인복지법의 전문개정으로 노인복지시설의 유형을 노인주거복지시설, 노인의료복지시설, 노인여가복지시설, 재가노인복지시설 등으로 구분하고 있다. 이용방법에 따라서는 생활시설과 이용시설로 분류되는데, 생활시설은 요보호대상자를 24시간 일정한 장소에서 보호하는 시설로 노인주거복지시설과 노인의료복지시설이 해당되며, 이용시설은 재가 혹은 시설생활자가 통원하는 방법으로 서비스를 이용할 수 있도록 하는 시설로 노인여가복지시설과 재가노인복지시설이 해당된다.

노인주거복지시설은 다음과 같이 구분할 수 있다.

〈표 8-2〉 노인주거복지시설 유형과 사업내용

시설유형	사업내용
양로시설	노인을 입소시켜 급식과 그 밖에 일상생활에 필요한 편의를 제공함을 목적으로 하는 시설
노인공동생활가정	노인들에게 가정과 같은 주거여건과 급식, 그 밖에 일상생활에 필요한 편의를 제공함을 목적으로 하는 시설
노인복지주택	노인에게 주거시설을 임대하여 주거의 편의·생활지도·상담 및 안전관리 등 일상생활에 필요한 편의를 제공함을 목적으로 하는 시설

노인의료복지시설은 다음과 같이 구분할 수 있다.

〈표 8-3〉 노인의료복지시설 유형과 사업내용

시설유형	사업내용
노인요양시설	치매·중풍 등 노인성 질환 등으로 심신에 상당한 장애가 발생하여 도움을 필요로 하는 노인을 입소시켜 급식·요양과 그 밖에 일상생활에 필요한 편의를 제공함을 목적으로 하는 시설
노인요양 공동생활가정	치매·중풍 등 노인성 질환 등으로 심신에 상당한 장애가 발생하여 도움을 필요로 하는 노인에게 가정과 같은 주거여건과 급식·요양과 그 밖에 일상생활에 필요한 편의를 제공함을 목적으로 하는 시설

노인여가복지시설은 다음과 같이 구분할 수 있다.

〈표 8-4〉 노인여가복지시설 유형과 사업내용

시설유형	사업내용
노인복지관	노인의 교양·취미생활 및 사회참여활동 등에 대한 각종 정보와 서비스를 제공하고, 건강증진 및 질병예방과 소득보장·재가복지, 그 밖에 노인의 복지증진에 필요한 서비스를 제공함을 목적으로 하는 시설
경로당	지역노인들이 자율적으로 친목도모·취미활동·공동작업장 운영 및 각종 정보교환과 기타 여가활동을 할 수 있도록 하는 장소를 제공함을 목적으로 하는 시설
노인교실	노인들에 대하여 사회활동 참여욕구를 충족시키기 위하여 건전한 취미생활·노인건강 유지·소득보장·기타 일상생활과 관련한 학습 프로그램을 제공함을 목적으로 하는 시설

재가노인복지시설은 다음 서비스의 내용 중 하나 이상의 서비스를 제공함을 목적으로 하는 시설을 말한다.

〈표 8-5〉 재가노인복지서비스 유형과 내용

서비스 유형	내 용
방문요양서비스	가정에서 일상생활을 영위하고 있는 노인(이하 "재가노인"이라 한다)으로서 신체적·정신적 장애로 어려움을 겪고 있는 노인에게 필요한 각종 편의를 제공하여 지역사회 안에서 건전하고 안정된 노후를 영위하도록 하는 서비스
주·야간보호서비스	부득이한 사유로 가족의 보호를 받을 수 없는 심신이 허약한 노인과 장애노인을 주간 또는 야간 동안 보호시설에 입소시켜 필요한 각종 편의를 제공하여 이들의 생활안정과 심신기능의 유지·향상을 도모하고, 그 가족의 신체적·정신적 부담을 덜어주기 위한 서비스
단기보호서비스	부득이한 사유로 가족의 보호를 받을 수 없어 일시적으로 보호가 필요한 심신이 허약한 노인과 장애노인을 보호시설에 단기간 입소시켜 보호함으로써 노인 및 노인가정의 복지증진을 도모하기 위한 서비스
방문목욕서비스	목욕장비를 갖추고 재가노인을 방문하여 목욕을 제공하는 서비스
그 밖의 서비스	그 밖에 재가노인에게 제공하는 서비스로서 보건복지부령이 정하는 서비스

5. 노인복지의 과제

노인복지의 과제를 의료보장, 소득보장, 노인복지서비스로 나누어 간략히 알아보면 다음과 같다.

1) 노인의료보장

첫째, 노인의 활동제한의 주 원인으로 작용할 수 있는 각종 만성질환의 조기발견과 예방 및 계속적 관리체계가 구축되어야 한다.

둘째, 노인의 의료비 지출이 계속 증가추세에 있으므로 의료비 증가를 억제하고, 저렴하고 양질의 서비스를 제공할 수 있는 다양한 서비스를 제공하기 위한 중간시설 및 서비스 분류에 적합한 인력이 개발되고 활용되어야 한다.

셋째, 노인을 위한 보건 및 의료서비스의 개발을 위해서 대부분의 노인은 건강하고 활동적이라는 개념을 기초로 서비스가 개발되어야 한다.

넷째, 국민연금제도의 재정안정을 도모해야 한다. 이를 위해 가입자가 부담하는 보험료 수입과 급여가 장기적으로 균형을 이루어야 한다. 또한 자영업자에 대한 소득파악의 방법이 조속히 개발되어야 할 것이며, 국민연금 공동화 현상에 대한 적극적인 대책이 필요하다(양옥남 외, 2006).

2) 노인소득보장정책

첫째, 국민기초생활보장수급자의 합리적 선정과 급여수준의 현실화가 필요하다. 국민기초생활보장수급자의 합리적 선정을 위해 최저생계비를 바탕으로 한 적절한 소득과 재산기준을 설정하고, 전문인력에 의한 소득과 재산조사를 실시하여야 한다. 이를 위하여 정부는 현실적인 최저생활비를 매년 조사하고 공식적인 빈곤선을 발표하여 빈곤인구를 정확히 파악하는 것부터 선행해야 할 것이다. 아울러 급여수준의 현실화를 도모하여 빈곤노인의 인간다운 최저생활을 보장하여야 할 것이다.

둘째, 노인취업제도의 활성화가 필요하다. 구체적으로 보면, ① 고령자고용촉진법의 내실화가 필요하다. 노인의 고용확대를 위해서는 공공기관부터 고령자의 적합 직종을 선정하여 노동시장에 노인을 보호하며 우선적으로 고용하는 관행을 정착시켜 나가야 할 것이다. ② 고령자 적합 직종의 개발, 보급과 창업 지원이 요구된다. 고령자의 고용 및 창업을 활성화하기 위하여 노인 적합 직종을 지속적으로 개발해 나가야 하고, 자립 가능한 노인의 개인 및 단체 창업을 지원(노인소득보장의 가장 효과적인 방법)하는 것이 바람직하다. ③ 노인취업알선센터의 활성화가 필요하다. 노인취업을 위하여 전문상담과 컨설팅, 인력연계훈련 및 지도, 취업알선 등을 할 수 있는 원스톱(one-stop) 노인취업알선센터로 전환하여 활성화시켜 나가야 할 것이다(김옥희, 2000). ④ 고용형태의 다양화가 필요하다. 고령근로자의 신체적 · 지적 · 정신적 능력 여하에 따라서 다양한 고용형태와 근무조건(임금 등)을 제시하여 선택하도록 하고, 이를 채택하는 기업에게 혜택을 부여하는 여건을 조성하도록 한다. ⑤ 고령자고용장려금의 활성화가 필요하다. 고령자에 대해서 근무연장제도나 재고용제도에 의해 정년연장의 효과를 창출하는 기업에 대해서도 고용장려금을 지급하도록 한다. ⑥ 지역사회시니어

클럽의 활성화가 필요하다. 지역사회시니어클럽(CSC)을 확충하여 그들이 직업경험을 통해서 얻은 다양하고 가치 있는 지식・기능・태도를 활용하고 나아가 단기고용을 통한 취업기회 제공을 촉진한다. ⑦ 노부모봉양지원제도의 확대가 필요하다. 부양에 대한 소득세, 주택세, 토지세, 영업세 등에 있어 자녀들의 직업, 거주지, 결혼상태별로 감면혜택을 대폭적으로 적용하는 방법이다. ⑧ 경로우대 영역의 확대가 필요하다. 경로우대 영역을 공공시설 외에 민간기업이나 단체의 서비스까지 확대하되 민간기업의 자발적 참여를 유도하고 참여업체에 대해서는 세제혜택을 부여하는 방안을 고려해 보는 것이 바람직하다(박차상 외, 2005).

3) 노인복지시설서비스

첫째, 노인복지시설의 전문인력 양성과 현실적인 인력배치가 요구된다. 대부분의 노인복지시설이 적자운영인 경우가 많아 이러한 운영이 결국은 전문인력의 확보와 보충, 전문성 향상을 위한 교육 프로그램을 소홀하게 함으로써 서비스의 질적인 하락을 초래하게 되므로, 전문종사자의 처우개선과 전문인력의 증원, 정기적 인재교육 등이 이루어져야 한다.

둘째, 노인권익보호에 대한 시설종사자들의 인식 향상이 요구된다. 노인장기요양보험으로 인하여 노인들의 서비스 절대 수가 증가하고 있는 시점에서 이에 대한 시설 및 인적 인프라가 부족한 시설의 경우 노인에게 주어지는 서비스의 질적 하락을 초래하고, 이는 다시 노인학대로 이어질 수 있는 여지가 있음을 복지선진국의 예를 통해 알 수 있다. 그러므로 시설 및 지역사회 노인학대에 대한 정확한 인식과 이를 예방하기 위한 다양한 교육이 지속적으로 이루어져야 한다.

셋째, 재가노인들을 위한 관련 시설서비스의 소개 및 접근성 제고를 위한 관련기관 간의 연계체계가 유기적으로 이루어져야 한다. 예를 들어, 재가노인의 사회참여 확대를 위해서 경로당의 운영 혁신 프로그램 내실화, 독거노인의 복지서비스를 위한 원스톱지원센터의 운영 내실화, 안전지킴이 사업, 독거노인결연사업 등 노인의 욕구에 맞는 서비스가 연계되어야 한다.

참고문헌

국민건강보험공단(2005). 65세 이상 노인 의료 이용실태.

권육상(2002). 노인복지론. 서울 : 유풍출판사.

김 욱(2004). 충남노인복지시설의 전문성 강화 모색. 천안·아산 지역 사회복지사 워크숍. 천안대학교 사회복지사업단.

김옥희(2000). 한국 실직자 재취업 교육을 통한 중국의 실직자 교육방향에 대한 연구. 충남대학교 대학원 석사학위논문.

노동부(2005). 고령자 인재은행 통계자료.

모선희·김형수·유성호·윤경아(2005). 현대노인복지론. 서울 : 학지사.

박경일·김경호·서화정·윤숙자·이명현·이상주·이재모·전광현·조수경(2011). 사회복지학강의. 경기 : 양서원.

박광준 외(1999). 고령화 사회와 노인복지. 부산 : 세종출판사.

박일연·유정옥·박차상·박연희·김충식·노길희·양희택·전영숙(2008). 사회복지개론. 경기 : 양서원.

박차상·김옥희·엄기욱·이경남·정상양·배창진(2005). 한국노인복지론. 서울 : 학지사.

보건복지부(2003). 보건복지 통계 연보.

________(2004). 노인복지사업 안내.

________(2005). 의료급여사업 안내.

________(2005). 2005년도 노인복지시설 현황.

________(2005). 2005년도 저소득 경로연금 수급자 현황.

________(2005). '04년 노인복지시설 증가 현황 및 이용노인 수 증가 실태.

양옥남·김혜경·김미숙·정순둘(2006). 노인복지론. 경기 : 공동체.

이인수(2006). 21세기 노인복지론. 서울 : 대왕사.

최성재·장인협(2005). 노인복지론. 서울 : 서울대학교출판부.

통계청(2003). 한국의 사회지표.

한국보건사회연구원(2005). 2004년도 전국 노인생활실태 및 복지욕구조사. 경기 : 보건복지부·서울 : 한국보건사회연구원.

제9장

장애인복지

1. 장애 및 장애인의 개념

'장애' 및 '장애인'의 정의는 한 나라의 정치적·사회적·문화적 여건과 수준에 따라 다르므로 간단히 정의할 수 있는 것은 아니다. '장애'란 보통 "무엇인가를 하고자 할 때 방해가 되는 그 무엇"이라는 사전적 의미를 가지고 있지만, 장애인복지 영역에서 '장애'란 인간의 어떤 특수한 상태, 즉 기능의 저하나 이상, 상실 같은 것을 의미하는 것으로 사용되고 있다. 이렇게 볼 때 '장애인'에 대한 정의는 다양한 차원에서 이루어질 수가 있다. 보편적 장애인에 대한 정의로서는 UN의 장애인 권리선언(1975. 12. 9) 제1조에 나타난 장애인의 정의가 있다. 여기서는 "장애인이라 함은 선천적이든 혹은 후천적이든 간에 신체적·정신적 능력이 완전하지 못함으로 인하여 개인적 또는 사회적 생활에서 일상의 필요한 것을 확보하는 데 스스로 완전히 혹은 부분적으로 할 수 없는 사람"을 의미한다.

세계보건기구(WHO)는 1980년에 장애의 계층적 개념을 제창하면서 국세장애분류(ICIDH : International Classification of Impairments, Disabilities, and Handicaps)라고 하는 장애에 대한 개념적 틀을 발표한 바 있는데, 이에 따르면 장애의 세 가지 자원이라고 할 수 있는 기능장애와 능력장애, 사회적 불리는 인과적으로 그리고 시간적으로 연속선상에 있다고 보았다.

① 기능장애(Impairment : I코드) : 정신적·신체적 또는 해부학적으로 기구나 기능의 상실 또는 이상

② 능력장애(Disability : D코드) : 인간으로서 정상적 생활을 영위함에 있어서 그 활동을 형성하는 일반적 능력이 impairment에 의해 제한받거나 결핍되는 상태

③ 사회적 불리(Handicap : H코드) : impairment나 disability에 의해 형성되는 개인의 불리로서 연령, 성, 사회적·문화적·경제적 요인들과 관련된 개인의 역할을 이루어 나가는 데 있어 제한받거나 방해되는 상태

2. 장애인복지의 개념

장애인복지는 사회복지의 한 분야로서 여러 종류의 심신장애로 인해 생활의 곤란을 겪고 있는 사람에 대하여 각종 재활을 통하여 사회적 인식의 개선과 물리적 환경을 조성하며, 모든 분야에서 사회적 생활이 보장되고 심리적으로 안정된 삶을 영위하도록 원조하는 국가 및 사회의 조직적 노력의 총체를 말한다. 이러한 장애인복지는 장애인이 가지고 있는 잔존능력을 최대한 개발하여 사회적응이 가능하도록 하고 국민운동 또는 주민운동 등에 의하여 장애인을 그 지역사회 내에 포용할 수 있는 정상화(normalization)와 사회통합(social integration) 이념을 기초로 해야 한다.

UN이 1981년에 '세계장애인의 해'로 선포하는 등 전 세계적으로 장애인에 대한 관심이 증대됨에 따라 우리나라에서도 1981년 심신장애자복지법을 제정·공포하고, 1988년에는 대통령 직속으로 '장애자복지대책위원회'를 설치하여, 같은 해 10월부터 장애인등록사업을 시작했으며, 제8회 서울장애인올림픽을 개최하는 등 장애인복지에 관심이 크게 증대되었다.

장애인복지의 개념에는 두 가지 시각이 있다. 첫째, 장애인에게 있어서 바람직한 상태(사회적 상황)를 가리키는 것으로서 이념이나 목표라고 하는 목적개념이다. 그것은 의학적 핸디캡을 갖는 상태에 있다 할지라도 인간의 생명 그 자체가 가치인 것이며, 능력껏 살며 충실한 생활을 영위하는 것이 이상인 것이다. 그러기 위해 인간의 전체적 발달의 기회를 보장한다는 것이 장애인복지의 이념이며 목표가 된다. 이 개념하에서의 장애인복지는 장애인이 인간의 존엄성을 보장받으며, 인간으로서의 권리를 회복하게 하고, 재활(rehabilitation)과 정상화 그리고 '완전 참가와 평등' 같은 가치와 주요 이슈로서 자리매김하게 된다.

둘째, 실체개념으로서 정책, 제도, 원조활동 등의 사회적 체계를 가리키며, 이

것은 다시 현행의 복지정책, 제도, 원조활동 등 협의의 장애인복지와 협의의 장애인복지에 교육, 위생, 노동 등의 관련 시책을 포함하는 광의의 장애인복지로 구분하여 사용된다.

그러나 장애인복지의 개념에 대한 이 두 가지 시각은 따로 존재하는 것이 아니라 서로 관련되어 있다. 즉, 이념과 목표에 비추어 대책을 위한 상황을 묻고 문제점을 찾아 대책을 구상함으로써 장애인복지가 실현된다.

3. 장애인복지의 특성

장애인복지는 장애를 가지고 있는 특정인을 대상으로 하기 때문에 일반적인 사회복지의 공통적 특성 외에도 다른 복지대상과는 구별되는 몇 가지 특성을 내포하고 있다. 신섭중(2000)은 장애인복지의 특성을 다음과 같이 들고 있다.

(1) 복잡성

장애인은 장애라는 사실로부터 부차적으로 파생하는 여러 가지 문제, 이를테면 학교입학의 어려움이나 취직난, 가족의 결혼에도 나쁜 영향을 미치는 등의 중압에 괴로움을 당한다. 이와 관련하여 장애인에게 문제는 중층화되면서 복잡한 구조로 나타난다. 복잡한 양상을 드러내는 장애인 문제의 근처에는 사회 전체가 갖는 그릇된 장애인관이 있다. 이와 같은 그릇된 장애인관은 사회가 만들어 낸다. 따라서 그릇된 가치관, 장애인관에 대하여 사회를 향한 변혁을 추구하는 철저한 노력이 있어야 한다.

(2) 총합성

장애인 문제의 복잡성에 따른 문제의 해결에 있어 장애인복지는 매우 총합성이 높은 것으로 파악할 필요가 있다. 즉, 장애인복지는 사회복지의 문제일 뿐만 아니라 의학, 교육학, 심리학, 사회학 그리고 나아가서는 공학, 건축학 등의 과제이기도 하다. 이들의 과학적 연구를 기반으로 하여 교육, 의학, 노동 그리고 복지 등의 구체적 원조활동이 제휴함으로써 비로소 총합성이 높은 장애인 복지로 구현되는 것이다.

(3) 운동성

오늘날 장애인 자신의 권리의식 제고와 더불어 권리보장운동이 일어나고 있다. 이와 같은 운동이 시민 속에 장애인에 대한 이해를 불러일으키면서 '더불어 산다'라고 하는 공감관계를 육성하는 방향으로 나아갈 때 장애인의 위치는 구제대상으로부터 권리주체로 변화하게 되는 것이다.

(4) 발달보장의 권리성

심신장애의 유무에 관계없이 모든 인간의 발달은 기본적으로 공통의 기제를 갖는다. 이를테면 장애가 없는 아동에게 부모나 또래집단, 교사 그리고 지역사회 등이 풍부한 교육적·사회적 관계가 필요한 것과 마찬가지로 장애아동에게도 그와 똑같이 보장되어야만 한다. 이와 같은 사고에 근거함으로써 비로소 인간의 평등성이 공감되며 헌법 제34조에 보장된 "인간다운 생활을 할 권리"가 실제로 그 무게를 더하게 되는 것이다.

4. 장애의 유형과 특성

장애의 유형은 장애를 어떻게 정의하느냐에 따라서 그리고 기준을 어디에 두느냐에 따라 분류할 수 있다. 우리나라의 장애인복지법 제2조를 보면, 장애 유형을 신체적 장애와 정신적 장애로 분류하고, 이 법 시행령 제2조는 이를 세분하여 장애종류를 지체장애, 뇌병변장애, 시각장애, 청각장애, 언어장애, 지적장애, 자폐성장애, 정신장애, 신장장애, 심장장애 등의 15가지로 분류하고 있다.

〈표 9-1〉 장애인의 분류

대분류	중분류	소분류	세분류
신체적 장애	외부 신체기능 장애	지체장애	절단장애, 지체기능장애, 관절장애, 변형 등의 장애
		뇌병변장애	중추신경 손상에 따른 복합적 장애
		시각장애	시력장애, 시야결손장애
		청각장애	청력장애, 평형기능장애
		언어장애	언어장애, 음성장애
	내부기관 장애	신장장애	신장을 이식받았거나 투석치료 중인 경우
		심장장애	일상생활에 현저한 제한을 받는 심신기능의 이상
		호흡기장애	폐나 기관지 등 호흡기관의 기능장애로 일상생활 및 사회생활 활동이 제한
		간장애	간기능의 장애가 지속되며, 이로 인하여 기본적 일상생활 및 사회생활 활동이 제한
		안면장애	안면부의 변형으로 인하여 장애가 지속되며, 이로 인하여 사회생활 활동이 현저하게 제한
		장루·요루장애	장루기능에 장애가 지속되며, 이로 인하여 일상생활 및 사회생활 활동이 제한
		뇌전증장애	뇌전증에 의한 뇌신경세포의 장애로 인하여 일상생활이나 사회생활에 상당한 제약
정신적 장애	지적장애		지능지수 70 이하인 경우
	정신장애		정신분열증, 분열정동장애, 양극성 정동장애, 반복성 우울장애
	자폐성장애		소아자폐 등 자폐성 장애

(1) 지체장애

지체장애란 사지나 몸통의 운동기능상애를 말하는 것으로서, 사람의 몸 중 골격, 근육, 신경 중에서 어느 하나의 일부나 선체에 질병이나 외상으로 인한 기능장애가 발생하는 경우이다. 운동기능장애란 운동기관이 있는 중추신경계, 근육, 뼈, 관절 등의 부상이나 질병으로 인하여 장기간 일상생활이나 학교생활에서 곤란한 상태에 있는 것을 말하는데, 이 곤란이 일시적이 아닌 영구적으로 장애가 남아 있을 경우에 지체장애가 된다.

(2) 뇌병변장애

뇌병변장애란 중추신경의 손상으로 인한 복합적 장애를 말하는데, 뇌성마비, 외상성 뇌손상, 뇌졸중 등 뇌의 기질적 병변으로 인해 보행이나 기타 일상생활 동작에 제한을 받는 것이다(장애인복지법 제2조 관련 시행령, 장애인의 종류 및 기준 별표 1).

(3) 시각장애

시작장애란 눈의 기능에 문제가 있는 경우인데, 시력 및 시야에 장애가 있는 사람을 말한다. 일반적으로 시각장애는 맹(盲)과 약시로 구분한다.

(4) 청각장애

청각장애란 소리를 듣는 청각기관에 이상이 생기거나 또는 들리는 소리를 뜻 있는 말로 해석하는 중추기관에 이상이 생겨 의사소통에 지장이 있는 경우를 말한다.

(5) 언어장애

언어장애란 정상적인 언어로부터 이탈된 여러 형태의 언어로서 사람들로부터 불필요한 주의를 끌게 하고, 의사소통에 방해를 받으며 또한 그로 인해 사회적응에 문제를 초래하는 언어상태를 말한다.

(6) 신장장애

신장의 기능부전으로 인하여 혈액투석이나 복막투석을 지속적으로 받아야 하거나, 신장의 기능에 영속적인 장애가 있어 일상생활 활동에 현저한 제한을 받는 사람이 이에 해당된다.

(7) 심장장애

심장의 기능부전으로 인하여 일상생활 정도의 활동에도 호흡곤란 등의 장애가 있어 일상생활 활동에 현저한 제한을 받는 사람이 이에 해당된다.

(8) 호흡기장애

호흡기장애는 폐나 기관지 등 호흡기관의 기능에 장애가 있어 일상생활이나 사회생활 활동을 함에 있어 현저하게 제한을 받는 것을 말한다.

(9) 간장애

간기능에 장애가 있어 일상생활이나 사회생활 활동에 현저한 제한을 받는 사람이 이에 해당된다.

(10) 안면장애

안면장애는 선천성 기능, 질환 및 사고 등으로 인한 안면부위의 변형(색깔, 모양, 혹 등)으로 인한 장애가 있어 사회생활 활동에 현저한 제한을 받는 사람이 이에 해당된다.

(11) 장루 · 요루장애

회장루, 결장루, 요루기능에 장애가 있어 일상생활이나 사회생활 활동에 현저한 제한을 받는 사람이 이에 해당된다.

(12) 뇌전증장애

뇌전증에 의한 뇌신경세포의 장애로 인하여 일상생활이나 사회생활에 상당한 제약을 받아 다른 사람의 도움이 필요한 사람이 이에 해당된다.

(13) 지적장애

정신발육이 항구적으로 지체되어 지적 능력의 발달이 불충분하거나 불완전하고, 자신의 일을 처리하는 것과 사회생활의 적응이 현저히 곤란한 사람이 이에 해당된다.

(14) 정신장애

지속적인 정신분열병, 분열형 정동장애, 양극성 정동장애 및 반복성 우울장애에 의한 기능 및 능력 장애로 인하여 일상생활 혹은 사회생활을 영위하기 위한 기능수행에 현저한 제한을 받아 도움이 필요한 사람이 이에 해당된다.

(15) 자폐성장애

소아기 자폐증, 비전형적 자폐증에 의한 기능 및 능력 장애로 인하여 일상행활 혹은 사회생활을 영위하기 위한 기능수행에 제한을 받아 도움이 필요한 사람이 이에 해당된다.

(16) 중복장애

중복장애인은 장애등급표에 규정한 장애의 유형으로 정의되지는 않는다. 그러나 장애인복지법에 의해 두 종류 이상의 서로 다른 장애가 중복되어 있는 경우를 말한다.

5. 재활의 개념 및 서비스

1) 재활의 개념

재활(rehabilitation)이란 웹스터(Webster)사전에서 찾아보면, 사회복귀, 회복, 재활로 번역되어 사용되는 용어로서 rehabilitation의 어원은 접두사 re(다시)와 어간으로 되는 라틴어 형용사 habilis(적합한)와 접미사 ation(~으로 하는 것)의 복합어이다.

재활이라는 용어가 처음 사용된 것은 1943년 미국재활회의에서였는데, 이 회의에서 재활의 개념을 "신체적 장애를 가진 사람에게 그가 가지고 있는 잔존기능을 최대한으로 발휘하게 함으로써 신체적 · 정신적 · 사회적 · 직업적 그리고 경제적인 능력을 회복시키는 것"이라고 정의하였으며, 또한 세계보건기구(WHO)에서는 의학적 · 사회적 · 교육적 · 직업적 수단을 동원하고 이를 상호 조정하며 훈련 또는 재훈련 과정을 통하여 장애의 기능적 능력을 가능한 한 최고의 수준으로 높이는 것이라고 정의하고 있다.

2) 재활서비스

(1) 의료재활

의료재활은 장애인 재활서비스에 있어서 가장 기초가 되는 재활의 첫 단계이며 중심적 역할을 담당하는 재활분야이다. 재활의 목표가 장애를 최소한으로 줄이고 장애인의 기능을 최대한 증대시켜 사회로 복귀시키는 데 있으므로 의료재활은 재활과정의 첫 단계가 된다. 치료의 종류에는 물리치료, 작업치료, 언어치료가 있다.

(2) 교육재활

교육재활은 장애인이 갖고 있는 능력을 최대한 향상시키고 발휘하게 하며, 그의 잠재능력을 개발하여 사회생활에 적응해 나가는 데 도움을 주는 교육제도와 교육방법 및 기술을 통한 교육적 서비스를 말한다.

(3) 사회재활

사회재활은 장애인의 완전한 참가와 평등의 이념에 입각하여 장애인이 아무런 차별과 불편을 느끼지 않고, 그가 속한 사회의 주류문화를 공유하면서 직업생활, 가정생활 등의 사회생활을 충분히 영위하도록 하는 국민의 수용적 태도와 사회적 인식의 개선을 말한다. 이러한 사회재활은 재활의 사회적 측면으로서 장애인이 사회생활이나 가정생활에 적응하기 위하여 적응하는 데 지장을 주는 사회적 문제를 해결해 주는 것이다.

(4) 심리재활

심리재활은 재활의 심리적 측면이다. 장애인은 장애로 인해 자신의 능력이나 사회환경 내에 부적응 때문에 비장애인에 비해 심리적 좌절감을 겪기 쉬우며 재활의지를 잃게 되기 쉽다. 장애인의 건강한 심리상태는 장애를 극복하고 성공적인 재활에 있어서 중요한 역할을 담당하게 된다.

즉, 장애인이 의료적·교육적·사회적으로 치료를 달성했다 하더라도 심리적 문제가 해결되지 않으면 완전한 재활을 이룰 수 없으므로 심리재활은 전인적 재활의 토대가 된다.

(5) 직업재활

현대사회에 있어서 직업은 가장 중요한 형태의 개인적 활동이며, 가장 유용한 성취수단이다. 직업을 가진다는 것은 생계유지의 중요성뿐만 아니라 직업을 통한 적극적 사회참여와 평등한 사회구성원으로서 사회적 역할분담이 가능하기 때문이다.

즉, 직업재활이란 장애인이 직업에 종사하고 또 그것을 유지시킬 수 있게 하는 직업상의 제 원조, 직업지도, 직업훈련, 취업알선 등을 포함하는 계속적이고 종합적인 재활과정이다.

6. 시설중심재활과 지역사회중심재활

1) 시설중심재활

시설중심재활(IBR : Institution Based Rehabilitation)은 모든 재활서비스가 장애인 생활시설에 수용되어 있는 시설장애인을 대상으로 제공되는 것을 말한다. 일반적으로 생활시설이란 장애인이 장애인 생활시설에서 필요한 기간 동안 생활하면서 재활에 필요한 상담, 치료, 훈련 등의 서비스를 받아 사회복귀를 준비하거나 장기간 요양할 수 있는 시설을 말한다.

장애인 생활시설에는 장애유형별 생활시설(지체 및 뇌병변·시각·청각·언어·지적장애)이 있고, 중증장애인 요양시설, 장애영유아 생활시설 등이 있다. 이 외에도 장애인 생활시설에 입소되어 있는 입소장애인들의 쾌적한 생활을 보장하고, 구강보건상태 개선을 위하여 치과유니트를 지원하는 장애인 생활시설 치과유니트 지원사업이 있다.

(1) 장애유형별 생활시설

장애유형이 같거나 유사한 장애를 가진 사람들을 입소 또는 통원하게 하여 그들의 장애유형에 적합한 의료, 교육, 직업, 심리, 사회 등 재활서비스와 주거서비스를 제공하는 시설이다.

(2) 중증장애인 요양시설

장애의 정도가 심하여 항상 도움이 필요한 사람을 입소하게 하여 상담·치료 또는 요양서비스를 제공하는 시설이다.

(3) 장애영유아 생활시설

6세 미만의 장애영유아를 입소 또는 통원하게 하여 보호함과 동시에 그 재활에 필요한 의료, 교육, 심리, 사회 등 재활서비스를 제공하는 시설이다.

2) 지역사회중심재활

지역사회중심재활(CBR : Community Based Rehabilitation)이란 장애인 자신과 그 가족 및 지역사회 내에 이미 존재하고 있는 인적·물적 자원을 개발·활용하여 장애인의 기본적 문제를 해결해 줌으로써 그들의 삶의 질을 향상시키고 사회통합을 도모하고자 하는 것이다.

2000년 1월부터 시행되고 있는 장애인복지법에 의거 종전 장애인복지관 중심의 "장애인 이용시설"이 "장애인 지역사회 재활시설"로 체계가 정비되었다. 장애인 지역사회 재활시설은 재가장애인에 대한 상담·치료·교육훈련·사회와의 교류 촉진 및 여가활용 등의 종합적인 복합서비스를 제공하고, 장애인 문제의 계몽·홍보 및 조사·연구를 통해 지역 재가장애인의 자활자립과 복지 증진을 도모하고 있다.

장애인 지역사회 재활시설에는 장애인복지관, 장애인의료재활시설, 장애인주간보호시설, 장애인단기보호시설, 장애인공동생활가정, 장애인체육시설, 장애인

수련시설, 장애인심부름센터, 수화통역센터, 점자도서관, 점서 및 녹음서 출판시설 등이 있다.

(1) 장애인복지관

지역사회 내의 장애인복지사업은 대체로 장애인복지관을 통해 이루어지고 있다. 장애인복지관에서 이루어지고 있는 실제적인 사업내용을 보면 다음과 같다.

상담지도사업, 의료재활사업, 교육재활사업, 직업재활사업, 사회심리 재활사업, 재가장애인 복지사업, 스포츠 및 여가 활동사업, 정보제공사업, 수화 관련 사업, 여성장애인의 복지증진사업, 사회교육사업, 지역사회자원 개발사업, 홍보계몽사업, 조사·연구사업, 기타 장애인 복지증진을 위해 필요한 사업을 한다.

(2) 장애인의료재활시설

장애인을 입원 또는 통원하게 하여 상담, 진단, 판정, 치료 등 의료재활서비스를 제공하는 시설이다. 의료재활시설(재활병·의원)장은 의료재활사업을 효율적으로 수행하기 위하여 의료 관계 법령과 장애인복지 관련 법령이 정하는 바에 따라 장애인 의료재활을 위한 최선의 서비스를 제공해야 한다.

의료재활서비스기관으로는 국립재활원, 보건소 또는 보건지소를 들 수 있으며, 시·도에 의료재활병·의원이 설치되어 운영되고 있다.

(3) 장애인주간보호시설

장애인을 시설에 수용하지 않고 지역사회를 중심으로 그들의 주간보호시설에 통원하도록 하여 장애인에게 재활의 기회를 부여하고 장애인 가족구성원의 일상생활의 부담을 덜어주는 가족기능의 보충적 서비스이다.

재활치료사업, 여행·견학 등 취미생활 지원, 교육지도, 상담 및 욕구조사를 실시하여, 욕구를 파악하고 목욕서비스, 이·미용서비스를 제공하며 중식 및 간식을 제공한다.

(4) 장애인단기보호시설

일상생활을 영위하는 데 타인의 도움이 필요한 장애인을 대상으로 가정의 양육 스트레스를 경감시키며, 장애인이 수용시설로 보내지지 않고 지역사회 내에서 거주할 수 있도록 장애인 가정을 지원하는 시설이다.

(5) 장애인공동생활가정

장애인공동생활가정이란 장애인이 지역사회 안에서 가정과 같은 주거환경에 거주하면서 독립적인 생활에 필요한 각종 서비스와 지원을 받으며 사회구성원으로서 존엄한 삶을 영위할 수 있도록 하는 것이다.

공동생활가정 서비스는 그룹홈의 각 구성원에 대한 장애 정도, 성장과정, 가족관계, 가정환경, 문제행동, 건강상태 등을 고려하여 개별화의 원리에 입각하여 개개인의 능력에 따라 종합적으로 이루어져야 한다.

장애인복지사업 지침서상에는 프로그램 영역을 6개로 나누어 제시하였는데, 그 영역은 개인위생, 가정관리, 자립생활, 여가생활, 사회적응, 정서문제의 영역에 대한 프로그램을 실시하고 있다.

(6) 장애인체육시설

장애인의 체력증진 또는 신체기능 회복활동을 지원하고 이와 관련된 편의를 제공하는 시설이다.

(7) 장애인심부름센터

이동에 제약이 있는 장애인에게 차량운행을 통하여 민원업무 대행, 직장 출퇴근, 시장보기, 외출보조 및 병원 이용 보조 등 각종 이동서비스 및 안내를 한다.

(8) 수화통역센터

의사소통에 지장이 있는 청각·언어장애인에 대한 수화통역 및 상담서비스를 제공함으로써 원활한 일상생활 및 사회생활을 도모하기 위하여 제공되는 시설이다.

(9) 시각장애인 학습지원센터

시각장애인의 학업 및 직무수행에 필요한 각종 자료를 점자·녹음·전자도서로 제작·보급, 방과 후 학습지원 및 컴퓨터 교육 등을 실시하는 시설이다.

(10) 시각장애인 재활지원센터

시각장애인에 대한 BBS·ARS 운영, 시각장애인용 소프트웨어 개발, 재활장비대여 및 수리 등 시각장애인의 재활자립과 사회참여 확대지원 등을 수행하는 시설이다.

(11) 장애인 해피콜 봉사센터

이동과 보행이 어려운 장애인의 이동권 확보를 위해 콜택시와 연계하여 장애인의 원활한 교통이용상의 편의를 제공한다.

(12) 지적장애인 자립지원센터

지적장애인과 그 가족을 대상으로 고충상담, 도우미 파견 및 지적장애인의 자립생활능력 향상 및 사회참여 확대지원 등을 수행하는 시설이다.

7. 지역사회중심재활의 원칙 및 구성요소

1) 지역사회중심재활의 원칙

지역사회중심재활사업은 보건 및 복지서비스의 기본적인 책임이 지역사회에 있다는 신념으로 지역사회의 인적·물적 자원을 최대한 동원하여 장애인의 재활을 도모하는 사업이다. 이러한 지역사회중심재활사업의 정착과 발전을 위해서는 다음과 같은 원칙들이 고려되어야 한다(김윤태, 2002).

① 지역사회중심재활 프로그램의 초기 계획의 수립과 전개과정 등에 모든 장애를 가진 사람들이 포함되어야 한다.
② 지역사회중심재활 프로그램의 1차적인 목적은 장애를 가진 사람들의 삶의 질 향상에 있다.
③ 지역사회중심재활 프로그램의 활동들은 지역사회가 장애를 가진 사람들에게 긍정적인 태도를 가질 수 있도록 초점을 두어 이루어져야 하며, 지역사회의 구성원들이 지역사회중심재활의 활동들을 지원하고 참여할 수 있도록 동기화할 수 있어야 한다.
④ 지역사회중심재활 프로그램은 모든 종류의 장애를 대상으로 지원을 제공하는 데 중점을 두어야 한다.
⑤ 지역사회중심재활 프로그램의 모든 활동들은 여성의 처지를 반영하여 이루어져야 한다.
⑥ 지역사회중심재활 프로그램은 각 지역의 조건과 단계에 맞게 유연하여야 한다.
⑦ 지역사회중심재활 프로그램은 지역단위의 서비스 제공을 조정할 수 있어야 한다.

2) 지역사회중심재활의 구성요소

지역사회중심재활사업은 지역사회구성원들의 참여를 통해서 이루어진다. 장애인의 재활은 가정과 지역사회를 중심으로 그 안에서 이루어지는 것이 바람직하며, 이를 위해서는 장애인 본인과 가족 그리고 이웃과 지역사회주민들이 서로 협력하여야 한다는 점을 강조한다. 이러한 지역사회중심재활의 구성요소들은 다음과 같다(김윤태, 2002).

① 장애를 가진 사람들에 대하여 긍정적인 태도를 만들어 가는 것
② 기능적인 재활서비스의 제공
③ 교육과 훈련의 기회 제공
④ 경제적인 활동을 할 수 있는 기회를 제공
⑤ 요양시설의 구비
⑥ 장애발생 원인의 예방
⑦ 지역사회중심재활 프로그램의 유지, 점검과 평가

8. 장애인의 자립생활

1) 자립생활의 개념

자립의 의미를 사전에서 살펴보면 "남에게 의지하거나, 남의 지배를 받거나 하지 않고 자기의 힘으로 해나감"이라고 되어 있으며(두산동아사전, 2000), 또 다른 사전에서는 "남에게 예속되거나 의지하지 아니하고 스스로 섬"이라고 되어 있다(표준국어사전, 2000).

미국 헤리티지(American Heritage)사전에 의하면, 자립(independent)이란 "① 외적인 힘에 의하며 통제되지 않는 것, ② 다른 사람의 영향, 지시, 통제 등으로부터 자유로운 것, ③ 다른 사람 또는 다른 것에 의하여 결정되거나 좌우되지 않는 것,

④ 다른 사람의 지원이나 보호에 의존하지 않는 것"으로 정의되고 있다.

자립생활은 장애인 스스로가 자신의 삶을 선택하고 결정하며 자신의 생활 전반에 대한 통제력을 기반으로 삶을 영위하는 것을 의미한다. 이러한 자립생활은 장애인들이 지역사회에서 스스로 자립하고 자신의 생활을 결정할 수 있는 능력을 최대화시켜 주는 것이다.

존스(Jones, 1993)는 자립생활과 관련하여 "장애인 자신의 건강관리, 식사조절, 취침시간과 같은 모든 일상의 활동들뿐만 아니라 보호자의 결정, 금전관리, 거주지 결정까지 모두 스스로의 선택과 판단에 의해 의사결정과정에 참여하는 과정이 자립생활"이라 정의함으로써 장애인이 의사결정을 하거나 일상적인 활동을 수행함에 있어 여러 가지 가능한 대안 중에서 다른 사람의 의존을 최소화할 수 있는 선택을 하도록 자신을 통제하는 것에 초점을 맞추고 있다.

이상의 내용을 종합하여 정리한다면, 자립생활은 "장애인 스스로가 자신의 삶을 선택하고 결정하며, 지역사회의 한 구성원으로서 주체적으로 살아가는 것"을 의미한다고 볼 수 있다. 따라서 이러한 자립생활은 장애인들이 지역사회에서 스스로 자립하고 자신의 생활을 결정할 수 있는 능력을 최대화시켜 주는 것이다(신현석, 2012).

2) 자립생활서비스

자립생활서비스는 장애인들이 지역사회에서 스스로가 자신의 삶을 선택하고 결정하며, 자신의 생활 전반에 대한 통제력을 기반으로 삶을 영위할 수 있도록 지원해 주는 일련의 서비스를 의미한다.

(1) 동료상담

동료상담은 같은 장애를 가진 동료 장애인들이 대등한 입장에서 장애인의 여러 문제를 함께 의논 또는 상담하는 과정을 말한다.

(2) 개호서비스(Personal Assistance Service)

개호서비스는 자원봉사서비스와는 달리 장애인이 선택권과 결정권을 가지고 서비스를 구매하는 소비자의 입장에서 서비스 시간, 용도 등을 결정한다. 개호서비스에 있어 내용은 제한이 없으며 원칙적으로 장애인이 원하는 고용계약에 포함되어 있는 모든 서비스를 제공해야 한다. 청소, 외출, 목욕, 식사, 요리, 쇼핑, 신변처리 등의 일반 서비스 및 가정간호, 배변 등의 전문서비스가 제공된다.

(3) 교통편의 제공(Transportation)

교통편의 제공 서비스는 자립생활을 달성할 수 있는 구체적이고 핵심적인 이동서비스이다. 중증장애인의 출퇴근, 병원진료, 여가활동, 쇼핑, 외출 등을 지원함으로써 중증장애인의 직업생활 지원이나 지역사회 내의 프로그램에 대한 참여권 내지 접근권 보장에 핵심적 역할을 한다.

(4) 자립생활기술훈련(Independent Living Skill Training)

자립생활기술훈련은 장애인이 독립적이고 긍정적인 삶을 살아갈 수 있도록 지원하고 돕는 것으로서, 가정, 학교, 직장, 기타 사회적 상황 등과 같은 다양한 장면에서의 자립생활 방법 및 전략을 제시한다.

자립생활기술훈련은 주로 중증의 지체장애인이나 지적장애인이 자신의 장애유형 및 정도와 개별화된 생활양식에 따라 적절하고 기능적으로 대처할 수 있도록 하며, 장애인의 결정 및 선택을 지원한다. 즉, 장애인이 지역사회의 생활에서 주위 사람과 합리적으로 상호작용하여 자신의 자립생활을 주도하고 원조받을 수 있는 구체적이고 실제적인 전략을 동료상담원과 함께 나누고 습득하도록 하는 과정이다.

(5) 정보제공과 의뢰(Information/ Referral)

장애인들에 대한 직접적인 서비스를 제공하는 것 외에도 각종 결정, 자원의 활용, 자립생활에 영향을 미칠 수 있는 각종 제도, 정책에 대한 정보를 제공하는 것은 장애인의 자립생활에 중요한 영향을 미칠 수 있다.

(6) 권익옹호(Advocacy)

권리옹호서비스는 장애인들이 자신의 생활을 주도하고 인간으로서의 권리를 행사할 수 있도록 지원해 주는 서비스이다. 이는 장애인이 자신의 신념에 따라 행동하고 이제까지의 전통적이고 의존적인 규범에서 탈피하여 장애인 스스로 소비자로서의 권리와 능력을 인정하고 행사함을 의미한다.

(7) 주택서비스(Assistance in Obtaining and Modifying Accessible Housing)

주택서비스는 아파트나 주택 등의 다양한 거주형태에서 자립생활을 원하는 장애인들을 대상으로 실시한다. 주택서비스의 구체적인 내용을 살펴보면, 주택알선, 접근 가능한 주택명부 작성 및 열람, 주택비용 조성 및 대출, 경사로 설치, 출입구의 넓이 · 부엌개수대의 높이 조절, 화장실 개조 등 주택 개보수에 대한 컨설팅, 지역 내 집주인 및 주민의 장애 및 자립생활에 대한 편견 혹은 선입견 철폐 및 권익옹호이다.

참고문헌

강영실(2005). 장애인복지의 이해. 서울 : 신정.
나운환 외(2003). 21세기 장애인복지론. 서울 : 홍익재.
남상만 외(2002). 장애인복지론. 서울 : 홍익재.
문선화 · 정민숙 외(2005). 장애인복지론. 경기 : 양서원.
보건복지부(2004). 2004년도 장애인복지사업 안내.
신섭중(2000). 한국사회복지정책. 서울 : 대학출판사.
신현석(2012). 장애인복지론. 경기 : 공동체.
이영철(2004). 사회복지학. 경기 : 양서원.

제10장 의료 및 정신건강 사회복지

1. 의료사회복지

1) 의료사회복지의 개념

의료사회복지란 환자 및 가족의 사회적 기능 향상, 질병의 예방과 치료 및 재활 등 다양한 목적을 달성하기 위하여 보건·의료 분야에서 수행되는 사회복지실천활동이다. 의료사회복지사는 병원에서 제공하는 의료적 치료를 조정·보강하여 질병의 원인이 될 수도 있고, 치료과정에 장애가 될 수 있는 사회경제적·정서적인 문제해결을 원조한다. 또한 질병으로 인한 신체적·정신적 장애에 대한 손실을 최소화하고 환자와 가족의 사회적 기능을 향상시키기 위한 역할을 한다. 즉, 환자에게 심리·사회적 접근을 통한 치료자 역할을 하며, 치료 팀의 일원으로서 환자와 가족을 도와 환자가 사회구성원으로서의 역할을 할 수 있도록 지원하는 전문적인 활동이다(김규수, 2005).

의료사회복지의 개념은 기술적 개념과 정책적 개념으로 설명할 수 있다(이광재, 2005).

첫째, 의료사회복지의 기술적 개념으로서 의료사회복지는 진료의 과정에서 환자 및 그 가족이 가지고 있는 사회적·경제적·심리적 문제를 전문적인 원조방법을 통하여 도움을 주는 전문적 활동을 의미한다. 따라서 의료사회복지사는 일반행정이나 관리부서의 요원이 아닌 진료팀의 일원으로 환자 질병에 대한 예방, 진단, 치료, 사후지도, 사회복귀 등 광의의 의료에 참여하게 된다.

둘째, 의료사회복지의 정책적 개념이다. 의료사회복지의 정책적 개념은 질병의 예방과 건강증진을 목적으로 사회복지조사, 정책 및 행정 등의 방법을 통해 의료서비스를 평가하고, 의료급여의 확대와 의료서비스의 질적 향상을 기여하는 데 참여하는 사회복지실천의 한 과정이다.

한편 의료사회복지의 발달과정을 살펴보면 다음과 같다.

의료사회복지가 전문직으로 발전하기 전 영국과 미국의 활동을 살펴보면, 첫째, 비조직적인 봉사(unorganized service)활동으로서 14세기 초 영국의 일부 교회에서는 병원형태의 수도원과 구빈원들이 설립되기 시작하여 빈곤자, 노동 불가능자, 맹인, 불구자, 노인, 질병자 등을 수용 · 보호하여 주었다. 둘째, 간호사들의 봉사활동(nursing care)이다. 간호사의 기본적인 임무가 환자를 위한 의료적 봉사활동(medical care)이기 때문에 과거에 간호사가 제공한 사회적 · 정서적 문제에 대한 봉사활동은 비조직적인 의료사회복지의 기원이라 할 수 있다. 셋째, 1893년에 뉴욕 헨리가 인보관(Henry Street Settlement House)에서 의료비를 지불할 수 없는 인근에 사는 환자들의 가정을 방문하였고, 그들의 병 때문에 야기되는 사회적 · 개인적인 문제를 연구하고 돕는 활동을 하였다. 넷째, 정신병 환자의 사후지도이다. 1880년 초 영국의 사회복지단체가 정신병원에서 퇴원한 환자나 갈 곳이 없는 불우한 환자를 위탁가정이나 사회복지시설 그리고 요양원 등에 의뢰하고 지역사회에 적응할 수 있도록 필요한 보호와 가족들을 지도하였다. 이와 같은 서비스는 의료사회복지가 오늘날 정신보건사회복지의 원초적인 활동이 되었다고 할 수 있다(윤현숙, 2004).

우리나라의 의료사회복지 발달을 살펴보면, 1883년 세브란스 병원에서 여전도회 회원으로 구성된 자원봉사자들이 부녀봉사원의 역할을 하면서 시작되었다. 이것은 구미의 의료봉사활동이 체계화된 그 시기에 우리나라에서도 의료봉사활동이 시작된 것을 의미한다. 대한병원협회에서는 1981년 2월부터 시범적으로 외국의 모델을 도입하여 종합병원에 대한 '병원표준화심사제'를 실시하였는데, 이 표준화 심사요강 중에 C. 지원부서 편, <22> 의료사회복지 부문(social work service)이 포함되어 있다. 1989년 전 국민 의료보험 실시로 피보험자의 병원 이용도가 증가하면서 이들에게 적절한 서비스와 자원을 연결하고, 치료에 도움이 되는 서비스를 제공하는 의료사회복지의 역할이 점차 중요하게 되었다.

최근의 의료사회복지는 점차 전문성을 요구하는 직무가 증가하는 현상을 보이고 있다. 임상 각 과의 환자상담은 물론 장기이식팀과 호스피스팀에 참여하고 있는 반면, 응급의학과의 자살기도 환자, 화상환자나 절단환자, 당뇨환자, 심장질환자, 심장이식환자, 뇌성마비와 뇌손상환자, 백혈병환자, 신부전환자 등 대상환자의 범위가 확대되고 있다.

1973년에는 종합병원 단위의 의료기관에 사회복지사 자격증 소지자 채용을 의무화하는 규정이 생겨난 이후 주로 정신건강의학과에 많은 사회복지사들이 채용되었다.

이와 같은 지속적인 발전과 변화를 거듭하면서 현재 전국의 많은 병원에서 의료사회복지사가 활동하고 있다.

2) 의료사회복지사업

사회적 승인(social sanction)은 전문직에게 일련의 권력과 특권을 부여하게 되기 때문에 모든 전문직은 사회적으로 승인을 얻는 것이 중요하다. 우리나라에서의 의료사회사업활동은 사회복지사업법, 의료법, 「장기 등 이식에 관한 법률」, 정신보건법 등의 법적 근거, 그리고 국민건강보험 요양급여기준 및 진료수가 산정기준 등의 제도적 근거에 기초한 사회적 승인을 확보하고 있다. 이러한 법적·제도적 근거에 대하여 살펴보면 다음과 같다(이광재, 2005).

(1) 사회복지사업법

우리나라의 사회복지사업법을 보면, "제2조(정의) 이 법에서 '사회복지사업'이라 함은 다음의 법률에 따른 보호·선도 또는 복지에 관한 사업과 사회복지상담·직업지원·무료숙박·지역사회복지·의료복지·재가복지·사회복지관 운영·정신질환자 및 한센병력자의 사회복귀에 관한 사업 등 각종 복지사업과 이와 관련된 자원봉사활동 및 복지시설의 운영 또는 지원을 목적으로 하는 사업을 말한다<개정 2011. 8. 4., 2012. 1. 26., 2014. 5. 20.>"고 되어 있어, 사회복지사업에 있어서 의료사회사업 분야에 대한 활동의 근거를 명확히 하고 있다.

(2) 의료법 시행규칙

의료사회사업이 우리나라에서 법적으로 처음 규정된 것은 1973년 9월 20일 개정 의료법 시행령(대통령령 제6863호) 제24조 제2항 제5호에서 "종합병원에는 사회복지사업법의 규정에 의한 사회복지종사자 자격증을 가진 자 중에서 환자의 갱생, 재활과 사회복귀를 위한 상담 및 지도업무를 담당하는 요원을 1인 이상 둔다"고 되어 있다.

그 후 사회복지종사자라는 용어가 1983년 5월 21일 사회복지사업법의 개정에 따라 사회복지사라는 용어로 대체되었으며, 현재에는 의료법 시행규칙 제38조 제2항 제6호(의료인 등의 정원)에 "종합병원에는 사회복지사업법의 규정에 따른 사회복지사 자격을 가진 자 중에서 환자의 갱생·재활과 사회복귀를 위한 상담 및 지도업무를 담당하는 요원을 1인 이상 둔다"라고 규정되어 있다.

(3) 장기 등 이식에 관한 법률

「장기 등 이식에 관한 법률」 시행령 제25조(이식의료기관의 지정기준) "장기이식의료기관(이하 '이식의료기관'이라 한다)으로 지정을 받고자 하는 의료기관이 갖추어야 하는 시설·장비 및 인력의 기준은 [별표 4]와 같다"에서 [별표 4]를 보면 "……장기 등의 적출·이식을 위한 상담·연락 업무 등을 담당하는 간호사와 사회복지사를 각각 1인 이상을 두어야 한다"고 되어 있어 장기이식의료기관에서의 전문직으로서 승인된 사회복지사에 대한 규정이 있다.

(4) 정신건강증진 및 정신질환자 복지서비스 지원에 관한 법률

정신건강증진 및 정신질환자 복지서비스 지원에 관한 법률(제7조)을 살펴보면, 보건복지부장관은 정신건강 분야에 관한 전문지식과 기술을 갖추고 보건복지부령으로 정하는 수련기관에서 수련을 받은 사람에게 정신건강전문요원의 자격을 줄 수 있다. "정신건강전문요원"은 그 전문분야에 따라 정신건강임상심리사, 정신건강간호사 및 정신건강사회복지사로 구분한다.

3) 의료사회복지사의 역할과 대상

(1) 의료사회복지사의 역할

현대의료는 점차 치료·예방·보건이 통합적으로 이루어지는 경향이 많아지고 있다. 그러나 초기의 의료사회복지사의 역할은 환자의 퇴원 후 사후지도와 가정방문지도, 심리사회적 측면에서의 교육 등을 위주로 출발하였고, 이후 환자의 사회복귀를 위한 직업훈련과 재활활동 등이 추가되었다. 현재는 의료사회복지사의 역할이 다양하게 변화·확대되어 가고 있다. 환자의 질병에 대한 치료영역뿐만 아니라 가족 및 지역사회보건사업에도 깊은 관심을 갖고 의료보건전달체계의 개선이나 의료복지정책에까지 그 역할을 담당하고 있다.

의료사회복지사의 역할을 구체적으로 살펴보면, 첫째, 심리사회적 치료자의 역할로서 지지적인 역할과 당면문제를 해결하거나 완화되도록 돕는 치료적인 역할을 한다. 둘째, 서비스조정자의 역할로 심리사회적·경제적인 정보를 의료팀에 제공하고 팀의 통합적인 서비스를 위한 협력과 조정을 담당한다. 셋째, 자원동원가의 역할로 인적·물적·제도적·법적인 자원 등을 개발하고 활용한다. 넷째, 재활치료와 교정자의 역할이다. 재활의료팀에서 심리사회적 측면의 조사연구와 평가, 치료, 훈련, 지도 및 서비스의 계획수립에 협력하여 의료적·심리사회적·직업적인 종합적 재활과정에 참여하여 치료나 교정 역할을 한다.

(2) 의료사회복지의 대상

의료사회복지의 대상은 정책적 대상과 기술적 대상으로 구분할 수 있다(이광재, 2005). 정책적 대상으로서 의료보장제도는 질병 및 상병으로 인한 의학적·경제적 어려움으로부터 국민을 보호하기 위한 정책적·제도적 장치를 의미한다. 의료보장의 두 가지 측면을 살펴보면, 먼저 환자가 질병으로 고액의 진료비가 지출되면 빈곤하게 되고, 빈곤층은 보건의료상의 문제를 보다 많이 경험하게 된다. 따라서 의료보장을 빈곤정책의 일환으로 보는 측면이고, 다음으로 건강은 인간 생존의 기본 조건으로서 모든 사람에게 해당되므로 의료보장의 목적을 빈곤층에 대한 보호를 넘어 '질병으로부터의 해방'을 의미한다고 보는 측면이다.

이러한 의료보장은 국가가 국민의 건강을 유지·증진시키기 위하여 모든 국민에게 예방, 치료 및 사회복귀 등의 종합적인 보건의료서비스의 기회를 균등하게 보장하는 공적 시책과 소득보장의 하나로 사회보장의 중요한 토대가 된다.

의료사회복지의 기술적 접근방법은 주로 질병이나 장애를 가진 환자와 그 가족들이 겪고 있는 심리적·사회적·경제적 문제를 해결하도록 도움을 제공하는 전문적인 활동이라 할 수 있다. 따라서 의료사회복지사의 기술적 대상은 의료서비스 현장에서 활동하는 사회복지사가 마주치게 되는 대상들로서 의사, 환자, 그 가족 등이 대상이다. 의료사회복지사가 주로 개입하게 되는 대상자는 다음과 같다.

암 진단을 받은 환자, 더 이상의 치료가 불가능한 말기환자, 절단환자, 척추손상환자, 편마비환자, 심한 화상환자, 자살기도 환자, 신생아 입양을 원하는 환자, 장애를 갖고 태어난 신생아, 뇌성마비아동, 지적장애환자, 소아당뇨환자, 소아백혈병 및 혈액종양환자, 소아 심장환자, 장기이식 환자, 알코올이나 약물중독 환자, 의사나 간호사의 지시를 따르지 않는 환자, 병동에서 소란을 피우거나 불만이 많은 환자, 의료분쟁의 가능성이 있는 환자, 보호자가 없는 환자, 퇴원 후 거처가 없는 환자, 고가의 진료비 예상 환자, 수술 후 부적응 환자 등이며, 의료사회복지사가 개입하는 주요 문제를 살펴보면,

① 정서적인 문제 : 충격과 분노, 혼돈, 부정, 불신과 저항감, 양가감정, 죽음에 대한 두려움, 수술 후 회복과 생존율에 대한 과도한 관심, 수술 후 재발 우려, 합병증에 대한 염려
② 가족문제 : 역할변화로 인한 역할갈등, 부부갈등, 입원기간 동안의 자녀 양육 문제, 가족구조 및 관계의 변화
③ 경제적인 문제 : 노동능력 상실에 따른 수입원의 단절, 진료비 해결능력의 부족, 의료비용의 증가 및 입원 장기화로 인한 비용의 증가
④ 퇴원문제 : 퇴원에 대한 마음의 준비 결여, 퇴원 후 거처의 문제, 퇴원 후 간병의 문제, 퇴원 후 건강관리의 문제, 퇴원 후 직업복귀의 문제
⑤ 재활문제 : 사회복귀의 문제(복직, 복학, 지역사회 내의 적응), 신체장애에 따른 사회재적응의 문제 등이다.

4) 의료사회복지서비스의 관련 제도

(1) 의료보장제도

의료보장제도란 국가의 책임하에 국민의 건강을 유지·증진시키기 위하여 보건의료서비스의 기회를 균등하게 보장하는 공적 시책과 소득을 보장하는 사회보장정책의 하나이다. 즉, 빈곤이 의료서비스의 기회를 박탈해서는 안 된다는 것으로, 의료보장제도는 모든 국민의 생존권을 보장하는 동시에 소득재분배의 효과를 가지고 있는 제도라 할 수 있다.

우리나라의 의료보장제도는 사회보험 부문과 공공부조의 부문으로 구성되어 있는데, 사회보험 부문에는 국민건강보험과 산업재해보상보험법에 따른 요양 및 장애급여, 군인연금법에 따른 치료보상 등이 포함되어 있다.

또한 공공부조 부문으로는 의료급여와 해산보호, 「보훈보호대상자 지원에 관한 법률」에 따른 입원치료 등이 있으며, 그 밖에 국민보건서비스와 관계있는 일반보건서비스, 모부자보건서비스, 결핵관리서비스, 전염병관리서비스 및 기생충관리 서비스 등의 제 서비스도 여기에 포함된다(이윤로 외, 2005).

(2) 국민건강보험

국민건강보험은 국가가 개입하여 국민건강과 생활의 안정을 도모하는 데 목적이 있다. 즉, 국민건강보험은 진료비를 보장하고 질병을 치료함은 물론 건강진단·재활 및 예방의 범위까지 포함하는 적극적이고 포괄적인 의미가 함축되어 있다.

사회보험으로서 국민건강보험법의 성격을 살펴보면 다음과 같다.

첫째, 질병 및 부상을 보험사고로 하고 있으므로 질병보험의 범주에 포함되며 이는 사회보험에 속하므로 강제보험이 원칙이다. 둘째, 국민건강보험법은 단기보험이며, 의료급여대상자를 제외한 전 국민이 건강보험의 대상이 된다. 국민건강보험은 강제보험으로서 성격상 건강보험의 실효성을 확보하기 위해 벌칙 규정을 두고 있다.

한편 국민건강보험법의 법률상 의료보장은 국민건강보험법과 의료급여로 나뉘는데, 국민건강보험법은 그 적용에서 전 국민을 포함하며 의무적으로 의료비의 일부를 본인이 부담한다는 점에서 의료급여와는 구별이 되지만, 국민 전체의 의료보장을 담당하는 기능을 볼 때, 국민건강보험법과 의료급여법은 상호보완관계에 있다. 이 중 현대사회에서 의료보장의 중추적 역할을 담당하고 있는 것은 국민건강보험법이라 할 수 있다.

(3) 의료급여

의료급여는 국민의 복지향상을 위하여 개인・가족이 병이 들었을 때 진료비가 없거나 기타 무능력으로 치료받을 수 없는 처지에 있는 사람들을 위해 국가가 그 진료비를 부담하는 공공부조방식의 사회보장이다.

의료급여환자는 일반 환자에 비해 질병 이외에 많은 문제들을 가지고 있으며 이로 인한 악순환을 거듭하고 있는 경우가 많다. 의료급여환자에 대한 사회복지사의 역할을 살펴보면, 첫째, 의료급여대상자를 선정하는 과정에 개입하여 공정한 입장에서 대상자를 선정하도록 하는 역할, 둘째, 이미 의료급여대상자가 된 자가 여러 이유로 인하여 의료급여서비스를 받을 수 없는 경우에 개입하여 의료혜택을 받을 수 있도록 하는 역할, 셋째, 환자의 병이 회복되어 퇴원한 이후, 사회적응을 할 때까지 복지시설 알선 등의 자원연결, 사후지도(follow up)를 하는 역할이 있다.

5) 의료사회복지의 과제

우리나라의 경우 최근 의료환경의 변화에 따라 의료사회복지가 더욱 그 중요성을 인정받을 수 있을 것으로 생각된다. 그 이유를 살펴보면, 의료분야의 개방으로 외국 의료서비스가 국내에 경영자문, 위탁경영, 합작투자 형태로 진입하게 되었고, 선진화된 경영관리기법과 전문화 등 적극적인 마케팅 전략에 관심이 모아지고 있다. 또한 신설병원의 급증, 대기업의 병원사업에 투자, 의료기관 간의 경쟁심화, 병원서비스 평가제 실시, 진료비 차등 지급 등에 대한 정부방침에 따라 소비자 중심의 질적인 프로그램 개발이 필요하게 되었다.

따라서 우리나라는 보다 높은 수준의 의료복지를 달성하기 위하여 의료전달체계의 개선, 국민건강보험제도의 개선, 의료시설의 확충, 의료팀 접근 등 많은 과제를 안고 있다. 이러한 변화에 대처하고 효과적인 서비스를 제공하기 위해서는 의료사회복지사의 지속적인 훈련과 실천은 물론 의료사회복지의 발달을 위한 지속적인 노력이 다음과 같이 필요하다.

첫째, 현재 종합병원의 20%만이 의료사회복지사를 채용하고 있는 현 상황에서 의료사회복지사 채용을 위한 법적 근거 확대, 의료보험수가 인정영역 확대 그리고 수련과정 이수를 통한 전문성 확보가 필요하다. 사회복지서비스에 대한 의료보험수가 적용의 확대는 병원의 수익증대를 가져옴으로써 의료사회복지의 활동을 강화시켜 줄 것이다(이윤로, 2005).

둘째, 의료행위가 단순한 치료중심의 경제활동이 아닌 인간의 아픔을 함께 나누는 중요한 행위라고 생각하는 의료인과 개인, 지역주민이 의료공동체운동을 전개하고 있다. 이러한 의료에 대한 국민의 권리의식 강화, 의료 관련 사회제도의 변화 등은 의료조직은 물론 의료사회복지의 서비스에도 영향을 미칠 것이다. 따라서 의료사회복지사는 의료환경의 변화에 능동적으로 대처하고 개입대상과 역할 확대, 전문성 향상을 위해 노력해야 할 것이다(한인영 외, 2006).

2. 정신건강사회복지

1) 정신건강사회복지의 개념

정신건강사회복지에 대한 개념은 다양한 전문가나 문화적 배경에 따라 다르나 정신의료영역에서 정신보건 및 건강 영역으로 확대되고 있는 추세이다. 정신건강사회복지란 개인과 사회의 정신적 건강의 유지와 증진, 그리고 정신병 및 정신적 결함과 이에 부수되는 정신적·교육적·사회적 부적응의 예방과 치료를 위하여 실시되는 조직적이고 지속적인 서비스를 말한다.

정신건강사회복지사의 역할은 환자의 질병에 영향을 주는 가정, 환경, 사회적 요소에 대한 평가 및 진단, 치료계획 수립에 대한 협조, 개별 또는 집단 및 가족상담을 통한 치료, 퇴원 후의 추후 치료, 재활 및 지역 사회와의 관계를 유지하는 정신건강 치료팀의 일환으로 활동한다(김규수, 2004).

정신건강사회복지의 역사를 살펴보면 암흑기에는 정신질환을 마귀설로 설명하였으나 치료에는 비교적 인도적이었다. 그러나 암흑기의 후기에는 치료법이 점차 잔혹하였고 유럽제국에서는 더욱 심했다. 미국에서는 1905년 매사추세츠 종합병원 신경진료소에 최초로 사회복지사를 채용하였고 정신과 의사의 보조적 위치로서 새로운 환자에 대한 생활력조사와 환자의 가족이나 친지들과 환자의 유대를 강화하도록 노력하였다. 1926년에는 미국 정신의료사회사업가협회가 결성되었고 1946년에 정신보건법이 제정되었다. 1950년 정신약물의 급속한 발달로 탈시설화, 정상화에 대한 경향이 증가되어 지역사회 중심의 정신장애인 재활, 특히 지역사회정신보건체계가 확대되었다. 한국 정신보건사회사업의 발달과정을 보면 한국전쟁 중 미군병원에서 정신의료사회 사업가가 정신과의사와 함께 일한 것이 계기가 되어 정신의료 사회사업가의 필요성을 인식하게 되었다. 1970년대에 들어서 민간 부문의 정신보건 사회사업이 활성화 되었고 1983년에는 정신보건사회복지학회가 창립되었다. 1984년 정신질환자의 장기수용과 장기입원의 반복 등 인권침해 문제 발생으로 인하여 보건사회부가 정신 질환 종합대책을 마련하게 되었다. 1996년에 정신보건사회복지사 자격 훈련과정이 시작되었으며 1997년에 정신보건법이 시행됨에 따라 전국 48개소 정신보건센터가 설립되었다. 2017년 정신건강증진 및 정신질환자 복지서비스 지원에 관한 법률로 법 개정으로 기존의 정신보건센터가 정신건강복지센터로 확대 개편되어 운영(광역형정신건강복지센터 16개소, 기초정신건강복지센터 227개소)되고 있다.

2) 정신건강증진 및 정신질환자 복지서비스 지원에 관한 법률과 사회복지사의 역할

(1) 정신건강증진 및 정신질환자 복지서비스 지원에 관한 법률

정신건강증진 및 정신질환자 복지서비스 지원에 관한 법률은 정신질환의 예방·치료, 정신질환자의 재활·복지·권리보장과 정신건강 친화적인 환경 조성에 필요한 사항을 규정함으로써 국민의 정신건강증진 및 정신질환자의 인간다운 삶을 영위하는 데 이바지함을 목적으로 한다. 정신건강증진 및 정신질환자 복지서비스 지원에 관한 법률의 기본 이념을 좀 더 자세히 살펴보면 다음과 같다.

① 모든 국민은 정신질환으로부터 보호받을 권리를 가진다.
② 모든 정신질환자는 인간으로서의 존엄과 가치를 보장받고, 최적의 치료를 받을 권리를 가진다.
③ 모든 정신질환자는 정신질환이 있다는 이유로 부당한 차별대우를 받지 아니한다.
④ 미성년자인 정신질환자는 특별히 치료, 보호 및 교육을 받을 권리를 가진다.
⑤ 정신질환자에 대해서는 입원 또는 입소(이하 "입원등"이라 한다)가 최소화되도록 지역 사회 중심의 치료가 우선적으로 고려되어야 하며, 정신건강증진시설에 자신의 의지에 따른 입원 또는 입소(이하 "자의입원등"이라 한다)가 권장되어야 한다.
⑥ 정신건강증진시설에 입원등을 하고 있는 모든 사람은 가능한 한 자유로운 환경을 누릴 권리와 다른 사람들과 자유로이 의견교환을 할 수 있는 권리를 가진다.
⑦ 정신질환자는 원칙적으로 자신의 신체와 재산에 관한 사항에 대하여 스스로 판단하고 결정할 권리를 가진다. 특히 주거지, 의료행위에 대한 동의나 거부, 타인과의 교류, 복지서비스의 이용 여부와 복지서비스 종류의 선택 등을 스스로 결정할 수 있도록 자기결정권을 존중받는다.
⑧ 정신질환자는 자신에게 법률적·사실적 영향을 미치는 사안에 대하여 스스로 이해하여 자신의 자유로운 의사를 표현할 수 있도록 필요한 도움을 받을 권리를 가진다.
⑨ 정신질환자는 자신과 관련된 정책의 결정과정에 참여할 권리를 가진다.

한편 정신건강증진 및 정신질환자 복지서비스 지원에 관한 법률에 포함한 대상의 주체를 살펴보면 다음과 같다.

① 대상

본 법에서는 정신질환자를 “망상, 환각, 사고(思考)나 기분의 장애 등으로 인하여 독립적으로 일상생활을 영위하는 데 중대한 제약이 있는 사람”으로 보다 엄격하게 규정하였다. 비교적 가벼운 정신질환을 겪는 사람들을 정신보건법의 적용대상에서 제외함으로써 일반인들이 정신의료기관 방문의 심리적 문턱을 낮추고, 심각한 정신질환이 없는 사람들까지 정신병원에 강제입원 당하는 사태를 방지하려는 의도에서 비롯된 것으로 이해된다(박인환, 2017).

② 책임주체

국가 및 지방자치단체는 국민의 정신건강을 증진시키고 정신질환을 예방하며 정신질환자의 의료 및 장애극복과 사회복귀촉진을 위한 연구, 조사와 지도, 상담 등 필요한 조치를 하여야 한다. 구체적으로 정신병원, 정신보건연구기관, 사회복귀시설의 설치 및 운영, 그리고 보건소에서의 정신질환자의 발견, 상담, 진료 및 사회에 복귀한 만성질환자를 관리할 수 있도록 하고 있다.

(2) 정신건강사회복지사의 역할

정신건강사회복지사의 역할과 기능은 여러 가지로 분류할 수 있다. 또한 정신건강사회복지사가 속한 기관의 기능이나 내용, 한계에 따라 차이가 있어 정신건강사회복지사의 활동은 치료팀의 치료 방향과 일치하는 범위 내에서 이루어져야 한다. 정신건강 영역에서 사회복지실천 개입은 환자의 질병으로 인한 문제해결능력의 향상, 사회적 기능의 회복과 재활에 일차적 목적이 있다. 그 역할을 살펴보면 첫째, 치료의 영역에서는 환자 개인과 환자집단 및 가족집단을 위한 전문적인 서비스 제공이다. 둘째, 재활 영역에서는 일상생활 훈련과 지역사회주민들의 정신질환자에 대한 편견을 없애기 위한 교육, 지역사회자원을 활용하여 사회적응을 돕는 일은 물론 재가복지 서비스 개발이다. 셋째, 예방 영역에서는 정신건강교육과 자문, 위기개입, 정신질환의 조기 발견과 조기치료를 돕는 일, 정신건강에 대한 올바른 인식 등을 돕는 일이다(한국정신보건사회사업학회, 2004). 김기태 외(2001)는 정신건강 사회복지사의 역할을 입원환자 서비스, 외래환자서비스, 시간제 입원서비스, 기타로 분류하였다.

첫째, 입원환자에 대한 서비스를 살펴보면 환자와 가족에게 병원시설과 프로그램을 설명하며 클라이언트가 병원에 입원함으로써 발생하는 가족문제를 해결하는데 도움을 준다. 경제적 어려움이 있을 경우 경제문제 해결을 위해 가족들과 논의하고 병원의 치료절차를 가족에게 설명해 준다. 그리고 정신질환에 대한 이해의 부족으로 입원치료가 계속 필요함에도 불구하고 중도에 퇴원시키려는 가족에게는 치료에 잘 협조하도록 돕는 역할도 한다. 클라이언트의 개인력 조사와 개인치료, 정신요법, 집단치료 등을 실시하며 클라이언트의 가족의 병리를 치료하고 클라이언트의 퇴원계획을 한다.

둘째, 정신건강사회복지사는 외래환자를 위하여 정신요법, 집단치료 등을 하기도 하며, 환자를 지역사회 내의 다른 자원과 연결시키는 일, 환자를 위하여 가족 구성원, 고용주 혹은 환자와 중요한 관계를 맺고 있는 다른 사람들의 태도를 수정하도록 원조하는 역할을 한다. 그리고 사회복지사는 필요한 경우 가정, 학교 혹은 직장방문 등을 한다.

셋째, 시간제 입원환자에 대한 정신건강사회복지사의 역할은 클라이언트의 개인력 조사, 환자에게 프로그램에 대한 오리엔테이션, 치료목표의 설정 등을 포함한 인테이크 업무, 개별치료, 집단치료 및 가족치료, 퇴원계획을 겸한 사후서비스 등을 하는 것이다. 그리고 적응력이 약한 환자를 위해 지지적 개인치료를 실천하고 구체적인 대처기술을 가르치며 가족 구성원의 치료를 포함한 환경개입에 많은 노력을 기울인다.

3) 정신건강사회복지에서의 팀워크

(1) 팀워크의 개념과 필요성

팀워크란 여러 타 학문전공 전문가에 의해 행해지는 치료행위이다. 정신건강영역에서는 환자에 대한 포괄적인 치료를 위해 정신건강의학자, 정신건강간호사, 임상심리학자, 정신건강사회복지사 등을 비롯한 각 전문가들이 그들의 전문적 기능과 책임을 토대로 서로 간의 상호작용과 기술의 합동을 위한 숙련된 과정으로서, 팀 성원 전체의 효율성을 중시하며, 환자집단에 대한 보다 나은 서비스에 일차적 목적을 두는 공동 활동이다.

정신건강기관에서 팀워크의 필요성이 요구되는 이유는 단순한 원인과 결과의 관계에서 이해할 수 있는 신체질환과는 달리 정신장애는 생물학적, 심리학적, 사회환경적 요인들이 복합적으로 작용하며 하나의 전체로서 인간을 다루어야 하기 때문이다(김기태 외, 2001). 정신건강영역의 전문가는 정신건강과전문의, 정신건강임상심리사, 정신건강간호사 및 정신건강사회복지사를 포함한다.

(2) 정신건강영역에 있어 팀성원들의 역할

① 정신건강의학과 전문의

환자의 질병에 대한 정신병리학적・유전학적 소인과 생물・생화학적 과정의 영향 및 성격의 발달과 병리에 중점을 두고, 주로 임상진단과 약물치료 및 정신치료를 행하며, 종합적인 치료의 전략 등을 계획하여 시행하도록 주관한다.

② 정신건강임상심리사

심리학적 이론과 훈련을 통하여 여러 가지 검사도구를 활용한 심리진단, 임상적인 문제에 대한 학습이론과 행동수정의 원리를 적용한 인지－행동치료, 개인치료와 집단치료 그리고 성격・정신병리 및 치료기법에 대한 연구, 교육 및 자문의 역할을 행한다.

③ 정신건강사회복지사

환자를 둘러싸고 있는 가족, 친구, 학교, 지역사회들과의 관계 및 환경에 초점을 두고 사회조사를 통하여 진단한다. 환자의 입원기간을 통하여 개별 및 집단상담, 가족상담이나 가족치료를 실시한다. 정신건강 분야에서 다른 전문직과 협동함에 있어 정신건강사회복지사는 개인 및 가족 문제에 영향을 미치는 사회적 요인이 주된 관심사이다.

④ 정신건강의학과 간호사

간호사의 역할은 환자와의 신뢰관계를 토대로 관심과 지지를 제공한다. 또한 간호학의 지식과 기술을 바탕으로 신체의 치료와 더불어 환자를 위한 치료적 환경을 조성한다(이영호 외, 2006).

4) 지역사회 정신건강사업 내용과 프로그램

(1) 지역사회 정신건강 개념과 필요성

지역사회 정신건강(community mental health)은 정신건강을 목적으로 지역사회에서 행해지는 모든 활동으로 정신장애의 치료, 재활 및 사회복귀 그리고 예방 등의 서비스를 일컫는다. 이러한 지역사회 정신건강이 필요한 이유는 한 사람의 정신적 문제를 이해하는 것은 단순히 개인의 심리 내적 요인만으로는 불충분하며, 그가 속한 가정, 집단, 지역사회 문화와의 상호관계에서 발생하는 갈등 및 사회병리현상을 이해하고, 사회의 지지체계를 회복함으로써 성공적으로 사회에 복귀를 할 수 있기 때문이다. 이는 보다 궁극적으로 삶의 질 향상과 깊은 관계가 있다.

(2) 지역사회 정신건강사업 내용

① 의료기관

정신장애인의 급성기나 응급 시, 입원하여 단기치료서비스를 제공한다. 치료를 통해 어느 정도 증상이 호전되면 각자의 집이나 다른 거주시설에서 외래치료를 받는다.

② 낮병원(Day Hospital)

부분입원제도의 가장 일반적인 형태로 급성환자에게 입원보호와 동일한 서비스를 제공한다. 단, 낮시간 동안만 제공된다는 것이 일반병원에 입원하는 것과 다른 점이다. 집중적이고 포괄적인 치료가 행해지며, 지역사회에서 독립적이고 생산적인 삶을 살도록 사회에 복귀시키는 것을 목표로 한다. 필요시에는 입원, 적극적인 약물치료 등의 치료적 개입이 이루어지고 치료진의 대부분이 정신보건팀으로 구성된다.

③ 주간생활센터(Day Care Center)

낮병원과 유사한 성격을 가진 치료시설이지만 정신건강의학과 의사의 직접적인 관여 없이 진행될 수 있고 자조모임의 성격이 강한 것이 특징이다. 만성 정신장애인 재활을 목표로 다양한 활동이 제공된다. 낮병원보다 경제적인 면에서 비용이 저렴하고 병원과는 독립되어 있기 때문에 제약이 덜하다는 장점이 있다. 현재 우리나라의 정신보건법상에서 주간생활센터의 역할을 하고 있는 곳은 사회복귀시설이다.

④ 거주시설

입원치료를 대체할 수 있는 시설로서 그 종류는 구조화된 정도와 감독의 정도에 따라 집단가정, 중간 치료소, 공동거주센터, 위탁가정, 지정아파트 등이 있다.

⑤ 지역사회 정신건강증진센터

지역사회 정신건강운동과 함께 진행된 탈시설화의 영향으로 장기간 시설에 입원되어 있던 대다수의 정신장애인들이 퇴원하게 됨에 따라 이들을 관리하는 사후관리서비스가 필요하게 되었다. 지역사회주민이 편리하게 이용할 수 있는 장소에서 정신보건전문가가 지역사회 정신보건사업을 총괄적으로 통합·조정하고 단기입원치료, 정신과 응급치료, 부분입원, 외래진료, 상담과 교육, 전문요원의 훈련 등을 수행한다(이윤로·이선영, 2002).

5) 정신보건사회복지의 과제

한국 정신보건서비스의 과제와 개선점을 살펴보면 다음과 같다.

첫째, 정신보건서비스 체계를 구축하고 프로그램을 개발하여 관리하기 위해서는 만성정신장애에 대한 정확한 파악이 필요하다. 둘째, 세계적인 최근 추세는 대형병원 중심의 입원치료보다는 지역사회 중심의 정신보건서비스제도가 주를 이룬다. 따라서 우리 사회도 지역사회 중심의 프로그램이 활성화되어야 한다. 셋째, 우리나라 정신보건 분야의 인력은 정신건강의학과 의사 외에도 간호사, 사회복지사, 임상심리사 등이 필요하다. 정신보건전문인력의 필요규모와 구성인력 간의 적정균형은 정신보건서비스체계의 방향과 구성에 따라 달라진다고 할 수 있다. 입원중심의 의학모델 위주의 서비스체계는 많은 수의 정신건강의학과 의사가 필요하지만, 지역사회 중심의 정신보건서비스체계는 사회복지사나 간호사 및 임상심리사와 같은 정신보건전문인력을 필요로 하고 있다.

다음으로 한국 정신보건서비스의 개선점을 살펴보면 다음과 같다.

첫째, 정신건강의학과 진료에 대한 수가가 현실화되어야 한다. 의료수가의 문제는 대량의 환자들에게 약물치료와 짧은 상담 위주의 단편적인 서비스를 제공하도록 만드는 주된 요인이 된다.

둘째, 낮은 의료급여진료비와 입원진료비의 정액제로 인해 의료급여환자들은 부적절한 서비스를 받고 있다. 또한 의료급여환자의 입원과 퇴원 및 진료 전반에 대한 관리체계의 미흡으로 의료급여환자의 장기입원현상이 나타나고 있다.

셋째, 재활치료에 대한 수가와 항목의 제한이 개선되어야 한다. 재활치료는 환자의 장기입원을 방지하고 사회적 기능의 회복을 촉진하여 사회복귀를 도모한다는 점에서 중요하다. 또한 환자들이 경제활동에 참여함으로써 사회적 · 경제적 효과를 얻을 수 있다.

넷째, 정신보건전문인력, 즉 사회복지사나 임상심리사가 제공하는 정신건강의학과 진료서비스에 대한 적절한 수가체계가 확립되어야 한다.

다섯째, 정부의 제도적 지원 및 사회적 지지기반이 구축되어야 한다. 2000년부터 만성 정신장애인들도 장애인의 범주에 포함되었다. 따라서 이들에게 각종 세제상의 혜택과 의료서비스의 개선, 고용지원 등 정부의 적극적인 지원과 정신장애인의 복지향상에 대한 범국민적인 이해와 지지가 필요하다(김기태 외, 2001).

참고문헌

김규수(1998). 의료사회사업론. 서울 : 형설출판사.

______(1999). 의료사회사업론(개정판). 서울 : 형설출판사.

______(2004). 정신보건사회사업실천론. 서울 : 형설출판사.

김기태 외(2001). 정신보건복지론. 서울 : 양서원.

대한의료사회사업가협회(1995). 의료수가와 의료사회사업의 질 관리. 제15차 워크숍자료집. 대한의료사회사업가협회.

____________________(1996). 의료사회사업의 교육과 수련. 제16차 워크숍자료집. 대한의료사회사업과협회.

____________________(2001). 21세기 의료사회복지사의 새로운 역할모색. 제20차 워크숍자료집. 대한의료사회사업가협회.

____________________(2002). 의료사회사업의 실천과 가족. 제21차 워크숍자료집. 대한의료사회사업가협회.

____________________(2005). 의료사회복지활동의 최신동향과 정도 모색. 제24차 워크숍자료집. 대한의료사회사업가협회.

문인숙・양옥경(1991). 정신장애와 사회사업. 서울 : 일신사.

박인환(2017). 정신건강증진 및 정신질환자 복지서비스 지원에 관한 법률에 대한 평가와 과제. 서울 : 한국장애학회 2017년 추계학술대회 발표집.

세브란스병원 사회사업과(1996). 의료사회사업 사례집.

양옥경(1996). 지역사회정신건강. 서울 : 나남출판.

윤현숙(2004). 의료사회사업론. 경기 : 나남출판.

이광재(2005). 의료사회사업원론(제2판). 서울 : 인간과복지.

이근후 외(1993). 최신임상정신의학. 서울 : 하나의학사.

이근후 외(1998). 정신진단사례연구집. 서울 : 하나의학사.

이영호・심경순・김태준(2006). 정신보건사회복지의 이해. 서울 : 학지사.

이윤로・이선영(2002). 정신보건사회복지론. 서울 : 학지사.

이윤로・홍영수(2005). 의료사회사업론(제4판). 서울 : 학지사.

정원철(2010). 정신보건사회사업론. 경기 : 공동체.

최선화 외(2000). 의료복지서비스와 의료정책. 부산 : 세종출판사.

한국정신건강복지연구소 편(1994). 만성정신장애와 사회복지서비스. 서울 : 인간과복지.

한국정신보건사회사업학회 편(2000). 정신보건 전문요원 수련교재. 서울 : 양서원.

한인영 외(2006). 의료사회복지실천론. 서울 : 학지사.

한인영・최현미(2000). 의료사회사업론. 서울 : 학문사.

제11장 가족복지

1. 가족복지의 개념

1) 가족의 개념

가족(family)이란 "부부와 같이 혼인으로 맺어지거나, 부모·자식과 같이 혈연으로 이루어지는 집단 또는 그 구성원"으로 정의할 수 있다(http://www.korean.go.kr). 그러나 단순히 가족을 사전적 정의에 따라 가족을 혈연으로 맺어진 집단으로 보기에는 무리가 있다. 왜냐하면 사회의 산업화와 도시화에 따라 재혼가족, 무자녀가족, 조손가족, 국제결혼가족, 한부모가족, 소년소녀가족 등의 다양한 가족들이 등장하였고, 가족에 대한 정의도 혈연관계를 넘어서 다양한 가족유형을 모두 포괄하는 가족의 개념이 새로 재해석되고 있기 때문이다.

이에 아이흘러(Eichler)는 가족을 한 명 혹은 그 이상의 자녀를 포함하거나 포함하지 않을 수 있으며(예 무자녀부부), 이 자녀가 혼인관계에서 태어날 수도 있고 그렇지 않을 수도 있는(예 입양아동 혹은 배우자가 혼전에 낳은 자녀) 사회집단으로 정의하고 있다(이원숙, 2007 재인용). 그리고 조흥식 외(2008)는 가족을 혈연적 관계가 아닌 2인 이상의 친밀한 관계를 갖는 다양한 집단을 구성하여 살아가는 대안적 형태를 가지면서 사회의 정치적 개입에 의해 변화하며, 그러한 변화에 대하여 역동적으로 적응할 수 있는 사회제도의 하나로 의미를 부여하고 있다. 이 외의 다양한 학자들이 정의한 가족의 개념은 〈표 11－1〉과 같다.

〈표 11-1〉 가족의 개념에 대한 여러 학자의 정의들

학 자	가족의 개념
머독 (Murdock, 1949)	부부와 출산자녀 및 입양자녀로 구성된 형태로, 주거를 함께하고 자녀 재생산 및 공동가계를 이루는 경제적 협력을 하는 사회집단
레비-스트로스 (Levy-Strauss,1969)	결혼에 의해 출발하고, 부부와 자녀 그리고 다른 근친자로 구성되었으며 법적 유대, 경제적 및 성적 의무와 권리, 존경 및 애정 등과 같은 다양한 심리적 감정을 공유하는 집단
기든스 (Giddens, 1992)	정서적이고 물질적인 지지에 기반을 둔 둘 또는 그 이상의 사람들이 상호 간에 기대를 갖고 그들의 삶의 유형과 관계없이 상호 책임감·친밀감과 계속적인 보호(care)를 주고받는 구성체

따라서 가족은 혼인, 혈연 및 입양 등을 통해서 이루어진 집단이거나 친밀하고 물질적인 지지를 받는 둘 또는 그 이상의 사람들이 변화에 역동적으로 적응하고 계속적인 상호작용으로 보호와 다양한 심리적 감정을 공유하는 집단이라 정의할 수 있다.

2) 가족복지의 개념

가족복지는 가족이 유지해야 할 기본 기능, 즉 출산과 양육, 교육, 부양과 보호 기능 등이 적절히 수행되지 못함에 따라 가족에서 발생하는 문제를 해결 및 예방하기 위한 서비스를 일컫는다. 즉, 가족복지는 가족의 욕구와 문제를 스스로 충족시킬 수 있도록 그 잠재력을 개발하고 가족의 역할과 기능을 활성화시키며, 생활의 질적 향상을 위해 여러 가지 형태로 사회가 개입하는 가족과 관련된 모든 복지정책과 복지서비스를 의미한다(김영화·이진숙·이옥희, 2002).

보다 구체적으로 여러 학자들이 가족복지의 개념을 정의한 내용을 살펴보면, 〈표 11-2〉와 같다(이소희 외, 1998, 조흥식, 1997 재인용).

〈표 11-2〉 가족복지의 개념에 대한 여러 학자의 정의들

학 자	가족복지의 개념
모토무라(本村汎, 1981)	가족복지사업이란 가족이 사회로부터 기대되고 있는 고유의 기능, 즉 생식의 기능, 성적 욕구 충족의 기능, 자녀양육과 사회화의 기능, 가족의 정서적 안정의 기능 및 공동의 가계 유지의 기능을 그 가족이 실현할 수 있도록 원조하는 것
김상규 등(1983)	가족복지란 가족의 행복을 유지시키는 것을 말하는데, 국민생활권의 기본이념에 입각하여 가족생활을 보장하는 사회적 모든 노력(제도적 · 정책적 · 기술적 서비스)을 총칭
김만두(1982)	가족복지란 가족의 집단성을 확립하도록 하고, 개개 가족구성원의 인격의 성장과 발달을 원조하며, 항상 변화하는 사회에 대응하여 적극적인 적응 능력을 가질 수 있는 가족, 즉 사회적으로 적응하는 가족으로서의 확립이라고 하는 목표를 가지고 전개하는 활동
펠드먼과 셸츠(Feldman & Scherz, 1968)	가족복지란 전체로서의 가족은 물론 그 구성원들의 사회적 기능 수행을 효과적으로 증진시킴으로써 가족구성원 모두에게 행복을 도모함을 목적으로 하는 사회복지의 한 분야

이에 가족복지란 가족문제를 해결 및 예방하고 가족이라는 고유의 기능을 활성화하여 가족구성원들의 신체 · 심리사회적 성장과 발달을 원조하며, 가족구성원들의 기본적 생활을 보장하고, 궁극적으로 건강한 가족의 유지 · 발전을 목적으로 하는 사회복지 서비스나 과정을 의미한다고 할 수 있겠다.

따라서 가족복지의 대상과 영역을 정의하면, <표 11-3>과 같다.

〈표 11-3〉 가족복지 대상 및 영역

학 자	대상 및 영역	특 성
미국 사회사업사전(1970)	① 가족발달상에 직면하는 가족 내적인 스트레스 상황으로 인한 문제 ② 가족 외적인 스트레스 상황(사회구조적 · 경제적 원인)으로 인한 문제 ③ 가족관계 구성원의 개인적 기능장애 및 이상성격장애로 인한 문제	스트레스의 원인과 성격에 따른 분류

펠드먼과 셸츠 (Feldman & Scherz, 1967)	① 결혼성립기의 결혼 형태 및 과정 적응으로 인한 문제 ② 육아기의 육아기능 수행과 가족지원의 갈등으로 인한 문제 ③ 노후기의 노인 개인의 당면 문제들, 노년기 부부 및 부모-자녀의 부양관계로 파생되는 문제	가족발달주기에 따른 문제
시케타와미와 (1967)	① 가족 내의 기능적 결손으로 인한 문제(가족관계상의 갈등 등) ② 가족의 구조적 결손으로 인한 문제(편부모, 아동가족 등)	가족의 결손 특성에 따른 분류
야마자키 (1976)	① 외생적 장애(사회구조상의 모순으로 인한 저임금, 실업, 퇴직, 일시적·만성적 빈곤, 직업의 성격, 주택, 가족교육, 보건, 사법제도 등) ② 내성적 장애(가족의 긴장, 가족구성원의 결손, 가족의 심신장애 등)	가족문제의 발생 원인에 따른 분류
모치즈키 야마테 (1979)	① 임상적 영역 ② 가족정책적 영역	가족유지기능의 장애에 따른 분류
홀링스워스 (Hollingsworth, 1974)	① 가족지원서비스(소득보장, 주택, 교육, 보건, 레크리에이션, 법적 보호, 정보 제공) ② 가족보충서비스(가족상담, 탁아, 이웃놀이집단, 방과 전후 프로그램, 가정관리사, 가사보조원, 지역사회부조 및 지역사회서비스, 일시보호 프로그램 등)	가족복지의 서비스 차원에 따른 분류

출처 : 박석돈 외(2012).

2. 다양한 가족의 형태

1) 한부모가족

(1) 한부모가족의 개념

한부모가족이란 부모 중 한쪽의 사망, 이혼, 유기, 별거 및 미혼모(미혼부)로 인하여 한쪽 부모가 없거나 법적으로는 또는 현실적으로 한쪽 부모 역할을 할 수 없는 한부·한모로 이루어진 가족을 의미한다.

이러한 한부모가족은 현대에 들어 이혼, 사망, 별거, 유기 그리고 미혼모 등의 발생 증가로 그 수가 증가하는 추세를 보이고 있다. 이는 우리 사회가 앞으로 더 많은 이혼과 한부모가족을 양산해 낼 수밖에 없는 사회적 환경 속에 살고 있기 때문이다. 즉, 개인주의의 확산과 더불어 결혼생활에 대한 만족 여부가 이혼을 결정하는 요인이 되고, 재산분할청구권, 자녀양육권, 면접교섭권 등 여성에게 불리했던 법들이 개정되면서 시간이 지남에 따라 그 수는 꾸준히 증가할 것으로 예측되고 있다(통계청, 2003).

(2) 한부모가족의 현황과 문제점

인구주택총조사(2001)에 의하면, 전체 가구 중 한부모가족이 차지하는 비율은 1985년에 848만 가구로 8.9%, 1990년에 889만 가구로 7.8%, 1995년에는 960만 가구로 8.6%였다가, 2000년 1,124만 가구로 9.4% 증가하였다.

한부모가족의 발생원인은 이혼(43.7%), 배우자 사망(43.3%), 배우자 가출 및 유기(5.4%), 미혼모(4.7%), 기타(2.9%)이며, 특히 최근 우리나라 한부모가족의 증가는 이혼율의 증가와 크게 맞물려 있다. 즉, 이는 한부모가족이 인위적인 방식으로 형성되고 있음을 알 수 있다.

한부모가족의 어려움은 있어야 할 부 혹은 모가 부재하면서 발생하는데, 이는 가족기능의 부분적 혹은 전체적인 수행불능과 이로 인한 가족원 욕구불만 등이 가정의 경제적 · 정서적인 제반 문제를 일으킬 수 있다는 점이다(조흥식 외, 2007).

모자가족은 전체 한부모가족의 80% 이상을 차지하고 있으며(통계청, 2006), 부자가족보다 경제적 곤란과 자녀의 양육이라는 이중부담에 노출되어 있어서 '빈곤의 여성화' 현상과 자녀교육의 어려움에 봉착하게 될 가능성이 높다(김영화 · 이진숙 · 이옥희, 2002).

2) 맞벌이가족

(1) 맞벌이가족의 개념과 특성

맞벌이가족이란 결혼한 부부가 동시에 모두 직업을 가지면서 구조적으로는 확대가족 내지 핵가족으로 형성된 가족형태(김혜경 외, 2006)로 취업주부의 증가, 높은 교육수준, 경제적 이득, 가사의 자동화 그리고 경제활동 참여의 자유 등에 따라 우리 사회에서 흔히 볼 수 있게 되었다.

맞벌이가족은 부부가 동시에 모두 직업을 가지고 생활함에 따라 부부간의 동반자 관계와 평등성이 증진되고 경제적 여유가 생길 뿐 아니라 남편의 적극적인 지지와 가사협조로 결혼만족이 증진된다는 긍정적인 측면을 가지고 있다. 반면 맞벌이부부는 부부가 각자의 직업활동으로 인해 함께할 수 있는 시간이 부족하고 가사와 육아부담에 따른 저출산이나 무자녀 선호 성향 그리고 각자의 독립된 생활에 서로 간의 이해와 배려심의 부족으로, 심각한 갈등을 일으키는 등(최규련, 2008)의 부정적인 측면도 가지고 있다.

(2) 맞벌이가족의 어려움

맞벌이가족은 자녀양육에 어려움을 호소하고 있다. 부부가 모두 직업을 가지게 됨에 따라 자녀들은 조부모에게 맡겨지거나 대리양육자를 고용하기도 하며, 어린이집과 같은 보육시설의 도움을 받을 수밖에 없는 현실에 직면한다. 반면 도움을 줄 수 있는 지원체계가 없거나 경제적 형편이 여의치 못할 때는 자녀를 빈집에 방치할 수밖에 없는 상황이 놓이게 된다.

또한 맞벌이가족은 여성을 '슈퍼우먼 콤플렉스'라는 상황에 빠지게 한다. 성역할이 고착된 가정의 취업여성일수록 이러한 경향은 클 수밖에 없는데, 이는 자녀양육과 가정 그리고 취업이라는 이중부담에 시달리게 만든다(김영화 외, 2002). 이와 같은 여성의 부담감은 남편에 대한 불만을 낳게 하고, 남편 또한 가사분담과 양육문제로 아내와 부딪히면서 가족 내의 갈등을 심화시키기도 한다.

3) 재혼가족

(1) 재혼가족의 개념과 현황

우리나라는 2004년 연간 재혼건수가 4만 4천 4백 건으로 10년 전인 1994년 재혼건수 2만 2천 8백 건의 약 두 배로 최근 급속히 증가하고 있다(통계청, 2006).

일반적으로 재혼가족이란 "이미 한 번 또는 그 이상 결혼하여 가정을 이룬 남성이나 여성이 다른 배우자와 새롭게 가정을 재구성하는 것"이라 정의할 수 있으며(조옥라, 1996), 재혼가족은 재결합가족, 이중 핵가족, 재구성가족(reconstituted family, reconstructed family), 혼합가족(blended family) 등의 용어들로 불리기도 한다.

(2) 재혼가족의 유형 및 어려운 점

재혼가족은 여러 유형으로 분류될 수 있는데, 클리겜필, 브랜드와 세걸(Clingempeel, Brand, & Segal, 1987)은 재혼부부 각각의 전혼자녀 유무와 양육권 유무를 기준으로 그 유형을 〈표 11-4〉와 같이 분류하였다.

〈표 11-4〉 재혼가정의 9가지 유형

<table>
<tr><th colspan="3" rowspan="3">부인의 전혼자녀 유무 / 남편의 전혼자녀 유무</th><th colspan="3">부인의 전혼자녀 유무</th></tr>
<tr><th rowspan="2">전혼자녀 없음</th><th colspan="2">전혼자녀 있음</th></tr>
<tr><th>양육권 없음</th><th>양육권 있음</th></tr>
<tr><td rowspan="3">남편의 전혼자녀 유무</td><td colspan="2">전혼자녀 없음</td><td>무자녀 재혼가족</td><td>비동거 계부가족</td><td>동거 계부가족</td></tr>
<tr><td rowspan="2">전혼자녀 있음</td><td>양육권 없음</td><td>비동거 계모가족</td><td>비동거 계부모가족</td><td>혼합 계부형 계부모가족</td></tr>
<tr><td>양육권 있음</td><td>동거 계모가족</td><td>혼합 계모형 계부모가족</td><td>동거 계부모가족</td></tr>
</table>

출처 : Clingempeel, Brand, & Segal(1987). A multilevel-multivariable developmental perspective for future research on stepfamilies. In pasley, K., & Ihinger-tallman, M.(eds.). Remarriage and stepparenting today : Current research and theory, Guilford, 김승권 외, 2004 : 232 재인용.

재혼가족의 자녀는 계부모를 인정한다는 것을 같이 살지 않는 친부모에 대한 배신으로 생각하여 갈등과 죄책감을 경험하기도 하며, 이는 재혼가족의 적응과 통합에 장애가 되고 있다(최규련, 2008). 또한 불완전하고 희박한 연대관계 속에서 재혼가족의 부부는 자신의 자녀와 계자녀의 훈육이나 부모역할의 한계 등으로 인해 갈등을 겪을 수 있다. 또한 재혼가족은 '아이들의 친부모가 어딘가에 있다'는 생각으로 인해 그들의 영향력을 배제할 수 없기 때문에 자녀들은 재혼한 양부모의 사진들을 번갈아 가며 생활하는 경향이 있다. 이러한 환경은 자녀들에게 경쟁심과 불안감을 느끼게 하며, 문화적 충격을 줌으로써 정서적 고통을 경험하게 한다(김혜경 외, 2006). 또한 재혼가족은 핏줄에 대한 집착으로 친자녀를 눈에 띄게 편애하는 경우, 배우자가 계자녀에 대한 양육을 거부하는 경우, 계부모가 계자녀를 홀대한다고 선입견을 가지고 보는 경우 등으로 인해 부부관계의 어려움을 경험하기도 한다(장혜경 · 민혜경, 2001, 이원숙, 2007 재인용).

4) 국제결혼가족

(1) 국제결혼가족의 개념과 현황

국제결혼가족은 국적을 달리하는 남녀가 결혼을 함으로써 형성된다. 국제결혼가족은 한국의 국제적 지위 향상, 계층향상과 경제상황 향상을 위한 저개발국 이주노동자의 증가, 농촌총각의 배우자감 구하는 문제, 결혼알선기관의 활성화, 외국과의 빈번한 교류 등이 작용한 결과로 발생하고 있다(최규련, 2007).

국제결혼가족의 비율은 총 결혼건수 중에 1990년 1.2%, 1995년 3.4%, 2000년 3.7%를 차지하였으나, 2003년부터 8.4%, 2004년 11.4%로 증가하였고, 2005년에는 전국 13.6%, 농촌지역에서는 35.7%를 차지할 정도로 급증하였다. 이는 한국인 남성이 외국인 여성과 결혼하는 경우가 2003년부터 국제결혼의 70% 이상을 차지할 정도로 급증한 것에 기인하는 것이다(통계청, 2005).

(2) 국제결혼가족의 어려운 점

생활방식과 문화가 다른 이들이 만나 결혼생활을 유지하기란 쉬운 일이 아니다. 무엇보다 의사소통이 원활하지 못해 오해가 생기기도 하며, 다른 환경과 문화의 차이로 인해 자녀양육과 교육, 생활습관 등에서 혼란과 갈등을 일으키기도 한다. 또한 국제결혼에 의한 사회적 편견으로 외국인배우자와 그 자녀가 차별을 받을 수 있으며, 여성 결혼이민자의 경우는 폭력과 학대를 받아도 그에 대한 도움을 청하기란 어려운 상황이다. 이들을 위한 제도와 정책은 미흡한 실정이므로 이에 대한 대책이 필요할 것으로 보인다. 국제결혼가족이 갖는 어려운 점은 〈표 11－5〉와 같이 정리할 수 있다.

〈표 11-5〉 국제결혼가정의 어려운 점

어려움	내 용
의사소통의 불편함	의사소통의 문제는 생활 전반에서 오는 문화적 차이를 극복할 수 있는 통로를 원천적으로 가로막는데, 함께 생활하는 가족뿐 아니라 배우자와도 언어소통이 원활하지 못하다 보니 사소한 오해가 더 큰 부부문제로 이어질 수 있을 뿐더러 언어단절이 경우에 따라서는 정서적 단절로 이어지기까지 한다(김승권 외, 2004 재인용).
문화의 이질성	다른 환경과 문화권에서 생활을 해온 국제결혼가족원들은 문화적 차이에서 비롯된 오해와 갈등을 경험하기도 한다. 부부 및 친인척 관계에서 정서적 갈등은 물론, 자녀교육방법 등에서 이질적인 문화적 배경은 생활습관이나 가치관의 차이로 인한 가족 간 공동생활에 혼란과 어려움을 초래한다.
사회의 편견과 차별	사회적 편견과 차별로 인해 외국인배우자는 지역사회에서 따돌림을 당하여 소외감과 정신적 긴장감에 놓이게 될 뿐 아니라 가족형성 및 적응과정에서 많은 문제를 초래할 수 있다(임경혜, 2004). 또한 국제결혼가족 2세에 대한 편견은 더욱 심각하다. 혼혈이라는 이유로 또래집단과 교육제도 등에서 소외되고 상처받을 가능성이 높으며, 더욱이 제도권 밖에 있는 외국인근로자 자녀의 경우 교육기회조차 제대로 제공되지 않아 기본적인 교육과 사회적 통합의 기회가 보장되지 못하고 있다.
폭력과 학대	결혼이민자 여성들은 한국 문화와 언어에 미숙하여 폭력이나 학대에 제대로 대응하지 못할 뿐더러 한국 국적 취득을 위해서는 이러한 폭력상황을 외부에 노출시키거나 도움을 요청하기 어려운 것이 현실이다.
사회제도의 미흡	결혼이민자가 우리나라에서 체류하고 취업하며 생활하는 데 관련되는 국내법(출입국관리법령, 재외동포의 출입국과 법적 지위에 관한 법률, 국민의 외국인배우자에 관한 체류 관리 지침)에 의하면, 합법적 국내체류 여부가 한국인배우자에게 의존하게 되어 있어 배우자에 대한 종속을 심화시키고 이로 인해 불평등한 부부관계를 형성한다.

(3) 국제결혼가족을 위한 정책

2005년 현재 한국에 귀화하지 않은 외국인 결혼이민자는 국민연금, 국민건강보험, 고용보험, 산업재해보상보험 등 4대 사회보험의 수혜대상에서 제외되고 있지만, 외국인에 대한 별도의 적용범위와 특례규정을 두고 있어서 엄밀한 의미에서는 모두 수혜대상이 될 수 있다. 그러나 결혼이민자는 '공공부조'의 대상에서 제외되므로 생활의 어려움을 겪고 있다. 현행 국민기초생활보장제도는 가구

단위로 가구원의 수에 따라 급여를 지급하고 있기 때문에 외국인배우자 등이 가구원에 포함되어 있는 가구의 경우에 외국인은 수급자에 해당되지 않아 일반가구보다 적은 급여로 생활하고 있다. 따라서 기초생활을 보장하는 데 충분하지 못한 실정이다. 또한 이주여성에 대한 가정폭력과 부당한 노동착취, 인권적 모욕 등의 문제가 현재 대두되고 있다. 우리나라에서 국제결혼가족을 위해 지원하고 있는 계획 및 정책은 〈표 11-6〉과 같다.

〈표 11-6〉 국제결혼가족을 위한 지원정책

부 서	지원내용
보건복지부	• 생애주기별 맞춤형 서비스(국제결혼중개업체 관리, 한국인 배우자 대상 결혼 준비 교육, 한국어 교육, 위기개입 및 가족통합교육 실시 등)
여성가족부	• 국제결혼가족을 위한 부부교육 • 이주여성의 한국생활 및 가족생활 적응 지원 • 출산도우미 및 산후가사도우미 파견 지원 • 이주여성 전용 가정폭력피해자쉼터 설치 및 운영 • 여성긴급전화 1366에서 동시통역 • 한국이주여성인권센터 • 국제결혼가족을 위한 홍보물 및 교육 관련 교재 발간 등등
법무부	• 안정적 체류 지원 및 인권 정보 제공[2년 이상 거주한 경우 영주(F-5)자격을 부여, 거주(F-2)자격을 계속 유지할 경우 별도의 허가절차 없이 자유로운 취업을 허용]
문화체육관광부	• 언어 및 문화 이해교육 추진(여성결혼이민자 가족의 문화교육 지원, 예술치유 시범사업을 운영)
노동부	• 일자리 알선 및 훈련지원 방안(외국인 고용허가제 전담창구 운영, 실업자 직업 훈련, 여성 결혼이민자에게 특화된 훈련 프로그램을 개발·보급)

5) 소년소녀가족

(1) 소년소녀가족의 개념 및 현황

우리나라에서 소년소녀가족의 아동을 위한 복지실천은 1984년 3월 13일 '소년소녀가장세대 보호대책'을 수립하고 1985년 6월 11일부터 소년소녀가장에 대한 정부지원사업을 실시하게 되면서 시작되었다. 또한 소년소녀가장세대는 2000년 9월 지원대상의 명칭을 "소년소녀가정(youth family)"으로 변경하였다. 그러나 이 장에서는 편의상 "소년소녀가정"을 "소년소녀가족"으로 정리하고자 한다.

소년소녀가족은 부모가 사망했거나 생존해 있어도 이혼, 가출, 질병, 심신장애 등의 이유로 부모의 보호 및 부양을 받을 수 없거나 또는 조부모 등 보호자가 있어도 노령, 장애로 부양능력이 없어 실질적으로 가장 역할을 해야 하는 만20세 이하의 소년·소녀세대를 가리킨다. 즉, 국민기초생활 보장법 기타 관련 규정에 의거해 정부나 사회단체가 지원하여 정상적인 가정으로 육성될 수 있도록 보호 및 후원해야 하는 요보호 소년소녀가정을 말한다.

소년소녀가족의 현황은 보건복지부 통계(2007)에 의하면, 2,501명으로 나타나고 있고, 이들의 재학현황은 미취학자 25명, 초등학교 재학자 401명, 중학교 재학자 789명, 고등학교 재학자 1,226명으로 나타나고 있다.

(2) 소년소녀가족의 어려운 점

소년소녀가족의 어려움은 경제적, 심리·정서적, 사회적응, 교육적, 가정생활 및 주거환경 등의 측면에서 복합적으로 나타나고 있다. 소년소녀가족을 구성하고 있는 아동과 청소년은 학교에 다니거나 학교에 다니지 않는 경우에도 직업을 구하지 못하는 경우가 많고 함께 거주하는 부모, 직계가족, 방계가족 역시 경제적 능력이 없기 때문에 재정적 어려움을 겪고 있다. 게다가 소년소녀가족은 만 18세가 되어 국민기초생활 보장법에 의한 지원이 중단될 때까지 자립하지 못하면 경제적 어려움이 더욱 가중된다고 할 수 있다.

또한 소년소녀가족의 아동과 청소년은 부모의 부재로 인해 갑작스럽게 가장이라는 역할을 획득하는 과정에서 역할 변화와 갈등으로 인한 어려움을 경험하게 되고, 정신적 지주가 되는 부모의 상실 경험으로 인해 정서적·도덕적 능력의 발달과 원만한 인간관계를 형성하는 데 적지 않은 영향을 받게 될 가능성이 있다. 그리고 가정 안에서 적절한 역할모델의 대상이 존재하지 않기 때문에 부모를 통한 가정교육의 기회를 상실함으로써 가치판단이나 사회적응에 영향을 받게 되고 이는 사회적 문제로 이어질 수 있다.

3. 가족복지의 지원기관

1) 건강가정지원센터

건강가정사업지원센터의 목적은 가족기능의 강화와 가족문제의 예방, 가족문제의 감소와 위기 치료, 가족의 잠재력과 자립능력 개발, 가족공동체 문화 조성, 다양한 형태의 가족의 욕구 충족, 지역사회와의 연계, 가족사회의 통합으로 요보호가족만이 아니라 모든 가족을 위한 서비스를 지향하며, 평등하고 민주적인 가족관계를 지향하는 데 있다. 건강가정지원센터의 주요 사업에 대한 내용은 |그림 11-1|과 같다.

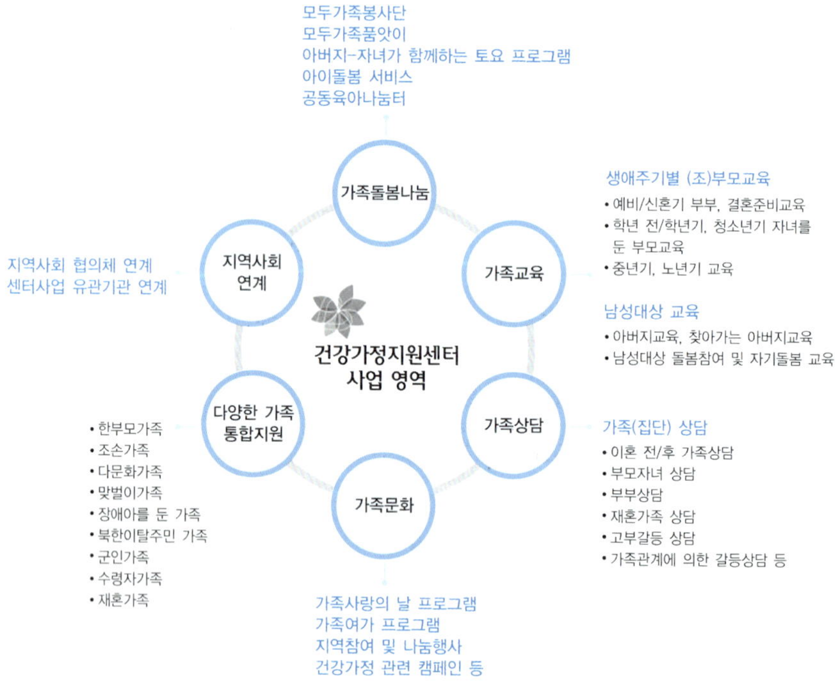

|그림 11-1| 건강가정지원센터 사업영역

2) 가정위탁지원센터

가정위탁지원센터는 부모의 갑작스러운 변고(사망, 이혼, 질병, 실직, 부도, 가출, 별거, 수감, 약물중독 등)로 친부모와 함께 살 수 없는 아동들의 시설입소와 해외입양을 지양하고 일정 기간 동안 이러한 아동들을 보호·양육하기를 희망하는 가정에 위탁하여 가정적인 분위기에서 양육되도록 함으로써 건전한 사회인으로 성장시키고자 하는 데 목적을 두고 있다. 또한 갑작스러운 변고로 위기에 놓인 친가정의 가족해체를 예방하고 하루속히 건강한 가정으로 회복되어 가족이 재결합할 수 있도록 지속적인 관심과 도움을 제공하고 있다.

3) 그 외 기관

건강가정지원센터와 가정위탁지원센터 외에도 다양한 기관들이 가족복지를 지원하고 있다. 가정복지센터, 가족치료상담실, 한국건강가족실천, 지역아동센터, 가족상담소, 열린가족상담센터, 한국결혼가족복지회 등 다양하며, 이에 대한 기관의 역할은 다음 〈표 11-7〉과 같다.

〈표 11-7〉 가정복지를 지원하는 그 외 기관

기 관	기관역할
가정복지센터	가족기능 보완 및 강화중심의 사회복지서비스 제공
가족치료상담실	가족문제 전문 상담기관
한국건강가족실천 운동본부	건강한 가족을 바탕으로 한 건강사회의 실현을 목적으로 이를 위한 홍보활동, 실천운동 및 이와 관련된 학술활동을 범국민 차원에서 추진
가족치료연구소	가족상담
지역아동센터	아동의 보호, 교육 등 건전한 육성을 위한 복지서비스 제공
가족상담소	가족 내의 불화와 갈등에 관한 가족문제 상담
재가노인복지센터	노인복지의 통합적인 지원으로 원가정폭력 피해자를 보호하고 안정된 생활을 위한 정서적 지원과 가정폭력 예방활동을 통해 여성의 인권을 회복시킴, 원스톱서비스 제공

단기가족치료연구소	한국 문화에 적합한 접근법을 개발한 상담과 치료
열린가족상담센터	가족문제 상담 및 교육사업/ 공동모금회 지원
한국결혼가족복지회	결혼에 관한 상담
가족폭력상담소	가정폭력 피해자를 보호하고 안정된 생활을 위한 정서적 지원과 가정폭력 예방활동을 통해 여성의 인권을 회복
아동성폭력전담센터	13세 미만 성폭력 피해 아동과 지적장애인이 성폭력의 피해로부터 벗어나 정상적인 발달과 적응을 하도록 돕고 예방하고자 함

4. 가족복지의 과제

1) 가족복지의 전망

앞으로의 가족복지는 여성, 아동 및 노인 등 가족구성원 모두의 권리를 인정해야 할 것이다. 여성의 경제활동은 권리의 차원에서 인정되어야 하며, 여성이 취업과 자녀 출산 및 양육을 병행할 수 있도록 지원해 주는 제도적 장치를 마련하고 확대해 나가야 한다. 아동 또한 보호를 받으면서 건강하게 성장해야 할 권리를 가지고 있다(이원숙, 2007).

현대사회로 접어들면서 여성의 사회진출 증가, 남・여 혼인연령의 상승, 개인주의 확산, 무자녀가족 수의 증가, 독신가구의 증가, 한부모가구의 증가 등의 특성이 나타나면서 가족에 대한 가치관이 변하고 다양한 가족형태가 생기게 되었다. 이에 따라 가족에 대한 재개념화와 가족과 사회, 국가책임에 바탕을 둔 실제적 가족복지대책이 강구되고 있다.

가족복지에 대한 전망을 살펴보면, 우선 가족에 의한 복지를 넘어서 가족을 통한 복지와 가족을 위한 복지를 병행하여 추진해야 할 것이다. 가족을 통한 복지는 노인, 아동, 장애인 등의 복지수요를 충족시키기 위해 가족의 부양・보호의 기능을 활용・지원하는 것이며, 가족을 위한 복지는 가족단위의 삶의 질이 종합적으로 제고되기 위해 필요한 다양한 물질적・문화적 욕구를 파악해 적절한 지원·서비스대책을 마련해야 할 것이다. 또한 현대인들이 지역, 직업, 연령 등에 따라 다양한 형태의 가족들을 이루고 살아가고 있음을 인정하여 이에 기초한 균형 있는 서비스를 제공해야 할 것이다(조흥식, 2002). 그리고 마지막으로 교통·통신 등의 발달로 지역적 거리가 좁혀짐에 따라 주말부부, 월말부부 가족이 크게 늘어날 것이다. 이로 인한 자녀 교육 및 양육에 관한 문제, 부부생활에 관한 문제 등이 다양하게 나타날 것이다.

2) 가족복지의 과제

현대사회에는 다양한 가족이 등장했으며, 그에 따라 새로운 사회문제들이 생겨났다. 이에 가족복지는 다각적으로 접근해야 할 필요가 있으며, 이에 대한 가족복지의 과제는 정책적 과제와 실천적 과제로 나누어 볼 수 있다. 정책적 과제에서는 다양한 가족의 형태가 생겨난 만큼 그에 맞는 제도적 준비와 수용이 있어야 하며, 현대사회의 다양한 욕구를 충족시키기 위해 대상과 서비스 범위를 확대해야 한다. 이를 수행하기 위해서 체계적인 전문인력 양성에 노력을 기울여야 한다. 실천과제로는 가족복지서비스의 질을 높이기 위해 사례관리를 강화해야 하며, 가족을 위한 상담과 다양한 서비스를 제공하고, 가족생활주기에 따른 맞춤형 가족활동 및 문화 프로그램을 개발해야 한다. 가족복지의 과제를 정리하면 〈표 11-8〉과 같다.

〈표 11-8〉 가족복지의 과제

정책적 과제		실천적 과제	
가족의 다양한 형태에 대한 제도적 수용	가족의 형태와 기능과 역할에 따른 요구 또한 변화하고 있으므로 국가주도적인 지원이 이루어지는 가족친화적인 복지정책을 지향할 필요가 있음	가족복지 서비스 기관에서 사례관리의 강화	'만성적이고, 복합적인 문제를 가진 개인과 가족과 함께 일하면서 그들과 자원제공자들의 기능을 향상시켜 환경 속에서 자신들에게 필요한 서비스와 자원을 스스로 획득하여 사회적 기능을 원활히 수행할 수 있도록 돕는 통합적 접근방법'인 사례관리가 요구됨
가족복지 대상 및 범위 확대	복지에 대한 욕구가 갈수록 증대되고 있고, 현대사회의 여러 하위 체계들은 모두 상호 연관성이 있기 때문에 어느 특정 분야만을 지원하기보다는 가족의 생활과 관련된 모든 분야로 관심을 확대하는 것이 더 효과적임	가족을 위한 상담 프로그램과 서비스 확충	가족의 정서적 유대와 지지를 강화하고 가정폭력의 예방 및 대응 강화, 그리고 가족의 정신건강 함양을 위한 가족단위의 상담 프로그램의 제공이 요구됨
가족복지 담당인력의 전문화	건강가정기본법에서는 시행규칙에 이수해야 하는 교과목 12과목을 지정하여 이 과목들만 이수하면 자격이 있는 것으로 보고 있으나 이는 가족복지 담당인력의 전문성을 확보할 수 없음	가족활동 및 문화 프로그램 개발	가족의 유형 및 가족생활주기에 따른 고유기능인 정서적 유대와 지지를 강화하고 가족의 정신건강 함양을 위한 가족활동 프로그램의 개발 및 제공이 요구됨

참고문헌

국립국어원(2002). 표준국어대사전. 서울 : 두산동아.

권진숙 · 신혜령 · 김정진 · 김성경 · 박지영(2006). 가족복지론. 경기 : 공동체.

김영화 · 이진숙 · 이옥희(2002). 가족복지론. 서울 : 학지사.

김혜경 · 도미향 · 문혜숙 · 박충선 · 손홍숙 · 오정옥 · 홍달아기(2006). 가족복지론. 경기 : 공동체.

박석돈 외(2012). 사회복지개론. 경기 : 양서원.

서영숙 · 황은숙(2004). 한부모가정과 이혼 이해교육. 경기 : 양서원.

원석조(2007). 사회복지개론. 경기 : 양서원.

이영분 · 신영화 · 권진숙 · 박태영 · 최선령 · 최현미(2008). 가족치료 모델과 사례. 서울 : 학지사.

이원숙(2007). 가족복지론. 서울 : 학지사.

조흥식 · 김인숙 · 김혜란 · 김혜련 · 신은주(2007). 가족복지학. 서울 : 학지사.

최규련(2008). 가족관계론. 경기 : 공동체.

Robert C., & Daniel, B. Lee(2008). 사례중심 가족치료와 사회복지실천. 이은진 · 배진형 · 김유진 · 박영희 공역. 서울 : 학지사.

Hetherington, E. M., & Kelly, J.(2002). *For Better or For Worse : Divorce Reconsidered*. New York : W. W. Nothon & Company.

<참고사이트>

건강가정지원센터. http://www.familynet.or.kr

국립국어원 표준국어대사전. http://www.korean.go.kr

보건복지부. http://www.mohw.go.kr

보건복지부위탁 중앙가정위탁지원센터. http://www.fostercare.or.kr

여성가족부. http://www.mogef.go.kr

제12장

자원봉사

1. 자원봉사활동의 개념

1) 자원봉사의 개념

자원봉사의 개념은 학자들에 따라 다양하게 정의되고 있다. 특히 자원봉사가 이루어지고 있는 환경, 즉 국가, 사회, 활동분야에 따라 상이한 정의가 이루어지고 있는데, 그 개념을 구체적으로 살펴보면 다음과 같다.

먼저 자원봉사자, 즉 volunteer란 라틴어의 voluntas(자유의지)라는 단어에서 유래하였다고 전해지고 있다. 라틴어의 volo(의지)란 영어의 will에 해당되는 단어로서 volo에서 voluntas라는 말이 생겼으며, 의미는 자발적인 것, 자주적 · 임의적 자유의지를 의미한다(김범수 외, 2004).

한편 미국의 사회사업사전에는 자원봉사자를 "개인, 집단, 지역사회에서 발생하고 있는 여러 가지 사회문제의 영향을 예방하고 혹은 개선하는 일에 종사하고 있는 공 · 사의 여러 조직에 대하여 주어진 여러 가지 서비스를 하는 개인"이라고 정의하고 있다. 더불어 개정판의 자원봉사관리에 대한 설명 부분에는 "자원봉사란 욕구가 인식되었을 때 어떤 구체적인 이득을 생각하지 않고 사회적 책임이라는 태도로 행동을 선택하는 것이며, 이것은 시혜나 무언가를 기대하거나 어쩔 수 없이 행하는 것을 초월하는 의미"라고 덧붙이고 있다(Dunn, 1995, 류기형 외, 2003 재인용).

한국사회복지협의회에서는 자원봉사활동이란 사회문제의 예방 및 해결 또는 국가의 공익사업을 수행하고 있는 공사조직에 자발적으로 참여하여 반대급부를 받지 않고, 인간존중의 정신과 민주주의 원칙에 입각해 필요한 서비스를 제공하여 이타심의 실현과 자기실현을 성취하고자 하는 활동이라고 정의하고 있다. 이 밖에도 자원봉사활동에 관련된 용어를 정리하여 보면 다음 〈표 12-1〉과 같다.

〈표 12-1〉 자원봉사 관련 용어

구 분	내 용
voluntarism	어떤 사회에서 자발적으로 행해진 모든 것을 총칭하는 일반적인 용어 민간영역, 비영리기관과 재단, 종교, 박애사업은 포함되지만 정부기관은 포함되지 않음
volunteerism	1989년 후반에 와서 명확한 의미를 가지게 됨. 자원봉사자들이나 자원봉사자들이 행하는 활동에 구체적으로 관련있는 정신을 의미하는 것으로 비영리조직뿐 아니라 법원, 교도소, 도서관 등 정부 프로그램도 포함
voluntary action	자신의 의지나 선택에 의지한(out of one's own will and choice) 행위. 자발적으로 행해진 모든 것이 다 자원봉사활동은 아님
voluntary agency (자원봉사기관)	어떤 욕구나 문제를 인식한 개인들에 의해 설립되고 사적 기금으로 조직체 형성, 단 정부의 보조금이나 공공기금을 받는다 해도 정부에 의한 법률에 의해서 설립된 것이 아니므로 민간기관에 해당됨 미국의 경우에는 그 목적이 비영리적이고 일반적으로 연방소득세에서 면제시켜 주도록 승인하는 Internal Revenue Code의 section 501(c) 아래에 속해 있음. 그들은 대부분 자원봉사자로 구성된 이사회에 의해서 지도받음
volunteer association (자원봉사자협회)	자원봉사자에 의해서 발전되고 자원봉사자로 구성된 회원집단(membership group)으로 조직체에 의해서 유급직원이 채용될 수 있지만 자원봉사자 스스로 조직의 중심을 형성함
private sector (사적 영역)	정부, 공공영역(the public sector)에 대립되는 개념으로서 voluntary agencies, volunteer association, 그리고 business로 구성. 사적 영역은 또한 비영리부분(not for profit)과 영리추구 영역으로 구분되기도 하는데, 최근에는 비영리부분에만 적용하는 용어로 제3영역(the third sector)과 독립영역(the independent sector)이라는 용어로 사용
philanthropy (박애)	일반적으로 금전이나 물건을 자애적인 이유에서 주는 것으로 개인적 자비심의 표현임
community service (사회봉사활동)	지역사회의 욕구에 부합하는 활동들을 포함. 단, 법원의 명령을 수행하는 범법자, 근무시간 이외에 일하는(work-release time) 고용인, 학점을 따기 위한 활동 등은 엄격한 의미에서 자원봉사라고 할 수 없음
citizenship (시민권)	민주주의의 기능에서 시민으로서의 참여 의미. 항상 자발적인 것이지만 모두 자원봉사 행위는 아님(예 투표행위)
amateur or nonprofessional (아마추어 혹은 비전문가)	보수를 받지 않는다는 측면에서는 자원봉사와 유사하지만 기술이 없거나 낮다는 측면의 개념 적용은 자원봉사와 같은 의미라 할 수 없음

출처 : 류기형 외(2003). 자원봉사론. 경기 : 양서원.

이상의 개념정의를 종합하여 보면, 사회문제 등과 같은 사회적 요구에 부응하기 위해 사회구성원으로서의 책임감을 가지고 개인(타인뿐만 아니라 스스로를 포함한)과 사회의 변화와 발전을 도모하기 위해 참여하는 자발적인 활동이라고 정의하겠다(최덕경 외, 2006).

2) 자원봉사활동의 특성

한국의 복지는 현재 복지국가에서 복지사회를 지향하고 있으며, 선별주의적 복지에서 보편주의적 복지로, 잔여적 개념의 복지에서 제도적 개념의 복지로 전환하면서 민간의 참여인 자원봉사활동의 중요성이 부각되고 있다. 이러한 자원봉사활동은 다음과 같은 몇 가지 특성을 가지고 있다(김범수 · 신원우, 2006; 박일연 외, 2006).

(1) 자발성

자원봉사는 타의에 의해 강제로 하는 활동이 아니라 자신의 자발적인 의지로 생각하고 판단하여 행해지는 자유스러운 활동이어야 한다. 자원봉사활동이 금전적인 이득이나 남을 위한 행동에 대가를 바라지 않는 것은 인간으로서 개인적인 자유의지의 발로이기 때문이다. 자원봉사활동이 활성화되기 위해서는 인간의 자발성을 토대로 지속적인 활동이 영위되도록 법적 제도화나 조직화가 중요하며, 이를 위한 지원체계가 마련되어야 한다.

(2) 이타성

자원봉사활동이 자신의 이익이나 특정 목적을 위해 행해지는 것이 아니라 타인을 존중하고 원조하여 이웃과 함께 더불어 살아간다는 정신에서 비롯된다는 것으로 이타성은 자원봉사활동의 가장 중요한 특성 중 하나이다. 자원봉사활동이 처음부터 남을 위한 이타주의적 사고에서 출발하지 않았다 하더라도 활동이 진행되면서 남을 위한 배려와 도움을 주려는 이타주의적 정신이 발생하도록 하는 것은 매우 중요하다.

(3) 무보수성

자원봉사는 자신이 한 활동에 대하여 정신적인 보상과 만족 외에 물질적인 보상이나 대가를 바라지 않는 것이다. 자발성과 공익성의 요건을 충족시킨 활동이라도 그 활동에 상응하는 금전적 대가를 지급받으면 이미 자원봉사의 영역을 벗어나는 것이다. 그러나 최근에 와서는 자원봉사활동에 쓰인 최소한의 경비나 수당은 받을 수 있다는 여론이 많다. 이는 자원봉사활동의 본래 목적이나 취지에 어긋나지 않는다면 교통비나 식사비 같은 최소한의 실비지원은 오히려 자원봉사활동을 촉진시키는 매개체가 된다고 보는 것이다.

(4) 공익성

인간이 자발적으로 행하는 모든 활동을 자원봉사라고 하지는 않는다. 자신의 이익이나 취미활동, 특정인의 이익 등을 위한 행동은 자원봉사라 할 수 없다. 불특정 다수의 복지증진과 사회공헌에 기여하는 영역의 활동이어야 자원봉사라 할 수 있다.

(5) 조직성

자원봉사가 자발성과 무보수성 때문에 현대사회의 복잡한 사회문제를 해결하고 예방하기에는 산발적이고 비조직적일 수 있다. 조직성이란 서비스의 효과성과 효율성을 증대시키기 위해 지역사회에 산재한 잠재적 자원봉사자를 모집하여 활동에 필요한 교육을 실시한 뒤 적합한 곳에 배치하는 것이다. 일련의 자원봉사 관리과정에 필요한 인력과 재원을 마련하기 위해서는 조직화가 필요하다.

(6) 교육성

자원봉사활동은 스스로 참가해서 행해지는 현장체험학습이다. 사회복지와 사회문제를 이해하고 관심을 갖게 함으로써 복지교육과 민주시민으로서의 바람직한 역할과 자세를 배우는 시민교육 기능을 수행한다. 또한 평소 자신이 몰랐던 새로운 사실과 기술 나아가 다양한 대인관계를 습득하게 된다. 따라서 자원봉사활동의 결과도 중요하지만 봉사활동의 준비나 실천과정에서 교육적 효과를 거둘 수 있다.

(7) 지속성

자원봉사활동은 일회성이나 충동적 활동이 되어서는 안 된다. 자원봉사활동의 자발적이며 무보수적인 특성 때문에 자칫 도중에 중단되거나 일방적으로 행해져서는 안 되고 일정 기간 동안 지속적으로 계속되어야 한다.

(8) 개척성

자원봉사활동은 다양한 사회문제와 관련된 것으로서 개별성·창조성·실험적인 노력을 발휘해 새로운 기술과 경험을 개척하고 창의적이며 모험적인 도전정신을 배양할 수 있다. 지역사회문제나 개인의 관심사항에 보다 쉽게 접근하고 문제발견이 용이하여 보다 적극적이고 다양한 대응방안 등을 제시하는 등 개척적이고 사회개발적인 기능을 한다.

2. 자원봉사활동의 이론

자원봉사활동 이론들은 자원봉사활동에 대한 이해와 자원봉사자의 자원봉사활동 관리를 위하여 필요한 이론적 준거틀로서 주로 자원봉사에 대한 동기에 대한 연구들이 이루어져 왔다. 그러므로 자원봉사에 대한 동기이론들에 어떠한 내용이 있는지 간략히 살펴보도록 하겠다(김동배, 2005).

1) 이타주의 이론 – 이기주의론

이타주의는 타인의 복시에 대힌 비이기적인 배려 또는 헌신으로서 자기 자신의 복지를 위한 이기적인 관심을 배제하는 것을 의미한다. 이타주의의 결정요소는 '주위의 누군가를 돕고 싶다', '지역사회 혹은 국가를 위해 무언가를 하고 싶다', '무엇인가 개신과 변화를 원한다' 등과 같은 사회적 성격을 띠고 있다.

이와는 반대로 이기주의적 동기론은 자아실현이나 성취욕구 등 자아지향적인 동기를 말하는 것으로, 자원봉사에 참여한 봉사자의 참여동기가 이타적이고 사회적인 책임을 기반으로 한 것이라기보다는 이기적이고 경험추구적인 동기 또는 욕구에 의해 주도되는 특징이 있다는 것이다.

자원봉사활동은 이타주의적인 동기와 이기주의적인 동기의 혼합으로 볼 수 있다. 즉, 절대적인 이타주의적 동기는 거의 없고 타인에 대한 봉사가 결국은 자신의 복지욕구를 만족시키기 때문에 자원봉사를 한다는 논리가 설득력을 얻고 있다.

2) 행위의 합리성 이론

자원봉사활동 참여를 사회적 욕구충족의 일환으로 보려는 것은, 무의식적으로 보이는 행동도 내면적으로는 자신의 이익을 위해서 하는 합리적 선택과정의 결과라는 생각을 전제로 한다. 따라서 행위의 합리성 이론에 따르면, 자원봉사는 가치합리적 행위의 한 형태로 볼 수 있다. 자원봉사자는 어떤 보상을 바라지 않고 봉사활동을 개인적 신념으로 행한다는 것이다. 눈에 보이는 가치가 아닌 자신의 기준으로 봤을 때 옳은 것을 추구한다고 할 수 있다.

3) 사회적 교환이론

자원봉사자의 태도는 자원봉사활동에 대한 보상의 적절성 여부에 의해 많은 영향을 받는다. 이러한 자원봉사자의 태도에 영향을 미치는 요인은 내적 요인과 외적 요인으로 구분할 수 있는데, 내적 요인이란 욕구의 변화, 즉 자원봉사활동 경험이 증가함에 따라 업무에 대한 지식과 숙련도가 향상되고, 이에 상응한 보상이 주어지기를 기대하는 것이다.

교환이론에 따르면, 자원봉사활동이나 기부행위 등 자선활동에는 반드시 보상요인이 수반되며, 이러한 보상은 심리적 보상, 사회적 보상, 경제적 보상의 차원으로 구분할 수 있다.

4) 동기이론

자원봉사는 봉사활동에 분명한 동기를 부여하고 자원봉사자가 이를 지각할 때 지속적이고 성공적으로 계속될 수 있다. 그래서 최근에 많은 심리학자들이 정립한 동기이론을 중심으로 자원봉사활동의 동기를 설명하려는 시도가 있어 왔다. 그 이론들은 각기 다른 관점에서 다양한 개념들을 정립하여 인간행동의 동기를 설명하고 있다.

동기이론은 크게 내용이론과 과정이론으로 나뉜다. 내용이론은 본질적으로 심리적이며 행동에 영향을 미치는 내적인 욕구에 초점을 두고 인간에게 동기를 부여하는 욕구의 범위와 종류를 탐구한다. 과정이론은 욕구를 충족시키기 위한 구체적 방법의 설명이 부족하고 실질적으로 검증이 곤란하다는 내용이론의 한계 때문에 등장하게 되었다. 과정이론은 인간이 욕구에 반응하기 위해 어떻게 행동해야 하는지를 이해하는 데 도움을 준다.

5) 집합행동이론

최근에는 자원봉사가 단순히 남을 돕는 이타주의적 행동이 아니라 지역문제를 해결하고 지역복지를 달성하려는 지역복지공동체를 위한 집합노력으로 이해되기도 한다. 이 입장은 지역주민 모두를 복지의 공급자이자 수혜자로 보며, 자원봉사를 지역사회 발전이라는 공공의 이익을 추구하는 행동으로 간주한다. 따라서 어떻게 보면 자원봉사는 남을 위한 행동이 아니라 지역 전체의 이익 그리고 바로 자기 자신을 위한 행동으로 이해되기도 한다.

6) 기타 이론

(1) 상징적 상호작용이론

사람들이 부모, 형제, 친구 등의 중요한 타자와 사회 전반의 일반적인 타자와의 상호작용을 통해 자원봉사에 대해 긍정적인 가치를 갖게 되면 봉사활동에 참여할 수 있다. 즉, 사람들은 사회성원들에 의해 공유되는 '가치지향적 인간'의 상징적 측면에 중요성을 둔다.

(2) 사회학습이론

주위 사람들의 친사회적 행동을 관찰함으로써 그 행동이 학습된다. 자원봉사의 동기부여는 주로 인생의 초창기에 형성되는데, 특히 중요한 타자가 사회적 약자들에게 보여주는 실천모델이 학습된다.

(3) 자기확장이론

사람들은 자신의 가치와 신념, 태도 등을 개인 간뿐만 아니라 사회조직에서도 영향력 있는 것으로 만들고자 하는 자기확장에 관심이 있다. 자원봉사행동은 사람들의 이러한 근원적인 가치체계의 표현이다.

(4) 심리적 계약이론

사회적 교환관계에서 신뢰는 교환관계에 있는 상대방이 언젠가는 그들의 의무를 공정하게 수행할 것이라는 암묵적 기대를 갖게 한다. 자원봉사자는 자원봉사의 혜택을 받은 사람이 언젠가는 다른 사람에게 자원봉사의 혜택을 베풀 것이라는 신뢰를 갖는데, 이러한 신뢰는 통합적인 사회적 연대감을 형성한다.

3. 자원봉사활동의 현황

다음은 자원봉사활동에 대하여 조직과 현황, 자원봉사활동의 구체적인 내용에 대하여 알아보도록 하겠다(최덕경 외, 2006).

1) 자원봉사조직

(1) 자원봉사센터(행정자치부 지원)

자원봉사업무를 담당하는 주무부서인 행정자치부가 1996년 '지역종합자원봉사센터 설치운영지침'을 마련하고 한국자원봉사단체협의회의 '자원봉사센터지원육성' 보고서에 의한 실천방안에 따라 전국의 시·도, 시·군·구 단위에 한 곳씩 자원봉사센터를 설치하는 것을 기본 목표로 추진해 온 결과, 2004년 에는 250곳에 이르렀다. 행정자치부는 자원봉사센터에 대하여 재정적·행정적 지원을 하고 있으나, 운영의 경우 직영과 민간위탁을 병행하고 있다.

(2) 사회복지정보센터(보건복지부 지원)

사회복지정보센터는 1992년 지역복지봉사센터로 설립되었다가 1995년 그 기능과 명칭이 바뀐 것으로 현재 시·도 사회복지협의회 부설로 전국 16개소가 설치되었다.

보건복지부의 경우 1991년 사회복지협의회 내에 '지역복지봉사센터'를 설치하여 지역복지봉사자의 모집 및 교육훈련, 지역복지봉사자의 수급관리 및 사후지도, 후원사 개발 및 결연사업을 실시하도록 지원하였다. 1992년에는 지역사회에서 일정한 시설과 전문인력 및 자원봉사자를 갖추고 필요한 재가복지서비스를 제공하는 '재가복지봉사센터'를 전국 사회복지관에 설립하여 한국사회복지협의회에 관리업무를 위탁하였다. 이와 함께 자원봉사활동이 범국민적으로 확산되자 1994년에는 한국사회복지협의회 및 전국 15개 시·도 사회복지협의회 지부에 '사회복지자원봉사 정보안내센터'를 설치하여 사회복지 분야에서의 자원봉사활동의 연계와 조정을 지원하고 있다.

(3) 청소년자원봉사센터(문화체육관광부 지원)

문화체육관광부의 경우, 청소년기부터 자원봉사활동에 참여하는 것이 바람직하다는 사회적 여론과 함께 학교교육의 일환으로 중·고등학교 및 대학의 자원봉사활동을 실시함에 따라 1996년에 '청소년자원봉사센터'를 한국청소년개발원 내에 설치하여 중앙과 지방 센터로의 기능을 수행하도록 하였다. 이후 7대 광역시와 10개도를 포함하여 17곳에 청소년자원봉사센터를 설치하여 청소년자원봉사활동을 활성화시키려는 노력을 하고 있다. 청소년자원봉사센터의 서울센터는 중앙센터로서 설치 및 운영비를 국고로 지원하고 있고, 시·도 센터는 청소년육성기금과 지방비 일대일의 비율로 운영비를 지원받고 있다.

(4) 여성자원활동센터(여성가족부 지원)

여성자원활동센터는 정부기관 내에 설치되어 있어 설치비가 필요 없고 운영비는 지방비에서 지원받고 있는데, 설립유형상 적은 비용이 소요되고 있다. 그리고 여성특별위원회 외에 한국여성개발원은 교육 및 프로그램 개발, 연구지원을 하고 있어 여성자원활동센터의 중요한 지원체계가 되고 있고, 현재 약 4만 명 이상의 여성자원봉사자가 활동하고 있다.

① 한국자원봉사단체협의회(현 한국자원봉사협의회)

1994년 36개의 자원봉사단체들이 모여 결성한 전국적인 자원봉사단체로서 자원봉사자를 훈련하고 자원봉사 프로그램을 개발하며, 유엔의 자원봉사활동에 참여하는 것을 목표로 하고 있다.

② 볼런티어21

각종 자원봉사단 조직 및 육성, 자원봉사지도자 및 전문관리자 교육훈련, 자원봉사 프로그램 개발 및 실시, 자원봉사 관련 조사연구 및 자원 개발, 자원봉사자료 홍보 및 출판을 통해 자원봉사의 체계적인 기반 조성에 기여하고 있는 자원봉사실천 연구교육 비영리민간단체이다.

③ 한국자원봉사포럼

1995년 10월에 창설되어 자원봉사 활성화를 위한 대중교육과 인식 제고 및 정책 제안 등에 관한 포럼을 전개하는 등 독특한 역할을 하고 있다. 이 포럼은 정부, 학계, 사회복지기관 및 시설, 기업, 언론계 자원봉사 관련 인사들 170여 명을 회원으로 확보하고 있으며, 격월로 모임을 가지면서 자원봉사 관련 이슈를 주제로 전국을 돌며 초청강연회, 토론회세미나, 기념행사를 주관하고, 문제와 실천방안을 제시하고 있다.

④ 한국자원봉사센터협회(KAVC)

한국자원봉사센터협회(KAVC : Korean Association of Volunteer Centers)는 자원봉사 인프라 구축의 중심기구로 전국 시・도, 시・군・구에 설치된 248개의 회원센터들 상호 간의 조직적인 활동과 정보교환은 물론 범사회적으로 확산되고 있는 자원봉사활동을 보다 효율적으로 조정・지원・육성함으로써 민주시민의 공동체의식 배양과 공익증진에 기여함을 목적으로 2000년 12월에 창설되었다.

2) 한국 자원봉사단체 유형

한국의 자원봉사단체를 광의 및 협의로 구분해 보면 다음의 〈표 12-2〉와 같다. 먼저 정부의 전달체계와 기업의 자원봉사단체, 제3섹터인 시민사회단체로 자원봉사단체가 이루어져 있음을 알 수 있다.

〈표 12-2〉 한국의 자원봉사단체 유형 : 협의와 광의의 단체 분류

유 형	협의의 자원봉사단체	광의의 자원봉사단체
정 부	자원봉사센터(행정자치부) 여성자원활동센터(여성가족부) 청소년자원봉사센터(문화체육관광부) KOICA(외교부)	주민자치센터(읍 · 면 · 동) 범죄예방위원회(법무부) 도서관, 미술관 등 공공기관 공무원, 군부대
기 업	사회봉사단, 사회공헌팀	사회봉사동아리, 노동조합 봉사팀
중 · 고교		중 · 고교 자원봉사팀
대 학	사회봉사센터	학생회, 동아리
기타 교육기관		사회교육원, 야학단체
언 론		중앙일보 전국자원봉사축제 언론사 환경보호운동
사회복지	재가봉사센터 복지관(종합, 노인, 장애인)	복지시설(이용 · 생활시설)
청소년단체	청소년자원봉사센터	수련관, 수련시설, 상담소 보이스카우트, 걸스카우트
시민사회단체	한국119유선봉사단 장애인봉사단체	대부분의 시민사회단체 환경단체, 소비자단체
구호단체	대한적십자사(구호)	적십자사(병원 등), 구세군
종교단체	불교자원봉사단, 기독교연합봉사회, 천주교사회복지회	교회 · 성당 · 사찰 봉사팀
멤버십단체		라이온스, 로타리클럽
보건의료기관	한방의료봉사단	병원, 보건의료기관(호스피스)
국제구호단체	월드비전, 국제기아대책기구 굿네이버스	아프간 난민구호 NGO
국제봉사단체	세계청년봉사단 태평양아시아협회	지구촌 나눔운동 우리 민족 서로돕기
국제단체	유엔봉사단(UNV) 세계자원봉사단체협의회(IAVE)	UNICEF, UNESCO

행사단체	2001 IVY 한국위원회 2002 IAVE 서울대회	월드컵문화시민운동협의회
전문단체	자원봉사단체협의회 자원봉사센터협의회 자원봉사인증센터 자원봉사연구기관	대한 자원봉사연구소

(1) 정부 전달체계

정부 전달체계로는 행정자치부의 자원봉사센터, 여성가족부의 여성자원활동센터, 문화체육관광부의 청소년자원봉사센터, 외교부의 국제협력단(KOICA) 등을 협의의 자원봉사단체로 꼽을 수 있고, 전국 읍·면·동에 설치된 주민자치센터가 최근 자원봉사업무를 개시하면서 장차 자원봉사단체로서의 역할을 많이 할 것이며, 법무부의 범죄예방위원회는 범죄예방위원들의 봉사활동을 주요 업무로 하고 있다. 그 밖에도 고궁, 도서관, 미술관, 박물관, 지역문화원 등 공공기관에서 봉사활동이 점차 증가하고 있다.

(2) 기업 전달체계

한국의 기업들은 자원봉사활동에 적극적이지 못한 상태에 있다. 기업들 중 삼성그룹 회사들이 가장 적극적으로 사회봉사단 체제를 정비해서 조직적인 봉사활동을 하고 있을 뿐 대부분의 회사들은 사회공헌팀 혹은 동아리, 동호회 차원에서 소규모 봉사활동이 비정기적으로 이루어지고 있다.

(3) 중·고교와 대학

중·고교에서는 1990년대 중반부터 전국적으로 일제히 봉사활동이 진행되었고, 대학에서도 대부분 봉사학점제가 도입되면서 학생봉사활동이 크게 활성화되었다. 일부 대학들은 사회봉사단 등 전담조직을 두고 봉사활동을 지원한다. 그 밖에도 학생회의 농촌봉사활동, 동아리의 야학 등의 활동이 가장 일반적인 봉사활동이다.

(4) 사회복지관과 시설

전국의 재가봉사센터와 종합·장애인·노인 복지관들이 사회복지 분야를 대표하는 자원봉사단체들이다. 그 밖에도 각종 사회복지 이용시설과 생활시설들이 부분적으로 자원봉사자를 활용하여 아동, 노인, 장애인 등 소외층을 위한 복지서비스를 제공해 주고 있다.

(5) 청소년 자원봉사센터와 단체

청소년 분야도 다양한 자원봉사단체를 갖고 있다. 청소년 자원봉사센터가 서울과 전국 시·도에 설치되어 있고, 청소년수련관·회관 등 시설에서 청소년을 위한 봉사활동과 청소년이 자원봉사자로 참여하는 봉사활동이 이루어지고 있다.

(6) 시민사회단체

시민사회단체의 활동은 주로 자원봉사자의 자발적인 참여에 의해 이루어지기 때문에 시민사회단체가 자원봉사업무를 전문화시켜 자원봉사자를 조직적으로 모집·활용하는 동향을 보여준다. 최근에는 수도권뿐 아니라 전국 지역에 시민사회단체들이 줄지어 설립되는 추세를 보여준다.

(7) 구호·종교·멤버십단체

구호단체, 종교기관 및 멤버십 단체들이 전통적인 자원봉사단체들이다. 자원봉사자들은 대한적십자사와 구세군 등의 구호단체, 가톨릭, 기독교, 불교 등 종교 관련 단체에서 주로 봉사활동을 해왔다. 또 라이온스클럽, 로터리클럽 등 멤버십단체들도 봉사활동을 주요 활동 중 하나로 삼아왔다.

(8) 병원과 보건의료기관

병원, 기타 의료기관에서 봉사활동이 이루어지게 된 것은 최근의 일이다. 많은 병원들과 의료기관들이 자체 사회사업실 등의 부서를 통해 자원봉사자를 모집해서 병원의 일반 업무와 의료에 필요한 보조업무에 활용하고 있다.

(9) 국제봉사단체, 국제기관

1990년대에 와서 한국의 국제봉사단체들이 조직되어 지금은 국제사회에 나가 왕성한 국제봉사활동을 하고 있으며, UNICEF, UNESCO 등의 국제기구들의 한국위원회가 자원봉사자를 많이 활용하는 자원봉사단체 역할을 한다.

(10) 국제행사단체

국제행사가 잦아지면서 다양한 봉사활동이 이루어져 왔다. 2002년의 경우 월드컵 축구대회와 아시안 게임에 수만 명의 자원봉사자들이 활동하는 등 국제행사가 있게 되면 어김없이 자원봉사활동을 볼 수 있다. 국제행사를 마련하는 기관과 단체들이 일시적인 자원봉사단체 역할을 하는 것으로 볼 수 있다.

(11) 자원봉사 전문단체

자원봉사를 전문적으로 조사연구를 하거나 교육훈련을 시행하는 단체들도 중요한 자원봉사단체들이다. 또한 자원봉사센터들의 협의체, 자원봉사단체들의 협의회 등 다양한 협의기구들이 전문 자원봉사업무를 담당하고 있다.

4. 자원봉사활동의 과제

우리나라 실정에 맞는 자원봉사활동 체계를 개발하기 위해서 전술한 자원봉사활동의 이론과 더불어 외국의 경험들을 토대로 우리나라 자원봉사활동의 문제점과 개선방향을 살펴보면 다음과 같다.

첫째, 자원봉사활동의 총괄조직 구성과 기능 조정이 미비하다. 현재 자원봉사활동의 중심적인 역할을 하고 있는 자원봉사센터의 경우 인력확보나 공간확보가 잘 되어 있는 곳도 있지만 아직도 담당직원의 자질과 자원봉사센터의 공간 부족, 자원봉사활동 총괄기구의 부재 등이 제기되고 있는 실정이다. 이를 해결하기 위하여 자원봉사센터 근무인력 보강과 전문성 확보, 센터의 정비와 충분한 근무공간 확보, 자원봉사활동 총괄조직 구성과 기능 조정이 필요한 실정이다(권병옥, 2008).

둘째, 자원봉사관리 과정의 전문성과 체계성이 부족하다. 자원봉사자 활용기관의 자원봉사 프로그램 관리는 더 이상 단순한 임시방편적인 관심만으로는 제대로 될 수가 없고 자원봉사자 관리도 직원관리와 같이 대등하게 중요함을 인식하고 과학적이고 체계적이며 전문적인 업무분장, 지도·감독, 교육훈련, 유인책 등의 포괄적인 관리체계를 도입해야 한다.

셋째, 자원봉사 관련 행정기관의 업무가 중복되고 있고 상호 연계가 미비하다. 자원봉사활동과 관련된 중앙행정부서를 보면, 행정자치부, 보건복지부, 정무 제2장관실, 문화체육관광부 등에서 각기 산발적으로 실시하는 관계로 지방정부에서 업무추진 시 중복과 혼선을 초래할 뿐 아니라, 그 결과 일선 행정기관도 부서 간 이기주의가 발생하고 있다. 따라서 정부의 업무부서가 단일화되어 있지 않은 관계로 봉사자의 활용기관, 봉사자와 중개기관, 중개기관과 활용기관, 중개기관과 중개기관 간의 종합적인 긴밀한 상호 협조가 이루어지지 않아 적정수요의 자원봉사자를 필요한 곳에 배정해 줄 수 있는 종합적이고 체계적인 연계기능을 수행하지 못하고 있다. 따라서 자원봉사 관련 행정기관의 통합화가 필요하다.

넷째, 자원봉사자 지원내용의 미흡함을 들 수 있다. 자원봉사활동 중 불의의 사고에 대비한 공적(중앙 또는 지방정부) 차원의 기금 확보와 보험가입, 자원봉사자 변호사 선임 등 법적인 안정보장제도가 없고, 자원봉사자의 사기진작과 저변 확대를 위한 정부 차원의 포상세도, 자원봉사활동에 대한 사회적 경력 인정, 자원봉사자의 신분 인정 등 동기부여가 미흡하며, 또한 사회적 경력을 인정할 수 있도록 제도적으로 공인된 정교한 평가체제가 마련되어 있지 않다. 특히 재정적 후원자의 발굴 및 확대를 위한 자체 활동경비나 기부행위에 대한 소득세 감면, 세무감사 면제 등의 재정적인 지원제도가 마련되어 있지 못하다. 따라서 다양한 지원책이 강구되어야 하겠다(류기형 외, 2003).

다섯째, 자원봉사의 활동을 모금과 연계하는 활동이 미비하다. 지방분권과 재정분권에 따른 지역사회 차원의 재정이 부족한 현실에서 모금이 절실한 상황이므로 자원봉사활동은 모금활동을 위한 기본적인 프로그램으로 우리 사회에 기부문화가 활성화되기 위하여 어릴 적부터 자원봉사활동을 통한 기부문화에 대한 인식을 심어줄 필요가 있다(박일연, 2006).

참고문헌

권병옥(2008). 자원봉사활동의 실태와 활성화 방안에 대한 연구. 한양대학교 행정・자치대학원 석사학위논문.

김동배(2005). 시민사회와 자원봉사. 서울 : 학지사.

김범수・권선진・손병돈・신승연・신은주・이종복・이혜경・정옥희・정용충・최현미(2004). 자원봉사의 이해. 서울 : 학지사.

김범수・신원우(2006). 지역사회복지론. 경기 : 공동체.

류기형・남미애・박경일・홍봉선・이경희・장중탁(2003). 자원봉사론. 경기 : 양서원.

박일연(2006). 사회복지재정분권에 따른 지역사회자원 개발과 모금의 현실. 청주시보건복지연구소 제2회 추계포럼.

박일연・유정욱・박연희・조성경・박상하・홍성대・김춘식・노길희・양희택・전영숙(2006). 사회복지개론. 경기 : 양서원.

정무성(2006). 양극화 문제 해소를 위한 사회 안전망 구축 방안. 사회과학논총, 제8집.

최덕경・강기정・박경애・박창우・배은숙・이명원・이혜자・정은미・정혜선(2006). 자원봉사론. 경기 : 공동체.

제13장

국제사회복지

1. 국제사회복지의 개념

1) 국제사회복지의 정의와 범위

국제사회복지는 어느 특정한 국가에 국한되지 않고 세계적인 상황에서 취급되는 전반적인 활동내용이다. 다시 말하면, 세계적인 차원에서 광범위하게 또는 지역적으로 세계적인 사회복지의 목표와 활동이 이루어지는 것을 말한다. 하우크(Haug, 2005)에 의하면, 국제사회복지란 "세계 어느 곳에서든 한 지역의 실천이 지구촌 상황에 변증법적으로 연결되어 지구촌 전체의 사회정의와 인권을 위하여 이루어지는 사회사업활동"이라고 정의하고 있다. 콕스와 파와르(Cox & Pawar, 2006)에 따르면, 국제사회복지는 "사회사업 교육과 실천을 세계적 그리고 지역적으로 증진하는 것으로, 이는 국제적 상황에서 인권·생태·사회 개발의 전망과 이에 대한 반응을 아우르는 통합적 접근에 기초하고 있다"고 말한다. 또한 힐리(Healy, 2008)는 국제사회복지를 "사회사업 전문직과 그 회원들(사회사업가들)이 수행하는 국제적인 전문가 활동과 그 능력"이라고 말하는데, 특히 다음의 네 가지 영역을 지칭하는 것이라고 한다(김동수 외, 2013).

- 국제적으로 관련된 국내 전문적 실천과 옹호활동(internationally related domestic practice and advocacy)
- 전문가 교류사업(professional exchange)
- 외국에 나가서 하는 국제적인(전문가) 실천(international practice)
- 국제적인 정책개발과 옹호활동(international policy advocacy)

(1) 국제적으로 관련된 국내 전문적 실천과 옹호활동

사회복지사들은 국제문제를 포함한 문제들을 다루는데, 이는 2개국 이상의 국가들이 사례나 정책문제에 어떤 식으로든 관여되어 있는 것을 의미한다. 국제적으로 관련된 국내 사회복지 실천 및 옹호에는 난민 이주정착, 타 국민 관련 업무, 관련 입양, 결혼이민(국제결혼), 외국인 근로자 문제 등이 포함된다. 이러한 국제 관련 국내 사회복지업무를 수행하기 위해서는 사회복지전문직이 타 국민에게 영향을 미칠 수 있는 외교정책 및 국내정책에 대해 알아야 하는데, 예를 들어 이민 관련 법의 사회적 측면에 대해 견해를 밝힐 수 있는 능력을 갖추어야 한다. 사회복지사들은 이러한 법률이 제정될 때부터 UN이나 외교정책에 관한 의결투표에 이르기까지 관련 사업에 대한 사회복지의 요구가 충족될 수 있도록 관심을 두고 이를 감시해야 한다. 또한 해외원조와 같은 중대한 국제문제에 대해 사회복지전문직의 입장을 표명할 정책성명서를 채택하고, 국가정책 결정권자들에게 자신들의 입장을 옹호할 기회를 가짐으로써 자신들의 잠재적인 영향력을 행사하여야 한다.

(2) 전문가 교류사업

국제사회복지를 하는 사회복지전문가는 사회복지 경험과 정보를 국제적으로 교환하고, 이 경험과 지식을 국내 사회복지의 실천과 정책을 향상하는 데 활용할 수 있는 능력을 갖추어야 한다. 이는 특정 분야의 외국 학술지와 서적을 읽고, 타국 전문가와 연결하거나 이들이 방문하게 하는 것, 국제회의에서 전문적인 교류에 참여하는 것, 타국의 창의적인 사회복지를 파악하고, 이를 국내에 적용하는 것과 같은 다양한 활동을 포함한다. 전문교류활동은 정보산업기술의 발달로 더욱 활성화되고 있다. 사회복지사들 간의 국제교류는 많은 이점을 갖고 있다. 국제교류에서 가장 우선하는 순위는 국제기술 이전으로, 이는 한 국가의 창의적인 사회복지를 발굴하고 조정하여 타국으로 이전시키는 것이다. 이때 타국의 사회복지 발달에 대한 지식을 지녀야 한다.

(3) 외국에서 하는 국제적인 실천

사회복지사들은 국제개발기관에서 일하거나 자원봉사를 통해 국제개발업무에 직접 기여할 수 있도록 준비해야 한다. 이것의 성공은 어느 정도의 수준에서 국제 관련 지식을 사회복지기술과 연결하는가에 달려 있다. 국제적인 실천을 하는 사회복지사들은 자신들의 전문훈련과정에서 배운 많은 기술을 국제원조 및 개발 등에 활용할 수 있어야 한다. 이 기술들을 개발 및 국제상황에 대한 지식, 교차문화적인 업무에서의 민감성 및 의사소통기술과 혼합시켜 사용할 때 성공적일 수 있다.

(4) 국제적인 정책개발과 옹호활동

사회복지전문직이 전 세계적으로 중요한 사회문제에 대해 의견을 결정하고 그 문제를 해결할 수 있는 전문능력을 지닐 때, 이 네 번째 차원인 국제적인 정책개발과 옹호활동을 할 수 있다. 국제문제에 대한 실질적인 변화와 행동은 전문가들이 국경과 문화적 경계를 넘어 상호 협력할 때 가능하다. UN에 정책 제안서를 제출하는 일과 같이 여러 국가 출신의 사회복지사들이 모여 정보를 공유하고 세계의 주요한 사회문제에 대해 공동으로 정책을 개발하는 일에 있어서 상호 협력하는 자세는 필수적이다.

국제사회복지는 지역적 · 이념적 · 경제적인 한계가 없으며 인간의 복지와 안녕을 위한 모든 복지활동을 포함한다. 따라서 이 목적과 합의한 모든 전문적 개입방법을 생각할 수 있다. 그러나 나라마나 개입 정도에 따라 다른 범위를 책정하게 된다. 현재 우리나라는 급격한 경제발전과 세계화로 다양한 분야에서 국제사회복지의 관점과 실천적 방법이 요구된다. 우리나라 현실에서는 다음의 8개 분야를 국제사회복지의 연구대상으로 삼을 수 있다.

- 외국에서 활약하는 한국 발원의 시민적(NGO 등) · 공적(KOICA 등) 사업과 활동
- UN 기구를 포함한 유명 국제복지기관의 활동(국내에 부재)
- 사회복지에 관련된 국제법과 협의에 관한 연구

- 국제적인 사회복지 관련 정책 개발과 변화를 위한 활동
- 국내에 있는 다문화가족/ 이주외국인 노동자를 위한 복지활동
- 특수한 국내외 상황으로서의 대북지원사업
- 국내에서 활약하는 외국 복지기관의 활동
- 사회복지에 관련된 전문적 · 교육적 국제교류
- 기타

그러나 대부분의 국제 사회복지기관들은 위 목록 중 어느 하나에 속한 것이 아니라 분야에 따라서 중첩되어 있다. 즉, 국내와 외국의 사회복지기관들이 부속기관이나 유기적 연결 · 연대형식으로 서로 협동하고 있다. 그리고 사업 분야도 여러 개를 종합적으로 수행하고 있다. 엄격하게 말하면, 현대 모든 굴지의 사회복지기관의 실천활동은 국제적 대상과 요구 및 방법과 연계되어 있다.

2. 국제사회복지의 핵심적 개념

국제사회복지의 실천방향을 제시해 주는 핵심적인 개념으로 힐리(Healy, 2008)는 세계화, 개발, 인권, 초국가주의 등을 언급하였다. 이런 개념들은 일반 사회복지 이론 및 실천기술과 함께 국제사회복지의 주요한 개념들이다. 특히 개발과 인권은 20세기 후반과 21세기 초반에 국제사회 및 인도적 활동의 주요 개념이다. 이 두 가지 개념은 사회복지의 가치, 과업, 그리고 실천과도 조화를 이룬다(김동수 외, 2013).

1) 세계화

세계화는 21세기 사회복지실천의 맥락을 제공해 주는 것이다. 세계화의 이론과 형태를 이해함으로써 국제사회복지 환경을 더 잘 이해할 수 있다. 세계화의 힘은 점점 더 커지고 있으며 이것은 전 세계 인류의 복지뿐 아니라 인간의 행

동에도 영향을 미친다. 세계화 자체는 이제 더는 새로운 현상이 아니며, 오히려 세계화의 힘이 더욱 강해지고 더욱 빨라지고 있는 것이 새로운 현상이라고 할 수 있다. 세계화란 '인력, 물자, 투자, 정보, 사상과 권위의 다국적 흐름의 총체'이며(Brysk, 2002), 다양한 사람들과 경제, 문화와 정치적 과정들이 점점 더 구체적 영향에 놓이게 되는 국제통합의 과정이다(Midgley, 1997).

그러나 세계화의 이익이 국가 간에 골고루 분배되지 못하고 있는 것이 문제이다(ICSW, 2007). 세계화로 자본과 기업가적 능력 그리고 교육과 기술을 소유한 계층은 이익을 얻으나 빈곤하고, 자산이 없고, 배운 게 없고, 기술이 없는 노동자 그리고 향토지역 주민은 큰 피해를 보고 있으며, 이들 중에서도 특히 여성이 남성보다 더 많은 피해를 보고 있다(WCSDG, 2004). 세계화로 인한 국제사회의 문제들로는 전통사회의 파괴, 여성과 아동에 대한 인신매매, 성매매, 폭력 및 노동착취, 이주노동자들에 대한 차별 및 착취, 소비주의 및 물질주의 문화의 팽배, 원리주의적 종교집단의 증가 그리고 범죄의 증가 등이다(Rowlands & Tan, 2004). 이러한 세계화의 부정적 영향을 최소화하려는 개혁방안이 나오고 있다. 국제노동시장의 최저기준 설정과 사회적 보호의 최저수준 설정, 빈곤국을 위하여 공정성 향상을 위한 국제무역과 투자체계의 개혁, 그리고 국제구호의 증가 및 새천년개발목표(MDGs : Millennium Development Goals)를 충족시키기 위한 통치구조의 개혁 등이나.

이런 추세 속에서 사회복지는 국제화될 수밖에 없는 환경에 놓이게 된다. 왜냐하면 세계화는 사회복지사와 클라이언트의 건강, 안전, 복지에 직접 영향을 미치기 때문이다. 또한 경제, 안보, 문화 등을 통하여 사회복지에 영향을 준다. 세계화는 전 세계 국가들의 문제에 유사점을 증가시켜 각 지역의 전문가들로 하여금 지식과 행동의 공통점을 만들어 내게 한다. 그래서 개별국가의 문제가 그 나라 안에서만 해결될 수 없고 다른 나라들을 고려하거나 그들의 도움을 받아야 하는 일이 벌어지는 것이다. 사회복지가 국제화될 수밖에 없는 요소는 인간다운 생활보장의 보편화, 근로자의 국제적 이동, 국제적인 노동조합의 사회복지운동, 국제적 사회복지기준의 설정 등이 모든 나라가 공통으로 다루어야 하는 문제들이기 때문이다.

2) 개 발

개발은 국제사회복지 실천이 주요하게 초점을 두는 것으로, 빈곤감소를 지향하면서 인간의 사회적·경제적 복지를 향상시키는 데 그 목적이 있다. 개발에 관한 현대적 접근은 인간복지와 형평성, 참여를 포함하는 총체적 접근을 강조하고 있다. 사회개발은 지역사회를 변화시키는 다양한 운동을 포괄하는데, 최근에는 지속 가능한 개발을 강조하면서 지구촌 환경운동, 지산지소(신토불이) 운동, 지구온난화 방지 운동 등 다양한 운동과 연계되어 있다(이용교, 2011).

미즐리(Midgley, 1999)는 사회개발의 접근법을 조직화하기 위해 세 가지 개입전략을 제안하였다. 즉, 인간자본 개발, 사회자본 개발 그리고 자영업 혹은 기타 고용사업의 장려 등이다. 인간자본 개발은 사람에 대한 투자와 관련있으며, 이를 통해 생산성을 증대시키는 것으로 교육·건강·영양섭취의 향상을 포함한다. 사회자본 개발은 지역사회 및 사회개체의 능력 강화를 통해 이루어지는데, 이는 사회집단들이 자조 및 사회기반시설을 창조해 내기 위해 노력함으로써 가능하다. 자영업은 종종 소액대출 및 기술지원과 같은 형태의 원조 제공을 통해 개인이 소액의 소득을 창출할 수 있도록 돕는 것이다.

3) 인 권

인권은 글자 그대로 '인간으로서 태어난 이상 당연히 갖는 권리'로서 '모든 사람이 인간다운 삶을 영위하기 위하여 인간인 이상 누구나 누려야 할 평등하고 양도 불가능한 천부적 권리'라고 할 수 있다(부산대학교 사범대학 국제이해교육연구팀, 2012). 인권은 사회복지가 인권 관련 전문직이라는 점에서 사회복지가치의 선언이며 정책에 대한 입장표명의 안내지침이자 전문직 실천의 틀로 활용되는 것이다. 따라서 이 개념은 집단과의 직접적인 사회복지실천은 인권실천이라고 정의할 수 있다. 인권지향적 접근은 개인의 병리보다 사회정의에 더 집중할 수 있게 해준다. 인권분야에서 사회복지는 도전적 과제를 안고 있는데, 문화적 권리와 보편적 인권의 균형을 유지하는 데서 갈등이 발생할 수 있다. 또 사회복지가 경제적 권리와 사회적 권리에 집중함으로써 발생하는 갈등이 있을 수 있다. 더욱이 2001년 이후 국제적으로 테러와의 전쟁과 테러에 대한 대중의 공포감으로 기본적인 시민권과 정치권을 제한하거나 침해하는 일이 늘어나고 있다. 이런 경향은 전 세계적으로 확산될 가능성이 높은데 사회복지전문직은 이런 합법적 인권제약에 대해서 관심을 기울여야 한다. 법의 원칙에 대한 이런 새로운 위협은 사회복지에 새로운 도전이 된다.

4) 초국가주의

초국가주의(trans-nationalism)라는 말은 초지역성이나 다중지역성, 자본의 초국가적 이동 그리고 문화적 재생산, 정치활동의 초국가성 등의 특징들로 나타나며, 결과적으로 초국가적 공동체와 네트워크를 구성한다. 초국가적 공동체와 네트워크를 구성한다는 것은 현실에서 주로 특정 민족집단이 다른 일정한 공간에 집단으로 거주하는 형태로 나타난다. 초국가주의는 좁은 의미의 내셔널리즘의 틀을 넘어선 개념으로 세계주의 · 국제주의 · 세계연방주의라든가 세계정부주의를 가리키는 경우도 있다.

영주(永住)를 위해 한 국가에서 다른 국가로 사람들이 이동하는 이주에 대한 전통적인 정체적 관점은 이제 점차 증가하고 있는 초국가주의로부터 도전을 받고 있다. 또한 이 관점은 한 국가에서 제2, 제3의 국가로의 이주 그리고 경우에 따라서는 본국으로의 귀환을 포함하는 이주의 순환유형에 해당한다. 이주민들은 점차 자신들을 초국가적인 사람으로 생각한다. 이 말은 이주민들이 '일시에 그리고 동시에 2개 국가에서 살고 있음'을 의미하는 것이다. 초국가주의적인 국민은 본국과 거주국 양쪽에 연계망과 활동 그리고 생활양식을 가진 사람들이며, 그들의 삶과 연계망은 국경을 넘나들고 그들의 사회영역은 양국 모두에 존재하고 있다. 초국가주의는 전 세계인을 대상으로 한 사회복지 실천 및 정책에 관심이 있는 사회복지사들에게 현재의 이주유형과 관계에 대해 새로운 이해의 틀을 제공해 준다(Healy, 2008).

3. 국제사회문제

세계화의 영향은 국제사회문제를 야기시키고 있으며, 개별국가의 사회문제도 이제 단순히 해당 국가의 문제를 넘어 타국과의 관계 속에서 해결되어야 할 경우도 많다. 여기서는 국제사회문제로 빈곤, 여성, 아동, 재난 및 난민 문제에 대해 간략하게 언급하고자 한다(노충래, 2012).

1) 빈 곤

전 세계에 광범위하게 퍼져 있는 문제들 가운데 하나는 빈곤문제이다. 빈곤문제는 이제 세계적인 현상이며 국제사회복지 및 국제사회에서 가장 커다란 문제점이 되고 있다. 빈곤문제는 가장 심각한 인권침해로 간주한다(노충래 역, 2010). 유엔개발계획(UNDP : UN Development Programme, 1996)은 "빈곤은 더 이상 한 국가 내에 머물러 있지 않고 국제화되어 가고 있다. 빈곤은 여권 없이 마약, 질병, (환경)오염, 이주, 테러, 정치불안정과 같은 형태로 국경을 넘고 있다"고 하였다.

빈부격차 또한 점점 심해지고 있다. 세계인구 가운데 가장 부유한 5분의 1의 사람들이 소유하고 있는 전 세계의 소득은 75%로 증가한 반면, 가장 빈곤한 5분의 1의 사람들이 소유하고 있는 소득은 1960년대에 2.3%에서 2005년도에는 1.5%로 줄어들었다(UNDP, 2005). 아시아 국가들, 특히 중국에서의 빈곤은 점차 감소하고 있다. 그러나 지난 10년 동안 극빈국가의 대부분 국가에서는 실망스러운 현상이 계속되고 있다. 즉, 이 국가들이 빈곤을 감소시키는 데 실패했을 뿐 아니라 부유국가에 더욱 뒤처지고 있다.

빈곤을 이해하기 위해서는 이를 소득결핍 이상의 것으로 이해해야 한다. 특히 절대빈곤선을 넘어 유엔개발계획이 제시하는 인간빈곤지표(HPI－2 : Human Poverty Index)의 구성요인들, 즉 ① 60세까지 생존할 가능성이 없는 인구의 비율, ② 16~65세의 인구 중 기능적으로 문맹인 사람들의 비율, ③ 개인소득이 중간소득의 50% 미만인 사람들의 비율, ④ 전체 노동력 비율 대비 장기간 실업자의 수로 측정되는 사회적 배제에 대해서도 이해할 필요가 있다.

빈곤 속에서 출생하는 아동은 지나치게 많은 고생을 한다. 유엔아동기금(2005)은 아동빈곤을 영양, 위생, 의료, 주거, 교육 및 정보 중 한 가지 혹은 그 이상에서 심각한 박탈을 경험하는 것으로 규정하고 있다. 따라서 5세 미만 아동 가운데 16%는 심각한 불균형적인 영양상태를 경험하며, 일부 국가에서는 전체 아동의 3분의 1까지 보통 혹은 그 이상의 심각한 저체중 아동으로 분류하고 있다. 임신여성의 심각한 빈혈은 모성사망과 관련이 있으며 만성빈혈은 인간발달을 저해한다(Perez-Escamilla, 2006). 또 교육은 아동의 미래에 매우 중요하다고 할 수 있지만, 1억 4,000만 명의 취학아동들이 학교에 가본 적이 없고, 특히 여학생들은 학교를 다니지 못할 가능성이 높다. 마지막으로 유엔아동기금에서는 빈곤의 한 영역으로 정보의 박탈을 지적하고 있는데, 이는 21세기 들어 그 중요성이 점점 더해지고 있다. 상당수의 아동들이 TV, 라디오, 컴퓨터 혹은 신문과 같은 매체를 접하지 못한 채 성장하고 있다. 이들은 21세기의 생활을 하는 데 준비된 것이 거의 없다고 할 수 있다.

2) 여 성

국제사회복지의 또 다른 공통 관심사는 전 세계 여성의 지위다. 어떤 사람들은 여성에 관한 한 진정한 선진국은 없다고 하지만 일부 국가의 여성 지위는 다른 국가에 비해 더 못한 것이 사실이다. 빈곤의 여성화가 증가하는 것은 이제 전 세계적인 현상이다. 여성가구주는 모든 국가에서 남성가구주에 비해 더 빈곤하고, 여성빈곤은 그 아동들에게 영향을 주며 취약아동에게 다양한 문제의 원인이 되기도 한다.

문맹은 빈곤을 수반하면서 여성 지위 향상을 가로막는 가장 큰 장애물이다. 전 세계 문맹의 3분의 2를 여성이 차지하고 있으며 남성 대 여성의 문맹률 격차는 남아시아, 사하라 사막 이남의 아프리카 그리고 중동에서 가장 크게 나타나고 있다. 1979년 유엔은 '여성에 대한 모든 형태의 차별철폐에 관한 협약(Convention on the Elimination of All Forms of Discrimination against Women)'을 채택하였고, 상당히 많은 국가가 이를 비준한 상태이지만 여성들은 아직도 건강과 임신 문제, 가정 폭력 및 성폭력, 무력분쟁에서의 폭력, 인신매매 등 여러 가지 형태의 차별을 경험하고 있다. 또한 남아선호사상에 빠져 있는 일부 국가들에서는 태아감별을 통해 여아를 낙태한다는 측면에서 여자는 임신－출산－성장과정에서 다양한 형태의 폭력을 경험하는 차별의 대상이 되고 있다.

3) 아동문제

국제문제로서 아동노동이라는 단어는 '지나치게 학대적이고 착취적인 상황에서 아동이 일하는 것'을 의미한다(Kent, 2002). 많은 작업장과 노동방법 가운데서도 아동들은 광산, 농장, 벽돌공장, 외진 곳의 생선공장 그리고 가정부로 일하기도 하며, 강제구걸 등을 하기도 한다. 아동노동 가운데 더욱 심각한 형태는 매춘과 무력분쟁이다. 노동에 참여하는 아동들 가운데는 상해 및 위험한 화학물질과 분진의 노출, 심지어는 사망의 위협이 있는 위험한 작업환경, 장시간의 노동으로 인한 교육기회의 박탈 그리고 감독자의 신체 및 성학대 등을 들 수 있다. 이들 아동은 자신들이 경험하는 고통에 비해 매우 적은 임금을 받는다. 이 아동들은 종종 가족과 떨어져 있으면서 합숙소 같은 비참한 곳에서 생활하거나 자신들이 하인으로 있는 집 바닥에서 잠을 자기도 한다.

또한 빈곤과 함께 전 세계적인 경제상황 악화로 거리의 아동이 증가하고 있다. 이들 아동 가운데 일부는 노숙자 가족의 일부이며, 일부는 길에서 시간을 보내면서 가족들과 연락을 취하고 있다. 하지만 가장 많은 불이익을 받는 집단의 아동들은 거리 외에는 집이 없으면서 가족과 전혀 연락하지 못하거나 아주 가끔 연락하는 정도의 아동들이다. 사회복지사는 개입을 통해 여러 가지로 도움을 제공할 수 있다. 빈곤이 거리의 아동들을 양산해 내는 주 원인이기는 하지만 가정폭력과 아동학대 또한 매우 중요하다. 라파엘리(Rafaeli, 1997)에 따르면, 가족에게 돌아간 아동들에 비해 거리에 있는 상당수의 아동들이 더 많은 학대를 경험한다. 따라서 아동학대를 다루기 위해 사회복지서비스에 아동들이 가족과 함께 있을 것을 권장하는 개입서비스가 필요하다.

아동문제에 대한 개입 가운데 많은 효과를 보는 것이 예방 가능한 질병에 대한 개입이다. 특히 폐렴, 설사, 말라리아, 홍역, 에이즈 등은 아동의 생명을 위협하는 가장 심각한 질환이다. 이들 질병을 예방하기 위한 식수 및 위생 문제(우물파기, 화장실 개선 등), 보건문제(예 성교육, 손씻기) 등에 대한 개입은 가장 실질적인 개입이면서 국제사회의 지원이 많은 영역이기도 하다. 새천년개발목표의 네 번째 목표는 2015년까지 아동사망률을 3분의 2 수준으로 줄이는 것이며, 이에는 아동사망률의 94%를 차지하고 있는 60개 국가를 대상으로 하고 있다. 그렇지만 이들 국가 가운데 7개국(방글라데시, 브라질, 이집트, 인도네시아, 멕시코, 네팔, 필리핀)만이 현재 이 목표를 성취하는 데 겨우 따라오고 있는 수준이다.

아동과 여성문제 가운데 또 다른 국제사회문제는 인신매매이다. 이들은 국제입양 혹은 해외여행, 국제결혼 등을 가장하여 국가 간 이동을 하는데, 이 과정에서 아동 및 여성들은 가족이나 자녀가 조직에 의해 볼모로 잡힌 상태에서 강제적으로 이동을 하는 것이다. 지난 2004년 남아시아에서 있었던 쓰나미 이후 고아가 된 여아에 대해 자신이 친부라고 주장하면서 나타난 남성이 네 명이나 있었던 뉴스가 보도된 적이 있었다. 여아 및 여성은 자국 내뿐 아니라 해외에까지 폭력의 대상물로 간주되고 있는 것이다. 국제사회는 이러한 인권적 문제에 보다 적극적으로 대처하는 것으로 여겨진다. 그리고 국제사회는 우리나라의 위상을 고려하여 이에 적절한 동참 및 적극적 지원을 요구하고 있다. 미국은 '2000년 인신매매피해자 보호법'을 제정하고 납치되어 미국 내에 들어온 여성들에 대해 난민지위를 부여하고 납치범들의 처벌을 강화하며, 캄보디아와 같은 빈곤국가 여자청소년들의 납치문제에 대응하기 위해 적극적인 지원을 하고 있다. 국제사회도 다양한 협약을 만들어 놓고 있는데, 1993년 유엔의 '여성대상 폭력 금지에 관한 선언'을 그 예로 들 수 있다. 또한 2000년 유엔총회에서는 '여성과 아동의 인신매매를 예방, 억제, 처벌하는 의정서'를 채택한 바 있다. 또한 헤이그협약은 '아동의 국제입양에 관한 협약'뿐 아니라 '아동납치 및 보호에 관한 협약', '아동복귀 및 관리를 위한 협약', '양육비에 관한 협약' 등과 같은 아동과 관련된 협약을 국제사법으로 명시하고 있다는 점에서 국제사회복지의 실천에서는 여성 및 아동과 관련한 갖가지 국제법 및 국제사법을 분명히 이해하고, 이에 따른 지식 및 기술을 갖추어야 할 필요성이 제기된다.

4) 자연재해 및 인적재해

자연 및 인적 재해와 같은 국제사회문제는 앞서 다룬 문제들과는 사뭇 다른 문제로, 때로 인간의 힘으로 예방할 수 있는 것이 아니다. 하지만 환경파괴로 지구온난화의 문제가 생긴다는 점을 고려할 때 그리고 과학자들이 믿는 것처럼 지구온난화가 역으로 더욱 강한 허리케인과 폭풍우를 만들어 낸다는 점을 고려할 때 이 말은 극히 한정적으로 사용된다. 인간이 만들어 내는 침식 또는 홍수도 피해를 악화시키고 있다. 기타 자연재해, 즉 지진과 화산폭발 등을 예방할 수는 없지만 개입의 초점을 준비와 회복에 맞추어야 한다.

5) 난 민

난민과 관련하여 국내 사회복지계는 제대로 준비를 하고 있지 못하다. 반면 탈북인을 대상으로 한 지속적인 연구와 경험은 난민들을 대상으로 한 정책과 서비스 개발에 많은 도움을 제공해 줄 수 있을 것으로 여겨진다. 그럼에도 불구하고 유엔난민고등판무관사무소의 역할, 난민경험, 난민의 외상과 회복, 난민 관련 국제법적 쟁점, 국제정치의 이해 등은 사회복지 고유영역과는 또 다른 접근을 요한다고 할 수 있다. 국제사회복지 과목을 개설하여 한 시간 난민 관련 수업을 받는다고 해서 사회복지사들이 난민업무에 종사할 준비가 되는 것은 아니다. 이에 대한 많은 교육과 훈련 프로그램이 개발될 필요성이 있다.

4. 국제사회복지의 과제

1) 국가, 정부, 기관 간의 협력

국제사회복지에 있어 국가 및 정부 기관들은 국제교류 및 정책 수립과 수행에 중요한 복지지향적 기능을 수행한다. 나아가 정부기관들은 자신들의 관심사 및 전문영역과 관련하여 유엔 및 다른 정부 간 단체들과 협력관계를 맺는다. 각국 정부는 국제 원조 및 개발 사업에 있어 양자 혹은 다자 간 협력을 하게 되며, 자국의 정부 및 민간기관들과 다국적 기구에의 참여를 통해 국제 프로그램을 수행하고 있다. 특히 정부가 물자지원에 있어 자국의 물품구매 및 자국의 선박 및 비행기를 활용하는 조건을 전제로 하는 'tied 방식'은 자국의 내수를 촉진하여 자국에 이득을 가져오는 결과를 초래하기 때문에 많은 국가들이 선호하는 방식이 된다(노충래, 2012).

국제 원조 및 개발에 있어 정부 부처 내의 협력도 중요한 이슈이다. 국제협력에 있어 필요한 전문영역이 단순히 물품지원을 넘어 외교적 협력과 대화, 국내 전문인력의 활용, 관련 부서(예 교육부, 국토교통부, 농림축산식품부, 보건복지부 등)의 전문의견 및 협력 등에 있어 개방된 의사소통은 매우 필수 불가결한 중요 과제이다. 또한 정부가 민간기관을 통해 지원을 하고자 할 때 자원의 분배 및 민간기관의 역할분담도 중요한 이슈이다. 뿐만 아니라 해당 국가에 파견된 기관들 간의 네트워킹을 통해 정보공유, 중복사업 및 특화사업의 조정 및 협력, 향후 방향설정 등도 중요한 과제라 할 수 있다.

2) 비정부기구의 역할

비정부기구들은 국제사회복지에 중요한 역할을 수행한다. 때로 1차적 자발기구라고 불리는 비정부기구들은 그 수를 헤아릴 수 없을 정도로 많으며, 이들은 정부 간 차원에서 구호 및 개발, 인권과 평화와 같은 문제에 대한 옹호, 개발교육, 교류, 사회복지 및 청소년 기관들의 국제연계망 등 다양한 기능을 수행한다. 국제기구의 사회복지 관련 기능은 방대한 영역을 다루고 있다. 개발의 필요성 평가와 함께 개발에서 사회적 요인의 중요성을 볼 때 앞으로도 이와 관련한 비정부기구들의 업무활동은 상당히 증가할 것으로 예측된다. 특히 국내의 많은 민간단체들이 해외에 진출해 있고, 국제기구로서 활동하는 단체들도 많이 있으면서 해외원조 및 해외사업에 직간접으로 참여하여 감당하는 역할이 점점 늘어나고 있다. 따라서 이러한 비정부기구들 간의 정보공유 및 협력관계 구축을 통해 해외원조사업의 효과성을 제고할 수 있도록 하는 것도 국제사회복지에 있어 해결되어야 할 과제라 여겨진다.

많은 개발도상국가에서는 음식, 주거, 1차 의료보호, 초등교육과 같은 기본적인 욕구 등이 아직도 적절하게 제공되지 못하고 있으며, 아동, 여성, 장애인 그리고 소수민족 집단 및 특정 인종집단의 권리를 보장하는 것 또한 해결과제로 남아 있다. 그러나 비정부기구들의 인권문제와 관련된 해외활동은 관련 종사자들뿐 아니라 관련된 타 기관들의 활동에도 위협이 될 수 있다는 점에서 매우 조심스러워진다. 국제개발협력을 통한 전문인력의 지위는 정부 간의 협력관계로 인해 큰 문제가 없지만 민간단체들의 보다 공격적인 해외원조사업은 자칫 국제문제 및 분쟁을 야기할 수 있는 점에서 국제사회문제 가운데 어디에 초점을 두고 비정부기구들이 활용할 것인가는 중요한 의사결정의 문제라 여겨진다.

한편 인구변화 및 근대화는 노화, 정신건강, 약물남용과 같은 새로운 문제들을 야기하고 있다. 개발 관련 정책 및 의사결정에서 사회영역 분야는 개발전략의 궁극적인 목표, 즉 삶의 기준 향상을 충족시키는 것이 매우 중요하다. 따라서 사회복지 및 사회개발은 더욱 중요하다. 이런 가운데 사회개발에 관련한 국내 사회복지계의 대응은 미흡한 형편이다. 하지만 해외에 파견되어 있는 많은 종교인들의 역할을 볼 때 국내 사회복지계가 국제사회복지를 실천하는 데 있어 이들과 어떻게 협력할 것인지, 국제사회복지와 국제구호의 역할수행에 있어 종교기관들의 역할을 어떻게 정립할 것인지 등의 문제도 해결되어야 할 과제라 여겨진다.

3) 사회복지전문직의 준비와 대응

우리나라가 해외원조 및 개발사업에 참여한 기간은 약 20년이라고 할 수 있지만, 실제 우리나라는 ODA(Official Development Assistance, 공적개발원조)의 수혜국이었고, 이제 공여국으로서 과거 ODA 수혜국의 경험을 살려 앞으로 어떤 역할을 할 것인지에 대한 과제가 남아 있다. 이러한 상황 속에서 사회복지전문직, 특히 민간기관들의 해외사업 경험은 매우 중요한 기여를 할 수 있을 것이다.

사회복지학계는 이제까지 선진국과의 학술교류에 집중해 왔지만 저개발국가의 사회복지 전공학생 유치 및 실무자대상 교육 및 훈련 프로그램 제공, 실습현장 견학 및 실습경험 제공 등에 기여하고 있는 상황이다. 한국정부초청 장학생을 통해 국내 사회복지 교육기관에 등록하는 외국학생도 생겨나기 시작했으며, 해외실습의 경험이 학계 내에서 공유되고 있는 상황이다. 한편 국내 민간기관들도 이제는 단순 지원사업에 머무르지 않고 사회개발 및 주민계몽 등과 같은 보다 지속 가능한 사업으로 전환하고 있는 추세이다. 이 과정 속에서 국제사회복지 과목 개설 및 관련 과목(예 사회개발, 지역개발, 국제협력 등)과의 연계를 통한 사회복지인력 양성 및 역량개발이 중요한 과제로 부상한다.

특히 사회복지인력이 현지 국가에서 적절한 역할과 기능을 수행하기 위해서는 현지 언어 및 영어 능력, 국내 및 국제 사회복지 실천 및 정책의 이해, 실천경력의 활용성 등이 해결되어야 할 과제이며, 단순히 학교의 교과과정 개편의 문제가 아닌 개인의 준비 및 사회복지학교의 준비와도 연계되어야 한다. 또한 기관 차원에서는 인력파견의 규정(파견기간, 파견의 조건, 보험 등), 지원기관과의 협력과 이해, 현지화에 대한 로드맵 및 현지 인력의 활용, 사업지 선정 및 사업 프로그램 운영 전반 등에 관한 노하우가 축적되어야 할 필요성이 있다. 또한 이미 등록된 국제기구로서 해외사업 파트너와의 연계 및 협력 등도 중요한 과제이다.

이러한 모든 과제들 가운데 안정적인 재정적 지원 확보는 또 다른 과제를 던지고 있다. 즉, 정부 및 민간 지원단체의 전반적인 사업 성격 및 방향, 대상집단, 주요 성취목표 및 성과 등이 사업수행기관과의 협의하에 조화를 이룰 수 있어야 하며, 안정적인 재정지원을 통해 사업기관이 충실히 사업을 수행할 수 있는 여건을 마련할 필요가 있다. 또한 사업수행기관은 현지화 과정 속에서 중장기 전략을 마련하여 현지 기관 및 인력이 사업수행의 자생력을 갖도록 준비시킬 필요가 있다.

5. 국제사회복지 실천사례 : 필리핀의 NGO 활동

최근 국제사회복지라는 관심분야의 일환으로 필리핀에서 한국 남성과 필리핀 여성 사이에서 태어난 코피노 아동들을 대상으로 교육 및 자립지원 사업을 수행하고 있는 '코피노어린이재단(Kopino Children's Association)'에 대한 사례연구를 소개하고자 한다(김희주 외, 2013).

필리핀에는 사회운동이나 종교적 사회행동에서 파생된 단체들도 많고, 주민조직이나 협동조합 그리고 국제단체의 지부들도 존재한다. 일반적으로 민간단체는 시민사회조직(CSO)이나 NGO, 비영리기구(NPO) 등으로 통칭되지만, 주민조직(PO : People's Organizing)단체와 이를 지원하는 NGO가 가장 중요한 조직단위가 된다. 이영환(2007)은 필리핀 개발 NGO단체의 현황과 규모를 세 조직으로 나누었다. 첫째, PO는 지역사회에 근거를 둔 풀뿌리조직이나 부문별 개선을 따라 조직된 단체들을 의미하며, 둘째, NGO는 흔히 개발 NGO로 '풀뿌리조직을 지원하는 기관'으로 지역사회 혹은 민중부문의 발전과 복지 증진을 위해 그들과 함께 일하는 자발적인 비영리 민간조직이다. 셋째, PO와 NGO 외에 이들의 연합체로 지역・이슈・부문별로 조직될 수 있다.

코피노를 대상으로 하는 코피노어린이재단 역시 자발적인 비영리 민간조직의 성격과 맥을 같이한다. 코피노 문제가 한국 사회에 대두되기 시작한 것은 2008년을 기점이라 할 수 있다. 하지만 2012년 현재까지도 코피노의 현황 및 실태에 관한 공식적인 연구와 자료가 전무한 상황이다. 지원단체에서도 지원내용 및 사례에 관한 언급만 있을 뿐, 코피노의 실태에 관한 내용은 다루지 않고 있다. 이러한 코피노의 현실과 문제점들은 본격적으로 언론을 통해 알려졌다. 이처럼 코피노의 현실과 문제점들이 대두되면서, 원조활동이 생겨나게 되었다. 대부분 기독교의 선교활동 가운데 함께 이루어지고 있으며, 대부분 후원사업을 주로 하고 있다. 그중에서 코피노 문제에 집중하여 경제적인 후원사업 이외 원조활동을 하고 있는 단체 및 활동내용은 다음과 같다.

〈표 13-1〉 코피노지원단체 현황

단체명	활동내용	홈페이지
코피노어린이재단	- 스터디 그룹 - 워킹맘자립사업 지원 - 후원사업	http://www.kopino.org
월드컨택 (코피노구호재단)	- 코피노 모자 구호 (상담, 생계보장, 교육, 자립지원) - 후원사업	
코피노 드림센터	- 분유값 · 장학금 지원 - 무료보육	cafe.daum.net/viplover
동방 사회복지회	- 코이카(KOICA)로부터 지원받음 - 장학사업, 유치원건립 운영 - 코피노 어머니 자립지원(베이커리 훈련)	http://www.eastern.or.kr

NGO 활동의 목적은 지역주민의 역량강화라고 할 수 있다. 역량강화란 개별화된 지역주민들의 무력감을 조직화하는 과정을 매개로 스스로 극복하도록 돕기 위한 개념이다. 이러한 역량강화는 NGO 활동을 발전시키는 데 기여한다. 일반적으로 필리핀에서 지역사회조직화가 활성화되어 있는 곳은 농촌 및 어촌 지역에서 같은 생활권을 갖고 있는 좁은 지역이나, 대도시의 빈민지역과 같은 좁은 지역적 범위를 갖고, 생존에 필요한 기본적인 조건들이 현저히 낙후된 곳들이다. 이들은 주로 외국의 기금에 의해 운영되고 있다는 것도 장기적으로는 치명적인 문제가 될 수 있다. 즉, 주민조직활동을 수행하는 NGO나 PO의 자립기반이 대단히 취약하다는 것이다(이 호, 1999). 그럼에도 불구하고 주민들의 주체적인 힘을 통해 직접적인 생존문제를 하나씩 해결해 나가려는 노력 역시 역량강화의 과정이라고 할 수 있다.

참고문헌

김동수 · 정무성 · 정진옥(2013). 국제사회복지 : 더불어 지구촌에 잘 살기 위하여. 서울 : 신정.
김희주 · 주경희 · 우수명(2013). 국제(지역)사회복지실천 사례에 대한 탐색적 연구－코피노 어린이재단의 사례를 중심으로. 한국지역사회복지학, 제46집, 135-165.
노충래(2012). 국제사회복지의 동향과 추세. 국제사회복지학, 2(1), 7-29.
부산대학교 사범대학 국제이해교육연구팀(2012). 국제이해교육의 이론과 실제. 서울 : 학지사.
이용교(2011). 국제사회복지학 교육과정 시론. 국제사회복지학, 1(1), 31-54.
이용교 편저(2013). 국제사회복지사의 길. 전남 : 광주대학교출판부.

Lynne, M. Healy(2010). 국제사회복지. 노충래 역. 서울 : 학지사.

제14장

한국사회복지의 전망과 과제

1. 한국사회복지의 전망

1) 국제사회복지와 사회복지환경 변화

우리나라는 세계화를 부르짖으며 경제적인 부문과 함께 다양한 영역에서 문호를 개방하며, 세계 속의 한국의 위상을 높이기 위해 노력하고 있다. 이러한 세계화 속에서 영향을 받고 또한 세계화에 영향을 줄 수 있는 부분이 바로 사회복지 영역이라고 할 수 있다. 과거 많은 영역과 부분에서 외국의 사회복지의 영향을 받고 많은 발전을 이루어 온 한국은 이제는 세계화 속에서 지구촌의 사회복지문제에 관심을 가져야 할 때가 도래한 것이다.

우리나라의 사회복지문제는 그 원인이 더 이상 우리나라에 한정되어 있는 것이 아니라 국제적 맥락에서 이해되어야 할 때이다. 그것은 곧 세계화 추세가 우리나라에서 본격적으로 전개되어 있는 것이 아니라 국제적 맥락에서 우리나라에도 본격적으로 전개되기 시작하였기 때문이다. 이에 따르는 부정적인 결과들 중 몇 가지 예를 든다면 빈곤의 악화와 불평등의 강조, 임금하락과 그로 인한 생활수준의 저하, 이윤을 극대화할 수 있는 지역으로의 직업이동과 그에 따른 대량 실직, HIV/ AIDS와 같은 전염병 질병의 확산, 구조적 재조정의 의미로서 사회복지예산 삭감이 요구되는 긴축예산 명령, 아동노동, 아동매춘, 국제범죄와 약물남용의 증가 등을 들 수 있다. 이러한 현상은 지난 수십 년간 우리나라도 어느 정도 경험했으며, 앞으로는 더욱 심각한 문제로 대두되어 결국 우리나라의 사회복지도 국제화될 수밖에 없는 실정이다.

물론 세계화의 긍정적인 면, 즉 자유로운 시장개방과 민주주의의 강화, 생활수준의 향상, 생명연장, 높은 문자 해독률 그리고 보다 건강한 삶에 기여하는 면도 있다. 그러나 세계화 과정에 대해서 적절한 평가를 하자면, 세계화는 경제성장에 기여는 하지만 승자와 패자를 만들어 낸다고 말할 수 있다. 사회복지는 패자로 뒤편에 남겨진 많은 사람들에 대해 무관심할 수는 없다.

그러므로 앞으로 사회복지교육은 국제사회복지를 전문적으로 교육하는 프로그램이 대학이나 사회복지 전문교육기관의 주도하에 이루어져야 할 것이다. 여기에서 전문적으로 훈련된 국제사회복지 전문가들이 UN 관련 기관, 국제 NGO 기관, 국내의 국제사회복지 관련 기관 등 국제무대에서 활동할 수 있는 기회가 주어질 것이다.

2) 사회복지운동과 사회복지환경 변화

사회복지의 문제해결방식은 문제가 되는 개인의 해결능력 강화뿐만 아니라 문제의 근원이 될 수 있는 환경문제에 대한 지속적인 관심을 갖는다. 특별히 이러한 지역사회 환경변화에 관련된 것이 사회복지운동인데, 사회복지운동이란 사회운동(social action)의 한 부분으로 집합행동의 성격을 갖고 있으며, 사회복지라는 목표를 달성하기 위해 관련 당사자, 넓게는 모든 국민이나 사회복지전문가, 사회복지대상자, 노동자 등의 주체적인 참여와 행동을 통하여 사회복지 목표달성을 위해 의도적으로 추진해 나가는 사회운동을 뜻한다고 할 수 있다(남세진 · 조흥식, 1995).

이러한 사회운동 중 사회복지운동은 우리나라에서는 활성화되어 있지 못한 실정인데, 사회복지사업 자체가 관주도의 일방적 사업을 진행하는 경우가 많아서, 민간의 자율적인 사회복지운동 성격을 갖기는 어려움이 있었다. 그러나 최근 지방분권과 재정분권에 따라 민관협력과 지역사회 중심의 복지운동이 지역문제를 해결하는 새로운 패러다임으로 나타나고 있다.

이러한 복지운동이 안정적이고 체계적으로 지역사회에 뿌리를 내리고 지역문제를 해결하는 중심적인 운동이 되기 위해서는 다음과 같은 과업을 해결해야 할 것이다(남세진 · 조흥식, 1995). 첫째, 시민들의 권리의식을 활성화시켜야 한다. 둘째, 사회복지운동은 대상자 중심의 운동조직을 가져야 한다. 셋째, 사회복지전문가들의 사회복지 현장에의 일상적인 참여를 활성화해야 한다. 넷째, 사회복지운동은 정치운동으로의 발전을 고려해야 한다. 다섯째, 사회운동은 부문운동들과의 연대를 통한 사회변혁운동에 동참하여야 한다.

사회복지운동은 민간 사회복지단체나 기관을 대상으로 사회복지운동이 전개될 수 있고, 전 국민이나 지역주민의 복지의식 개발이나 반복지적 행동에 대한 저항이나 교정을 중심으로 전개할 수도 있으며, 더 나아가 정부의 복지정책, 재정확보, 전달체계 등 거국적 차원에서도 전개할 수 있다. 사회복지운동의 패러다임은 로스만(Rothman, 1968)의 지역사회조직활동의 세 가지 모델을 활용할 수 있다. 지역사회개발(A모델), 사회계획(B모델) 그리고 사회운동(C모델)이 그것들인데, 이 세 가지 모델들은 21세기에 사회복지운동을 전개함에 있어서 어떤 목적을 갖고, 어떤 대상을 향하여 사회운동을 하느냐에 따라서 모델이 선정되리라고 본다. 예를 들어서, 민간단체나 기관(종교기관, 교육기관, 지역사회단체 등)을 상대로 복지운동(예 동기개발, 이념교육, 자원봉사 개발 등)을 계획할 때는 A모델, 지방정부의 사회복지전달체계의 개혁을 목적으로 하는 사회복지운동은 B모델, 그리고 사회정책을 중심으로 정부를 상대로 사회복지운동을 전개할 때는 C모델이나 B모델을 활용할 수 있다(박종삼 외, 2003).

우리나라 정부의 복지정책은 신자유주의 이념을 수용하는 경향이 있다. 신자유주의의 이념을 신봉하는 신우파정권들(예 영국의 대처 정부, 미국의 레이건 정부 등)은 복지국가의 해체를 공약으로 제시하였다. 신우파정권들은 과도한 사회복지지출이 경제성장을 둔화시키고, 정부의 재정위기를 불러왔다는 신념을 기반으로 복지비용의 삭감, 지출구성의 변화, 공공서비스를 포함한 공공부문의 민영화 및 기업에 대한 규제 완화, 지방정부로의 역할 축소, 노조를 포함한 사회세력의 약화 등의 정책기조를 유지하고 있다. 21세기에는 우리나라의 복지정책이 신자유주의의 경향을 따를 가능성이 매우 높다. 여기에 국민적 저항이 있어야 하고, 전문사회복지사는 정부를 상대로 국민운동의 차원에서 C모델이나 B모델을 활용하여 사회복지운동을 펼쳐나가야 할 것이다(박종삼 외, 2003).

3) 사회복지 토착화와 사회복지환경 변화

한국의 사회복지는 이론적인 측면에서는 미국을 중심으로 발전한 전문적 지식을 가져왔고, 실천적인 측면에서는 가까운 일본의 행정 및 정책을 받아들여 왔다. 이러한 선진외국들의 발전된 이론과 실천기술들이 이제는 한국적 상황에서 발전의 계기를 마련하는 기회가 되었지만, 우리나라만의 고유한 특색에 맞는 사회복지를 발전시켜 나가는 데에는 어려움이 있었으며, 많은 이론과 실천기술들이 시행착오를 거쳐 상당 부분 발전하였고, 향후 지속적인 한국형 사회복지가 발전할 것이라 생각한다. 향후 체계적인 한국의 토착화된 사회복지 발전을 위하여 과거 한국의 사회복지 변화과정을 살펴보면 다음과 같다(최성균 외, 2005).

한국적 사회복지환경이 획기적으로 발전하였던 시기는 1987~1990년까지 억압된 권위주의 정권에서 벗어나 정치적 민주화가 진행되었던 시기이고, 1990년 이후로는 정치적 민주화가 성숙된 시기로 볼 수 있다. 문민정부에서는 사회복지정체기로 1995년 사회보장기본법을 제정하여 사회보험과 공공부조 및 사회복지서비스 그리고 관련 복지제도를 분류하여 한국적 사회복지제도의 기본적인 틀을 갖출 수 있는 계기를 마련하였다. 국민의 정부에서는 '생산적 복지' 정책을 통하여 국가복지의 확대를 추구하였고, 기본권 보장과 인간개발 및 생산적 복지를 근간으로 하는 민주적 복지자본주의로서 선진복지국가들이 채택하고 있는 제3의 길을 수용하고 있다. 따라서 기본권 보장 쪽으로 갈수록 국가의 책임이 강조되는 케인즈주의적 복지국가모형과 생산적 복지 쪽으로 가는 21세기 지구화시대의 '제3의 길' 모형을 동시에 채택하였다고 할 수 있다.

참여정부에서 내세우고 있는 '참여복지'는 빈부격차의 해소와 분배개선 및 일자리 창출 그리고 노동빈민층 지원을 위한 저소득층 소득보전제도를 통하여 개혁적인 복지정책을 펼치고 있다. 우리나라는 세계에서 가장 빠른 고령화율과 출산율의 저하로 인한 노인부양부담과 의료비부담 증가 문제가 대두되고 있고, 노동력 상실로 인한 외국인노동자의 유입으로 인권문제가 발생하고 있다. 또한 여성의 의식변화, 사회참여, 경제력에 따른 위상과 이혼율 증가 등은 가족갈등과 해체, 자녀방임과 학대, 청소년가출과 비행의 문제를 증가시키고 있다. 그리고 노동시장의 확대와 정보기술의 발전은 실직과 비정규직 등으로 인한 노동

빈민의 증가와 중산층의 와해, 사회양극화로 인한 빈부격차의 심화 문제를 가중시키고 있는 현실에서 한국형 사회복지제도를 정착해 나가야 할 것이다.

4) 사회적 갈등의 증가와 사회복지환경 변화

한국 사회의 갈등의 양상은 부부갈등, 노사갈등, 빈부갈등, 학생 간 갈등, 공공과 민간 간 갈등 등 다양하게 나타나고 있다. 특별히 부부갈등과 이혼율이 증가하고 있고, 이에 대한 사회복지대책의 필요성이 확대되고 있는 상황이다. 가족해체, 가정폭력으로 인한 아동과 여성의 보호, 소년범죄와 비행으로 인한 소년보호에 대한 대책 등은 법률적인 접근과 복지적인 접근이 동시에 이루어져야 한다. 선진국에서는 아동과 소년, 가사의 소송과 관련된 영역에서 각 지역별 독립된 가정법원이 설치되어 있고, 이를 법원에서 법률적 판결과 함께 행정적인 보호와 서비스가 이루어질 수 있도록 명령과 보호처분을 행하여 소송당사자와 가족의 삶의 질을 보호하고 있다. 우리나라에서는 소년사건에 대해서는 이러한 보호처분과 서비스가 이루어지고 있으나, 가사사건의 가족구성원인 여성과 아동에 관한 사법부의 보호는 극히 미흡한 실정이다(오정수 외, 2010).

현재의 가사소송사건의 처리는 해당 사건에 대한 전담판사와 전문조사관의 개입으로 이루어지고 있는데, 전담판사와 전문조사관의 인력부족으로 짧은 시간에 많은 사건을 단순한 판결로 처분하고 있다. 이러한 처리방식은 가족을 보호하기보다는 오히려 가족이 해체를 조장하기 쉬우며, 그 결과는 당사자들에게 평생 돌이킬 수 없는 회한과 아픔을 안겨주게 된다. 따라서 이러한 사건의 처리는 전문적인 심리와 상담보호서비스가 수반되는 가운데 매우 신중하게 이루어져야 한다(오정수 외, 2010).

특별히 요즘 갈등중재를 위한 회복적 사법정의 프로그램으로 사회복지사의 중재자 역할이 강조되고 있는데, 범죄자의 재범방지와 피해자의 손해를 회복하는 측면에서 좋은 프로그램으로 활용되고 있다. 이러한 전문 프로그램들이 갈등의 현장에서 많이 활용될 수 있도록 학계와 사회복지계에서는 부단한 노력을 하여야 할 것이다.

2. 한국사회복지의 과제

1) 통일에 대비한 한국사회복지계의 준비

남북한이 분단된 지 반세기 이상 되면서 한국은 통일에 대한 강한 열망과 함께 분단조국으로 인한 정치적·사상적인 측면의 갈등과 이질화가 더욱 심화되고, 통일 후 예상되는 문제도 그 심각성이 더해질 것으로 예상하고 있다. 이러한 통일한국에 대비한 사회복지계의 대응에 대하여 최성균 외(2005)는 다음과 같이 제시하고 있다.

남북한의 복지정책의 명확한 차이점은 남북한정권의 경제능력과 복지수요에 대한 정책적 차이점이라고 볼 수 있다. 북한의 공산주의자들은 독재체제의 성격상 경제성장이나 경제능력에 관계없이 국가는 사회복지의 전적 책임을 지는 것으로 형식상으로는 헌법에 규정하면서 실제로는 사회복지를 희생시키면서 전쟁에 의한 적화통일 전략노선을 견지하며 군사력 증강에 주력하고 있다. 북한은 남북한 복지경쟁에서 낙오하여 일반국민들을 기아선상에 방치하고, 국민복지를 완전히 외면하고 공산 적화통일로 남한을 정복함으로써 사회복지문제를 일거해 해결하고자 하는 정치적 경향을 보이고 있다.

이러한 현실에서 통일한국의 사회복지의식을 점검해야 한다고 본다. 통일 후 북한 사회복지의 물질적 측면만이 아니라 정신적인 측면도 고려해야 하는데, 공산 독재정치체제하에서 인간기계화된 북한동포의 인성회복 문제가 통일한국 사회복지정책의 중요한 부분이 된다고 본다. 50여 년간 남북한의 정치문화가 상반되는 체제하에서 이질화된 남북한의 정치문화를 동질화하는 것이 통일한국의 기반 조성에 중요한 과제가 된다.

북한체제를 빨리 붕괴시키기 위하여 북한을 국제사회에서 고립시키고, 일체의 경제원조가 북한에 들어가지 못하도록 우리의 외교를 강화하여야 된다는 의견도 많지만, 북한 공산주의자들은 체제붕괴를 막기 위한 궁여지책으로 전쟁을 도발할 수도 있으므로 우리는 전쟁도발을 억제하고, 또한 그들 자신이 평화적으로 최소한의 복지문제를 해결할 수 있도록 국제 분위기를 조성해야 우리가 원하는 통일 후 사회복지정책에 기반이 된다고 확신한다.

이는 1997년 10월 17일 한국사회복지협의회 주간으로 개최된 제9회 전국사회복지대회에서 발표된 다음 결의사항에 잘 나타나 있다.

첫째, 우리 전국의 사회복지인들은 통일의 목표가 한민족 전체의 번영을 보장하고 자유·평등·복지의 기본 가치를 구현하는 민족공동체 의식과 성숙한 시민의식의 바탕 위에서 사회복지의 의식이 정립되어야 함을 깊이 인식하고, 사회복지의식의 전 국민적 확산과 성숙을 위하여 최선의 노력을 다할 것을 결의한다.

둘째, 우리 전국의 사회복지인들은 통일한국의 공공복지가 남북한의 사회통합과 모든 민족구성원들의 인간다운 삶의 질을 보장하도록 개혁되어야 할 것을 인식하며, 사회복지제도의 내실을 기하고 개혁을 위하여 노력할 것을 결의한다.

셋째, 우리 전국의 사회복지인들은 통일한국의 민간복지가 창의적이고 자율적인 구조로 발전할 수 있도록 지혜와 슬기를 모아 제도를 발전시키며, 나아가 공공과 민간의 파트너십을 강화하여 통일한국의 복지제도 창달에 노력할 것을 결의한다.

넷째, 우리 전국의 사회복지인들은 통일비용에 대한 적절한 배려가 필요함을 깊이 인식하며, 지금부터 통일에 대비한 제도적 구축과 인적·물적 자원을 준비할 것을 결의한다(최성재 외, 2005).

2) 양극화 문제 해소를 위한 사회안전망 강화

최근에 우리 사회의 양극화 문제는 핵심적인 이슈가 되고 있다. 다수의 사회구성원이 지속적인 경제성장의 혜택을 누릴 수 있었던 외환위기 이전 시기에는 빈곤문제는 소수 노인이나 장애인 등 취약계층의 문제로 집중되었고 대다수 사회구성원의 삶과는 그다지 관련이 없는 것으로 받아들여졌다. 그러나 외환위기 이후 절박한 처지에 놓인 빈곤층의 급증을 초래하였고, 빈곤문제를 한국 사회의 우선적인 현안의 하나로 등장시켰다.

한국 사회의 계층양극현상은 바로 중산층의 몰락으로 표현된다. 특히 근로소득이 없는 전통적인 비취업 빈곤계층 외에도 근로를 하는데도 빈곤한 근로빈곤층(working poor)의 증가가 새롭게 관찰되고 있다. 성장과 발전의 결실이 특정 장소, 특정 세대, 특정 계층에만 국한됨에 따라 사회적 격차가 심화되고 있는 것이다. 1990년대를 거치며 우리 사회에서는 빈곤문제의 악화를 초래할 수 있는 다양한 사회적 변화가 지속되었다. 비정규직 양산 등으로 표현되는 노동시장의 구조변화, 급속한 고령화의 진행, 이혼 등 가족해체 증가 등 과거 한국사회의 특징과는 사뭇 다른 구조적 변화들이 우리 사회의 곳곳에서 감지되었다. 이러한 변화는 소득분배구조의 악화, 빈곤에 취약한 특성을 지닌 가구의 증가를 시사하는 것이다. 나아가서 소외집단의 상대적 박탈감이 지나치게 확대되어 사회의 지속 가능성까지 위협하는 수준에 이르고 있다. 따라서 사회변화에 따른 새로운 공동체를 지역사회 내에 형성하고 유지·발전시켜 나가는 노력은 중요한 시대적 과제라고 할 수 있다.

따라서 지역사회 내에서 소외계층의 사회적 배제를 극복하고 사회통합을 이루기 위해서는 각 부문별로 종합적인 접근이 요구된다. 특히 사회복지서비스 강화 및 네트워크 구축과 함께 주민들 스스로 문제를 해결할 수 있는 주민역량의 강화, 지역공동체 활성화 등이 필요하다. 정부가 우선 부처 간의 이해관계나 파워게임의 구태를 벗고 진정으로 주민의 입장에서 서비스 전달체계를 통합하려는 의지를 보여주어야 한다(정무성, 2006).

3) 전문사회복지사들의 탁월성 추구

사회복지는 전문성에 있어서 아직은 고도의 전문직이기보다는 누구나 쉽게 도전하고 다른 전문직과 공유할 수 있는 전문직으로 생각하는 경향이 많은 듯하다. 그러나 향후 사회복지는 고도의 분화되고 전문화된 전문기술로 발전될 것이라 생각한다. 이러한 사회복지전문직의 탁월성 향상을 위하여 박종삼 외(2002)는 구체적으로 다음과 같이 주장하고 있다.

앞으로 사회복지사들은 사회복지(사회사업)의 전문적 이론과 실천기술을 겸비하여 사회(복지)문제를 해결해 나감에 있어서 타 전문직종과 구별되는 탁월성을 발휘해야 한다. 우리나라의 사회복지 교육계는 1970년대에 들어오면서 미국 사회사업교육을 무비판적으로 받아들인 데 대한 자성의 소리가 높아지기 시작했고, 사회복지(사회사업)교육의 토착화 과제가 강하게 대두되기에 이르렀다. 이리하여 한국의 실정에 맞는 사회복지교육이 이루어져야 한다는 견해가 대세를 이루어 미시적 접근에서 거시적 접근으로, 사회사업실천에서 사회복지정책으로, 사회사업에서 사회복지로 교육의 패러다임 전환을 가져왔다. 이 결과 대부분의 학교가 '사회복지학과'로 명칭을 바꾸었고, 사회사업가 대신에 사회복지사라는 법적 용어가 통일적으로 사용되기에 이르렀다. 사회복지학 연구를 고찰해 보면, "사회복지학은 '응용' 혹은 '실천' 과학이지만, 사회복지 현상을 이론적으로 연구하는 기능도 있다"라는 것을 알 수 있다. 우리나라의 사회복지 토착화의 준거에서 미시적 접근에서 거시적 접근을 강조하게 되면서 사회복지실천에 대한 중요성이 덜 강조되었고, 사회복지 현상을 이론적으로 연구하려는 경향이 강하게 나타났다. 이 결과 지난 20여 년 동안 우리나라 임상사회사업의 발전속도는 매우 느리게 나타났다. 그리고 사회복지사들의 정체성은 더욱 혼란에 빠지게 되었다고 볼 수 있다.

앞으로 사회복지의 교육은 임상사회사업가의 전문적 탁월성을 추구해야 할 것이다. 이제 한국은 1970년대의 개발도상국도 아니고 중진국도 아니며, 선진국 대열에 들어서고 있나. 비록 빈곤의 문제가 계속 남아 있다고 해도 오늘날 우리나라에서 대두되고 있는 사회문제들의 성격을 보면, 서구 여러 나라의 사회문제들과 별반 다를 것이 없다. 고령사회의 진입, 복지욕구의 다양화, 복지의 질 향상 욕구 증내, 고도의 전문적 개입을 요구하는 사회문제의 대두 등 임상사회사업의 중요성이 다시 강조되는 시기가 되었다. 특히 지구화, 정보기술화 등 일련의 지구촌의 변화는 한국의 사회(복지)문제를 독립적으로 고찰할 수 없게 만들었다.

그러므로 지난 20세기 후반기에 우리나라 사회복지계가 도입한 소위 토착화의 패러다임들에 대한 재평가와 함께 사회현상과 급속히 변하는 미래의 사회현상을 날카롭게 직시하며 여기에 대처할 수 있는 사회복지의 패러다임을 구축하여야 할 것이다. 미시적 접근을 도외시한 채, 거시적 접근으로만 사회복지를 이해하려는 경향은 사회복지계의 정체성 정립이나 사회복지의 사회적 실용성을 감안할 때, 많은 문제점을 내포하고 있기 때문에 이러한 패러다임에 중시적 접근을 접목시킬 필요가 있다고 본다. 또한 사회복지사는 기관, 클라이언트, 전문사회복지사라는 구체적인 실천의 장(setting)을 갖고 있는 전문직이다. 그러므로 한국의 사회복지계, 한국의 사회서비스 프로그램을 조직하는 기관체계(agency system) 사이에서 전문적으로 서비스를 제공할 수 있는 탁월한 능력을 지닌 사회복지사(사회사업가) 체계(social worker or professional system)를 더욱 강화시키고 전문화시켜야 한다(박종삼 외, 2002).

참고문헌

김상균 · 김혜란 · 조흥식 · 최성재 · 최일섭(2001). 사회복지개론. 서울 : 나남출판.

김성이(2006). 민선4기와 사회복지. 2006년 사회복지학부 25주년 기념세미나 자료집. 민선4기와 사회복지의 과제.

남세진 · 조흥식(1995). 한국사회복지론. 서울 : 나남출판.

박일연(2006). 사회복지재정분권에 따른 지역사회자원 개발과 모금의 현실. 청주시보건복지연구소 제2회 추계포럼.

박종삼 외(2002). 사회복지개론. 서울 : 학지사.

박차상 · 김옥희 · 엄기욱 · 이경남 · 정상양 · 배창진(2005). 한국노인복지론. 서울 : 학지사.

오정수 · 최해경 · 정여택 · 류진석 · 유채영(2010). 사회복지학개론. 경기 : 양서원.

이영철 · 박미은 · 윤동성 · 엄기욱 · 이용교(2005). 사회복지학. 경기 : 양서원.

이태수(2005). 지방분권시대 사회복지 재정의 현주소. 복지세상을 열어가는 시민모임. 천안시사회복지 예산학교 자료집.

이해경(1993). 사회변동과 사회복지 교과과정 개발의 방향. 한국사회사업(복지)대학협의회 연찬회자료집.

전재희(2005). 보건복지위원회 복지부 현안보고 보도자료.

정무성(2006). 양극화 문제 해소를 위한 사회안전망 구축 방안. 사회과학논총, 제8집.

정부혁신지방분권위원회(2004). 국고보조금 정비방안.

최성균 · 고명석 · 승금희(2005). 사회복지개론. 서울 : 대왕사.

한국사회복지학회(2008). 한국 사회복지 발전전략의 재검토. 한국사회복지학회 2008년 춘계학술대회.

사회복지사의 자격제도

■ 사회복지사업법 시행령 [별표 1] <개정 2018. 4. 24.>

사회복지사의 등급별 자격기준(제2조 제1항 관련)

등 급	자격기준
사회복지사 1급	법 제11조제3항의 규정에 의한 국가시험에 합격한 자
사회복지사 2급	가. 「고등교육법」에 따른 대학원에서 사회복지학 또는 사회사업학을 전공하고 석사학위 또는 박사학위를 취득한 자. 다만, 대학에서 사회복지학 또는 사회사업학을 전공하지 아니하고 동 석사학위를 취득한 자는 보건복지부령이 정하는 사회복지학 전공교과목과 사회복지관련 교과목중 사회복지현장실습을 포함한 필수과목 6과목 이상(대학에서 이수한 교과목을 포함하되, 대학원에서 4과목 이상을 이수하여야 한다), 선택과목 2과목 이상을 각각 이수한 경우에 한하여 사회복지사 자격을 인정한다. 나. 「고등교육법」에 따른 대학에서 보건복지부령이 정하는 사회복지학 전공교과목과 사회복지관련 교과목을 이수하고 학사학위를 취득한 자 다. 법령에서 「고등교육법」에 따른 대학을 졸업한 자와 동등 이상의 학력이 있다고 인정하는 자로서 보건복지부령이 정하는 사회복지학 전공과목과 사회복지관련 교과목을 이수한 자 라. 「고등교육법」에 따른 전문대학에서 보건복지부령이 정하는 사회복지학 전공교과목과 사회복지관련 교과목을 이수하고 졸업한 자 마. 법령에서 「고등교육법」에 따른 전문대학을 졸업한 자와 동등 이상의 학력이 있다고 인정하는 자로서 보건복지부령이 정하는 사회복지학 전공교과목과 사회복지관련 교과목을 이수한 자 바. 「고등교육법」에 따른 대학을 졸업(이와 동등 이상의 학력이 있는 경우를 포함한다)한 이후 보건복지부장관이 지정하는 교육훈련기관에서 12주 이상 사회복지사업에 관한 교육훈련을 이수한 자 사. 종전의 「사회복지사업법」(법률 제14923호로 개정되기 전의 것을 말한다)에 따라 사회복지사 3급 자격증을 취득한 이후 3년 이상 사회복지사업의 실무경험이 있는 자

비고 : 외국의 대학 또는 대학원에서 사회복지학 또는 사회사업학을 전공하고 학사학위 이상의 학위를 취득한 자로서 등급별 자격기준과 동등한 학력이 있다고 보건복지부장관이 인정하는 경우에는 당해 등급의 사회복지사자격증을 교부할 수 있다.

■ 사회복지사업법 시행령 [별표 3] <개정 2018. 4. 24.>

사회복지사 1급 국가시험 응시자격(제4조 관련)

1. 「고등교육법」에 따른 대학원에서 사회복지학 또는 사회사업학을 전공하고 석사학위 또는 박사학위를 취득한 자. 다만, 대학에서 사회복지학 또는 사회사업학을 전공하지 아니하고 동 석사학위를 취득한 자는 보건복지부령이 정하는 사회복지학 전공교과목과 사회복지관련 교과목중 사회복지현장실습을 포함한 필수과목 6과목 이상(대학에서 이수한 교과목을 포함하되, 대학원에서 4과목 이상을 이수하여야 한다), 선택과목 2과목 이상을 각각 이수하여야 한다.
2. 「고등교육법」에 따른 대학에서 보건복지부령이 정하는 사회복지학 전공교과목과 사회복지관련 교과목을 이수하고 학사학위를 취득한 자
3. 법령에서 「고등교육법」에 따른 대학을 졸업한 자와 동등 이상의 학력이 있다고 인정하는 자로서 보건복지부령으로 정하는 사회복지학 전공과목과 사회복지관련 교과목을 이수한 자
4. 외국의 대학 또는 대학원에서 사회복지학 또는 사회사업학을 전공하고 학사학위 이상을 취득한 자로서 제1호 및 제2호의 자격과 동등하다고 보건복지부장관이 인정하는 자
5. 별표 1의 사회복지사 2급의 자격기준란 라목부터 사목까지의 어느 하나에 해당하여 사회복지사 2급 자격증을 취득한 자 중에서 그 자격증을 취득한 날부터 시험일까지의 기간 동안 1년 이상 사회복지사업의 실무경험이 있는 자

다문화가족지원법(약칭 : 다문화가족법)

[시행 2018. 6. 13] [법률 제15204호, 2017. 12. 12, 일부개정]
여성가족부(다문화가족과) 02-2100-6372

제1조(목적) 이 법은 다문화가족 구성원이 안정적인 가족생활을 영위하고 사회구성원으로서의 역할과 책임을 다할 수 있도록 함으로써 이들의 삶의 질 향상과 사회통합에 이바지함을 목적으로 한다. <개정 2015. 12. 22.>

제2조(정의) 이 법에서 사용하는 용어의 뜻은 다음과 같다. <개정 2011. 4. 4., 2015. 12. 1.>

1. “다문화가족”이란 다음 각 목의 어느 하나에 해당하는 가족을 말한다.
   가. 「재한외국인 처우 기본법」 제2조제3호의 결혼이민자와 「국적법」 제2조부터 제4조까지의 규정에 따라 대한민국 국적을 취득한 자로 이루어진 가족
   나. 「국적법」 제3조 및 제4조에 따라 대한민국 국적을 취득한 자와 같은 법 제2조부터 제4조까지의 규정에 따라 대한민국 국적을 취득한 자로 이루어진 가족
2. “결혼이민자등”이란 다문화가족의 구성원으로서 다음 각 목의 어느 하나에 해당하는 자를 말한다.
   가. 「재한외국인 처우 기본법」 제2조제3호의 결혼이민자
   나. 「국적법」 제4조에 따라 귀화허가를 받은 자
3. “아동·청소년”이란 24세 이하인 사람을 말한다.

제3조(국가와 지방자치단체의 책무) ① 국가와 지방자치단체는 다문화가족 구성원이 안정적인 가족생활을 영위하고 경제·사회·문화 등 각 분야에서 사회구성원으로서의 역할과 책임을 다할 수 있도록 필요한 제도와 여건을 조성하고 이를 위한 시책을 수립·시행하여야 한다. <개정 2015. 12. 22.>

② 특별시·광역시·특별자치시·도·특별자치도 및 시·군·구(자치구를 말한다. 이하 같다)에는 다문화가족 지원을 담당할 기구와 공무원을 두어야 한다. <신설 2012. 2. 1., 2015. 12. 1.>

③ 국가와 지방자치단체는 이 법에 따른 시책 중 외국인정책 관련 사항에 대하여는 「재한외국인 처우 기본법」 제5조부터 제9조까지의 규정에 따른다. <개정 2012. 2. 1.>

제3조의2(다문화가족 지원을 위한 기본계획의 수립) ① 여성가족부장관은 다문화가족 지원을 위하여 5년마다 다문화가족정책에 관한 기본계획(이하 “기본계획”이라 한다)을 수립하여야 한다.

② 기본계획에는 다음 각 호의 사항을 포함하여야 한다. <개정 2015. 12. 22.>

1. 다문화가족 지원 정책의 기본 방향
2. 다문화가족 지원을 위한 분야별 발전시책과 평가에 관한 사항
3. 다문화가족 지원을 위한 제도 개선에 관한 사항

3의2. 다문화가족 구성원의 경제 · 사회 · 문화 등 각 분야에서 활동 증진에 관한 사항
4. 다문화가족 지원을 위한 재원 확보 및 배분에 관한 사항
5. 그 밖에 다문화가족 지원을 위하여 필요한 사항

③ 여성가족부장관은 기본계획을 수립할 때에는 미리 관계 중앙행정기관의 장과 협의하여야 한다.

④ 기본계획은 제3조의4에 따른 다문화가족정책위원회의 심의를 거쳐 확정한다. 이 경우 여성가족부장관은 확정된 기본계획을 관계 중앙행정기관의 장과 특별시장 · 광역시장 · 특별자치시장 · 도지사 · 특별자치도지사(이하 "시 · 도지사"라 한다)에게 알려야 한다. <개정 2015. 12. 1.>

⑤ 여성가족부장관은 기본계획을 수립하기 위하여 필요하다고 인정하는 경우 관계 기관의 장에게 기본계획의 수립에 필요한 자료의 제출을 요구할 수 있다.

⑥ 제5항에 따라 자료의 제출을 요구받은 관계 기관의 장은 정당한 사유가 없으면 이에 따라야 한다.

[본조신설 2011. 4. 4.]

제3조의3(연도별 시행계획의 수립 · 시행) ① 여성가족부장관, 관계 중앙행정기관의 장과 시 · 도지사는 매년 기본계획에 따라 다문화가족정책에 관한 시행계획(이하 "시행계획"이라 한다)을 수립 · 시행하여야 한다.

② 관계 중앙행정기관의 장과 시 · 도지사는 전년도의 시행계획에 따른 추진실적 및 다음 연도의 시행계획을 대통령령으로 정하는 바에 따라 매년 여성가족부장관에게 제출하여야 한다.

③ 시행계획의 수립 · 시행 및 추진실적의 평가 등에 필요한 사항은 대통령령으로 정한다.

[본조신설 2011. 4. 4.]

제3조의4(다문화가족정책위원회의 설치) ① 다문화가족의 삶의 질 향상과 사회통합에 관한 중요 사항을 심의 · 조정하기 위하여 국무총리 소속으로 다문화가족정책위원회(이하 "정책위원회"라 한다)를 둔다.

② 정책위원회는 다음 각 호의 사항을 심의 · 조정한다.
1. 제3조의2에 따른 다문화가족정책에 관한 기본계획의 수립 및 추진에 관한 사항
2. 제3조의3에 따른 다문화가족정책의 시행계획의 수립, 추진실적 점검 및 평가에 관한 사항
3. 다문화가족과 관련된 각종 조사, 연구 및 정책의 분석 · 평가에 관한 사항
4. 각종 다문화가족 지원 관련 사업의 조정 및 협력에 관한 사항
5. 다문화가족정책과 관련된 국가 간 협력에 관한 사항
6. 그 밖에 다문화가족의 사회통합에 관한 중요 사항으로 위원장이 필요하다고 인정하는 사항

③ 정책위원회는 위원장 1명을 포함한 20명 이내의 위원으로 구성하고, 위원장은 국무총리가 되며, 위원은 다음 각 호의 사람이 된다.
1. 대통령령으로 정하는 중앙행정기관의 장

2. 다문화가족정책에 관하여 학식과 경험이 풍부한 사람 중에서 위원장이 위촉하는 사람

④ 정책위원회에서 심의·조정할 사항을 미리 검토하고 대통령령에 따라 위임된 사항을 다루기 위하여 정책위원회에 실무위원회를 둔다.

⑤ 그 밖에 정책위원회 및 실무위원회의 구성 및 운영 등에 필요한 사항은 대통령령으로 정한다.

[본조신설 2011. 4. 4.]

제4조(실태조사 등) ① 여성가족부장관은 다문화가족의 현황 및 실태를 파악하고 다문화가족 지원을 위한 정책수립에 활용하기 위하여 3년마다 다문화가족에 대한 실태조사를 실시하고 그 결과를 공표하여야 한다. <개정 2010. 1. 18.>

② 여성가족부장관은 제1항에 따른 실태조사를 위하여 관계 공공기관 또는 관련 법인·단체에 대하여 필요한 자료의 제출 등 협조를 요청할 수 있다. 이 경우 자료의 제출 등 협조를 요청받은 관계 공공기관 또는 관련 법인·단체 등은 특별한 사유가 없는 한 이에 협조하여야 한다. <개정 2010. 1. 18.>

③ 여성가족부장관은 제1항에 따른 실태조사를 실시함에 있어서 외국인정책 관련 사항에 대하여는 법무부장관과, 다문화가족 구성원인 아동·청소년의 교육현황 및 아동·청소년의 다문화가족에 대한 인식 등에 관한 사항에 대하여는 교육부장관과 협의를 거쳐 실시한다. <개정 2010. 1. 18., 2011. 4. 4., 2013. 3. 23., 2015. 12. 1., 2017. 3. 21.>

④ 제1항에 따른 실태조사의 대상 및 방법 등에 필요한 사항은 여성가족부령으로 정한다. <개정 2010. 1. 18.>

제5조(다문화가족에 대한 이해증진) ①국가와 지방자치단체는 다문화가족에 대한 사회적 차별 및 편견을 예방하고 사회구성원이 문화적 다양성을 인정하고 존중할 수 있도록 다문화 이해교육을 실시하고 홍보 등 필요한 조치를 하여야 한다. <개정 2011. 4. 4., 2013. 3. 22.>

② 여성가족부장관은 제1항에 따른 조치를 함에 있어 홍보영상을 제작하여 「방송법」 제2조제3호에 따른 방송사업자에게 배포하여야 한다. <신설 2015. 12. 1.>

③ 여성가족부장관은 「방송법」 제2조제3호가목의 지상파방송사업자(이하 이 조에서 "지상파방송사업자"라 한다)에게 같은 법 제73조제4항에 따라 대통령령으로 정하는 비상업적 공익광고 편성비율의 범위에서 제2항의 홍보영상을 채널별로 송출하도록 요청할 수 있다. <신설 2015. 12. 1.>

④ 지상파방송사업자는 제2항의 홍보영상 외에 독자적으로 홍보영상을 제작하여 송출할 수 있다. 이 경우 여성가족부장관에게 필요한 협조 및 지원을 요청할 수 있다. <신설 2015. 12. 1.>

⑤ 교육부장관과 특별시·광역시·특별자치시·도·특별자치도의 교육감은 「유아교육법」 제2조, 「초·중등교육법」 제2조 또는 「고등교육법」 제2조에 따른 학교에서 다문화가족에 대한 이해를 돕는 교육을 실시하기 위한 시책을 수립·시행하여야 한다. 이 경우 제4조에 따른 실태조사의 결과 중 다문화가족 구성원인 아동·청소년의 교육현황 및 아동·청소년의 다문화가족에 대한 인식 등에 관한 사항을 반

영하여야 한다. <신설 2011. 4. 4., 2013. 3. 23., 2015. 12. 1., 2017. 3. 21.>

⑥ 교육부장관과 특별시·광역시·특별자치시·도·특별자치도의 교육감은 「유아교육법」 제2조 및 「초·중등교육법」 제2조에 따른 학교의 교원에 대하여 대통령령으로 정하는 바에 따라 다문화 이해교육 관련 연수를 실시하여야 한다. <신설 2017. 12. 12.>

제6조(생활정보 제공 및 교육 지원) ① 국가와 지방자치단체는 결혼이민자등이 대한민국에서 생활하는데 필요한 기본적 정보(아동·청소년에 대한 학습 및 생활지도 관련 정보를 포함한다)를 제공하고, 사회적응교육과 직업교육·훈련 및 언어소통 능력 향상을 위한 한국어교육 등을 받을 수 있도록 필요한 지원을 할 수 있다. <개정 2011. 4. 4., 2016. 3. 2.>

② 국가와 지방자치단체는 결혼이민자등의 배우자 및 가족구성원이 결혼이민자등의 출신 국가 및 문화 등을 이해하는 데 필요한 기본적 정보를 제공하고 관련 교육을 지원할 수 있다. <신설 2017. 12. 12.>

③ 국가와 지방자치단체는 제1항 및 제2항에 따른 교육을 실시함에 있어 거주지 및 가정환경 등으로 인하여 서비스에서 소외되는 결혼이민자등과 배우자 및 그 가족구성원이 없도록 방문교육이나 원격교육 등 다양한 방법으로 교육을 지원하고, 교재와 강사 등의 전문성을 강화하기 위한 시책을 수립·시행하여야 한다. <신설 2011. 4. 4., 2017. 12. 12.>

④ 국가와 지방자치단체는 제3항의 방문교육의 비용을 결혼이민자등의 가구 소득수준, 교육의 종류 등 여성가족부장관이 정하여 고시하는 기준에 따라 차등지원할 수 있다. <신설 2015. 12. 1., 2017. 12. 12.>

⑤ 국가와 지방자치단체가 제4항에 따른 비용을 지원함에 있어 비용 지원의 신청, 금융정보 등의 제공, 조사·질문 등은 「아이돌봄 지원법」 제22조부터 제25조까지의 규정을 준용한다. <신설 2015. 12. 1., 2017. 12. 12.>

⑥ 결혼이민자등의 배우자 등 다문화가족 구성원은 결혼이민자등이 한국어교육 등 사회적응에 필요한 다양한 교육을 받을 수 있도록 노력하여야 한다. <신설 2015. 12. 1., 2017. 12. 12.>

⑦ 그 밖에 제1항 및 제2항에 따른 정보제공 및 교육에 필요한 사항은 대통령령으로 정한다. <개정 2011. 4. 4., 2015. 12. 1., 2017. 12. 12.>

제7조(평등한 가족관계의 유지를 위한 조치) 국가와 지방자치단체는 다문화가족이 민주적이고 양성평등한 가족관계를 누릴 수 있도록 가족상담, 부부교육, 부모교육, 가족생활교육 등을 추진하여야 한다. 이 경우 문화의 차이 등을 고려한 전문적인 서비스가 제공될 수 있도록 노력하여야 한다.

제8조(가정폭력 피해자에 대한 보호·지원) ① 국가와 지방자치단체는 「가정폭력방지 및 피해자보호 등에 관한 법률」에 따라 다문화가족 내 가정폭력을 예방하기 위하여 노력하여야 한다. <개정 2011. 4. 4.>

② 국가와 지방자치단체는 가정폭력으로 피해를 입은 결혼이민자등을 보호·지원할 수 있다. <신설 2011. 4. 4.>

③ 국가와 지방자치단체는 가정폭력의 피해를 입은 결혼이민자등에 대한 보호 및 지원을 위하여 외국어 통역 서비스를 갖춘 가정폭력 상담소 및 보호시설의 설치를 확대하도록 노력하여야 한다. <개정 2011. 4. 4.>

④ 국가와 지방자치단체는 결혼이민자등이 가정폭력으로 혼인관계를 종료하는 경우 의사소통의 어려움과 법률체계 등에 관한 정보의 부족 등으로 불리한 입장에 놓이지 아니하도록 의견진술 및 사실확인 등에 있어서 언어통역, 법률상담 및 행정지원 등 필요한 서비스를 제공할 수 있다. <개정 2011. 4. 4.>

제9조(의료 및 건강관리를 위한 지원) ①국가와 지방자치단체는 결혼이민자등이 건강하게 생활할 수 있도록 영양·건강에 대한 교육, 산전·산후 도우미 파견, 건강검진 등의 의료서비스를 지원할 수 있다. <개정 2011. 4. 4.>

② 국가와 지방자치단체는 결혼이민자등이 제1항에 따른 의료서비스를 제공받을 경우 외국어 통역 서비스를 제공할 수 있다. <신설 2011. 4. 4.>

[제목개정 2011. 4. 4.]

제10조(아동·청소년 보육·교육) ① 국가와 지방자치단체는 아동·청소년 보육·교육을 실시함에 있어서 다문화가족 구성원인 아동·청소년을 차별하여서는 아니 된다. <개정 2015. 12. 1.>

② 국가와 지방자치단체는 다문화가족 구성원인 아동·청소년이 학교생활에 신속히 적응할 수 있도록 교육지원대책을 마련하여야 하고, 특별시·광역시·특별자치시·도·특별자치도의 교육감은 다문화가족 구성원인 아동·청소년에 대하여 학과 외 또는 방과 후 교육 프로그램 등을 지원할 수 있다. <개정 2015. 12. 1.>

③ 국가와 지방자치단체는 다문화가족 구성원인 18세 미만인 사람의 초등학교 취학 전 보육 및 교육 지원을 위하여 노력하고, 그 구성원의 언어발달을 위하여 한국어 및 결혼이민자등인 부 또는 모의 모국어 교육을 위한 교재지원 및 학습지원 등 언어능력 제고를 위하여 필요한 지원을 할 수 있다. <개정 2013. 3. 22., 2015. 12. 1.>

④ 「영유아보육법」 제10조에 따른 어린이집의 원장, 「유아교육법」 제7조에 따른 유치원의 장, 「초·중등교육법」 제2조에 따른 각급 학교의 장, 그 밖에 대통령령으로 정하는 기관의 장은 아동·청소년 보육·교육을 실시함에 있어 다문화가족 구성원인 아동·청소년이 차별을 받지 아니하도록 필요한 조치를 하여야 한다. <신설 2015. 12. 1.>

[제목개정 2015. 12. 1.]

제11조(다국어에 의한 서비스 제공) 국가와 지방자치단체는 제5조부터 제10조까지의 규정에 따른 지원정책을 추진함에 있어서 결혼이민자등의 의사소통의 어려움을 해소하고 서비스 접근성을 제고하기 위하여 다국어에 의한 서비스 제공이 이루어지도록 노력하여야 한다.

제11조의2(다문화가족 종합정보 전화센터의 설치·운영 등) ① 여성가족부장관은 다국어에 의한 상담·통역 서비스 등을 결혼이민자등에게 제공하기 위하여 다문화가족 종합정보 전화센터(이하 "전화센터"라 한다)를 설치·운영할 수 있다. 이 경우 「가정폭력방지 및 피해자보호 등에 관한 법률」 제4조의6제1항 후단에 따른 외국어 서비스를 제공하는 긴급전화센터와 통합하여 운영할 수 있다.

② 여성가족부장관은 전화센터의 설치·운영을 대통령령으로 정하는 기관 또는 단체에 위탁할 수 있다.

③ 여성가족부장관은 전화센터의 설치·운영을 위탁할 경우 예산의 범위에서 그에 필요한 비용의 전부 또는 일부를 지원할 수 있다.

④ 전화센터의 설치·운영에 필요한 사항은 여성가족부령으로 정한다.

[본조신설 2013. 8. 13.]

제12조(다문화가족지원센터의 설치·운영 등) ① 국가와 지방자치단체는 다문화가족지원센터(이하 "지원센터"라 한다)를 설치·운영할 수 있다.

② 국가 또는 지방자치단체는 지원센터의 설치·운영을 대통령령으로 정하는 법인이나 단체에 위탁할 수 있다.

③ 국가 또는 지방자치단체 아닌 자가 지원센터를 설치·운영하고자 할 때에는 미리 시·도지사 또는 시장·군수·구청장(자치구의 구청장을 말한다. 이하 같다)의 지정을 받아야 한다.

④ 지원센터는 다음 각 호의 업무를 수행한다.

1. 다문화가족을 위한 교육·상담 등 지원사업의 실시
2. 결혼이민자등에 대한 한국어교육
3. 다문화가족 지원서비스 정보제공 및 홍보
4. 다문화가족 지원 관련 기관·단체와의 서비스 연계
5. 일자리에 관한 정보제공 및 일자리의 알선
6. 다문화가족을 위한 통역·번역 지원사업
7. 그 밖에 다문화가족 지원을 위하여 필요한 사업

⑤ 지원센터에는 다문화가족에 대한 교육·상담 등의 업무를 수행하기 위하여 관련 분야에 대한 학식과 경험을 가진 전문인력을 두어야 한다.

⑥ 국가와 지방자치단체는 제3항에 따라 지정한 지원센터에 대하여 예산의 범위에서 제4항 각 호의 업무를 수행하는 데에 필요한 비용 및 지원센터의 운영에 드는 비용의 전부 또는 일부를 보조할 수 있다. <개정 2016. 3. 2.>

⑦ 제1항, 제2항 및 제3항에 따른 지원센터의 설치·운영 기준, 위탁·지정 기간 및 절차 등에 필요한 사항은 대통령령으로 정하고, 제5항에 따른 전문인력의 기준 등에 필요한 사항은 여성가족부령으로 정한다.

[전문개정 2012. 2. 1.]

제12조의2(보수교육의 실시) ① 여성가족부장관 또는 시·도지사는 지원센터에 두는 전문인력의 자질과 능력을 향상시키기 위하여 보수교육을 실시하여야 한다.

② 제1항에 따른 보수교육의 내용·기간 및 방법 등은 여성가족부령으로 정한다.

[본조신설 2012. 2. 1.]

제12조의3(유사명칭 사용 금지) 이 법에 따른 지원센터가 아니면 다문화가족지원센터 또는 이와 유사한 명칭을 사용하지 못한다.

[본조신설 2013. 8. 13.]

제13조(다문화가족 지원업무 관련 공무원의 교육) 국가와 지방자치단체는 다문화가족 지원 관련 업무에 종사하는 공무원의 다문화가족에 대한 이해증진과 전문성 향상을 위하여 교육을 실시할 수 있다.

제13조의2(다문화가족지원사업 전문인력 양성) ① 국가 또는 지방자치단체는 다문화가족 지원 및 다문화 이해교육 등의 사업 추진에 필요한 전문인력을 양성하는 데 노력하여야 한다.

② 여성가족부장관은 제1항에 따른 전문인력을 양성하기 위하여 대통령령으로 정하는 바에 따라 대학이나 연구소 등 적절한 인력과 시설 등을 갖춘 기관이나 단체를 전문인력 양성기관으로 지정하여 관리할 수 있다.

③ 국가 또는 지방자치단체는 제2항에 따라 지정된 전문인력 양성기관에 대하여 예산의 범위에서 필요한 경비의 전부 또는 일부를 지원할 수 있다.

④ 제2항에 따른 전문인력 양성기관의 지정 기준 및 절차 등은 대통령령으로 정한다.

[본조신설 2012. 2. 1.]

제14조(사실혼 배우자 및 자녀의 처우) 제5조부터 제12조까지의 규정은 대한민국 국민과 사실혼 관계에서 출생한 자녀를 양육하고 있는 다문화가족 구성원에 대하여 준용한다.

제14조의2(다문화가족 자녀에 대한 적용 특례) 다문화가족이 이혼 등의 사유로 해체된 경우에도 그 구성원이었던 자녀에 대하여는 이 법을 적용한다.

[본조신설 2013. 8. 13.]

제15조(권한의 위임과 위탁) ① 여성가족부장관은 이 법에 따른 권한의 일부를 대통령령으로 정하는 바에 따라 시 · 도지사 또는 시장 · 군수 · 구청장에게 위임할 수 있다. <개정 2010. 1. 18., 2011. 4. 4., 2012. 2. 1.>

② 국가와 지방자치단체는 이 법에 따른 업무의 일부를 대통령령으로 정하는 바에 따라 비영리법인이나 단체에 위탁할 수 있다.

제15조의2(정보 제공의 요청) ① 여성가족부장관 또는 지방자치단체의 장은 이 법의 시행을 위하여 필요한 경우에는 법무부장관에게 다음 각 호의 정보 중 결혼이민자등의 현황 파악을 위한 정보로서 대통령령으로 정하는 정보의 제공을 요청할 수 있다. 이 경우 지방자치단체의 장은 해당 관할구역의 결혼이민자등에 관한 정보에 한정하여 요청할 수 있다.

1. 「재한외국인 처우 기본법」 제2조제3호에 따른 결혼이민자의 외국인 등록 정보
2. 「국적법」 제6조제2항에 따라 귀화허가를 받은 사람의 귀화허가 신청 정보

② 제1항에 따라 정보의 제공을 요청받은 법무부장관은 정당한 사유가 없으면 이에 따라야 한다.

③ 제1항에 따라 정보를 제공받은 여성가족부장관 또는 지방자치단체의 장은 제공받은 정보를 제12조제1항 · 제3항에 따른 지원센터에 제공할 수 있다.

[본조신설 2012. 2. 1.]

제16조(민간단체 등의 지원) ① 국가와 지방자치단체는 다문화가족 지원 사업을 수행하는 단체나 개인에 대하여 필요한 비용의 전부 또는 일부를 보조하거나 그 업무수행에 필요한 행정적 지원을 할 수 있다.

② 국가와 지방자치단체는 결혼이민자등이 상부상조하기 위한 단체의 구성 · 운영 등을 지원할 수 있다.

제17조(과태료) ① 제12조의3을 위반한 자에게는 300만원 이하의 과태료를 부과한다.

② 제1항에 따른 과태료는 대통령령으로 정하는 바에 따라 여성가족부장관 또는 지방자치단체의 장이 부과·징수한다.

[본조신설 2013. 8. 13.]

부칙 <제15204호, 2017. 12. 12.>

이 법은 공포 후 6개월이 경과한 날부터 시행한다.

건강가정기본법

[시행 2018. 7. 17] [법률 제15350호, 2018. 1. 16, 일부개정]
여성가족부(가족정책과) 02-2100-6329

제1장 총 칙

제1조(목적) 이 법은 건강한 가정생활의 영위와 가족의 유지 및 발전을 위한 국민의 권리・의무와 국가 및 지방자치단체 등의 책임을 명백히 하고, 가정문제의 적절한 해결방안을 강구하며 가족구성원의 복지증진에 이바지할 수 있는 지원정책을 강화함으로써 건강가정 구현에 기여하는 것을 목적으로 한다.

제2조(기본이념) 가정은 개인의 기본적인 욕구를 충족시키고 사회통합을 위하여 기능할 수 있도록 유지・발전되어야 한다.

제3조(정의) 이 법에서 사용하는 용어의 정의는 다음과 같다. <개정 2018. 1. 16.>

1. "가족"이라 함은 혼인・혈연・입양으로 이루어진 사회의 기본단위를 말한다.
2. "가정"이라 함은 가족구성원이 생계 또는 주거를 함께 하는 생활공동체로서 구성원의 일상적인 부양・양육・보호・교육 등이 이루어지는 생활단위를 말한다.

2의2. "1인가구"라 함은 1명이 단독으로 생계를 유지하고 있는 생활단위를 말한다.

3. "건강가정"이라 함은 가족구성원의 욕구가 충족되고 인간다운 삶이 보장되는 가정을 말한다.
4. "건강가정사업"이라 함은 건강가정을 저해하는 문제(이하 "가정문제"라 한다)의 발생을 예방하고 해결하기 위한 여러 가지 조치와 가족의 부양・양육・보호・교육 등의 가정기능을 강화하기 위한 사업을 말한다.

제4조(국민의 권리와 의무) ① 모든 국민은 가정의 구성원으로서 안정되고 인간다운 삶을 유지할 수 있는 가정생활을 영위할 권리를 가진다.

② 모든 국민은 가정의 중요성을 인식하고 그 복지의 향상을 위하여 노력하여야 한다.

제5조(국가 및 지방자치단체의 책임) ① 국가 및 지방자치단체는 건강가정을 위하여 필요한 제도와 여건을 조성하고 이를 위한 시책을 강구하여 추진하여야 한다.

② 국가 및 지방자치단체는 제1항의 시책을 강구함에 있어 가족구성원의 특성과 가정유형을 고려하여야 한다.

③ 국가 및 지방자치단체는 민주적인 가정형성, 가정친화적 환경조성, 양성평등한 가족가치 실현 및 가사노동의 정당한 가치평가를 위하여 노력하여야 한다.

제6조(다른 법률과의 관계) 국가는 건강가정사업과 관련되는 다른 법률을 제정 또는 개정하는 경우에는 이 법에 부합되도록 하여야 한다.

제7조(가족가치) 가족구성원은 부양・자녀양육・가사노동 등 가정생활의 운영에 함께 참여하여야 하고 서로 존중하며 신뢰하여야 한다.

제8조(혼인과 출산) ① 모든 국민은 혼인과 출산의 사회적 중요성을 인식하여야 한다.

② 국가 및 지방자치단체는 출산과 육아에 대한 사회적 책임을 인식하고 모・부성

권 보호 및 태아의 건강보장 등 적절한 출산·육아환경을 조성하기 위하여 적극적으로 지원하여야 한다. <개정 2016. 5. 29.>

제9조(가족해체 예방) ① 가족구성원 모두는 가족해체를 예방하기 위하여 노력하여야 한다.

② 국가 및 지방자치단체는 가족해체를 예방하기 위하여 필요한 제도와 시책을 강구하여야 한다.

제10조(지역사회자원의 개발·활용) 국가 및 지방자치단체는 건강한 가정구현에 기여할 수 있도록 지역사회자원을 최대한 개발하고 활용하여야 한다.

제11조(정보제공) 국가 및 지방자치단체는 가족구성원에게 건강한 가정생활을 영위하는데 도움이 되는 정보를 최대한 제공하고 가정생활에 관한 정보관리체계를 확립하여야 한다.

제12조(가정의 날) 가정의 중요성을 고취하고 건강가정을 위한 개인·가정·사회의 적극적인 참여분위기를 조성하기 위하여 매년 5월을 가정의 달로 하고, 5월 15일을 가정의 날로 한다.

제2장 건강가정정책

제13조 삭제 <2011. 9. 15.>

제14조 삭제 <2011. 9. 15.>

제15조(건강가정기본계획의 수립) ① 여성가족부장관은 관계 중앙행정기관의 장과 협의하여 건강가정기본계획(이하 "기본계획"이라 한다)을 5년마다 수립하여야 한다. <개정 2005. 3. 24., 2008. 2. 29., 2010. 1. 18., 2011. 9. 15.>

② 기본계획에는 다음 각호의 사항이 포함되어야 한다. <개정 2018. 1. 16.>

1. 가족기능의 강화 및 가정의 잠재력개발을 통한 가정의 자립 증진 대책
2. 사회통합과 문화계승을 위한 가족공동체문화의 조성
3. 다양한 가족의 욕구충족을 통한 건강가정 구현
4. 민주적인 가족관계와 양성평등적인 역할분담
5. 가정친화적인 사회환경의 조성
6. 가족의 양육·부양 등의 부담완화와 가족해체예방을 통한 사회비용 절감
7. 위기가족에 대한 긴급 지원책
8. 가족의 건강증진을 통한 건강사회 구현
9. 가족지원정책의 추진과 관련한 재정조달 방안
10. 1인가구의 복지 증진을 위한 대책

③ 기본계획은 국무회의의 심의를 거쳐 확정한다.

④ 여성가족부장관은 확정된 기본계획을 지체없이 관계중앙행정기관의 장 및 지방자치단체의 장에게 통보하여야 한다. <개정 2005. 3. 24., 2008. 2. 29., 2010. 1. 18., 2011. 9. 15.>

제16조(연도별 시행계획의 수립·시행 등) ①여성가족부장관, 관계중앙행정기관의 장 및 지방자치단체의 장은 매년 기본계획에 따라 건강가정시행계획(이하 "시행계획"이라 한다)을 수립·시행 및 평가하여야 한다. 이 경우 관계중앙행정기관의 장 및 지

방자치단체의 장은 그 시행계획 및 추진실적을 매년 여성가족부장관에게 제출하여야 한다. <개정 2005. 3. 24., 2008. 2. 29., 2010. 1. 18., 2011. 9. 15.>

② 시행계획의 수립·추진 및 평가에 관하여 필요한 사항은 대통령령으로 정한다.

제17조(시·도별 시행계획의 조정 등) ①여성가족부장관은 기본계획에 기초하여 지방자치단체별 시행계획을 조정하고 그 이행상황을 점검하여야 한다. <개정 2005. 3. 24., 2008. 2. 29., 2010. 1. 18., 2011. 9. 15.>

② 여성가족부장관은 지방자치단체별 시행계획이 기본계획 및 중앙행정기관의 시행계획에 위배되는 경우에는 해당 지방자치단체의 장에게 이를 변경하도록 요구할 수 있다. <개정 2005. 3. 24., 2008. 2. 29., 2010. 1. 18., 2011. 9. 15., 2016. 12. 20.>

제18조(계획수립의 협조) ①여성가족부장관, 관계중앙행정기관의 장 및 지방자치단체의 장은 기본계획 또는 시행계획의 수립·시행을 위하여 필요한 때에는 관계공공기관·사회단체 그 밖의 민간기업체의 장에게 협조를 요청할 수 있다. <개정 2005. 3. 24., 2008. 2. 29., 2010. 1. 18., 2011. 9. 15.>

② 제1항의 규정에 의하여 협조요청을 받은 자는 특별한 사유가 없는 한 이에 응하여야 한다.

제19조(교육·연구의 진흥) ① 국가 및 지방자치단체는 건강가정과 관련된 연구를 진흥하고 전문가를 양성하여야 한다.

② 국가 및 지방자치단체는 건강가정을 위한 교육프로그램을 지속적으로 개발·제공하여야 한다.

제20조(가족실태조사) ①국가 및 지방자치단체는 개인과 가족의 생활실태를 파악하고, 건강가정 구현 및 가정문제 예방 등을 위한 서비스의 욕구와 수요를 파악하기 위하여 5년마다 가족실태조사를 실시하고 그 결과를 발표하여야 한다.

② 제1항에 따른 가족실태조사에는 1인가구의 연령별·성별·지역별 현황과 정책수요 등에 관한 사항이 포함되어야 한다. <신설 2018. 1. 16.>

③ 제1항의 규정에 의한 가족실태조사를 위하여 필요한 사항은 여성가족부령으로 정한다. <개정 2005. 3. 24., 2008. 2. 29., 2010. 1. 18., 2018. 1. 16.>

제3장 건강가정사업

제21조(가정에 대한 지원) ①국가 및 지방자치단체는 가정이 원활한 기능을 수행하도록 지원하여야 한다.

② 제1항의 규정에 의하여 지원하여야 할 사항은 다음 각호와 같다.

1. 가족구성원의 정신적·신체적 건강지원
2. 소득보장 등 경제생활의 안정
3. 안정된 주거생활
4. 태아검진 및 출산·양육의 지원
5. 직장과 가정의 양립
6. 음란물·유흥가·폭력 등 위해환경으로부터의 보호
7. 가정폭력으로부터의 보호

8. 가정친화적 사회분위기의 조성
9. 그 밖에 건강한 가정의 기능을 강화·지원할 수 있는 관련 사항

③ 국가 및 지방자치단체는 임신·출산·수유 및 육아와 관련된 모·부성권 보장을 위한 육아휴직 및 유급휴가시책이 확산되도록 노력하여야 한다. <개정 2016. 5. 29.>

④ 국가 및 지방자치단체는 한부모가족, 노인단독가정, 장애인가정, 미혼모가정, 공동생활가정, 자활공동체 등 사회적 보호를 필요로 하는 가정에 대하여 적극적으로 지원하여야 한다. <개정 2007. 10. 17.>

⑤ 제2항 및 제4항의 규정에 의한 국가 및 지방자치단체의 지원에 관한 세부적 사항은 관계법률이 정하는 바에 의한다.

제21조의2(위기가족긴급지원) ① 국가와 지방자치단체는 「재난 및 안전관리 기본법」 제3조제1호에 따른 재난 중 대통령령으로 정하는 재난에 의하여 가족의 부양·양육·보호·교육 등 가족기능이 현저하게 저하된 경우 원활한 가족기능을 수행하는 데에 긴급하게 필요한 범위에서 지원(이하 "위기가족긴급지원"이라 한다)을 하여야 한다.

② 위기가족긴급지원의 종류 및 내용은 다음 각 호와 같다.

1. 아이돌봄지원, 가사돌봄지원 등 가족돌봄
2. 가족상담, 집단프로그램, 자조모임 운영 등 가족의 심리·정서지원
3. 법률구조, 의료지원, 복지서비스 등 연계
4. 그 밖에 여성가족부장관이 필요하다고 인정하는 지원

③ 제2항의 지원기간은 1년 이내로 한다. 다만, 제2항제2호의 심리·정서지원의 지원기간은 3년 이내로 하되, 필요한 경우 1년의 범위에서 한 번 연장할 수 있다.

④ 위기가족긴급지원의 절차 및 방법 등에 필요한 사항은 대통령령으로 정한다.

⑤ 「긴급복지지원법」 등 다른 법률에 따른 이 법의 지원내용과 동일한 내용의 지원을 받고 있는 경우에는 이 법에 따른 지원을 하지 아니한다.

[본조신설 2016. 5. 29.]

제21조의3(위기가족긴급지원에 관한 정보의 이용) 여성가족부장관 또는 지방자치단체의 장은 위기가족긴급지원을 위하여 필요한 경우 국가 및 지방자치단체, 공공기관에서 확보하고 있는 위기가족긴급지원 관련 성명, 주소, 연락처 등의 정보를 요청할 수 있으며, 수집된 정보를 가공 또는 이용할 수 있다.

[본조신설 2016. 5. 29.]

제21조의4(위기가족긴급지원에 대한 비용의 지원) 국가와 지방자치단체는 위기가족긴급지원에 필요한 비용의 전부 또는 일부를 지원할 수 있다.

[본조신설 2016. 5. 29.]

제22조(자녀양육지원의 강화) ①국가 및 지방자치단체는 자녀를 양육하는 가정에 대하여 자녀양육으로 인한 부담을 완화하고 아동의 행복추구권을 보장하기 위하여 보육, 방과후 서비스, 양성이 평등한 육아휴직제 등의 정책을 적극적으로 확대 시행하여야 한다. <개정 2011. 9. 15.>

② 국가 및 지방자치단체는 다양한 가족형태를 고려하여 아동양육지원사업 시책(아이돌보미 서비스를 포함한다. 이하 같다)을 수립·시행하여야 한다. <신설 2011. 9. 15.>

③ 국가 및 지방자치단체는 아동양육지원사업을 예산의 범위에서 지원할 수 있다. <신설 2011. 9. 15.>

④ 국가 및 지방자치단체는 가사노동의 가치에 대한 사회적 인식을 제고하고 이를 관련 법·제도 및 가족정책에 반영하도록 노력하여야 한다. <개정 2011. 9. 15.>

제23조(가족단위 복지증진) ① 국가 및 지방자치단체는 사회보험·공공부조 등 사회보장제도의 운용과 관련하여 보험료의 산정·부과, 급여 등을 운용함에 있어서 가족을 지지하는 시책을 개발·추진하여야 한다.

② 국가 및 지방자치단체는 경제·사회, 교육·문화, 체육, 지역사회개발 등 각 분야의 제도·정책 및 사업을 수립·추진함에 있어 가족을 우대하는 방안을 강구하여야 한다.

제24조(가족의 건강증진) 국가 및 지방자치단체는 영·유아, 아동, 청소년, 중·장년, 노인 등 생애주기에 따르는 가족구성원의 종합적인 건강증진대책을 마련하여야 한다. <개정 2011. 9. 15.>

제25조(가족부양의 지원) ①국가 및 지방자치단체는 영·유아 혹은 노인 등 부양지원을 요하는 가족구성원이 있는 가정에 대하여 부양부담을 완화하기 위한 시책을 적극적으로 강구하여야 한다.

② 국가 및 지방자치단체는 질환이나 장애로 가족내 수발을 요하는 가족구성원이 있는 가정을 적극 지원하며, 보호시설을 이용할 수 있도록 전문보호시설을 확대하여야 한다.

③ 국가 및 지방자치단체는 가족구성원중 장기요양을 필요로 하는 질병이나 사고로 간병을 요할 경우 가족간호를 위한 휴가 등의 시책을 마련하여야 한다.

제26조(민주적이고 양성평등한 가족관계의 증진) ①국가 및 지방자치단체는 부부 및 세대간에 가족갈등이 있는 경우 이를 예방·상담하고, 민주적이고 양성평등한 가족관계를 증진시킬 수 있도록 가족지원서비스를 확대하고, 다양한 가족생활교육·부모교육·가족상담·평등가족홍보 등을 추진하여야 한다.

② 국가 및 지방자치단체는 가정폭력이 있는 가정의 경우 가정폭력피해자와 피해자 가족에 대한 개입에 있어 전문가의 체계적인 개입과 서비스가 이루어지도록 노력하여야 한다.

제27조(가족단위의 시민적 역할증진) ①국가 및 지방자치단체는 가족의 결속력과 가족구성원의 발전을 위하여 가족이 시민으로서의 역할을 증진할 수 있는 기회와 서비스를 제공하여야 한다.

② 국가 및 지방자치단체는 가족단위의 자원봉사참여가 확대되도록 노력하여야 한다.

제28조(가정생활문화의 발전) ①국가 및 지방자치단체는 건강가정의 생활문화를 고취하고 그에 대한 지원정책을 수립하여야 한다.

② 국가 및 지방자치단체가 지원하여야 하는 건강가정의 생활문화는 다음 각호의 사항을 포함한다.

1. 가족여가문화
2. 양성평등한 가족문화
3. 가족단위 자원봉사활동

4. 건강한 의식주 생활문화
5. 합리적인 소비문화
6. 지역사회 공동체문화
7. 그 밖에 건강가정의 생활문화와 관련된 사항

제29조(가정의례) ① 개인과 가정은 건전한 가정의례를 확립하도록 노력하여야 한다.
② 국가 및 지방자치단체는 건전한 가정의례를 확립하기 위한 지원정책을 수립하여야 한다.

제30조(가정봉사원) ① 국가 및 지방자치단체는 건강한 가정을 유지하기 위하여 필요한 경우에는 가정을 방문하여 가사・육아・산후조리・간병 등을 돕는 가정봉사원(이하 "가정봉사원"이라 한다)을 지원할 수 있다.
② 가정봉사원은 여성가족부령이 정하는 바에 따라 교육을 받아야 한다. <개정 2005. 3. 24., 2008. 2. 29., 2010. 1. 18.>
③ 국가 및 지방자치단체는 가정봉사원에게 예산의 범위안에서 일정금액을 지급할 수 있다.
④ 가정봉사원의 지원에 관하여 필요한 사항은 여성가족부령으로 정한다. <개정 2005. 3. 24., 2008. 2. 29., 2010. 1. 18.>

제31조(이혼예방 및 이혼가정지원) ①국가 및 지방자치단체는 이혼하고자 하는 부부가 이혼전 상담을 받을 수 있게 하는 등 이혼조정을 내실화 할 수 있도록 필요한 조치를 강구하여야 한다.
② 국가 및 지방자치단체는 이혼의 의사가 정해진 가족에 대하여 이들 가족이 자녀양육・재산・정서 등의 제반문제를 준비할 수 있도록 도움을 주는 지원서비스를 제공하도록 하여야 한다.
③ 국가 및 지방자치단체는 이혼한 가족에 대하여 양육비에 대한 집행력의 실효성을 강화하고 그 적용대상을 확대하도록 하여야 한다.

제32조(건강가정교육) ① 국가 및 지방자치단체는 건강가정교육을 실시하여야 한다.
② 제1항의 규정에 의한 교육내용에는 다음 각호의 사항이 포함되어야 한다.
1. 결혼준비교육
2. 부모교육
3. 가족윤리교육
4. 가족가치실현 및 가정생활관련 교육 등
③ 제1항의 규정에 의한 건강가정교육에 관하여 필요한 사항은 여성가족부령으로 정한다. <개정 2005. 3. 24., 2008. 2. 29., 2010. 1. 18.>

제33조(자원봉사활동의 지원) 국가 및 지방자치단체는 건강가정과 관련되는 자원봉사활동사업을 육성하고 장려하여야 한다.

제4장 건강가정전담조직 등

제34조(건강가정사업의 전담수행) 여성가족부 및 지방자치단체는 건강가정사업에 관한 업무를 전담하여 수행할 수 있도록 하여야 한다. <개정 2005. 3. 24., 2008. 2. 29., 2010. 1. 18., 2011. 9. 15.>

제34조의2(한국건강가정진흥원의 설립 등) ① 다양한 가족의 삶의 질 제고 및 가족역량 강화를 위한 가족정책을 효율적이고 체계적으로 지원하기 위하여 한국건강가정진흥원(이하 "진흥원"이라 한다)을 설립한다.

② 진흥원은 법인으로 한다.

③ 진흥원은 그 주된 사무소의 소재지에서 설립등기를 함으로써 성립한다.

④ 진흥원에는 정관으로 정하는 바에 따라 임원과 필요한 직원을 둔다.

⑤ 진흥원은 다음 각 호의 사업을 한다.

1. 가족상담 및 가족교육 사업
2. 가족친화 사회환경 조성사업
3. 아이돌봄 및 자녀양육지원 사업
4. 「양육비 이행확보 및 지원에 관한 법률」에 따른 양육비 이행 전담기관 운영
5. 다문화가족, 한부모가족, 조손가족 등 취약 가족의 역량강화 지원 사업
6. 다문화가족의 사회통합지원 사업
7. 제35조의 건강가정지원센터, 「다문화가족지원법」 제12조의 다문화가족지원센터 및 「가족친화 사회환경의 조성 촉진에 관한 법률」 제19조의 가족친화지원센터의 사업 관리 및 종사자 교육훈련
8. 가족사업 관련 대내외 교류 및 협력 사업
9. 가족정책 및 사업개발을 위한 조사, 연구
10. 제1호부터 제9호까지의 사업에 부수되는 사업 또는 이와 관련하여 국가기관 등으로부터 위탁받은 사업
11. 그 밖에 진흥원의 목적달성을 위하여 정관으로 정하는 사항

⑥ 정부는 예산의 범위에서 진흥원의 사업과 운영에 필요한 경비를 출연할 수 있다.

⑦ 진흥원은 「기부금품의 모집 및 사용에 관한 법률」에도 불구하고 자발적으로 기탁되는 금품을 사업목적에 부합하는 범위에서 접수할 수 있으며 접수 절차 등에 관한 사항은 진흥원의 장이 별도로 정한다. <신설 2016. 3. 2.>

⑧ 진흥원에 관하여는 이 법에서 규정한 것을 제외하고는 「민법」 중 재단법인에 관한 규정을 준용한다. <개정 2016. 3. 2.>

[본조신설 2014. 3. 24.]

제35조(건강가정지원센터의 설치) ① 국가 및 지방자치단체는 가정문제의 예방·상담 및 치료, 건강가정의 유지를 위한 프로그램의 개발, 가족문화운동의 전개, 가정관련 정보 및 자료제공 등을 위하여 건강가정지원센터(이하 "센터"라 한다)를 설치·운영하여야 한다. <개정 2011. 9. 15.>

② 센터에는 건강가정사업을 수행하기 위하여 관련분야에 대한 학식과 경험을 가진 전문가(이하 "건강가정사"라 한다)를 두어야 한다.

③ 건강가정사는 다음 각 호의 요건을 모두 갖춘 사람이어야 한다. <개정 2018. 1. 16.>

1. 대학 또는 이와 동등 이상의 학교를 졸업할 것(법령에 따라 이와 같은 수준 이상의 학력이 있다고 인정되는 경우를 포함한다)
2. 제1호에 따른 학력 취득과정이나 그 밖에 여성가족부장관이 인정하는 방법으로 사회복지학·가정학·여성학 등 여성가족부령으로 정하는 관련 교과목을 이수할 것

④ 센터의 조직·운영 및 건강가정사의 자격·직무에 관하여 필요한 사항은 대통령령으로 정한다.

⑤ 센터의 운영은 여성가족부령이 정하는 바에 의하여 민간에 위탁할 수 있다. <개정 2005. 3. 24., 2008. 2. 29., 2010. 1. 18.>

제35조의2(유사명칭의 사용금지) 이 법에 따른 센터가 아닌 자는 건강가정지원센터 또는 이와 유사한 명칭을 사용하지 못한다.
[본조신설 2011. 9. 15.]

제5장 보칙

제36조(민간단체 등의 지원) 국가 및 지방자치단체는 건강가정사업을 수행하는 단체 또는 개인에 대하여 필요한 비용의 전부 또는 일부를 보조하거나 그 업무수행에 필요한 지원을 할 수 있다.

제37조(과태료) ① 제35조의2를 위반한 자에게는 300만원 이하의 과태료를 부과한다.
② 제1항에 따른 과태료는 대통령령으로 정하는 바에 따라 여성가족부장관 또는 지방자치단체의 장이 부과·징수한다.
[본조신설 2011. 9. 15.]

부칙 〈제15350호, 2018. 1. 16.〉

이 법은 공포 후 6개월이 경과한 날부터 시행한다.

찾아보기

저/자/약/력

■ 이형하
동신대학교 사회복지학 박사
현 광주여자대학교 사회복지학과 교수

■ 정민숙
부산대학교 대학원 사회복지학 박사
전 남부대학교 사회복지학과 교수

■ 양정남
영국 런던대학교 문학박사
전 동신대학교 사회복지학과 교수

■ 박일연
숭실대학교 사회사업학과 문학박사
현 호남신학대학교 사회복지상담학과 교수

■ 김혜선
이화여자대학교 사회복지학 문학박사
현 강원대학교 사회복지학과 교수

사회복지학개론 【제5판】

|공저자| 이형하 · 정민숙 · 양정남 · 박일연 · 김혜선

|1판 1쇄| 발행 2007년 4월 6일
|1판 2쇄| 발행 2008년 3월 10일
|2판 1쇄| 발행 2009년 2월 10일
|2판 5쇄| 발행 2013년 1월 15일
|3판 1쇄| 발행 2014년 2월 28일
|3판 3쇄| 발행 2016년 1월 20일
|4판 1쇄| 발행 2017년 2월 20일
|4판 3쇄| 발행 2019년 2월 20일
|5판 1쇄| 발행 2020년 2월 14일
|5판 4쇄| 발행 2023년 1월 30일

|발행인| 김 동 훈
|발행처| 공 동 체

|주소| 경기도 고양시 일산동구 호수로 358-39
동문타워 I 905호(백석동)
|전화| 031) 814-3000(대표)
|팩스| 031) 814-3100
|홈페이지| http://www.compub.co.kr
|전자우편| compub@naver.com
|등록번호| 제396-2005-36호

|ISBN| 979-11-6105-569-5
정가 18,000원